U0465234

中央民族大学中国语言文学
校级重点培育学科建设经费资助

知行录

——中央民族大学文学与新闻传播学院
教学研究及学生学术训练成果选编【第三辑】

本书编辑组/编

中央民族大学出版社
China Minzu University Press

图书在版编目（CIP）数据

知行录. 第三辑/本书编辑组编. —北京：中央民族大学出版社，2012.6
ISBN 978 - 7 - 5660 - 0221 - 1

Ⅰ.①知… Ⅱ.①本… Ⅲ.①高等学校—教学研究—文集 Ⅳ.①G642.0 - 53

中国版本图书馆 CIP 数据核字（2012）第 127269 号

知行录（第三辑）

编　　者	本书编辑组
责任编辑	杨爱新
封面设计	布拉格
出 版 者	中央民族大学出版社
	北京市海淀区中关村南大街 27 号　邮编：100081
	电话：68472815（发行部）传真：68932751（发行部）
	68932218（总编室）　　　　68932447（办公室）
发 行 者	全国各地新华书店
印 刷 厂	北京宏伟双华印刷有限公司
开　　本	787 × 1092（毫米）1/16　印张：21.75
字　　数	350 千字
版　　次	2012 年 8 月第 1 版　2012 年 8 月第 1 次印刷
书　　号	ISBN 978 - 7 - 5660 - 0221 - 1
定　　价	54.00 元

版权所有　翻印必究

目 录

教 学 研 究

谈谈文学理论教学中的几个问题 …………………………… 刘万勇 （3）
去二元对立的有机构造
　　——当代新实用主义美学视野中的文艺理论教学新探 ……… 安 静 （11）
中国审美文化专题研究课程的定位及意义 …………………… 陈 莉 （23）
"历史"在"中国现代文学史"教学中的"用途" ……………… 刘 震 （29）
试谈中国当代文学课程教学中的几个问题 …………………… 毕 海 （37）
古代汉语优秀课程建设的目标与思路 ………………………… 孙建军 （48）
因材施教与因教施学
　　——从《古代汉语》相关课程教学谈起 ………………… 韩 琳 （55）
对外汉语专业本科生研究能力培养模式探索 ………………… 杨吉春 （61）
对外汉语专业《现代汉语》课程教学改革的探索与实践 ……… 翟 燕 （70）
《公文写作》教学内容与方法改革初探 ………………………… 魏 彬 （77）
对新闻教育核心目标的再思考 ………………………………… 王晓英 （85）
关于利用院报创建新闻业务实践教学平台的再思考 ………… 陈俊妮 （92）
实践性课程"联动"之教学探索
　　——以广告学课程联动教学改革为例 …………………… 范小青 （100）
影视教育应确立跨文化视角 …………………………………… 吕乐平 （108）

立雪论坛·研究生优秀论文选

也谈"通变"论与"新变"说 …………………………………… 朱林霞 （115）
"围墙"内外：欲望的空间地理学
　　——纳西族女作家和晓梅小说论 ………………………… 王冰冰 （125）
从汉语"比"的语法化看词汇和语法的协同发展 ……………… 赵 静 （135）
定州市回民街社区回族宗教信仰与习俗调查报告 …………… 刘东亮 （147）
论大众媒介新闻传播活动建构国家认同的手段 ……………… 张 喆 （163）

2011 届语言文学类优秀本科毕业论文选

李白新乐府辨疑 …………………………………… 缪晓静（183）
雅俗对流间秋胡戏妻故事研究 …………………… 鄂文雯（203）
试析《水浒传》中汉语特色表达的英译策略问题
　　——以赛珍珠、沙博理两译本为例 …………… 刘　韧（225）
论昌耀九十年代诗歌中抒情主体的精神内涵 …… 王辰龙（250）
《说文解字》递训训释词和被训释词关系考察 …… 张晋芳（275）
现代汉语频率副词"时时、不时、时不时"的比较研究 ……… 刘　爽（298）
临海方言双及物结构的句法分析 ………………… 卢笑予（320）
编后记 ……………………………………………………………（339）

教学研究

谈谈文学理论教学中的几个问题

刘万勇

在汉语言文学本科专业的整个课程体系中,文学理论是一门非常重要的基础课程和核心课程。一方面,它是一系列文学史类课程、文学评论类课程和其他文学理论类课程的基础;另一方面,它又是一门旨在培养学生理论思维能力的"提高性"课程。由于课程功能的多样性、学科知识的思辨性、教学对象的特殊性等因素,这门课历来被认为是汉语言文学专业中最令人头疼和尴尬的课程之一。假设你要问任课教师,十有八九都会说难教,不但教得困惑,而且费力不讨好,没什么成就感,学生的评教分数不高。假设你要问学生,十有八九都会说难学,不但学得糊涂,而且也是费力不讨好,学到的东西没什么价值。其实,这两种假设已经不是什么假设了,它们已然成为文学理论教学中存在的客观事实。本人先后给汉语言文学专业和对外汉语专业的学生讲授过几轮文学理论课,在具体的教学实践中也尝试过对教学内容进行过调整与处理,还跟教研室同仁一道在学校的教改项目支持下对该课程的教学方法进行了一系列的探索与改革。可以说,教师下了不少工夫,也付出了很多时间,也注重了教与学的互动、课堂内外的配合以及重点难点问题的攻关。但令人困惑也让人感觉尴尬的是,学生仍然对文学理论课有厌倦和不满情绪,有时用消极态度应付之。本人觉得,这种现象绝对不是教师个人的施教无方所能解释得了的,这不是一个个案,而是文学理论教学中普遍存在的危机。此一危机体现在文艺学的知识生产、传播以及人才培养等几个环节。下面我将结合自己这几年的教学实践与体会,从教材、教法、考评几方面谈谈文学理论教学中存在的主要问题。

一、关于教材

教材,通常又称为教科书,也有俗称为课本的。科,原本就含有"金科玉律"的意思,而课本,也有"一课之本"的意味。一般来讲,教材给教学提供相对系统的学科知识及基本框架，在基础课教学中起着规范和指导作用，具有一定的经典性和权威性。汉语言文学专业的文学理论教学成为文艺学知识生产、传播以及人才培养的最主要渠道，而教材则是这个主渠道的中心环节。作为文艺学知识生产的主要机构化场所，新的文学思想往往通过文学理论教材的写作表现出来，一种文学观写进了文学理论教材，从某种程度上也说明这种文学观可以作为体系性和科学性的文学真知传授给学生。我们的文学理论课选用的教材是童庆炳主编的《文学理论教程》。这本教材属于教育部"高等教育面向21世纪教学内容与课程体系改革计划"的研究成果，是面向21世纪课程教材与普通高等教育"九五"规划国家级重点教材，也属于高等教育出版社"百门精品"课程教材。这本教材从1992年出版第一版，中间经过不断修订，到2008年修订第四版，时间跨度大，发行量大，学术影响大，可以说是中国文艺学界具有时代意义的代表性论著，也是大学文学理论教材中的翘楚。

与此前以群主编的《文学基本原理》、蔡仪主编的《文学概论》和十四院校编写的《文学理论基础》相比，童庆炳主编的《文学理论教程》在对文学性质与文学观念的理解上显得更加开放，代表了新时期文学理论教材的最高水平。《文学理论教程》显示了四个方面的特点：一是一方面坚持马克思主义文艺学，另一方面又与时俱进地发展马克思主义文艺学，并以中国化的马克思主义作为思想原则，按照宏大叙事方式奠定文学理论的哲学美学基础，将文学的本质界定为"审美的意识形态"，强调了文学的学科性；二是在把文学作为一种"活动"的基础上，从经典作家的文学基本思想出发，结合艾布拉姆斯的文学活动四要素分别从文学活动论、文学创造论、文学作品论、文学接受论等几块构筑了文学理论的理论范式和问题视阈；三是伸张文学理论的当代性，体现了中国文学理论与西方思想资源的全面对话和互动。一方面，《文学理论教程》受到西方传统思想范式的影响，从人学、审美、意识形态等方面去宏观把握文学的本质，另一方面又借用西方现代乃至后现代的部分思想资源，在微观层面某些问题的论述上力图求新求变；四是尽可能地吸收中国传统思想资源并加以改造，丰富了自己体系结构的内容。总的来看，《文学理论教程》强调了文学理论的实践性品格，更多地吸收了西方思想资源，在观念和方法上都显得更加开放，前所未有地推进了对于文学性质与文学观念的多元理解，一定程度上体现了一种与时俱进的当代性。

尽管这部教材无论在宏观方面还是微观层面都有可圈可点之处，但也有很多问题值得商榷。这些问题如果不从学理上及时加以辨析和廓清，会直接影响文学理论知识的传授。这部教材的主要问题就在于受到了本质主义思维方式的影响。按照本质主义思维的终极和绝对要求，教材将已经认识到的、某一级次的文学本质当作文学的永恒本质，视文学为一种具有普遍规律和固定本质的实体，并相信只要掌握了正确的科学的方法，就可以把握这种普遍规律和固定本质，从而生产出放之四海而皆准的文艺学的真理。这种僵化、封闭、独断的思维方式严重束缚了文学理论研究的自我反思能力与知识创新能力，使之无法对现实的变化了的文学现象进行有效阐释和有力回应。这种本质主义的思维方式最集中地体现在"审美意识形态论"这一核心命题上。审美意识形态论的提出既是对此前政治工具论的文学观的反驳，也是对新时期引进的现代西方文论——英美新批评和俄国形式主义——所主张的审美特性说的积极回应。《文学理论教程》把审美（目的上的非功利性、方式上的形象性、态度上的情感性）视为文学的特殊性质或内在性质，而把意识形态（目的上的功利性、方式上的概念性、态度上的认识性）视为与审美对立的普遍性质或外在性质。所谓"审美意识形态"必然是"审美与意识形态的复杂组合形式"，文学作为审美意识形态意味着，文学既是审美的又是意识形态的，文学具有审美与意识形态的双重性质。这种文学的特殊性质/普遍性质、内在性质/外在性质的二元对立模式显然是在本质主义思维方式的指导下建立起来的，因而不可避免地具有一切本质主义文学理论的局限性。审美意识形态论在审美与意识形态之间进行了一种二元拆分，认为审美的种种特性只是一种花里胡哨的修饰，是蛋糕上的酥皮。它既没有看到审美本身（比如审美感性论、审美形式论、审美态度论等）就是一种意识形态，也没有揭示文学作为审美创造的批判性和超越性。比如西方现代主义先锋派文学就根本不能说是资产阶级的意识形态，它不是维护资本主义社会，而是通过艺术的自律性主张和诉求，对现实生活进行激烈的批判与否定。此外，教材对审美意识形态论中的意识形态概念的分析过于简单化和静止化了，还残存着新时期之前斗争哲学和阶级意识的痕迹，也没有进一步揭示出当今社会中文学与意识形态的复杂关系。需要进一步指出的是，审美意识形态这一定义不但没有阐明文学作为语言艺术所具有的最根本特点，也没有反映出当今文学生态日趋复杂的客观现实，无法解释中国社会走上市场经济之路以后文学活动的生产、传播与消费方式的巨大变化，对文学艺术场域的新变化、新气象没能做出及时而有力的回应。

除此之外，本质主义思维方式还具体体现在教材的其他方面。我们仅以文学创造这一编中的艺术真实为例分析一下。由于坚持主客体对立、分离的思维方式和唯物主义认识论、反映论的哲学立场，教材对艺术真实这一概念的分析就明显带有浓厚的现实主义文学反映论的痕迹。教材首先将文学创造理解为理解、反映和阐释对象世界的认识活动。认识活动的价值取向是以"理性"求"真知"，文学作为认识活动，就是以内在尺度创造艺术真实。一句话，"真"乃是文学的审美价值追求的基础。教材认为，与生活真实相比，艺术真实是内蕴的真实和假定的真实；与科学真实不同，艺术真实是主观的真实、诗意的真实。通过个别来表现普遍和一般的手段就是艺术概括，而以艺术概括创造艺术真实，就是文学作为认识活动的价值追求。这是将西方文学理论思潮上的现实主义流派的创作原则，视为文学创造的一般性原则和审美价值追求加以推崇，试图构建一个具有普适性的理论体系，没有具体问题具体分析，犯了以偏赅全的错误。

除了本质主义思维方式带来的局限，《文学理论教程》还有其他方面的不足。由于要把古今中外的所有思想资源和思想范式整合为一个具有体系性的统一体，加上是主编名义下的集体编撰的写作方式，其难度可想而知，漏洞和错误也极易显出。这部教材带有新旧杂糅的典型特征。旧的太旧，新的太新。所谓旧的太旧，就是说在哲学美学观念上和核心命题上依然遵循本质主义的思维模式，抱残守缺；所谓新的太新，是说在某些问题的论述上直接纳入新说，比如文学的商品性与消费性、叙事性作品的当代西方叙事理论、读者论中的接受美学思想等。由于理论话语的拼凑杂糅和概念使用时的语境抽离，教材有时显示出术语前后不一的矛盾，在一些问题的表述上也欠斟酌。

《文学理论教程》中的上述问题与不足直接影响着教师的课堂教学与学生的学习效果。教师在处理教材内容时颇为头疼，很难在教科书提供的知识范本和教师本人的学术自由之间找到一个平衡点。学生在研习教材时也颇为困惑，很难在排他性的理论话语与活生生的文学现实之间进行有效阐释和印证。长此以往，其结果是，教师按照教科书式的思维去教，学生按照教科书式的思维去学。

二、关于教学方法

  一般来说，教学方法是教师和学生为了实现共同的教学目标，完成共同的教学任务，在教学过程中运用的行为方式的总称。教学方法包括教师的授课方法和学生的学习方法，是两方面的统一。授课方法必须依据学习方法，否则便会因缺乏针对性和可行性而不能有效地达到预期的目的。但由于教师在教学过程中处于主导地位，所以在教法与学法中，教法处于主导地位。教学方法的采用和实施是一项复杂的系统工程，要受到教学理念、教学目标、课程安排、教学内容和授课对象等因素的影响和制约，需要认真思考和探究。

  学院先后制定过三套汉语言文学本科专业的培养方案，即2002年版、2006年版和2010年版。本人先后根据2002版和2006版的培养方案担任过文学理论课的教学任务。在两个旧版的培养方案中，文学理论课的教学计划变化不大。从课程安排上看，这门课开设在大学第一学期。使用的教材依然是童庆炳主编的《文学理论教程》。只是课时数作了调整，在2002版的培养方案中为72课时，在2006版的培养方案中压缩为54课时。

  文学理论课程难教也难学的原因之一就是，授课对象是刚刚结束高考，依然习惯应试教育思维的一年级新生。大一新生刚进校门，就要上这么一门思辨性很强也很抽象的理论课程，这无疑是迎头一棒。况且教材内容繁多庞杂，涉及70多个概念，20多个文艺美学范畴，并且还有哲学、美学、艺术等相关问题的争鸣。对学生来说，要从高中的应试教育过渡到大学的专业知识教育、技能教育和素质教育，还需要一定的时间，也需要一定的学科知识的积累和学科思维的训练。考虑到学生依然有把教科书当成知识范本的思维定式，教师就很难在课堂教学中过多地把自己的学术见解与思考融进教学内容中去。从本人这几年的教学实践来看，文学理论课堂教学基本上采用的是传统的讲授方法。这种方法简单来说就是教师上面讲，学生下面记，教师说什么，学生就听什么。这种单向而单纯的知识传授，到了学生那里就成了单向而单纯的知识吸纳。这种传授方式虽然与授课对象的特殊性和学习习惯有关，但也与文学理论知识生产的方式不无关系。如果教材不是在特定的语境中提出并讨论文学理论的具体问题，而是把所谓文学的普遍规律和固有本质视为文学理论的"圣经"的话，那么教师只能作为"单纯的传声筒"把这种排他性、霸权性的理论话语传达给学生，学生也只能作为单纯的记录仪接收从教材中得到的一些代表普遍真理和永恒本质的知识碎片。作为教师，本人深切地感受到这种填鸭式的讲授方法是不利于素质教育和创新教育的，也与教研室同仁一道进行过教学方法的改革与探索。有论者认为，在实施素质教育和创新教育的二十一世纪，应该摒弃传统的课堂讲授方法，应该用启发式和讨论式方法来组织课堂教学，实现师生互动。我认为，对传统教学法一概否定的做法不足取，同样，认为以启发和讨论来组织课堂教学就能提高素质教育水平也是一种推及极端的想法。对于一年级新生来说，由于没有相应的知识基础，所谓对问题的讨论只会流于形式，学习效果可能会大打折扣。所以，我认为，文学理论课要充分考虑到学生的听课习惯，仍要以教师的课堂讲授为主。不过，教师在讲授的过程中不再是一种单向的单纯的知识传输，而是在讲解中变知识讲解为知识启发，在解决相关知识点的基础上，逐渐引导学生养成一种思考的方法。比如，教师在讲解某一文学问题时，要以设置问题的形式给学生以启发，而所设置的问题一定是来自学生的文学常识和文学经验的。通过教师的引导，使学生从常识性的、经验性的文学现象转向知识性的、思辨性的理论问题，从而激发他们理论探究的兴趣。

目前，学院执行的是2010年版汉语言文学本科专业的培养方案。从新版的教学进程计划表来看，文学理论课的课时由原来的54学时改为36学时，开课学期由原来的第一学年第一学期调到第二学年的第一学期。可以说，教学进程的变化加上学生自身知识结构的变化使得原来的教学内容、教学方法、教学手段都要随之调整和变化。依本人看，2010年版的文学理论课的教学更多的是要通过启发式教学和讨论式教学，教会学生如何进行自主学习和探究式学习，引导和培养学生获取知识的方法与能力。

现在回过头来看我们参与的教学方法的改革，觉得很有反思的必要。如果文学理论教材老是定于一尊，定于一说，思维方式和问题意识陈旧，对不断发展变化的文学现实视而不见，没有反思意识和批判精神，那么在这样一个板结的理论土壤上进行教学方法的改革与探索，到头来肯定是没什么好收成。所谓的教学方法的改革充其量是一种教学方式、教学手段和教学策略的尝试，是一种权宜之计。

三、关于考试－评估

大学的考试－评估制度与方式是检验教师教学效果和学生学习效果的一个重要环节,也是强化学科规范和检视专业人才培养效能的一种主要体现。长期以来,文学理论课一直采取也只能采取传统的考试－评估方式,即以书面考试的分数作为衡量学生学习成绩的标准。我们的教学评价体系主要考查学生是不是掌握了系统的学科知识和基本框架,这一点本无可非议,但是如果只是一味地推崇教材知识的某种经典性和权威性,以教材的说法为标准说法,唯教材是尊,就会不同程度地束缚学生的质疑或求异的精神,扼杀他们的创新思维。其结果只能是,学生凭借背诵教材的现成条文来应付考试,以致变成了死读书、读死书乃至读书死的麻木机器。

除了平时成绩和期中测试外,文学理论课的结业考试内容,从题型上说有几大类,包括填空、判断正误、名词解释、简答题和论述题等,有的也稍作变通,比如将论述题改称材料分析题,将简答题变成判断正误并进行分析等等。即使再改头换面、花样翻新,依然需要学生靠死记硬背标准答案才能过关,教师也得凭借教材提供的知识范本给学生评定分数。这种机械教条的考试－评估方式貌似客观、公正、科学,却不利于学生学科综合能力的培养,所谓素质教育和创新教育,只能是一句空话。

为了避免学生仅仅靠死记硬背就能得高分的现象出现,我们一直在对这门课的考试－评估方式进行探索,试图找到一条较为理想的途径,既能考查到学生对学科知识及基本框架的掌握程度,又能考查到学生运用学科知识去发现问题和解决问题的能力。说实话,通过几年的摸索,工夫下了不少,也采用了不少形式,比如课堂问答、讨论发言、完成作业,自主学习等等,但总的看来,成效不是很显著。我们曾经进行过一次全新的考试改革,即把对学生的基本理论和基本知识的考察放在平时的作业抽查当中,分值加大。而期末结业考试主要是侧重对学生的学科技能的考察,考试内容是以文本研究分析为主(包括理论文本的辨析和文学文本的解读分析)。从学生的答题情况来看,除个别同学表现优秀外,多数同学依然还用教材上的定论和定规对理论文本进行判断,不敢也不会用怀疑精神对某个问题进行可能的拓展和发展,其结果是,分析问题时去语境化,下结论时却出现同质化的倾向,说到底,这实际上就是论述题形式的放大版。而文学文本的解读分析，往往成了一般的阅读与欣赏，很难上升到文学评论的层面予以解析。

　　此外，再提及一下学生的评教问题。学生评教也是教学评估的一个重要方面。教务处规定，每学期课程结束后，学生要从教学态度、教学内容、教学设计、教学效果等几个方面给老师打分，而且还要给每一类项目下设计的诸多单项内容给老师打分。根据学生的打分情况，教务处既按照考查类型的均值进行统计，又按照单项的均值进行统计，最后再综合给分。有意思的是，担任文学理论课教学的老师，总体来说分数不高。学生从主观评价上说老师讲课非常枯燥，知识僵化，理论脱离实际，没有说服力，也没有吸引力等等。这从另一个侧面说明文学理论课程教学中存在的问题。

四、小结

　　以上是本人近几年来在文学理论课的教学实践当中遇到的一些困惑。虽然我们也曾经进行过教学内容、教学方法和考试-评价体系的改革与探索，但成效并不理想，反而却显现出危机迹象。究其原因，根子还在于我们没有深刻地认识到文学理论在当代中国社会历史文化语境中的理论使命和学科定位问题，在文学理论的知识生产方面依然沿袭以往，既没有建基于新的哲学美学视野，也没有很好地凸现学科本位意识，更没有积极参与和回应文学生态日趋复杂的现实。因此，我们必须在新的文化语境当中对文学理论的基本问题重新把脉，必须对文学理论教材进行重新书写。只有这样，文学理论的课程教学才能焕发出活力，成为传授知识、启迪智慧、体现多元文学价值的场所。

去二元对立的有机构造

——当代新实用主义美学视野中的文艺理论教学新探

安 静

"二元对立"是贯穿西方文化重要的方法论,因此我们看到,在西方哲学中存在一组组对立的范畴,如唯名论与唯实论、演绎与归纳、具体与抽象等;由哲学映射到文艺理论的领域里,我们同样看到了功利与无功利、自律与他律、感性与理性、内容与形式等耳熟能详的学科概念。"二元对立"也成为我们学习西方文艺理论不可或缺的解读维度。在二元对立思维模式的影响之下,我们认为艺术有高雅艺术与通俗艺术之分,对文学的研究划分为"外部研究"与"内部研究"[①] 等。不可否认,二元对立的思维方式在文艺理论这门学科建制的形成上曾经起到重要作用,但是这种对立的弊端也在学术发展过程中逐步暴露出来,在理论思辨与实践中都面临着困境,例如很多时候我们难以界定文学与非文学,难以回答复制品究竟是不是艺术品这类问题。于是,当代美学、当代文艺理论的一个重要特征便是对二元对立的思维方式进行反思,进而提出从一元的生活经验出发或从多元的认知构造来解决这些问题,这就是发端于美国的实用主义美学思潮。我们当然不必照搬实用主义的所有原则,但是在教学中恰当运用实用主义的去二元对立思维模式,有意识地将理论与生活经验进行整合,主动营造开放民主的教学氛围,可以在当代为文艺理论的教学提供一些有益的启示。

一、二元对立的功与过:文艺理论学科建制形成与其理论-实践困境

"二元对立"在文艺理论的学科建制过程中曾经发挥了重要作用,这要从"美学"与"艺术"这两个概念谈起。文学是艺术的一个分支,而"艺术"

---

① Rene Wellek and Austin Warren, *Theory of Literature* (1982), Cox & Wyman Ltd.

又与"美学"存在不可分割的联系,因此梳理"美学"与"艺术"的缘起必不可少。

古希腊人第一次提出"艺术"这个概念时,更多带有"技艺"的含义,将造船、建屋、纺织等"技艺"与"雕像"归为一类。① 真正标志艺术独立、将艺术从生活活动中划分出来的是18世纪的法国神父夏尔·巴图提出"美的艺术"这一概念,它所带来的巨大意义在于,它强化了对艺术与非艺术的区分,强化了高雅艺术与民间艺术、通俗艺术的区分。这是一个将"艺术"与"生活"区别开来的过程,也是一个将具有实用价值的、功利的艺术逐渐魅化为无功利艺术的过程,这期间扮演重要角色的就是艺术与生活的二元对立。与"艺术"相关的另一个概念是"美学"。美学从人类蒙昧的思考到现代学科建制,同样经历了一个漫长而复杂的过程。② 从处于人类童年时期的古希腊人第一次对"美"进行反观性的思考,到德国鲍姆嘉通第一次提出建立一门叫做"感性学"的学科,蕴含其中的是感性与理性的对立。继鲍姆嘉通之后,康德提出了功利与无功利的二元对立。

无论是"美的艺术"从人类生活活动中的分离,还是"美学"作为一门学科的建制,都建立在二元对立的基础上。文学作为艺术的一个分支,必然受到美学与艺术二元对立的影响。不可否认,二元对立的思维模式在现代艺术体系的建立、在美学、文学的学科建制过程中起到不可替代的作用。同时,我们也应该看到,二元对立思维模式所带来困境同样不容忽视,这种困境不仅仅表现在理论本身,而且也表现在实践时的束手无策。就理论本身而言,一个最直接的例证来自于"美学"这门学科。按照鲍姆嘉通的设想,美学研究的对象是"感性学",然而无论在图书馆还是在教学实践中,我们发现美学专著其实非常"理性",中文专业的学生很多时候会说美学很抽象,文艺理论很难懂。就实践而言,康德为现代美学体系确定了"审美无功利"和"艺术自律",而艺术的实践却夹杂着各种各样意识形态的内容。

---

① 【古希腊】柏拉图:《理想国》,转引自【美】门罗·C. 比厄斯利著,高建平译:《西方美学简史》,第11页,北京,北京大学出版社,2007。
② 高建平:《"美学"的起源》,《外国美学》第19辑,第1-23页,南京,江苏教育出版社,2009。

从根源上来说，人类二元对立的思维模式其实建立在一个更大的前提基础上，那就是人与世界的对立。世界并不是作为人类生存的有机组成部分，而是作为认知的"对象"，这种对象化的直接后果就将人与世界的关系摆在了对立的框架中，于是我们有了认识与实践的二元，认识本身也被分为二元，即感性与理性；人类最初与自然环境形成的整一的生活活动被切分为一个又一个细化的领域。在这样的思维模式下，我们解决了一些问题，但也带来新的问题。很多理论问题没有答案，如艺术与非艺术的区分；很多实践问题需要回答，如学校教育与社会生存的脱节等等。

二、去二元对立：当代西方文艺理论从实用主义到新实用主义的转向

面对二元对立的困境，理论家们提出各种反思的维度，其中最为显著的运动则是实用主义美学思潮。就文艺理论教学而言，古典实用主义美学的奠基人约翰·杜威和新实用主义美学的早期开拓者纳尔逊·古德曼的思想对我们今天的启发更为直接。

"杜威的思想，可以被理解为从一个概念开始，这个概念就是'活的生物'（live creature）"。① 在杜威看来，先前所有理论建立的基础特别强调人与动物之间的区别，并且这种区别已经被强调得太久而忽视了人与动物之间的共通性。为了寻找理论的最初源泉，杜威提出："有必要求助于处于人的水平之下的动物的生活。"② 以"活的生物"为基石，杜威建立了他的"一元"哲学，借此对贯穿西方文艺理论史的"二元对立"提出挑战。杜威的第一个目标是让人回到与世界的有机联系中来。杜威的第二个目标是要恢复美学与生活经验之间的连续性。杜威提出："将它们（传统的二元对立艺术理论——引者注）放在一边，而求助于我们一般不看成是从属于审美的普通的力量与经验的条件。我们必须绕道而行，以达到一种艺术理论。"③ 杜威提出艺术与生活经验的不可分割性，进一步的目的是使高雅艺术与通俗艺术实现"合流"，让艺术发挥它应有的社会作用。杜威的第三个目标是要实现"美的艺术"与

---

① 【美】约翰·杜威著，高建平译：《艺术即经验·译者前言》，第 iv 页，北京，商务印书馆，2010。
② 【美】约翰·杜威著，高建平译：《艺术即经验》，第 18 页，北京，商务印书馆，2010。
③ 【美】约翰·杜威著，高建平译：《艺术即经验》，第 3 页，北京，商务印书馆，2010。

实用技术之间的连续性。杜威认为，实用与否根本不是衡量艺术与非艺术的标志，而提出美的艺术在生产过程中"使整个生命体具有活力"、使艺术家"在其中通过欣赏而拥有他的生活"[①] 是判断艺术与非艺术的根本标志。因此艺术可以具有功利目的，也可以成为一种工具，但不同的是，这种功利性与工具性一定是内在于人的生活经验与个人体验之中。这就是杜威的去二元对立思想。

在杜威之后，新实用主义美学思想早期开拓者纳尔逊·古德曼提倡的构造的世界同样对教学具有重要的启示意义。

古德曼实用主义美学最具代表性的观点是构造世界的思想，其重点在于恢复不同学科之间的联系，特别反对重科学而轻人文的倾向。在古德曼看来，不同学科的知识都是人类的认知成果，也是人类不同认知方式的体现，从本质上说都是人以符号为手段展开的构造，不存在哪种认知更为"科学"的说法。由于我们对世界认知方式的不同而造成了认知结果的不同，这就造成了多元的认知世界。古德曼"反对科学主义和人文主义将科学与艺术置于对立的境地，它们都是世界的构成方式"[②]。同时，由于每个构造者要受到先前认知经验积累的限定，不能任意发挥；而且彼此的构造也有一定程度的重合与印证，这就保证了多元构造的合法性与合理性。因此，构造的世界是一个建立在个体符号基础上的多元世界。多元构造的世界也引发了美学中的民主问题，它赋予每个人以构造的权力，而不是"一言堂"世界。

综上所述，实用主义美学强调理论与生活经验的有机连续性，这首先启发我们在教学中要带领学生深入理解理论形成的渊源，理论内涵变化的动态过程；其次在教学中应树立理论体系构造性的观念，建立开放的教学体系，引导学生在学习中积极思考；再次要营造好理论教学中的民主氛围，让不同民族之间的理论进行平等的对话与交流；进而给学生提供开放的讨论氛围，建立一种打破人文与科学二元对立的学习观。

---

① 【美】约翰·杜威著，高建平译：《艺术即经验》，第27页，北京，商务印书馆，2010。
② Nelson Goodman, *Of Mind and Other Matters*, Harvard University Press, Cambridge, Massachusetts and London, England, 1984, preface.

三、去二元对立的有机构造：实用主义美学视野下的教学新探

（一）源于生活的理论：教学中的理论话语的生活还原

生活经验之流是无法分割的一个整体。我们建立的理论结构，从技术的层面来说都具有一种假说性。打个比方来说，人将世界作为"对象"是以"人"的存在为前提的。然而"人"是什么时候成为我们今天意义上的"人"，却是一个模糊的问题；因为人总有和猿相存共生的一个阶段。我们说的"人"，只是一种理论的立场而已。制造和使用工具、语言、理性、原始的巫术、宗教等，都可以作为人诞生的标志。但是不能忘记的是，人的进化一定是一个连续的过程，在一个连续的过程中寻找某种标志，只是哲学上的立场。因此在教学中，我们需要寻找理论教学与生活经验之间的有机联系，而不是干巴巴地讲授空头理论。这一点又可以分为两个层次来谈。

首先，在教学中创设生活情境，尽量利用现代多媒体教学手段营造学生熟悉的生活氛围，引发学生学习文艺理论的积极性。理论的学习本来是一个相对枯燥的过程。在中国语言文学专业四年的学习课程中，作品学习相对于理论教学而言，是学生们更愿意接受的内容。时代掌故、作家趣事及创作的心路历程以及读者阅读的不同反映等等，都可以作为作品课增添趣味性的元素；此外，作品有情节，有人物，有结局，有感悟，可以让学生沉浸在阅读体验中完成教学。理论课的学习则完全不同，学生常常会有"隔"的感觉，绝大多数同学反映不能一下子深入到理论文本的阅读与思考中。这一点固然是理论学习不可跨越的阶段，然而也给理论教学提出了现实的挑战。

因此，如何让学生感兴趣，成为理论课教师面临的首要问题。在教学中适当还原生活经验，从生活经验出发寻找理论的可阐释点成为理论课建立兴趣点的可行手段。在原来二元对立思维模式引导下，经验经常是被动的。如果在活的生物的观念框架下，活的生物与环境之间的关系则不是这样的单维被动，而是存在一种双向度的关系，一方面是环境作用于活的生物之后所产生的"受"（undergo），另一方面也包括活的生物作用于环境所产生的"做"（do）。还原生活情境，在理论学习与生活实践之间建立"做"与"受"的良

性循环,让学生在"做"中主动地"学"。在课堂上,笔者尽量选择一些同学们耳熟能详的材料,比如大家喜闻乐见的赵本山小品告诉大家"喜剧"的概念,进而引导出"悲剧"是什么,最早讨论这两个概念的文艺理论是在古希腊时期。学生对于古希腊的文论立刻产生了浓厚的兴趣。此外还可以进行角色体验,请同学来担任一部剧的设计,告诉大家关于戏剧情节的理论在亚里士多德那里提出了"整一"的思想。这样的教学方法一直贯穿在课堂教学中,学生在逐步学习的过程中积累了对于理论的感悟。

其次,在教学中带领学生积极寻找理论形成的生活根源,还原理论的原有话语环境,从源头上探寻理论的生长点。由于不同国家、不同民族之间生产生活方式各不相同,彼此的生活经验也各有千秋。生活经验的还原教学不仅使每位理论家的文艺思想生长在生动活泼的生活经验基础上,也让学生的学习充满趣味,从而避免"填鸭式"地强行灌输,让学生在深入理解的基础上进行知识点的记忆。这种对理论生成的生活经验的寻找不同于庸俗的社会学方法,庸俗社会学研究是把理论家的思想与社会背景、文化语境进行强行对应的行为。

西方文艺理论诞生在西方的文化语境之中,思考问题的出发点、思维方式、表达习惯与我们中国人的文化形态存在明显不同,特别是在古典西方文艺理论的教学中体现得更为明显,因为当时还远没有实现我们今天的全球化时代。试举一例。中国古典文化中特别讲究"中庸"、"含蓄"之美。我们耳熟能详的《关雎》:

> 关关雎鸠,在河之洲。窈窕淑女,君子好逑。
> 参差荇菜,左右流之。窈窕淑女,寤寐求之。
> 求之不得,寤寐思服。悠哉悠哉,辗转反侧。
> 参差荇菜,左右采之。窈窕淑女,琴瑟友之。
> 参差荇菜,左右芼之。窈窕淑女,钟鼓乐之。

《关雎》对这位女子的正面描写仅限于"窈窕",而女子也无非是在从事生产劳动。这一点在西方典籍中就体现得非常不同,《莱库格斯传》中这样描写他们的少女:

少女们也应该联系赛跑、角力、掷铁饼、投标枪,其目的是使她们后来所怀的孩子能从她们健壮的身体里吸取滋养……尽管少女们确乎是这样公开地赤裸身体,然而其间却绝看不到,也绝感不到有什么不正当的地方……没有任何的春情或淫荡。[1]

在以上所列举的两个例子中,一个充满朦胧美好的爱情,另一个洋溢着青春与健美的激情,毫无疑问都是人类美好的情感,但它们存在的文化语境却截然不同。这样的例子不胜枚举。因此把握文艺理论的生成语境成为西方文艺理论教学的重要任务。

再次,要注意理论家生活轨迹对他的文艺理论思想的影响,同时也应注意到各种理论之间的连续性,这一点在文艺理论的教学中尤为重要,而且也是提倡多元教学的重要依据。此处以苏格拉底、柏拉图和亚里士多德的文艺思想教学为例,来探讨生活经验之流对他们本人思想的重要影响,以及笔者在教学时所采取的实际方法。

苏格拉底、柏拉图和亚里士多德三人是西方文化史上的经典大家,特别是柏拉图和亚里士多德更是绵延两千多年回响不绝的伟大开拓者,三人之间著名的师承关系也使得古希腊文艺理论教学不仅充满知识性,同时也充满着趣味性;再加上希腊神话生动活泼的情节以及后世学者对古希腊完满生命气息的不断憧憬、想象性的建构,使古希腊文艺理论教学拥有别样的风景。因此,在对这一段文艺理论名著进行导读的教学过程中,笔者注意到文化环境、思想家生活轨迹与他们各自文艺思想之间的双向影响,并引导学生在学习中用心体会其中的奥妙。

我们知道,苏格拉底是一位风趣的哲人,关于苏格拉底留下很多耐人寻味的、有趣的小故事。苏格拉底之死在西方文化史上也是一个著名的公案,正是苏格拉底对于真理的这种执著,也才导致了他放弃生的机会而选择了死亡。这一点深深影响了后来的柏拉图。柏拉图就是因为自己敬爱的老师被号称"民主"的雅典判了死刑,才伤心离去;这也成为他梦想建立理想国的一个直接动力。而亚里士多德与当时的统治者亚历山大却有着甚好的师生之谊,即使后来亚历山大不采纳老师的建议而远赴征伐,但他也给游学中的老师以

---

[1] 【英】罗素著,何兆武、李约瑟译:《西方哲学史》上卷,第133页,北京,商务印书馆,2005。

足够的物质支持。再加上亚里士多德所处的时代,文艺更加发达,因此在对诗人的态度上二人就有着根本的不同。在柏拉图那里,诗歌应该是完全为政治服务的;而亚里士多德则不同,他有足够的审美空间来看待诗歌,因此将诗的作用看得比历史更为重要,在《诗学》中,亚里士多德对诗人抱着完全肯定的态度,而且提出诗比历史更具有真实性。

因此,在教学过程中,笔者采用了完全不同的讲授方式。在苏格拉底文艺思想的教学中,以趣味性引导知识性。在教学中先以苏格拉底与妻之间的小故事作为导语,然后引出他为了追求真理而献出自己生命的故事。在教学所要投入的精力上也有所侧重,苏格拉底的文艺思想是柏拉图和亚里士多德文艺思想的铺垫,因此,对苏格拉底文艺思想的教学以铺垫性和背景性为主进行讲授。柏拉图则不同,要展开讲述他的"理念论"、"摹仿论"、"驱逐诗人"等主要内容。为了承接古希腊独有的神话背景,在进入柏拉图文艺思想之前,先以西方语言中的"另一半"故事为导语,引入柏拉图对话录中的"戏拟",然后引出《柏拉图文艺对话录》;之后再以"对话录"之得名由来告诉学生,其实柏拉图没有专门谈论文艺的篇章,而是后人在整理过程中将他谈论文艺比较集中的篇章结成集子而被称为"文艺对话录"。最后给学生揭示其中的答案,是因为他的主要理想是建立一个能够贯彻和执行他的"理念"的国家,这与他的老师苏格拉底之死有极其密切的关系,这就是我们今天看到的《理想国》;因此,柏拉图的文艺思想终究没有脱离他建立《理想国》的梦想,因而他的"理念论"、"摹仿论"、"驱逐诗人"就顺理成章地成为接下来要讲述的内容。在进行亚里士多德文艺思想教学时,笔者主要把握亚里士多德《诗学》对文艺思想之一的开拓性影响——第一次专门系统地谈论诗歌(文艺)的问题。因此,在讲授《诗学》时,就不再将亚里士多德的生平故事作为贯穿全课的主线,而以亚里士多德的名言"吾爱吾师,但吾更爱真理"为线索,引导学生体会亚里士多德对柏拉图文艺理论的突破与创新,当然前提是不能忘记亚氏师承柏拉图的背景。这时学生的反映非常积极,能够结合二人著作的不同状况进行有条理的学习,而不至于在头绪繁多的论述中迷失方向。同时,顺着这样的思路来进行文艺理论的教学,既充满趣味性,学生不至于因初次接触理论知识而感到厌烦,而且也使课堂内容充实生动,让学生在趣味中学习,收到了良好的教学效果。

（二）构造中的体系：师生互动中的积极探索

不同的生活经验带来不同的认知维度，源自生活经验的理论解读因此也是一个开放的世界。每一个人都是依据自己所处的语境、依据自己的专业背景对世界进行着认知方面的构造，每一个人所构造的世界的版本也都要受到各种各样认知因素的限制，因而这种构造也不是随心所欲的任意妄为，恰恰是这种构造性使得每一位思想家以自己不同的体系、学说提供给美学史关于"美学"的不同版本。他们（或我们）都在人类"美学"这个主题下进行着彼此的构造，这些有关"美学"的不同版本之间可能会有重合，但却呈现出彼此不同的面貌，这也正构成了当代美学多样性的根源与魅力所在。每一代人有每一代的文学，每一代人也有每一代人的文学理论。他们在对经典文献进行学习时，也一定会带着当代人特有的眼光来重新解读；这既是接受美学发掘的读者权力，也是学问获得不断发展的根本动力所在。因此，在教学中恰当运用这种"构造"理念引导学生进行积极思考，成为笔者在文艺理论这门课程中师生互动的探索着力点。

以亚里士多德的文艺思想教学为例。每一节课在开始的时候都会介绍这位思想家的简要生平，如同我们认识一个人一样，是必不可少的教学环节。在简单介绍完亚里士多德的生平之后，笔者在PPT课件中用动画给出亚里士多德著名的箴言——吾爱吾师，但吾更爱真理——然后告诉学生，在学习亚里士多德《诗学》的时候，始终要把握的一个线索即是亚里士多德思想与其师柏拉图思想的不同之处。用对比法进行教学，不仅加深了学生学习新课的印象，而且也在对比中复习了前面曾经学过的内容。于是，在对《诗学》主要内容进行学习的过程中，笔者引导学生一步步回答上述问题，并在本课教学的最后对二人思想异同点予以总结。其特别之处在于：这种总结教师并不是给学生一个固定的答案，而是请同学自己积极思考，并进行整理。给笔者留下深刻印象的是，一位同学进行了如下回答：

> 首先顾名思义，柏拉图是在《理想国》中谈诗歌问题，并没有专门的一本专著来谈"诗"；而亚里士多德则不同，他在专门的《诗学》中系统地分析"诗"，对"诗"做出细致的比较，并给比较的结论以有力的论述支撑。其次，在亚里士多德这里，"诗"比"史"更高明，是因

为诗用形象的、情感的手法来表现规律,而史仅仅是一种静态的记录;但在柏拉图那里,诗歌仅仅是摹仿,是影子的影子,不能把握本质。

在该生回答结束之后,笔者就她的答案加以点评。在肯定该生阅读理论文本能力的基础上,进一步启发学生关于柏拉图和亚里士多德文艺思想的比较并不仅限于课堂所列举的这些内容,在阅读中同学们还可以根据自己的感受把这一部分内容进行再充实。于是,又有同学提出,可以将柏拉图和亚里士多德关于"诗"的创作方法进行比较,柏拉图说诗歌是神灵赋予诗人以迷狂,而亚里士多德认为诗人要掌握更多的知识;以此为契机,更多同学提出了读者的反映、诗歌的社会作用等更加丰富的内容,而这些内容并不是教师事先给出的答案,而是同学们自己在课堂上探索的成果。

(三) 平等的构造:建设理论教学中的民主氛围

构造的世界理论除了给教学中带来开放、活跃的课堂气氛之外,还为教学中的民主与平等提供了支持。每个人都在依据自己已经存在的认识论背景提出自己对世界的理解。其实从更表象也更直接的态度上来说,我们所接触的世界是一种认知构造的世界。所谓本体的世界只是在理论研究中存在的。这就赋予每个人以理解和阐释的权力,从根本上道出了教学中人人平等的思想。在文艺理论的教学过程中,笔者从中西文艺理论的比较与对民族理论的重视来谈这个问题。

首先,摆正中西文艺理论的正确位置,纠正对中西理论文本阅读的认识偏差。

文学概论课从学科诞生到我国的引进,再到自主的教材编写,遵循的都是现代学科体制影响下的知识框架。例如,从新中国早期的以群先生主编的《文学基本原理》到蔡仪先生的《文学概论》,再到当代在高校教学系统内影响最大的童庆炳先生主编的《文学理论教程》,都是如此。这一点当然是现代学科体系建立的实践成果,也是我国高校文艺学教学的有效途径。同时,我们也可以发现,在高校古代文论的教学中,也是以西方文艺理论的基本框架进行建构,如以文学的外部研究、内部研究为纲,以文学创作论、文学接受论、文学作品论等文学活动四要素为纲,对中国古典的诗文评论进行学科化的剪裁,引导学生进行知识性的学习。这样的方法是本科教学中一个绕不开的途径，因为必须为基础学习设定一些教学框架，这一方面是为了方便教学，另一方面也为本科阶段的基础学习理顺了思路。这样做也带来了一些问题，例如在长期的耳濡目染中无意识地给学生一个先入为主的印象，中国的文学理论缺乏系统性，需要靠西方的学科框架来对材料进行整理；这样就容易给学生一种错觉，我们传统文艺理论中所谈的内容，只是西方文艺理论的内容，只能是"人家有的咱也有"，终究不过是努力在西方文论强大的系统面前寻找自己零散的支撑，因为游戏规则是以西方的学科体制为基准的。笔者在课堂上做过一些调查，有很多同学认为"西方文艺理论非常系统，而中国文艺理论比较零散"，而且不少同学从文字结构、文化形态、研究方法等多个角度来论证这个观点。

在纠正这类思想倾向时，笔者首先告诉同学们，这是我们中国人认识世界的思维方式。中国的传统文化并不是以"分"为主导，而是以"合"为主的，我们的文化天然地强调着集体的作用。在文艺理论的认知构造中，我们也有独具特色的范畴，如气、韵、神等。其次引导学生建立思维方式并没有优劣之分的观念，指出当代在中西文艺理论交流过程中一个重要的转变就是越来越多的西方学者开始从中国古典资源中汲取营养，从中国当代的文艺现状与理论研究中吸取经验。再次引导学生打破"中国文艺理论＝古代"，"西方文艺理论＝现代"的二元对立观念，中国当代亦有很多独特的文艺理论范畴，如"话语蕴藉"就是一个非常突出的例子，它将当代西方文艺理论中关于"话语"的概念和我国古典文艺理论中的"蕴"、"藉"兼收并蓄，成为我国文艺理论的独创，并在文艺批判实践中发挥着非常作用。此外，北京大学叶朗先生将古典文艺理论中的"意象"注入当代人的独特理解，融入了西方最新的学术研究成果，这一点在2010年的世界美学大会期间，引起了国外学者的持续关注和热烈讨论。这样的例子还有很多，无论如何进行举例论证，笔者都在教学中特别重视纠正学生对中西文艺理论材料的不良倾向和不正确的态度，将教学民主贯彻到每一节课堂教学当中。

其次，注重多民族文艺理论资源的有效发掘与其现代阐释。

我们正处于全球化的时代。众所周知，"全球化"首先是一种经济－政治现象，随着机器大工业的全球扩张和全球贸易往来的不断密切，地球早已经不再是一个个封闭国家的集合体，转而变成了联系日益紧密的"小村庄"。随着大规模机器生产模式的全球扩张，被机械复制的单一文化模式也逐渐渗透到世界的各个角落。全球化带来了生产效率的绝对提高，但同时也带来了生活方式与艺术表现形式的单一化。全球化是人类生产力发展不可逆转的过程，也是我们无法回避的现实语境。就文化领域而言，全球化所带来的单一化、同质化则是文化沙漠化的表现之一。毫无疑问，克服全球化弊端的不二途径，必然是不断发掘各民族特有的文化传统和艺术表现形式。因此，在提倡文艺理论教学民主化的过程中，发掘各民族的优秀的文艺理论成为一个必不可少的环节。因此，在备课过程中，笔者有意识地参考我国各个民族的文艺理论，在教学举例中适时引用少数民族文艺理论，一方面拉近了少数民族学生与文艺理论课的距离，同时也使构造中的课堂教学变得丰富多彩，而不仅仅是现代西方知识体系的"一言堂"。

如果仅仅停留在例证的引用上，还是不能赋予民族文艺理论足够的意义；换句话说，引用只能说明在西方观点的统摄下中国的材料仅有例证的作用，它的独特意义并不能就此说明。因此，在教学中，笔者特别注意对民族文艺理论的现代阐释，让具有理论价值的民族文艺理论再次绽放它绚丽的光芒。这就需要用比较研究的视角与方法，将我国民族文艺理论与西方文艺理论进行对比，在比较中发现寻找中西文艺理论的差异，构造彼此可以对话的平台，进而为我国当代文艺理论建设贡献自己的力量。

四、结论：去二元对立与有机构造是当代文艺理论教学的有效途径

在去二元对立的视角指导下，引导学生打破原来旧有的思维定式，首先在生活经验之流中有效还原理论的背景，带来对文论材料的全景式解读。其次通过启发学生对生活现象的积极思考，对生活情境发现理论的价值阐释，让学习变得充满趣味性和有用性，使"学习，使生活更美好"的口号走向实践。最后，开放的教学体系不仅打破了学科分野的界限，也带来了学生积极的、多元的思考，让课堂富有层次感，让思维活跃的学生可以进一步拓展自己的阅读视野，成为一个主动的探索者。

中国审美文化专题研究课程的
定位及意义

陈 莉

审美文化的研究在国内已经有 20 多年的历史,但是有关审美文化的概念的界定一直没有最后的定论。陈炎主编的《中国审美文化史》、吴中杰主编的《中国古代审美文化论》、周宪的《中国当代审美文化研究》、聂振斌等的《艺术化生存——中西审美文化比较》、肖鹰的《形象与生存——审美时代的文化理论》等,都从不同的角度给审美文化不同的定义。关于这个问题,我们的基本观点是,审美文化是指具有审美价值的文化,即具有一定的非功利性、具有积极健康的审美情趣、能够给人带来精神愉悦的文化现象。

有关审美文化的研究对象和研究方法也存在着较大分歧。总体来看,国内审美文化研究有两个不同的路径,其一是以在现代商品社会中应运而生的、以大众传播媒介为载体的、以现代都市大众为主要对象的审美文化为研究对象;其二是以中国古代的各种审美文化现象为研究对象。这样,就形成了当代审美文化和古代审美文化两个不同的研究路径,这两个不同的研究路径,不仅切入点不同,而且立足点和思想观念也存在着很大差异。我们这里所说的审美文化研究属于后一种。

有关中国古代审美文化的研究方法和具体研究内容问题,我以为具有开拓意义的是李泽厚的《美的历程》。李著虽没有以审美文化来命名,但其研究方法和所涉及的一些问题对之后的审美文化研究有很大的启发和借鉴意义。就目前国内具有代表性的中国古代审美文化研究来看,有三种切入方法,其一是以陈炎为代表的审美文化研究,其基本指导思想是,破除传统美学研究仅仅局限于纯粹理论玄思的弊端,力求在"道"与"器"之间寻找美学的新的生长点;其二是以吴中杰为代表,以器物为基本研究对象,分别对玉器、青铜器等审美文化现象进行研究;其三以陈志椿为代表,分别探讨太极审美文化,以及儒、释、道审美文化。我们有关审美文化的研究在以上研究的基础之上形成了以下思考。

一、中国审美文化专题研究课程的主要内容

我们对中国审美文化的研究主要从以下两个方面切入：其一，对各个历史时期最具有代表性的、具有审美价值的器物进行研究。如质朴而富有生命气息的仰韶彩陶、雕饰满眼的殷商的青铜器、具有浓郁生活气息的汉代的画像石、独具风韵的唐代女性服饰、素雅的宋代青瓷、硕大的元代酒器、简洁朴素的明式家具、精致的清代鼻烟壶等等，都是中国审美文化的研究对象。历史的发展往往充满了沧桑感，沧海桑田的自然变迁，纷飞的战火等都有可能使鲜活的生命活动图景变得淡远和模糊，文献对人的记载往往显得是那样的粗疏，所幸的是这些器物默默地讲述着一个个历史时代的故事，表达着那些辽远时代的人们的审美观念。中国审美文化研究的任务是去把握这些器物的审美特征，并体悟这些器物所蕴含的文化和心理内涵，进而探讨这些器物中所蕴含的艺术精神。

在有关器物的研究中所要面对的一个问题是，并不是所有的器物都是为了审美的目的而制作的。有些器物与外在的祭祀目的联系在一起，如红山文化遗址出土的C形玉龙，以及商周青铜器上的饕餮纹饰等都与宗教祭祀有着某种联系，有着浓厚的鬼神观念，是人类早期巫术和宗教情怀的体现，但正是在这些器物中也隐含着朦胧的审美意识。还有一些器物是为了实用的目的而制作的，如出土于战国时期中山国王陵的十五连盏铜灯，就是一个非常精美的实用器物。但是这一器物中却隐含着制作者的审美意识。因而，审美文化要研究的是具有审美价值，但未必是专门为了审美的目的而制作的器物，要努力提炼出这些器物中所蕴含的审美情怀和艺术精神。

其二，审美文化专题研究的重要内容还包括探寻各个时代人审美活动的踪迹，并对他们的审美意识和美学观念进行分析。如周代贵族温文尔雅的气质和风度、魏晋时期门阀世族的雅集、明代文人对文房四宝的喜好及对商业文化的介入、清代帝王对诗词、绘画以及瓷器等的喜好等，都折射着那些历史时期人们的生活状况，反映了那些时代人们的审美情趣、艺术追求，在审美文化研究中具有重要的地位。审美文化通过对人的审美活动的研究，厘清中国古代审美意识的时代特征及其发展嬗变的历程。有关各个时代人们的审美活动，散见于各种文字文献中，需要我们去耙梳，去整理。如《西京杂记》

较为集中地记载着西汉王侯的审美活动,《世说新语》较为集中地记载了魏晋士人的生活情趣,《闲情偶寄》、《小窗幽记》等较为集中地记载了明清文人的生活状况和审美心理。为了论述的方便,我们将人的审美活动分为帝王的审美活动、文人雅士的审美活动以及民间审美活动等三个层面。

二、中国审美文化专题研究的两个理论提升

中国审美文化专题研究力求在对各个历史时期文化现象进行研究的基础上,提炼出富有价值和意义的理论问题。我们这里所说的理论提升主要包含以下两个方面:其一,通过对不同历史时期文化现象的研究提炼出各个时代的艺术精神。通过对具体实物和具体审美活动的研究所提炼出的艺术精神,往往能够突破以往的偏见和片面认识。如以往关于汉代艺术精神的认识,大多停留在对其雄浑、古拙气象的认识上,但是通过较为全面地了解汉代审美文化现象,我们就会发现,雄浑、古拙的审美气象主要是指以司马相如《子虚赋》、《上林赋》以及汉武帝茂陵石雕群为代表的审美对象所体现出来的艺术精神,然而这一层面的艺术精神在汉代审美文化中所占的比例非常小,如果稍稍了解一下汉景帝阳陵、徐州楚王墓、河北满城汉墓出土器物,就会发现在汉代文化中宁静、内敛、细腻、柔和的艺术精神占有很大比例,雄浑、古拙简直不能算是汉文化精神的主导风格特征。所以说,只有较为全面地去分析一个时代的器物和人的审美追求,才能更为真切地把握一个时代艺术发展的脉搏,才能对那个时代的审美文化现象有更为独到的认识和体会。

其二,要通过对具有审美价值的文化现象的研究向深层扩展,即探讨某一审美文化现象产生的社会原因和哲学背景。如前所述战国时期中山王陵出土的十五连盏铜灯,就不仅仅是一个简单的文化现象,这一铜灯的出现有着丰富的社会历史原因和哲学背景,它是一个有意味的形式,标志青铜器在人们精神生活中的地位已经衰落,贵族文化、鬼神文化已经被弱化,人的生存状况和人的生活享受受到了空前关注。再如文震亨的《长物志》中有关花草、木石、书画、香茗等的记载,也不是一个孤立的文化现象,而是标志着明清时期在心学思想的影响下,文人雅士已经从宋明理学的桎梏中解放出来,人的个体欲望得到了解放,但是由于受到文人高雅文化精神的濡染,即便是在放纵欲望的时代,在商业繁荣的都市,明代的文人还极力显示出儒雅化的审美追求。

有了对时代艺术精神的提炼，有了对文化现象背后历史和哲学因素的挖掘，审美文化研究就从现象的简单展示上升到一定的理论层面。

三、中国审美文化研究的跨学科性及其与艺术史和中国美学思想史的区别和联系

中国审美文化专题研究涉及历史学、考古学、哲学、文学、艺术学等多个学科，具有跨学科的性质。曾经，为了学科建设的方便和研究的需要，我们进行了学科的划分，但是随着研究的深入，越来越多的研究者发现，学科的界限成为学科发展的障碍，成为研究灵活性的巨大束缚。甚至发展到最后，学科的划分具有画地为牢的性质，成了大家混饭吃的一个一个领地，只要占领了一个领地就希望谁都不要去涉足，大有一些街上摆摊的占了一块地盘后，就要拼命去保护的架势。殊不知，学科的划分是人为的结果，试问闻一多、朱自清、郭沫若、鲁迅、许地山等的研究属于我们今天的哪一个具体学科，更何况在早期学科观念中早有"文史哲不分家"的共识，因而中国审美文化专题研究课拟打破学科之间森严的壁垒，在对器物、人的审美活动、艺术作品等进行广泛分析的基础上，力求更为准确地把握一个时代的艺术精神，也力求达到器物审美与人的审美追求之间的互证效果。

当然，我们这里说中国审美文化专题研究具有交叉学科的性质并不等于说它就简单等同于其他学科的研究。相反，即便是面对大致相同的研究对象，中国审美文化研究也表现出自己独特的切入点和研究角度。如中国审美文化专题研究与艺术学的关系就具有同中有异的特点。应当说，从研究对象和范围来看，其一，艺术学只是某一个具体门类的研究，如美术、音乐、舞蹈等都有着较为清晰的学科界限，而审美文化具有综合性质，不仅仅局限于某一艺术门类，而是力求对各种艺术中共同存在的一些问题进行研究。其二，艺术是人类审美认识能力发展到一定的历史阶段，积极主动地创造的审美产品，具有较为明确的审美目的。但是在人类发展的过程中，艺术作为独立的审美对象是较为晚近的事情，而人类的审美意识却产生得较早，甚至在很长的历史阶段，审美意识都是伴随着劳动生产、宗教活动、生活用品的制作等而存在的，具有模糊性和朦胧性。对那些具有审美价值但并不属于艺术范畴的现象的研究是审美文化研究的内容之一，如礼乐文化并不是艺术现象，但具有

丰富的审美价值,而且对后世文艺思想的形成具有深远影响,因而是审美文化研究的内容之一。所以说,审美文化研究的范围要比具体的艺术部门更为宽泛。从研究方法来看,各个具体的艺术门类侧重研究的是具体艺术的表现形式、价值意义等问题,而审美文化更加侧重于研究艺术品中所包含的艺术精神。换句话说,在审美文化研究中,艺术现象是研究的手段,探索现象深层的美学和艺术精神才是审美文化研究的最终目的。

中国审美文化与中国美学思想史的区别与联系。中国美学思想史常常被标为中国美学史,从而使这一学科的研究领域常常为人所误解,实质上翻开大部分中国美学史都会发现,这一学科所做的工作是梳理从诸子百家到王国维、朱光潜等中国几千年来美学思想发展的线索。如果我们将中国美学思想史做如此理解的话,中国审美文化与中国美学思想史的区别就是显而易见的,前者以审美现象为研究对象,力求获得今人对古人精神追求和美学意识的领悟,后者以具体的美学思想的解读为基本要务;前者是从现象到思想,后者是从思想到思想。

四、中国审美文化专题研究课程的价值和意义

中国审美文化专题研究的跨学科性质决定了这一学科对各种专业的同学都具有一定的启发意义,具有鲜明的通识课性质。中国审美文化对中文专业的同学而言,具有拓展知识视野、丰富研究领域的作用。中文专业的学生在学习过程中虽然也会涉及作品的写作背景等问题,但是如果能将作家作品的研究放置到审美文化的背景中去,有可能会对本专业的学习有很好的促进作用。如在审美文化中有一个专题要讲到楚文化之美,主要指出在北方已经进入人文理性文化的背景下,楚国还有着浓厚的巫觋之风,重淫祀,重巫鬼,崇拜太阳,以凤鸟为图腾,加之楚地特殊的地理环境——高山大川,云遮雾罩,怪兽出没,这使楚国审美文化想象丰富,色彩浓艳瑰丽,有着人神杂糅、人鬼相恋的特点。有了这样的认识,中文专业的同学就会明白为什么在屈原的《九歌》中会有着湘君、湘夫人等缠绵悱恻的恋情,为什么《离骚》中会有着君臣之间的"恋情"。再如,有了对清代繁缛的审美文化精神特征的认识,就不难明白为什么清代的文学理论思想有着精细的、综合性的特征。此外,在文化的对接中最容易发现新的研究增长点。审美文化的学习可以扩大

中文专业学生的视野，将他们从纯文化的领域中解放出来，发现更多富有新意的选题，如可以将宋代绘画中广泛存在的儿童画与宋代诗词中的儿童意象研究结合起来，去研究宋代文化中的童趣，探讨为什么在宋明理学的背景下，这个时代会出现如此多的可爱的儿童形象。这应当是一个富有新意但较少有人涉足的选题。

中国审美文化的学习对非中文专业的同学意义也非常重大。首先可以培养他们对中华文化的兴趣。审美文化并不是泛泛学习中国文化，而是选取了中国文化中具有积极健康情趣、具有高度精神蕴含的文化现象来进行学习，对美的追寻，一定会带领同学们不知不觉地走进一个深邃的审美之境，从而增强同学们对中国文化的兴趣。其次，对于很多专业的同学，审美文化的学习都不仅仅只是素质的培养，而是带有开拓专业视野的性质。如广告专业同学可以在审美文化中获得广告设计的灵感，甚至学会将传统文化元素巧妙地运用到自己所设计的作品中去。通过学习和认识中国古代帝王、文人、民间等不同层面的人的审美趣味，广告专业的同学能够认识到广告中应当渗透着民族文化情结，应当有文化品位，并满足不同层面人的文化需求。再次，中国审美文化的研究非常重视文化的地域性研究，如汉代的画像艺术主要产生于现在的河南、山东、四川、陕西等地，明清时期文人与商业的联系主要发生在江苏、安徽等地，从而形成了徽派文化的主要特征，这些对今天这些地方的文化产业发展都有着深远的影响，不仅可以使文化产业奠定在一定的思想基础之上，而且能够增强同学们的地域文化认同感。

综上所述，中国审美文化是在西方文化研究的大背景下产生的一门课程，它在国内的发展主要有两个路径：其一对当代商业化、图像化时代语境下的审美文化现象进行研究，其二是对中国古代文化中具有审美价值的文化现象进行研究，并力求对文化发展的时代精神进行总结和提炼，对具体审美文化现象得以产生的历史文化语境进行分析。中国审美文化具有交叉学科的性质，与艺术学、中国美学思想史等有一定的交叉，但不可以相互取代。学习中国审美文化可以扩大中文专业学生的视野，从而使他们能够更深入地认识本学科的问题，甚至在学科的交叉中发现新的问题。对于非中文专业的学生，审美文化的学习不仅培养同学们对中国文化的素养和兴趣，还能够为本学科的学习提供中国文化元素的贮备。中国审美文化专题研究是一门具有丰富学术价值的课程。

"历史"在"中国现代文学史"教学中的"用途"

刘 震

在半个多世纪以前,美国学者韦勒克和沃伦曾经提出一个问题:"写一部文学史,即写一部既是文学的又是历史的书,是可能的吗?"① 他们如此发问,是由于他们既不满足于把文学史写成一部偏重文学的"批评文章的汇集",又不愿意看到文学史成为一部偏重历史的"文明史"。他们所渴望的,是一种可以超越文学与历史的二元对立的"作为艺术史的内在的文学史"。在今天看来,韦勒克和沃伦的答案本身就可能引发很多争议,但他们当初提出的问题——我们应该如何措置文学史著作中文学与历史两者之间的关系——却依然是困扰着文学史学者们的难题,某种程度上它也构成了我们在文学史研究和教学中必须时时面对的一个元问题。

一

就中国现代文学史的研究而言,对于如何平衡文学与历史关系的问题,几十年来经历了一系列艰难的选择和反复的变动。在王瑶、张毕来等一批学者在新中国成立之初创立中国现代文学学科时,一种历史压倒文学的范式就占据了主导地位:大到整体的性质认定、意义阐释和历史分期等问题,基本都是依照毛泽东在《新民主主义论》等论著中所勾勒的革命史框架展开的;小到具体作家作品的评价,也大体不出毛泽东《在延安文艺座谈会上的讲话》里所谓"政治标准第一,艺术标准第二"的规范。这种以政治史/革命史为主导的研究范式在新中国成立之后几十年里不断强化,以至于使得现代文学三十年的发展最终在"文革"期间仅被当作所谓党内政治路线斗争的简单图解。不过,进入1980年代以后,研究者们开始重新思考文学与历史之间的关系。

---

① 【美】韦勒克、沃伦:《文学理论》,第290页,北京,三联书店,1984。

在他们看来，之前的现代文学研究几乎是让文学成了政治的附庸和仆人，不但忽略了文学自身的艺术价值和内在的发展规律，而且还纵容权力粗暴地干涉、篡改、抹杀文学的本来面目。随着"重写文学史"、"二十世纪中国文学"等新口号、新理论的提出，越来越多的学者致力于把文学从历史的泥潭中拯救出来，把艺术从政治的桎梏中解放出来。于是，我们看到，以（纯）文学、审美、人性等一系列不证自明的"公理"的名义，一种文学压倒历史的新范式又占据了主导地位。

然而，近些年来，这种以文学或文学性为主导的研究范式也渐渐暴露出自身的问题。什么是文学？它真的具有某种确定不移的本质吗？它与历史之间真的是那种二元对立的紧张关系吗？过去以历史压倒文学固然是对文学史的遮蔽，可是我们现在颠倒过来，用文学压倒历史就一定是对文学史的还原吗？我们到底基于什么样的理由，可以坚信只执著于所谓的文学内部研究就一定是在走近文学发展的历史，而不是另一种意义上的远离呢？事实上，文学这个概念本身以及围绕它组织起来的一整套文学观念原本都是历史的产物，都是在特定历史条件之下出现，并会随着历史语境的转换而持续变动的。不论我们是否意识到，它都不是突然降临人间的裸露的真理女神，而不过是某种具有历史有限性的话语制造物。正是在这个意义上，英国学者特里·伊格尔顿指出："最好把'文学'视为一个名称，人们在不同时间出于不同理由把这个名称赋予某些种类的作品，这些作品则出在一个米歇尔·福柯称之为'话语实践'的完整领域之内；如果有什么应该成为研究对象的话，那就是这一完整的实践领域，而不仅是那些有时被颇为晦涩地称为'文学'的东西。"① 就现代文学研究来说，对与文学有关的"完整的实践领域"的考察就要求我们从（纯）文学的迷思中摆脱出来，转而对它进行一种"再历史化"。这里的"历史"并不是那种大写的单数的政治史/革命史，而是一系列小写的复数的历史——报刊史、出版史、文化史、城市史、社会史、经济史等等。因此，所谓的"再历史化"也不是回到新中国成立之后那种政治史/革命史范式里，在文学与政治之间一元化的关系中叙述文学史，而是要在一个多元化的对话框架中还原文学与各种社会实践之间复杂的流通关系，从而呈现出文

---

① 【英】特里·伊格尔顿：《二十世纪西方文学理论》，第224页，西安，陕西师范大学出版社，1987。

学史的多种可能和多重面貌。

如果从文学与历史的关系角度观察，我们现在的中国现当代文学类课程的教学似乎更倾向于突出"文学"而淡化"历史"。比如，大量开设针对具体作家作品的精读课程，通过围绕具体文本展开阅读和讲解，着重培养学生健康的审美趣味和专业的鉴赏能力。即使是对"中国现代文学史"这样的通史类课程，也要求在其非常有限的课时中加强对学生文本细读能力的训练，甚至有人主张干脆彻底取消"中国现代文学史"课程，代之以一系列现代名篇名著的选读和选讲。在我个人看来，这里面可能多少存在一些走入误区的危险。增加精读类课程和强化学生审美判断力显然是有其充足理由的，它一方面可以把教/学活动从沉闷的知识授受格局中解放出来，转而着力于对学生各种能力——阅读、思考、写作、语言表达等——的训练，从而契合大学教育培养人文素质的整体目标；另一方面，它也有利于在教学过程中激发学生的主体性、能动性和创造性，改变学生被动学习的消极态势，从而在师生之间形成良性的互动。不过，我们必须意识到的是，学生的培养是一个系统工程，需要很多不同性质不同功能的课程互相配合才能最终实现其目标。每一门课程都只是学生在搭建完整的知识结构过程中的一块特殊的砖石，不必多，也不能少。也就是说，我们不能指望一门课程就可以包办所有的事情，而且当所有的课程都趋于同质化的时候，学生的知识结构和能力结构也势必出现褊狭，即便短期表现不明显，但始终无益于他们今后的发展。其实，正是因为已经开设了一系列精读类的选修课程在"点"上进行开掘，所以才特别需要通史类的课程先期在"面"上做好铺垫和准备。基于这样的考虑，我在"中国现代文学史"的教学过程中有意识地避免把这门课程讲成变相的名篇精读，而是尝试恢复或者说凸显它的历史维度。当然，这里讲的历史已经不是政治史/革命史范式下的历史了，而是前述"再历史化"范式下的历史。

二

在实际讲授"中国现代文学史"课程时，我试图呈现文学史之历史维度的努力主要在两个层面上展开：一个是强调文学史现象（包括作家、作品、思潮、社团、流派等）的历史性，另一个是强调文学史叙述本身的历史性。

如前所述，按照我的理解，文学史视野下的文学发展并非依据一条自律的轨迹自顾自地运行，而是始终与社会的各个层面发生着持续不断的流通和转化。或者，正如美国学者斯蒂芬·格林布拉特所言："艺术作品本身并不是位于我们所猜想的源头的清纯火焰。相反，艺术作品本身是一系列人为操纵的产物，其中有一些是我们自己的操纵……许多则是原作形成过程中受到的操纵。这就是说，艺术作品是一番谈判（negotiation）以后的产物，谈判的一方是一个或一群创作者，他们掌握了一套复杂的、人所公认的创作成规，另一方则是社会机制和实践。"[①] 因此，如何把文学史现象与各种社会机制和实践之间的复杂联系呈现出来，如何把文学史现象得以发生的历史条件与现实基础勾勒出来，就是我在教学过程中特别留意的问题了。我既不能给学生造成一种文学只在一个自己的独立空间里连绵相续的错觉，也不能把文学与社会的关系简化为某种类似于政治史/革命史范式的决定论的关系，而是尽可能地开阔学生的历史视野，敞开文学史现象的阐释空间。

举左翼文学思潮的兴起为例。关于左翼文学思潮兴起的问题，其实一直是现代文学研究领域里的一个难题，迄今也没有得到全面彻底的清理。教材所提供的解释基本上只是指出"从文学革命到革命文学"乃是时势使然或者历史必然，至于到底是什么样的"时势"造成了如此深刻的变动，又是什么样的"必然"使得文学的走向朝"左"转而不是朝"右"转，则语焉不详。我在讲授时，从重提革命文学的倡导者成仿吾当年的问题——"革命运动停顿了，革命文学运动的空气却高涨了起来"[②]——开始，综合自己的研究以及其他学者的成果，从几个新的思路梳理了左翼文学思潮兴起的条件。首先，是外国文学资源的引进。左翼文学思潮更大程度上是对外国文学资源的借用，而非本土特产。其具体路径，一是来自前苏联的"拉普"，一是来自日本的"纳普"。前者主要通过太阳社蒋光慈等留苏学生译介进来，后者主要通过后期创造社李初梨等留日学生译介进来。其次，是人事谱系的构成。那些在1928年前后提倡革命文学的人，用鲁迅的说法，可以分为"老将"和"新兵"两拨。"老将"指的是郭沫若、成仿吾、蒋光慈等一批参加过国民革命的成名作家，"新兵"指的是李初梨、冯乃超、彭康等一批新近从日本归国的留

[①]【美】斯蒂芬·格林布拉特：《通向一种文化诗学》，见张京媛编：《新历史主义与文学批评》，第15页，北京，北京大学出版社，1993。

[②] 成仿吾：《全部的批判之必要——如何才能转换方向的考察》，《创造月刊》第1卷第10期，1928年3月1日。

学生。前者具有实际的革命经验,后者带来了最新的革命理论。再次,是物质基础和政治条件。左翼文学思潮为什么会在1920年代后期发生,而且为什么是在上海这样的现代大都市里发生?一方面,上海作为全国的出版中心为左翼文学的兴起提供了足够的报刊出版方面的资源,尤其是1920年代中期开始勃兴的一批中小型书店("新书业"),由于他们大多坚持比较激进的出版策略,更是直接支撑着左翼文学的发生和传播;另一方面,租界的存在使上海事实上分裂为两个相对隔绝的政治空间(即华界和租界),这就大大降低了作家们提倡左翼文学的政治和法律风险。我最后试图告诉学生,上述几个方面的因素,没有哪个可以最终"决定"左翼文学思潮的兴起,但它们却都实实在在地为左翼文学思潮的兴起与发展提供了条件,而且这些角度也展示了左翼文学本身非常斑驳多面的样貌。

除了文学史现象的历史性之外,我特别强调的是文学史叙述本身的历史性。这里所谓的文学史叙述的历史性,我指的是任何一种文学史叙述其实都是在特定历史语境下产生的,不只文学史现象是历史的产物,就连我们关于这些现象的知识、论述、想象也一样是历史产物。叙述什么,怎么叙述,并不是简单的与真理相关的求真意志的问题,甚至也不是叙述者主观还是客观的问题,而可能关涉到一个更加庞大也更加复杂的话语实践网络。因此,面对已有的文学史知识,我们如果不去探究它们得以产生的历史机制和条件,或者说不去做某种"知识考古学"的工作就贸然做出是否对错的评价,往往不是隔靴搔痒,便是南辕北辙。对学生来说,他们通常都很容易把教材的说法看做是不刊之论,尤其是对那些经典的作家作品更是怀揣一种掺杂着神秘感的崇拜之情。殊不知,正如尼采所言:"围绕着伟大过去的被人一知半解的纪念物,那些崇拜偶像的——也是真心实意的——舞蹈阻碍了那些艺术精神的道路,使他们的自由空气黯然失色。"[①] 这样一来,那些主流的文学史叙述在作为知识被传授给学生的同时,反而又成了阻止他们进一步开拓思维、自主探索的障碍。我在"中国现代文学史"的教学中,之所以特别强调文学史叙述的历史性,就在于想通过暴露知识的产生过程而达到"祛魅"的效果,从而让学生可以突破"经典化"的迷思,开始学会用自己的眼光去阅读、理解和评价文学史上的各种现象。为此,我的第一堂课并没有直接进入教材内

---

① 【德】尼采:《历史的用途与滥用》,第16页,上海,上海人民出版社,2000。

容的讲授，而是花了很多时间在理论上论证历史的叙述性质和虚构性质，从叙述主义史学的角度让学生意识到他们面对的文学史知识——不但是教材所写的，而且也包括我在课堂上所讲的——并非不可置疑的真理，而不过是一种叙述而已。他们不必全然相信或是高山仰止那些玄妙宏论，而是完全可以按照自己认真阅读和思考之后形成的看法与之沟通、商榷。

举鲁迅为例。鲁迅是"中国现代文学史"中分量最重的作家，由于中小学教材先后选入了十几篇他的作品，他也是学生接触最多的现代作家。在处理这部分内容时，我没有直接从鲁迅的生平开讲，一直讲到他的创作，而是准备了一个小小的开场白。我首先询问大家对鲁迅有何印象，很快就有学生回答："他是伟大的思想家、革命家和文学家。"于是我开始不断追问：如此高的评价理由何在？为什么在中学课本里鲁迅入选的课文是最多的？为什么在现代文学研究领域里对鲁迅的研究也是最多的？这一切仅仅是因为鲁迅的作品真就比其他人都高明得多吗，抑或是某种其他的因素作用其间？然后，我给学生出示了毛泽东在《新民主主义论》中对鲁迅的那段经典评价：

> 而鲁迅，就是这个文化新军的最伟大和最英勇的旗手。鲁迅是中国文化革命的主将，他不但是伟大的文学家，而且是伟大的思想家和伟大的革命家。鲁迅的骨头是最硬的，他没有丝毫的奴颜和媚骨，这是殖民地和半殖民地人民最可宝贵的性格。鲁迅是在文化战线上，代表全民族的大多数，向着敌人冲锋陷阵的最正确、最勇敢、最坚决、最忠诚、最热忱的空前的民族英雄。鲁迅的方向，就是中华新文化的方向。①

通过对这段大家耳熟能详的表述在修辞上的细读，我试图让学生意识到，毛泽东是从政治大局和革命利益的角度而不是文学成就的角度来评价鲁迅的，而这一角度也成了之后几十年鲁迅逐渐走向"神化"的基本动力。在回顾了"神化"的种种表现之后，我又介绍了1980年代以来鲁迅形象从"神"走向"人"的变化过程，并特别提及新世纪前后因为"丑化"鲁迅而掀起的一场风波。非常简略地回溯一遍鲁迅的接受史，我最终是要告诉学生，不论"神化"还是"丑化"，我们都不必去理会，更不要受他们的干扰，我们最需要的

---

① 毛泽东：《新民主主义论》，《毛泽东选集》第2卷，第698页，北京，人民出版社，1991。

是直接面对鲁迅的文本，通过阅读与鲁迅进行某种隔空对话。这既是对一位伟大作家表示敬意的最好姿态，也是一种真正正确的学习现代文学史的方式。

三

在最近几年，我一直尝试以自己的方式把历史维度更多地引入"中国现代文学史"的教学中，虽然缺乏经验，但从学生的反馈来看，大家还是比较认同的。这门课程在每学年的第二学期为汉语言文学专业或者对外汉语专业的学生开设，在有据可查的最近四年的教学评估中，来自学生的打分分别为97.26、92.18、98.91、97.31，平均96.42。更让我欣慰的是，从学生的主观评价来看，很多学生显然已经感受到了这种教学试验带来的积极效应。这主要集中体现在相互关联的两个方面，一个是知识视野的拓展，一个是自主学习能力的增强。我将一些有代表性的评价摘抄如下：

给学生自由发挥的空间，注重培养学生自主思考的习惯，课堂上能够引用很多的材料，开阔学生眼界，拓宽知识面。

虽然不敢说记住了多少，可是在很多方面开拓了我的视野，丰富了我的阅读，我终于发现原来学习现代文学史也是一种极大的乐趣，并不能因为它也用了白话，你就瞧不起人家。

课程内容充实，眼界宽广，扩大了同学们的知识面，提高了同学们对于现代文学的兴趣。上课形式丰富，讨论课的形式，提高了同学们主动思考的能力。

老师对于本学科的知识很有自己的见地，而且打破了我们脑中固有的对"文学家"的神话想象，较好地激发了我们的求知欲。

刘老师讲课很有针对性，而且很有思想，会打破学生以前的思维模式，更好的拓宽了同学们的视野。

通过这一学期的学习，我发现我能够自主的去思考一些和课业相关的问题，而不是像高中那样死记硬背。

老师真正给了我们独立思考的能力，让我们懂得了用自己的眼光评判，而不是听别人告诉我们的。

刘老师给了我们对于历史，对于文学不一样的思考角度和视野。

学习现代文学史，我们知道的知识，不仅仅是书本上的，还丰富了我们的视野。

老师见解独到，一学期以来让我了解到一段完全颠覆了以往认识的文学史，试着用历史的眼光去看作品，至少能问心无愧地说，这学期的学习是有价值的。

这些学生的评价里真正让我看重也让我思考的，是他们普遍表露出来的对于既有的知识授受教学方式的不满足，以及对一种更加开放、更加自主的教学方式的期望。我想，这些不满足其实就是我们继续尝试新的教学内容与教学方式的动力，这些期望则指示了种种不同方式的尝试所共同追求的目标吧。

试谈中国当代文学史课程教学中的几个问题

毕 海

1990年代以后，随着中国社会政治、经济的转型，文学不复有20世纪80年代那样"一呼百应"、处于文化中心的权力和地位，大学文学教育的目标和功能在悄然发生转变，中国现当代文学课程教学同样也在发生变化和调整，[①] 其突显出来的问题则日益引起人们的关注。

在我看来，中国当代文学史课程教学既面临着人文学科共同的问题，又有一些自己亟待解决的问题。这些问题包括：如何处理文学审美教育与文学史知识传授之间的矛盾；如何开展积极有效的教学互动；如何细致、全面地引导学生阅读和分析当代文学作品；以及如何合理利用、使用中国当代文学所独有的影视资源帮助文学史的教学。本文试图结合自己在讲授中国当代文学史方面的一些实践和感受，对中国当代文学史课程的独特性进行思考，以期更好地开展中国当代文学史课程教学活动。

一、文学教育：审美与文学史知识的结合

中国当代文学史教学首先面临的一个问题便是如何处理文学史教育与文学教育之间的关系。由于中国当代文学的学科特性，这一文学史教学的共同矛盾在中国当代文学史的教学中显得尤为突出。

近年来，中国现当代文学界存在着这样一个说法，"现代文学知识化，当代文学历史化"，这一概括既道出了中国当代文学的学科发展动态，某种程度上也说出了当代文学史课程所处的尴尬位置。如果说中国现代文学史的研究和教学，越来越有靠近中国古代文学史的倾向，已经取得了提供人文知识的

[①] 中国现当代文学课程的变化和调整包括：(1) 课时减少；(2) 学生的情况变化（文学热情和知识水准下降）；(3) 本科定位的调整（从培养专门人才到强调素质教育或通识教育）。参见温儒敏：《现代文学课程教学如何适应时代变革》，《北京大学学报》（社会科学版），2003（5）。

合法性,部分解决了一直讨论的学科危机问题;中国当代文学史则由于其发展的未完成性,长期承受着能否承担起文学史的称谓和功能的质疑。在很多学校,中国当代文学史课程名称为中国当代文学。因而,在实际的教学中,为了突出文学史的特征,教师们往往会注重和强化对当代文学的历史描述。另一方面,"由于目前中国尚处于社会主义初级阶段,许多未来社会的理想还有待于实践中以科学态度和科学方法来检验,所以反映了这一历史阶段精神特征的中国当代文学充满了曲折和不稳定性,它始终具有与社会生活实践保持同步探索的性质。"① 因此,要帮助学生更好地理解中国当代文学的发展面貌,必须将文学生产和文学发展放入到历史的脉络中,为课程提供一个合理的解释,这也决定了中国当代文学史课程必然要重视对于文学史的讲授。

但是,文学史又具有不确定性和框架性。克罗齐早就说过,一切历史都是当代史。不论文学史的编者如何标榜自己的客观和真实,实际上作为文学史的书写,必然存在着选择和价值判断,中国现当代文学史是伴随着启蒙、救亡、反帝、反封建等等政治和文化话语而建构起来的,一旦时过境迁,文化尤其是政治话语的变化,便能对当代文学史的筛选产生重大影响,而原有的诠释框架可能就会土崩瓦解。自20世纪80年代以来,中国现当代文学学科不断发起的"重写文学史"恰恰证明了这一点。因而,如何在课程中真正有效地教授文学内容,如何在教学中突出文学的独特性,完成文学审美的教育目标,而不仅仅成为历史诠释的注脚,是中国当代文学史课程教学亟待解决的问题。有研究者指出,"目前的大学文学教育中,在中国现当代文学教学领域普遍存在的一个问题是审美教育的匮乏。文学教学不完全等同于文学史的教学,如何贴近和进入具体的文学文本,给予细致的分析和确切的理解,作为文学学科最为核心的知识、素养和能力,是这一学科的特性和尊严所在。但一则现有的课程框架未能给予其充分的重视,一则也由于审美的现代性本身具有的复杂性,现当代文学教学中'文学'本身常常被遗漏了"②,可谓是一语中的。由于要为中国当代文学发展勾勒出"史"的脉络,课程的教学者往往会更加注意对文学史的梳理,再加上中国当代文学与政治存在着复杂而密切的联系,文学审美现代性本身的复杂性,中国当代文学史课极容易变为

---

① 陈思和:《中国当代文学史教程》,第1页,上海,复旦大学出版社,1999。
② 冷霜:《文学审美教学的初步探索——〈新诗研究〉课教学改革实践中的思考》,《知行录》第1辑,第91页,北京,中央民族大学出版社,2010。

中国当代思想史的教学。实际上，在中国当代文学史的教材编写中，"尽管'文学性'（或审美性）的含义难以确定，但是，'审美尺度'，即对这个作品的'独特经验'和表达上的'独创性'的衡量，仍首先应被考虑。"① 在具体的教学中，也需要适当把握文学史教学与文学教学之间的平衡，在传授文学史知识的基础上充分考虑文学审美教育的需要，对文学史教材作出适当调整，以帮助课程教学有效完成文学教育与文学史教育的结合。

为了完成中国当代文学史教学的审美要求，我对文学史的教学教案进行了有意识的调整。在导论课中，我细致介绍了中国当代文学史的学科性质、分期以及发展特征等情况，让学生对中国当代文学发生的外部环境和文学史自身的发展逻辑都有明确的理解和判断，形成对当代文学整体的历史感，在以后的学习中就能够比较清晰地将作品放入具体的时代背景中加以考察。在对作家作品的讲述中，既为学生介绍当时文学生产的外部环境，同时注意引导学生关注到文学作品超越时代语境的特点，从而让学生真正体会文学自身的价值与时代对文学所造成的影响。例如 20 世纪 50 年代的农村小说，我将梁生宝这样一位农民形象放置出来，既将他列入中国现当代文学农民形象史中同"五四"以来作家笔下的农民形象做比较，以知识考古学的方法梳理这一形象的变迁，同时也注意让学生阅读《创业史》，就梁生宝的性格作出自己的判断，让他们通过语言、行动等细节刻画来描述出自己眼中的梁生宝形象。

在中国当代文学课程的学习中，必须让学生在阅读文本的基础上理解文学的时代特征，将文学的外部研究和内部研究有机整合起来，从而构建出一幅以文学文本为基础的文学史图景。实际上，中国当代文学很大程度上是中国当下人文精神的具体表现，如何将文学与文学史的教学结合起来，是对学生进行人文素质培养的关键所在，对于中国当代文学史教学中的文学教育的探索，也为其他文学史课程提供了重要的参照。当然，中国当代文学史课程要完成文学审美与文学史知识学习的目的，还必须积极引导学生阅读和感受文学作品，参与到教学互动中来。

二、互动教学：打造教学相长的文学课堂

正如上文所提到的那样，随着时代语境的变化，如今的大学文学教学更

---

① 洪子诚：《中国当代文学史》前言，北京，北京大学出版社，1999。

多承担起了培养学生人文素养和文字表达能力的任务，这就要求在课堂给予学生更多的自主权，形成教学互动的课堂氛围。《中共中央国务院关于深化教育改革、推进素质教育的决定》明确提出，要"激发学生独立思考和创新的意识"，"培养学生的科学精神和创新能力"。因此，通过创新性教学方式，注重师与生之间、教与学之间的互动，促进学生自主学习能力应该是当下中国当代文学史课程教学的一个重要内容。

然而，在实际的教学中要实现课堂互动却并不容易。目前，教学中师生之间最为常见的互动便是学生发言，老师给予点评。虽然从表面上看，这的确是互动的重要方式，但实际上互动的效果和学生学习的收获却相当有限。一两次的课堂发言，没有给学生留下足够的对话空间，受到时间和人数的限制，很难达到互动和交流的目的。因此，要把教学互动真正落到实处，还是要从课堂教学设计入手，不断探索、开拓出新的互动形式，让学生更加容易接受和进入。

在实际的教学中，我注意从不同的文学体裁出发，来设计相关的互动教案，形成热烈的课堂学习氛围。在教授中国当代新诗的时候，利用诗歌朗诵的形式，让学生有更多的机会渗入到诗歌的阅读和感受当中，给予他们充分表达的机会。例如在讲授郭小川的诗歌时，首先要求学生在课前了解郭小川所处的时代背景以及他在各个时期的生活经历，然后鼓励学生和我一起在课堂上朗诵郭小川的《致大海》、《望星空》等抒情诗，再请一些同学朗诵同时代诗人贺敬之的《回延安》、《放声歌唱》等诗，在朗诵之后向同学提出问题：

1. 这两位诗人有何不同？
2. 你更喜欢哪一位诗人的创作？
3. 为什么？

从实践的效果来看，这样的提问和互动更能激起学生课程学习的兴趣，也能让学生真正进入文学审美之中，感受诗歌的魅力及诗人独特的艺术特征。

再比如对戏剧的讲述。在讲老舍《茶馆》一剧时，我要求学生先阅读《茶馆》剧本，然后根据角色选取其中的段落，朗读对白，进行实际表演。课堂演出结束之后，播放人艺的《茶馆》话剧光碟，让同学们了解这一剧作是如何在舞台上得以表现的。经过实践证明，这样的互动教学之后，学生对话剧《茶馆》能够有比较深入的理解，对于作品所体现出来的艺术特色有更形象的感受，不再只是牢记几句干巴巴的文学史评价。在实际的阅读和表演中，学生更加深刻认识到《茶馆》所达到的艺术高度，以及老舍选择利用茶馆反映二十世纪上半期中国社会面貌的原因，从而真正理解《茶馆》在中国话剧史上的独特价值和地位。

正如上文所反复指出的，文学教育毕竟不能完全等同于或集中于文学史知识的教授，必须有文学审美的交流，而这一点最终的实现则必然要依赖于学生对作品的阅读以及对课程的参与。因此在课程教学上，结合学生的实际情况，我往往在课堂上预留五分钟左右的时间，与学生讨论每次课的感受，对于所讲文学作品的看法，愿意的同学写出相关的阅读报告。实践证明，学生们阅读和表达的积极性很高，通过中国当代文学作品（尤其是20世纪五六十年代文学作品），学生们对了解那一历史时期作家、知识分子的心理状态和精神状态表现出了极大的兴趣。

三、积极引导学生阅读和分析作品

除了在课堂上利用各种文学体裁的特征，引导学生与教师的互动，达到教学相长的目的，还必须注重引导学生进行文学作品的阅读和分析，也就是通常所说的"文本细读"，让学生在熟读、理解作品的基础上搭建起中国当代文学史的知识框架。当前，不论是文学研究还是在教学中，对作品的细读都越来越受重视，"任何形式的文学研究都必须建立在细致扎实的文本细读基础上，只有对文本进行了真正、充分和扎实的语言和审美性的细读分析，还原和挖掘出它们各种复杂的蕴意，才能在此基础上运用某种理论和方法对其进行批评和观照"[1]。所以，在具体的教学实践中，要积极引导学生阅读文学作品，写出分析文章。

"一千个人眼中会有一千个哈姆雷特"，一部文学作品在不同的读者那里，在不同的语境之下，就会呈现出多种解读的可能性，这也是文学充满了魅力的原因。由于中国当代作品和现实的复杂联系，需要教师积极鼓励、引导学生做好文学作品的分析。陈思和在其《中国当代文学史教程》中认为，中国当代文学存在着一种"未完成性"和"探索性"，"在社会实践和文学创作

---

[1] 徐克瑜：《当前文学研究中的文本细读问题》，《文艺争鸣》，2009（3）。

中，中国当代文学（尤其是五六十年代的文学）的特点之一，就是与现实政治、尤其是时代主潮的关系过于密切，但是中国近半个世纪来的社会发展经历了激烈的动荡与反复，以'文革'前、'文革'时期和'文革'后三个时期的国家意志作比较，它们都是以否定前一时期的国家意志为特征的"①。如何引导学生在表达自己对文学作品的独特意见的同时理解文学作品所表现出的时代背景和历史氛围，是中国当代文学作品阅读和分析的关键所在。在实际的教学中，调动学生阅读的积极性至关重要，他们对于文学作品的分析和解读，则需要教师加以鼓励和组织讨论，并作出积极的回应。

众所周知，作家王蒙1956年发表的小说《组织部新来的年轻人》是中国当代文学史上的重要作品，曾经引起过很大的争议，研究者曾经从各种角度、以多种理论方法评论过这部作品。在介绍完学界对这篇作品的各种解读之后，我鼓励学生发表自己阅读这篇作品的看法，第二次课就有许多同学交来了阅读赏析和读书报告。其中，龙宇笑同学依据自己的感受写出了阅读报告，抄录如下：

在读完这部短篇小说以后，我不得不佩服王蒙先生那双犀利地透视生活的眼睛。我们虽然对那时干部办事的真实情况不是很了解，或许这就是当时真实的反映。但是无论如何，在这部小说中处处可以感受出他那锋芒的笔角。而在我看来，王先生对刘世吾这个人物的刻画是最吸引我的。

我个人认为在当今社会，能遇到有刘世吾这样的人做你的上司，应该是一种福分。以下是我的几点看法。

一　遇事沉着稳重

整部小说，刘世吾就像一副镇静剂。只要他出现的地方，一般节奏马上就会变慢。让人从紧张的氛围中解脱出来。

小说中，林震向李宗指出刘世吾对区委组织工作中出现的问题负有责任时，刘世吾的表现非常大度。下面是他的表现：

刘世吾点点头："小林同志的意见是对的，他的精神也给了我一些启发……"然后他<u>悠闲地溜</u>到桌子边去倒茶水，用手抚摸着茶碗沉思地说：

---

① 陈思和：《中国当代文学史教程》，第9页，上海，复旦大学出版社，1999。

"不过具体到麻袋厂事件，倒难说了。……"

点点头，悠闲地，抚摸着这三个词就是刘世吾现在此刻的感想。我想现在很少会有领导在自己的手下提出自己的缺点时，仍然持有稳坐钓鱼台的态度，虚心接受并认同。我想这样的人必能处变不惊，因此不能不说他是一个非常有胆识以及有魄力的领导。

二 刘世吾关心下属

当林震与刘世吾初次见面时，就给人以成熟稳重的感觉，后又对林震嘘寒问暖，甚至关心他是否结婚以及他的业余爱好。我觉得现在能够如此关心下属的上司越来越少了，从这一点上，难道不应该有理由相信刘世吾是一个关心下属的好上司吗？

三 善意指出同事错误

在小说中，对刘世吾有这样一段描述：

刘世吾有时一面听韩常新汇报情况，一面漫不经心地查阅其他的材料，听着听着却突然指出："上次你汇报的情况不是这样！"韩常新不自然地笑着，刘世吾的眼睛捉摸不定地闪着光；但刘世吾并不深入追究，仍然查他的材料，于是韩常新恢复了常态，有声有色地汇报下去。

我想请问，现在在党政机关，还有哪一位上司敢如此直率地提出同事的错误？而刘世吾却能非常大胆地指出。而且他这样做并没有使他的同事的面子丢尽，他在整个过程中只是说了一句话，但却起到了足够的提醒作用。他没有多说是因为他相信韩常新是一个觉悟高尚之人，不用多次提醒。我想有这样的上司你也会很满意吧。

以上仅是我的一些粗略的看法。总之，在我个人看来，一个人如果在官场上能做到像刘世吾这样，必是八面玲珑，如鱼得水。

显然，这篇作品是学生根据当下的生活感受而对文学作品作出的解释，反映了她的真实想法，从这篇解读中也不难看出这位学生对待生活的态度以及对未来职业方面的规划和设想。从学理上讲这样的文本分析有值得商榷的地方，但这种对于文学的别样的理解显然是值得鼓励的。实际上，这位同学在写完这篇分析后，心里是惴惴不安的，还专门写信来询问她的看法是否正确。我并没有很快作出价值判断，而是鼓励她在课堂上表达自己的看法，她的意见在课堂上发表之后引起了同学们的争议，既有同学赞同她的意见，也有同学反驳她的看法。显然，这样的意见丰富了他们看待和解读文学作品的角度，也引起了他们进一步细读作品的兴趣和热情。

另一位王亚兰同学则提出了自己阅读《组织部新来的年轻人》的不同理解，在她看来，《组织部新来的年轻人》显得有些"无聊"，因为她并不满意作者王蒙处理这篇作品结局时的方法：

> 《组织部新来的年轻人》中"外来者"的叙事视角：我们知道，这个叙述的方式是文学作品中的经典方式，无论是《在医院中》的陆萍还是《狂人日记》中的狂人，都是处于一种孤独者与大众的矛盾之中，也正是因为如此，这种强烈的冲突才能够更加深入人心。因此我觉得，如果是在《组织部新来的年轻人》的结尾，林震没有与官僚主义进行坚决的反抗而是堕落成为其中的一员，可能这种悲剧色彩的感染效果能够更加打动我，但是正是由于这部作品出现的时间使得它不得不有这样的一个结尾，也是令人感叹的一件事情，毕竟在那样一个污浊的环境中，林震突然就无比坚决的与官僚主义作斗争的行为显得有点儿太过突兀。

这位同学既有自己的阅读感受，同时又将作品纳入到文学史主题研究的脉络中，虽然表达和论述还显得稚嫩和矛盾，但显示了文学研究的潜力。

另外还有多位同学依据自己阅读《组织部新来的年轻人》感受写出分析文章，而我则引导他们从更多的角度去思考并提升自己的观点。实际上，关键的问题不在于学生对文本作出了何种解读，以及这种解读是否成熟，而在于如何鼓励学生充分表达自己的阅读感受，在他们发表了各自的看法之后，帮助他们进一步完善自己的阅读分析，并加以理性提炼，以培养他们的文学赏析和文学研究的能力。

四、文学作品与影视资料的资源整合

中国当代文学发生的历史距离我们非常近，许多作品的发表、出版不过是几十年甚至几年之前的事情，随着现代传媒的发展，其中很大一部分被拍成了电影甚至是电视剧，因而，合理利用影像资料也就成为当代文学史教学的一个重要内容。在如今这样一个读图时代，图画、影视对学生的影响很大，很多的当代文学作品,学生们也许并没有读过作品,但已经通过影视资料有所了解。因此,利用电影等形式来辅助教学,如果运用得当,能够达到事半功倍的效果,让学生以更加直观的方式进入到当代文学课程的学习当中。

但是,如何利用丰富的影像资料,也给当代文学课程教学带来了一些挑战。文学文本与新媒体资料之间的关系如果处理不当,很有可能让学生对两种不同的文艺形式产生混淆,反过来阻碍学生对于当代文学作品的理解和接受。在课程的学习中,部分学生由于影视的印象,也许会贪图方便而放弃对文学作品原著的阅读。但不阅读文学作品,不感受文学语言,就很难真正获得文学审美教育。这时候,过于依赖影视作品反而有可能阻碍学生对于文学的接受,所以必须将文学作品和影视资料进行有效的资源整合,以促进中国当代文学史课程的学习。

从20世纪50年代开始,中国当代文学的经典作品就被大量改编为影视剧,八九十年代以后几乎每一部有影响的著作都被改编了。在文学史上,至少有这样一些重要的作家著作被改编为影视作品:

影视作品	原著	作者
《红旗谱》	《红旗谱》	梁　斌
《青春之歌》	《青春之歌》	杨　沫
《林海雪原》	《林海雪原》	曲　波
《李双双》	《李双双小传》	李　准
《乔厂长上任记》	《乔厂长上任记》	蒋子龙
《八旗子弟》	《烟壶》	邓友梅
《神鞭》	《神鞭》	冯骥才
《阳光灿烂的日子》	《动物凶猛》	王　朔
《野山》	《鸡窝洼人家》	贾平凹
《红高粱》	《红高粱家族》	莫　言
《大红灯笼高高挂》	《妻妾成群》	苏　童
《一地鸡毛》	《一地鸡毛》	刘震云
《长恨歌》	《长恨歌》	王安忆
《活着》	《活着》	余　华

实际上,中国当代文学本身与现代传媒就构成了一种复杂缠绕的关系,

文学作品被改编为影视剧，也构成重要的文学亚文本①。当代文学史上，一些特殊时期的文学甚至是主要以影视的方式呈现出来的，例如"文革"时期的革命样板戏。而包括话剧、戏曲、歌剧在内的戏剧更是需要通过影像资料来帮助学生更好地进入到相关内容的学习当中，这就要求我们在中国当代文学史的课程教学中要充分整合这些影视资源，合理利用多种资源完成课程的教学设计。

在教授革命历史小说《青春之歌》时，由于作品和1960年所拍摄的电影《青春之歌》在当时有着广泛的影响，因此，我要求同学们先阅读文学作品，再播放电影《青春之歌》片段给他们观看，然后让他们讨论这样几个问题：

1. 《青春之歌》的主题是什么？
2. 为什么《青春之歌》能够产生如此大的影响？
3. 小说和电影之间有什么差异？

在观看电影、讨论完相关的问题之后，在对电影文本和文学文本进行对比之后，学生就能更加深刻理解《青春之歌》所表达的思想内涵和作为成长小说、女性文学的艺术特征。

再比如小说《活着》，文学作品以平实的语言通过主人公富贵的经历传达了中国半个世纪的历史变迁，同时也对人类的孤独的命运作出了深刻的描述。但是同名电影对小说原著作了很大的改动，不仅大大增加了富贵媳妇的戏份，而且由于葛优的个性化演出，使得小说带有某些黑色幽默和荒诞的色彩。这时就要求同学将小说文本和电影文本作对比，并让他们谈谈对两个文本的看法，以加深他们对余华作品的理解。

另一方面，在中国当代文学课程教学中，对于影视资料的使用要做到合理而合适，通过影视资料引导、加深、巩固学生所获得的文学史知识，同时让他们明确不同文艺形式之间所存在的区别。在实际的教学中，我力求取得影视资料利用和文学文本教学之间的平衡。由于课时的原因，如果在课堂上大量播放影视资料，显然会妨碍正常的课程教学。因此，选择播放一些影视的片段目前看来是更为合适的方式，既能够提起学生的学习兴趣，又能让学生了解不同艺术形式的表达方式，明确文学艺术的独特性。而如果有同学对

---

① 中国当代文学作品影视改编甚多，这里只是列出部分《中国现代文学史》（下册）教材重点讲述的作品。

影视表现出浓厚的兴趣，则可以将资料提供给他们在课后观看。

中国当代文学史课程作为学院一门重要的专业必修课，带有鲜明的学科特色。只有将文学与文学史的教学结合起来，注重与学生的互动，积极鼓励、引导学生阅读和分析文学作品，充分利用和整合多种资源，充分把握学科特点，才能将中国当代文学史这门课程上好，完成人文素质培养的基本任务。

古代汉语优秀课程建设的目标与思路

孙建军

一、古代汉语课程的过去及现状

古代汉语课程作为高等院校文史类专业的一门传统基础课程，是从 20 世纪 50 年代中期开始开设的。新中国成立之初，高等院校还没有开设"古代汉语"课，有关这方面内容的课程，通常为音韵、文字、训诂课，或统称文字学、小学，基本上沿用民国时期的做法。20 世纪 50 年代中期，教育部门在制订高等院校中国语言文学专业的教学计划时，新设了"现代汉语"课，"古代汉语"课作为与之相对应的课程，也被列入了教学计划，这意味着"古代汉语"课程的正式建立。但最初的几年里，各个高校在开设这门课时并没有统一的安排，内容各不一样，有的开成了"汉语史"，有的开成了"文言语法"课，有的杂糅了文字、音韵、训诂的内容，有的则专讲历代文选。所以这一时期的古代汉语课基本上是旧瓶装新酒，其教学内容与新中国成立初期无大差别。可以说，古代汉语课程的名称虽已列入了中国语言文学专业的课程序列中，但指导思想、教学目的、教学内容还未能明确，更不用说建立起自己的教学体系了。在这种情况下，王力先生在主持编写《古代汉语》时，首先明确了古代汉语课的性质、目的、教学原则及方法，建立起了古代汉语课的教学体系。这套教材第一次确定了"古代汉语"课的工具课性质。对于这一定性的理解，许嘉璐主编的《古代汉语》教材在绪论中做了如下表述："'工具课'是相对于理论课、知识课而言的。'古代汉语'课之所以为工具课，是由它的教学目的所决定的，它不是仅仅传授汉民族语言的基础知识，也不是给学生以系统理论，而是培养学生阅读中国古书的能力。但是这并不意味着本课程不介绍有关知识或拒绝理论分析，恰恰相反，'工具课'的教学目的决定了它必须有选择地讲述基础知识并适当引导学生进行理论性思考，只不过这些都是为了使学生更快更好地培养阅读古书的能力。"在这一认识的指导下，王力先生主编的《古代汉语》教材还确立了理论与实际相结合、理性知识与感性知识相结合的教学原则，突出文选在整个课程中的地位，即以文选为纲，通过对古代典范作品的讲授和阅读，丰富学生对古代汉语的感性认识，在此基础上再给学生以必要的理论知识，使他们得到的感性认识得以提升，上升为理性认识。这一教学原则还首次被体现在教学内容的编排方式上，即按单元组织内容，每个单元文选在前，"通论"（理论知识）在后，二者相辅相成，交叉进行，在教学中做到从实践到理论的多次循环往复，从而收到很好的教学效果。几十年的教学实践证明，王力先生所创立的教学原则符合古代汉语的教学目标和教学规律，理论与实践结合的教学方法是卓有成效的。他所首创的教材编写体例也成为古代汉语教材的通行体例，被绝大多数教材所采用。

我院汉语言文学专业开设"古代汉语"课程已经有几十年的历史了。我们一直采用王力先生主编的《古代汉语》教材，在教学中始终坚持和贯彻王力先生所创立的理论与实践相结合、循序渐进的教学原则和教学方法，获益良多。在这一指导思想下，近年来，我们不断总结经验得失，根据实际需要，调整教学内容，改进教学方法，丰富教学手段。从近年的教学评估和学生反馈来看，古代汉语课的教学得到了广泛的认可和好评，取得了较好的教学效果。

2010年实行新的培养方案后，古代汉语课面临着许多新的问题。一个首要的问题是课时大幅度压缩，由原来的144课时减少到108课时。与此同时，新生的开课时间又推迟到了10月中旬，实际授课时间受到进一步挤压。这对于古代汉语这样一门内容多、知识容量大的传统课程，是一个很大的困扰。它使我们在教学内容的取舍、讲授方法的调整、实践环节的落实上，都面临新的困难和挑战。如何在新的教学条件下，完成课程的教学任务，实现课程的教学目标，保证教学效果，并且在构建学生知识体系方面不打折扣，是一个不小的难题。

在实践中不断探索，对古代汉语课程进行全面调整，构建新的教学体系，探索新的教学方法，已成为我们的迫切任务。

二、课程建设的目标和基本思路

2007年，古代汉语通过合格课程建设。合格课程建设是我们对课程进行全面总结、系统建设的一个契机。我们利用这个机会对课程进行了全面的调整和规范，包括重新修订教学大纲、编制教案及教学课件、编写习题集等等。特别是教学大纲的修订，是多年来教研室投入精力最多、最系统、最全面的一次，实际上是我们对古代汉语课程及教学的一次全面的反思和总结。整个修订工作其实就是一次深入细致的研讨。我们对课程的定位、课程的性质和教学目的，教学内容和教学重点、教学环节、实践环节、教学方法及教学手段的更新等等，都进行了深入的思考和研讨，进一步明确了认识和思路，并建立了新的教学规范。这项工作的进行，使古代汉语课程在制度化、规范化等方面上了一个新的台阶，教学理念、教学规范和教学水平，得到了全面的提升。

此次优秀课程的建设，对我们来说是一个新的契机。我们希望把这项工作当成一次教学研讨，通过优秀课程的建设，找到解决目前教学困境的办法，使古代汉语课在进一步改革和调整教学内容、完善教学环节、改进教学方法、提高教学水平和教学质量等方面，得到全面的提升。

按照学校相关文件的要求，结合古代汉语课的特点和需要，我们确定了课程建设的目标与基本思路：

1. 进一步调整完善教学体系与环节。在新的培养方案的指导下，进一步修订、完善教学大纲。根据不同专业的特点、学生未来发展的需要以及新的课时安排，合理地调整教学内容，强化学生的专业基础和专业素养。

这项工作是此次课程建设的一个重点。尽管教学纲要刚刚修订并执行，但客观现实不容我们等到2014年新的一轮教学大纲修订工作开始后再来进行修订和调整。所以，借此次课程建设，我们要根据目前教学实践中遇到的问题，进行专项研讨，对教学内容进行合理调整。调整教学内容不是简单的压缩和删减，比如从教学大纲计划的教学内容中删减某些章节，而是对教学内容进行系统的分析和定位，在不弱化学生基础知识和能力，不影响知识体系构建的前提下，进一步明确教学重点。同时，要研究和调整讲授方法。例如，文选部分可以减少个别篇目，在教学时数减少的情况下，尝试精讲与略讲相结合的办法,更加合理地分配课时。对重点篇目进行精讲,坚持以往讲深讲透的做法,以此对学生的文选学习给予正确的指导,并引导学生养成字斟句酌、见微知著的认真精神和阅读习惯,为通论的学习打下扎实的基础;一般篇目则尝试采用串讲或对重点段落进行提示性讲解的方式,引导学生加强自我阅读,培养和提高自我阅读的能力。通论部分要进一步明确每个单元的知识重点,并在教学中突出重点,对一般知识则根据具体情况,进行必要的压缩,或做提示性的讲解,帮助学生掌握重点知识,了解一般知识。

2. 重新设计与完善教学实践环节,通过课上及课下阅读、练习、思考等形式,加强知识与技能训练,切实提高学生独立分析问题与解决问题的能力。

这是以往教学环节中的一个难点,也是本次课程建设需要认真研讨的一项重要内容。课外阅读是古代汉语学习,特别是文选学习的一个不可或缺的环节。课外阅读在很大程度上依赖于学生的学习主动性和自觉性,虽然任课教师不断向学生强调课外阅读的重要性,但长期以来一直缺乏有效的监控措施,使这一环节常常难以落实。课时减少后,学生的课外阅读显得更加重要,课上的讲授量减少了,更需要学生加大课外阅读量,并且保证阅读质量。如何加强监督,能否把这个环节纳入考核范围,怎样考核,是我们一直以来面对的一个难题。我们希望借助课程建设,认真研讨,开拓思路,制定切实可行的方案和措施来解决这一难题。

在训练环节上,课时减少后,原来设计的课上练习很难保证。如何加强课外练习,提高课外练习的效率,在不增加量的前提下提高效果,也是我们面临的一个新的难题。在课程建设的过程中,我们要对课外练习的方式、形式和内容进行专项研讨,配合教学内容的调整,对原有的习题进行全面的调整和补充,提高习题的针对性和目的性,强化课外练习启发学生思考和培养思考能力的功能。通过课程建设,希望古代汉语教学实践环节从形式、内容到效果,都有明显改观。

3. 进一步改进教学方法,积极研究探讨新的教学手段,建设和利用好网络教学平台,提高教学效率,进一步提高学生学习古代汉语的兴趣和主观能动性。

古代汉语课程有着自己的鲜明特点,不同于现代汉语的教学,它要从文选的学习开始,来帮助学生建立感性认识,了解古代汉语书面语的基本特点,在这个基础上再讲授理论知识。因此,首先要阅读和学习大量的古文,特别是先秦两汉的古文。对学生来说，有很大的语言障碍和相当的难度，加上语言理论知识又相对比较枯燥，学生往往一开始就有畏难情绪，少数学生甚至从心理上很排斥这门课。如何引导学生克服畏难情绪，并在学习中激发他们的兴趣，让他们愿意学、喜欢学、主动学，是课程组全体成员长期以来一直努力探索的一个重要问题。在长期的教学实践中，课程组每一位老师都在改进教学方法、提高学生兴趣方面积极探索，尝试各种方法，积累了丰富的经验，收到了很好的效果。古代汉语课程的整体教学质量保持在一个较高的水平，在近几年历次的教学评估中，几位任课教师都取得了优秀的成绩，得到了学生的广泛认可和较高评价。课程组成员先后获得过学校"本科教学十佳教师奖"、学校和学院教学比赛一等奖等奖励，这是教研室全体教师多年来重视教学、踏实认真、在教学中投入大量精力和智慧换来的，是对我们以往工作的肯定。但是学有发展，教无止境，面对新的教学对象和教学任务，积极探索和改进教学方法，是每一位教师的长期课题，也是当前客观现实的要求。近几年，学生进入了"90后"时代，我们在教学中感到，这样一个新的学生群体普遍存在着古文基础薄弱、学习主动性下降、自主思考意识和能力不强等弱点。教师在教学中给予明确指导和有意识的引导，就显得更加重要了。这就需要我们认真总结以往教学的经验和不足，积极探索新的教学理念和教学方法。加强引导、注重启发、调动学生思维，是我们此次课程建设中需要研讨和着力解决的一个问题。知识性突出的课程在教学中很容易形成"注入式"为主的讲授特点，我们要积极探索和实践注重"启发式"的教学方法。所谓"启发式"，并不是机械地设计问题，要求学生去思考。不能把它简单地看做一种方法或手段，而应该成为一种教学理念，与知识的传授有机地融合起来，并贯穿于教学的各个环节之中。"启发式"教学应该以激发学生内动力，激活学生思维，培养学生自主思考习惯和思考能力为目标，而实现这一目标的过程是一个师生共进、思维互动、教学相长的过程。应当注重学生在这一过程中的主观能动性，发挥学生在其中的作用，而不应该把它看做是教师单方面的行为或者方法。在这方面，我们需要明确认识，不断探索，借此次课程建设，推动此项工作的进程。

4. 研究改革考试方法的必要性、可行性，制定新的考试考核方案并进行试验，使考试考核更有效地起到检验教学、促进教学的作用。

考试方法和形式需要不需要改变，如何改变，如何避免为改变而改变，一直是困扰我们的一个问题。语言类的课程有它的特殊性。从考试方法上看，传统的考试（包括外语考试）都是采用闭卷考试的方法，将重要的知识点和问题分解成若干个部分，通过不同的题型设计来进行考查。这一传统的考试方式近年来遭到很大的挑战，负面的评价越来越多。闭卷考试常常被跟死记硬背、抑制个性思考、重知识轻能力等弊病联系起来，似乎只有开放式的、论文式的考试方式才有利于学生的独立思考和能力培养。这实际上是把教育体制带来的弊端嫁祸于考试方式，同时也抹杀了不同性质、类别课程的差异，忽略了某些课程，例如语言类课程的自身特点。从古代汉语教学的长期实践来看，闭卷考试这一方法与课程性质是相适应的。对于考试这一环节所担负的目标和任务，无论是检验教学效果，还是促进学生学习，都是有效的、必要的。如果不顾课程实际，为改而改，放弃闭卷考试，其结果等于是买椟弃珠，会给教学带来很大的不利影响。我们认为就古代汉语课程来说，目前考试的问题不在于闭卷这一形式本身，而在于现今实行的期中、期末两段考试这一方式上。这一考试方式的问题在于，期中考试为阶段性考试，成绩只占总成绩的30%；期末考试为总结性考试，成绩占到60%，起着决定性作用。学生如果期末一次考试发挥不理想，就可能一学期成绩不合格。相反，如果期末考试成绩高，即使平时学习成绩不好，也有可能过关。这就会造成学生重期末、轻平时的学习倾向，使那些惰性比较大的学生放松平时的学习，把压力堆积到期末。同时，期末考试定成绩的现实也加大了学生期末复习的负担。这是古代汉语课期末考试不及格率一直较高的一个重要原因。此次课程建设中，我们首次把考试改革纳入到建设内容中来，拟在对外汉语专业进行试点，尝试以单元考试的形式取代期中考试。加大平时训练与考核的成绩比重，初步计划将考试成绩的比例调整为平时成绩占20%，单元考核成绩占40%，期末考试占40%。考虑到新生刚刚入校，在专业学习上还有个适应阶段，考试改革的试点拟先放在对外汉语专业第二学期进行。在试点的基础上总结得失，及时调整，如果可行，再稳步推广到其他专业。考试对于课程和学生来说，都是一项重要工作。在这一问题上我们一直持审慎态度。考试改革的方案我们还要反复研究磋商，论证其合理性和可行性，并最大限度地规避可能带来的风险。使考试改革真正实现兴利除弊、推动教学的目标。

5. 进一步建设好古代汉语教学团队，以老带新，帮助青年教师尽快成长，也是古代汉语课程建设的一个任务和目标。古代汉语教研室目前人数虽少，但已基本形成了合理的梯队。青年教师的成长，决定着我们的未来。因此，此次优秀课程建设我们吸收教研室教师全员参加。在课程建设中注重发挥青年教师的优势和作用，鼓励青年教师积极参加教学研究和教学改革，帮助青年教师提高业务能力和教学水平，使之尽快成长为教学骨干，从而提高教学团队的整体水平。

优秀课程建设是一项系统工程，也是一个探索与创新的过程。我们把这看作是一次契机，希望借助课程建设进一步开拓思路，推动教学研究，完善教学环节，全面提升古代汉语课程的教学质量和教学水平，为下一步建设优秀课程奠定良好的基础。

因材施教与因教施学

——从《古代汉语》相关课程教学谈起

韩 琳

一、关于"因材施教"的适用性

《论语·先进》有一段话一直被当作教师因材施教的典型案例：

> 子路问："闻斯行诸？"子曰："有父兄在，如之何其闻斯行之？"冉有问："闻斯行诸？"子曰："闻斯行之。"公西华曰："由也问闻斯行诸，子曰有父兄在。求也问闻斯行诸，子曰闻斯行之。赤也惑，敢问。"子曰："求也退，故进之。由也兼人，故退之。"

以上这一段，反映出孔子设教授徒的几个方面内容：其一，教学组织方式：不受时间地点限制的师生对话交流式；其二，教学对象：不同年龄的学生，此段中的人物，公西华是孔子学生中年龄较小的一位，他少孔子43岁，少子路23岁，冉有少孔子30岁；其三，教学内容，本段孔子的答语针对的是学生"闻"和"行"关系的处理方式。孔子施教不限于学科门类，主要突出能够充分发挥学生特长的办事能力；其四，教学方法，针对学生的兴趣所在和性格特点有差别地实施教学。资质分高低，术业有专攻，在孔门四科（德行、言语、政事、文学）教学中，本段中提到的冉有和子路是在施政能力上比较突出的两个学生。但冉有资性懦弱，见义不前，故孔子鼓励之为其壮胆；子路勇于作为，故孔子平抑措退之。对同一个问题完全相反的两种回答，集中体现了孔子个性化教学的施教方法。这种教学中因人制宜、有针对性进行教学的方法得到后世学者的进一步阐发。北宋程颐："孔子教人，各因其材，有以政事入者，有以言语入者，有以文学入者，有以德行入者。"① 朱熹《孟子集注》："圣贤施教，各因其材，小以成小，大以成大，无弃人也。"② 教师能够紧紧围绕学生的特点展开教学，原因就在于教师和学生的交流是全方位的，教师对学生的了解是深入全面的。根据学生的特点，教师可以用自己的才学去延伸学生的兴趣，促使学生做出成就，使学生的自主精神和教师的教育价值得到最完美的融合和展现。正因为如此，因材施教的思想才得到广泛的认同与接受，并在学校教育中广泛传播，成为教育中不可辩驳的原则之一。

无疑，"因材施教"需要建立在师生全方位、多角度交流的平台上，这和教育组织和实施形式密切相关。与孔子时代施教方式不同，现代大学教育有学科、专业、课程以及年级、班级的限制，学生的思维和教师的教学实践被限定在一个狭小的界域内。从教学对象看，教师面对的不再是三五个弟子，而是学生群体，少则几十个，多则上百个；从教学内容看，教师不再是与学生交流自己的思想，延伸学生自己的自主意识，而是向学生传授教材与考纲要求的知识。不管学生是否有学习学科知识的潜力和兴趣，在一定的、期限性的受教育时间段内，教师的教学更多的可能是强制性的灌输。在这样的教育背景和环境下要求教师根据学生学习兴趣、潜力以及性格进行"因材施教"，其难度可想而知。

那么是否可以就此断言"因材施教"在现时代教育实践中已经过时了？回答是否定的。作为一种理想的教学方法，孔子那样的"因材施教"的实施至少应保证两个前提：一是教师的工作方式，教师必须有足够的时间与精力与学生相处以掌握学生的学习潜力与学习现状；二是教师的工作目标，在课堂教学过程中教师必须以掌握的学生各种信息为原则，而不受教材、考纲及教学计划的干扰。很显然，在现在的教育模式中，这两条很难做到。世易时移，变法宜矣。现时代教育的因材施教应该紧密结合教学特点进行适当调整。下面以《古代汉语》教学为例说明这个问题。

与孔门"四科"相类似但又有显著不同，现代大学教育是分专业分学科教育，每门学科教学都会受到教材、大纲的限制，某种程度上可以说是一种

---

① 见四库全书《二程遗书》卷十九。
② 《四书集注》，第459页，长沙，岳麓书社，1985。

因材（教材）施教。在这种背景下，教师应该因材（教材＋人才）施教。这就是说在大纲规定的前提下，教师首先应对所授课学生群体学业程度有深入的认识和把握。例如本科段《古代汉语》课，有为文学院学生开设的，有为外语学院学生开设的，有为少语系学生开设的。文学院学生《古代汉语》上一年，便于整个古代汉语教学体系的展开，通常遵循的教学思路是理论与实践相结合。即在文选阅读中体验语感，在通论学习中提升理论。外语学院古代汉语课程一般开设一个学期，不能展开整个教学内容，通常是两种方案，一是以通论为主，系统介绍文言文系统字、词、句知识，让学生对古代汉语知识体系建立一个基本框架，相应的古文阅读取决于学生今后运用古籍的情况。二是以文选为主，让学生在学习中逐步培养语感，而把理论化的语言文字知识穿插在文选中随文讲授。少语系的学生古汉语基础较差，一般以文选为主，在古文阅读中有选择地讲解相关的理论知识。其次教师应对所授课班级学生的整体状况做到心中有数。才智水平分高下，兴趣能力有不同。学生尤其是这样。学生来自于全国不同地区不同民族，古代汉语程度不同，学习兴趣和学科潜力各有差异。在课时缩减、课程容量加大的大背景下，古代汉语教学应该取班级学科程度最大公约数，即以大多数同学的理解程度作为授课标准。高于这个标准的通过有针对性的个体辅导和相应的选修课来弥补，低于这个标准的通过重修渠道来达标。

总之，因材施教是我国传统教学理论中一个很重要的教学原则，这一原则主要用于解决教学中统一要求和个体差异的矛盾。现代大学教育体系中，教师因材施教，更多偏向于学生群体的实际状况，寻求行之有效的适合方式方法，力求使教学的深度、广度、进度适合学生的知识水平和接受能力。现代教育是一项系统工程，个体教师针对某门课程因材施教毕竟只能了解学生对于该课程的兴趣和潜力，学生个体特性的全面发掘和重点培养需要在更广泛领域内充分展开。

二、关于"因教施学"的必要性

因材施教有利于教师有的放矢，避免了教学的盲目性。俗话说师傅领进门，修行在个人。教和学是统一的整体。知识的授受过程光靠教师唱独角戏不会有好结果。孔子曾说："回也，非助我者也，于吾言无所不说（悦）。"

(《论语·先进》)又说:"起予者,商也。"(《论语·八佾》)这两句话比较了两个学生对老师教学的回馈方式。颜回好学,是孔子最满意的学生,因为他对于老师的话"无所不悦"。孔子所传授的知识在颜回那里得到了理解和接受,但仅此而已,颜回不提问题,不提不同意见,因此孔子认为他不能帮助自己。子夏和老师谈话能提出问题,受到孔子的称赞,因为他启发了老师的思路。教学相长,在思想碰撞的过程中,打破了个体局限性,启发了新思维。子夏能提出问题,说明他学思结合,这种主动学习的态度,无疑要优于颜回的被动接受。"因教施学"就是能够使学生变被动接受为主动获取的有效方式。

因教施学,是学生围绕教师的教学特点而主动学习的行为。它所追求的是学生自身性格、才智、兴趣、潜力和教师风格的有效对接,是学生发展自我、培养能力的主要途径。每个教师都有自己的教学风格。教师自己的个性特点、语言风格、知识水平、艺术修养等综合素质包括对生活的态度,都是教学风格的有机组成部分。

从教师性格特点看,主要分亲和型和严厉型两种。亲和型的教师学生会感到亲切、随和、好接近,因此比较容易接受。尤其在面对学生一些出格行为时教师会耐心了解来龙去脉,寻找适当时机、恰当场合和学生能够接受的方式分析诱导。这种类型老师的教学恰似和风细雨般润物无声。对严厉型教师学生会有距离感、压迫感,特别是在学生犯错误的时候,老师会毫不客气地指出,有时甚至当着很多人的面。压力就是动力,学生敬畏老师,自然会更加认真地对待老师所交代的任务。这种类型老师的教学就像雷霆闪电般会对学生形成威慑力。当然现实中教师的性格对教学的影响并不见得都像以上分类一样泾渭分明。更多的是两种类型兼而有之。在必修课中,对教师性格所导致的教学风格差异,学生别无选择,只能随遇而安,尽量切准教师性格之脉,更好适应和配合老师的教学,学生应该让老师的教学成为自己学习和成长的助力和动力,而不要因亲和而忽视、因严厉而抵触。

从教师的教学取向看,主要分教学型和科研型两种。虽然教学大纲和教学计划限定教师自我特色的发挥,但这两种取向常常贯穿于教师的教学内容当中。教学型老师会更加注重所讲授内容的趣味性和价值导向性。他们会调动一切有利于教学的因素、采取受学生欢迎的方式避免知识的枯燥感,启发学生兴味,促进知识的转化和吸收。科研型老师的教学更注重科研意识和能力的培养，他们比较关注学科前沿，注重学科方法的引导。这样的教学更适于学有余力的学生。学生对于教师的教学取向应该有比较清醒的认识，不仅仅是适应的问题，更应该取长补短，充分利用课余时间和老师交流，和教学型老师多探讨学术问题，和科研型教师多交流在学习中的困惑和疑难，让老师了解自己的接受程度和需求状况，以便实施更有针对性的教学。

如果说必修课的学习，学生较多适应教师的教学风格的话，那么在选修课中，学生更多体现出对教师教学内容的兴趣和对施教者教学风格的追随，是学生综合自己的学习兴趣、潜力、发展方向进行的自我选择，是训练和培养学生自我架构和完善知识体系、自我管理能力的有效途径。尤其在新的培养方案背景下，必修课时压缩，选修课趋于细化、专业化、体系化，学生应该更好地利用选修课这个平台真正实现因教施学。在文学院课程体系中，《古代汉语》属于基础课，学生在这门课程学习中养成的思维习惯、发现的学习兴趣和潜力，都直接影响到古代汉语相关后续课程的开设和教学。古代汉语教研室开设的选修课可分为三大块，第一块是传统语言文字学各分支学科课程，如《汉字学》、《音韵学》、《训诂学》，这些课程都是在《古代汉语》通论的基础上，更专业化、系统化的知识。第二块是古典文献学基础知识和经典导读，如《古典文献学》、《说文解字》导读和《礼记》导读。这些课程展示给学生古代经典的阅读和研究方法。第三大块是中国文化概要。这门课主要围绕中国传统文化的各主题进行专门探讨，目前已经被列为学院通开课程。这三大块都是基础课、必修课《古代汉语》的延伸和深化，向学生展示了中国汉字、古代语言、经典文献和传统文化丰富的内涵和独特的魅力。作为古代语言类课程，如何把稳学生脉搏使学生感到有兴趣、不枯燥且学有所值，是每一位开课教师首先要解决的问题。找准切入点，是一个有效的方法。如汉字类课程抓住汉字表意以及文化载体的特点，文献课从典籍的整理、阅读和古代文化的关系入手，音韵课程从国际音标的识读入手，都使古代的东西更贴近于学生的理解力，更容易被学生接受。学业有专攻。选修课作为基础课的延展和深化，体现了教师的学术研究特色，也是展现教师学术风格的主要阵地。学生应该很好地把握选修课这一学术研究资源，将自己的学习兴趣和教师的学术特点相结合，通过自主判断、选择和学习，充实完善自己的知识结构，实现自我控制和管理。这种自主学习力求让自己的学习能够更好地运用学术资源，更好地适应和支持教师的教学风格，从而从选修课堂教学中获得更大的助益。

三、"因材施教"和"因教施学"

从"因材施教"到"因教施学",不仅仅是主体的转换,更多的是教与学双方责任的强化,相信施教者和受教者都能从中受益。这两种模式之间不应该是非此即彼的排斥关系,而应是相辅相成的融合关系。在教师教学风格形成的自我调适阶段,在以学生的理解能力和接受程度作为主要参照指标的基础上,扬长避短才能突出特色。同样道理,学生学习也有一个理解、选择、调节和接受的过程,它针对的是教学活动中教师传授知识与技能的过程和方法、情感态度和价值观。这是一个教学双方互相交流、互相适应、互相支撑、共同提高的过程。我自己在古代汉语及相关课程教学过程中,深刻体会到这一点。在刚开始使用多媒体进行古代汉语和文化教学的时候,多媒体在材料展示方面的优势和便利曾经为我的教学提供了有力的支持,但连篇累牍的材料展示,不仅影响了学生的理解,而且影响教学进度,教学效果也因此大打折扣。在这种环境下,教学双方都有压迫感和疲惫感。经过与学生沟通、自我剖析及向同行请教和学习,我找到了问题的症结,确定了材料展示适度的原则,"度"融合了课容量、学生理解力、教学解释力等多方面因素。学生也调整了接受的方式,对教师所引用材料强化了功能分类意识,根据自己的理解力进行适当归类和取舍。教师的引导作用并没有因此而弱化,学生的自主意识得到强化,自我调控能力也相应增强。事实证明,教师"因材施教"不应受到教育发展中错综复杂问题的影响,应该在新的条件下开阔其思路,拓展其空间。学生"因教施学",将实现从受教育者到主动学习者的转换,不仅能充分发挥学生学习的主观能动性,而且能实现教师特色和学生兴趣的有效对接。从这种意义上说,教与学双方都是教育的主体,二者在教学中的主体作用不能低估和偏废。

对外汉语专业本科生研究能力培养模式探索[①]

杨吉春

对外汉语专业历来被认为属于应用型专业。在教学过程中，除了重视知识的传授和技能的训练之外，一般不注重学生研究能力的培养，是奔着培养教书匠这一目标进行教学活动的。随着国内对外汉语专业本科招生人数增多、就业困难等两大问题的出现，中央民族大学文学与新闻传播学院对外汉语专业本科除了严格控制招生人数外，在人才培养模式方面有所调整；在原来强调知行并重的基础上加强了学生研究能力的培养，并提出了中央民族大学对外汉语专业本科"知-行-研"人才培养模式。经过两年来的实践，在培养学生研究能力方面取得了可喜的成绩。主要体现在培养学生发现问题、分析问题和解决问题的能力等方面，更重要的是教师在教学过程中有意识地培养学生的研究能力，并组织所有的学生参加各种级别的大学生创新实验计划项目，在教师的指导下，学生在撰写课题申请书、调查研究、撰写论文、撰写研究报告、结题答辩等各个环节都得到了应有的锻炼，体现了对外汉语专业本科"知-行-研"人才培养模式的真正内涵。学生的研究能力不是一朝一夕能培养出来的，应贯穿教学的各个环节。本文就我校对外汉语专业本科研究能力的培养进行了深入调查研究，试图探索出一套符合对外汉语专业本科生研究能力的培养模式，供开设本专业的高校借鉴使用。

一、在专业课程教学中培养学生的研究能力

与其他专业一样，对外汉语专业开设的课程中也包括专业必修课和专业选修课两类课程。语言类的专业必修课包括古代汉语、现代汉语和语言学概

[①] 本文是2011年度中央民族大学校级教学改革项目"中央民族大学对外汉语专业本科'知-行-研'人才培养模式探索"的阶段性成果。

论，选修课包括汉语语音学、汉语词汇学、汉语语法学、汉语修辞学、应用语言学、现代汉语专题研究课程，语言类的教学课程包括对外汉语教学概论、对外汉语教学法。在这些课程的教学过程中，教师们都针对一些专题组织学生有计划、有目的地进行讨论。期中测试基本上是采用撰写综述论文的方式来测试学生的水平，专业选修课的期末测试主要是采用撰写课程论文的形式进行测试。这样的考试方式不仅考出学生掌握知识的情况，还考出了学生查阅文献资料、综述前人研究成果、评价前人观点的能力以及语言表达能力，为写好学年论文和毕业论文奠定了扎实的基础。

二、在实践教学中培养学生的研究能力

实践教学是课堂教学的延伸，是学生在掌握专业基础知识和技能的前提下进行的一项重要教学活动。对外汉语专业学生实践性教学主要体现在两个方面：一是各门专业选修课课外进行的实践教学活动，二是在实习基地（国际教育学院）进行的见习和实习工作。

（一）在课外实践教学活动中培养学生的研究能力

对外汉语专业选修课的授课教师都会布置一些课外讨论题，让学生查阅资料、搜集语料，以小组为单位进行讨论，并把讨论结果整理后制作成课件在课堂上向全班同学汇报，老师进行有针对性的点评和补充。这种实践教学方式其实也是一种培养学生研究能力的具体体现。卢小群老师曾在《知行录》中发表了题为"对外汉语专业语法教学的实践与思考"一文，重点谈了实践性教学方法的运用，并运用实例讨论了课堂教学方法应运用角色转化法、对比法、学术讨论法、科学示范法等四种方法，每一种方法都包含学生研究能力的培养。曹立波老师采用戏剧表演的方式对2009级对外汉语班的学生进行期中测试，从十一个学生表演的剧目中，可以看出学生从对古代文学作品的理解到编剧，从导演到角色安排，从服装道具到背景设计，从台词到旁白以及学生们的演技，无一没有培养学生研究能力的元素；把语言、文学、戏剧融为一体对学生进行考核，是一种新的考试模式，正符合对外汉语专业应培养多才多艺人才的要求。

（二）在见习和实习活动中培养学生的研究能力

见习、实习一直是对外汉语专业实践教学的主要环节，2008级以前的见习工作是利用大二暑期让学生自主见习，撰写见习报告，见习工作没有太大的针对性。2008级和2009级教研室采取到国际教育学院进行至少一个学期的课外留学生汉语辅导工作，并撰写见习报告的方法，因此，这两届学生的见习更有针对性，见习效果很好。许多学生见习工作结束后，仍然要求长期对留学生进行辅导，热爱辅导工作。从2004级开始，对外汉语专业的学生大三暑期都在国际教育学院哥伦比亚大学北京暑期汉语学习项目中进行为期一个月的集体实习。无论是见习还是实习，均要求学生记笔记，特别要注意发现和搜集给留学生辅导过程中发现的问题，并针对学生普遍存在的问题进行研究。在获得立项的10个研究项目中就有7个是在见习和实习工作的基础上申请的研究课题。学生在见习和实习工作中最容易发现问题，这正是研究工作的第一步；然后学生通过各种途径学会分析问题和解决问题的方法和手段。如同义词辨析问题可以查阅工具书或针对留学生出现的特殊情况进行研究。大多数同学还会把见习和实习工作中发现的问题作为学年论文或毕业论文选题进行深入研究。据统计，杨吉春指导的25篇毕业论文中，就有20篇与见习或实习工作有直接关系，例如：留学生汉语问候语常见偏误分析、欧美学生汉语教学中的难点——名量词教学探讨、初级韩国留学生学习个体量词难点问题研究、对外汉语教学中的动词性同义词辨析、"$了_1$"的对外汉语教学研究、多媒体在对外汉语初级阶段教学中的运用等。

三、在研究项目中培养学生的研究能力

鼓励和组织学生参与各种项目的研究是培养学生研究能力的最佳途径。我们在2008级和2009级对外汉语专业的学生中进行了试点，成效显著。2008级共有32名学生，在班导师的引导下和任课教师的指导下，采取自愿报名分组的方式申报了7项中央民族大学本科生研究训练计划项目（URTP2010）和1项北京市大学生科学研究与创业行动计划项目（BEIJ2009），获得立项项目4项，立项率达到了50%。全校共有240项课题申请，共有151项为立项项目，立项率达到62.9%。对外汉语专业的立项率低于学校立项率12.9%。尽

管如此，对外汉语专业突破了原来从不参与项目申报的临界点。

2009级共有32名学生，在班导师和任课教师的指导下，共申报了7项中央民族大学本科生研究训练计划项目（URTP2011）和1项国家大学生创新性实验计划项目（NMOE2010），获得立项项目5项，立项率达到62.5%。全校共有322项课题申请，立项150项，立项率达到46.5%；对外汉语专业立项率比学校立项率高出16%。另外2008级也有1项课题申请，并获得立项。2011年，对外汉语专业共申请课题9项，6项获得立项，立项率为66.7%，高出学校立项率20%。具体情况参阅2008级和2009级对外汉语专业项目立项表。

表1　2008级和2009级对外汉语专业大学生研究计划项目及进展情况表

项目类型	项目名称	项目进展	年级
北京市大学生科学研究与创业行动计划项目	以福鼎罗源两地为代表的闽东方言在普通话学习中的负迁移现象研究	已结项	2008
中央民族大学本科生研究训练计划项目	四川省峨边彝族自治县小学生普通话的普及运用情况及存在问题研究	已结项	2008
中央民族大学本科生研究训练计划项目	中亚留学生初级阶段汉语语音、汉字习得研究	已结项	2008
中央民族大学本科生研究训练计划项目	中央民族大学对外汉语专业本科生培养模式的研究与思考	已结项	2008
中央民族大学本科生研究训练计划项目	赴泰汉语教学志愿者的教学与生活状况研究——以2009年北京高校赴泰志愿者为例	已结项	2008
中央民族大学本科生研究训练计划项目	关于北京部分高校非汉字圈留学生汉字教学方法的探讨	已结项	2009
中央民族大学本科生研究训练计划项目	对韩国留学生成语教学现状的调查与思考	已结项	2009
中央民族大学本科生研究训练计划项目	语言碰撞下新老湘方言的演变和发展趋势研究	已结项	2009
中央民族大学本科生研究训练计划项目	部件教学法在对泰汉语形声字教学中的应用现状研究——以中央民族大学泰国留学生为例	已结项	2009
国家大学生创新性实验计划项目	日本留学生初级阶段汉语声调实验研究	已结项	2009

取得这样的成绩，与班导师和指导教师的引导和指导工作有很大关系，在该项目的研究过程中，我们对学生分阶段进行指导。

（一）组织撰写课题申请书训练阶段

一般申报项目都是在大二上学期进行申报，这时，学生已经上过古代汉语和现代汉语课程，正在上语言学概论课程，有的学生已在或正在国际教育学院对留学生进行辅导。上语言学概论课的老师把撰写项目申请书当作语言学概论课程期中测试。首先把全班32名学生分成8个小组，采取自由组合的方式，人数3-6人均可；然后让学生提出选题，每组选题得到任课教师认可后，要求每个同学都要撰写课题申请书，并评出论述最好的课题申请书让各组自己讨论修改，再把申请书交给指导教师进行审阅，让学生再次修改，最后提交学院审核进入学校参加评审。

（二）对立项课题进行指导

通过立项的项目，在指导教师的指导下让学生独立完成。以2009级对外汉语专业本科学生崔言等三位同学获得的国家大学生创新性实验计划（NMOE2010）项目"日本留学生初级阶段汉语声调实验研究"为例，对研究过程进行阐述。首先，让学生自己学会使用语音分析软件PRAAT、录音软件Adobe Audition和数据统计分析软件Excel；然后指导学生确定实验对象、录音材料、录音环境进行录音，并把录音材料导入语音分析软件进行实验数据分析；其次用Excel对实验数据进行统计分析；最后研制教学课件，撰写研究论文，撰写研究报告。图1是该项目中期检查报告书中的"项目实践流程图"。

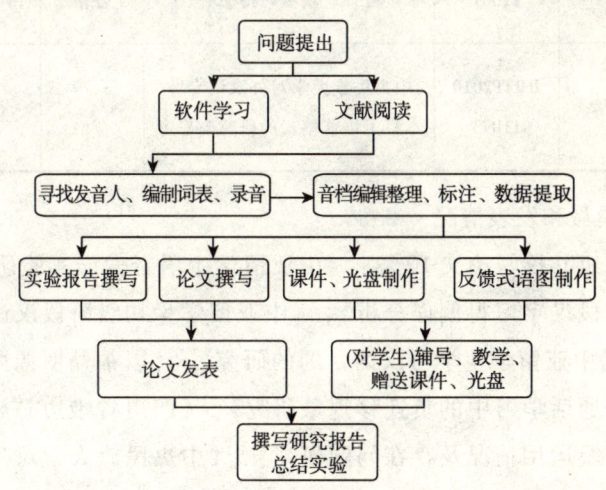

图1 项目实践流程图

该项目组的同学按照项目实践流程图上的步骤一一完成了各个阶段的研究任务。在研究的过程中，碰到棘手的问题，通过各种渠道均得以解决。通过一年的研究，该课题组有以下研究成果：1. 在正式刊物上发表学术论文2篇；2. 研制出了供留学生自主学习用的学具，并刻录成光盘，赠送给日本留学生使用。

（三）课题研究成果及其形成形式

1. 结项成绩情况

10个项目中现已有4个项目结项，结项情况参阅表2。

表2　2010年对外汉语专业各级大学生研究项目结项情况

项目类型	项目编号	项目名称	结项成绩	负责学生	指导教师
北京市大学生科学研究与创业行动计划项目	BEIJ200911010	以福鼎罗源两地为代表的闽东方言在普通话学习中的负迁移现象研究	4.03 合格	雷好	翟燕
中央民族大学本科生研究训练计划项目	URTP201011059	四川省峨边彝族自治县小学生普通话的普及运用情况及存在问题研究	3.7 合格	蒋鑫颖	翟燕
中央民族大学本科生研究训练计划项目	URTP201011061	中亚留学生初级阶段汉语语音、汉字习得研究	4.28 合格	姜冠铭	杨吉春
中央民族大学本科生研究训练计划项目	URTP201011073	中央民族大学对外汉语专业本科生培养模式的研究与思考	3.79 合格	石栗	翟燕

2. 论文撰写和发表情况

五个课题组共撰写论文10篇：《中亚留学生语音偏误实验研究》、《中亚留学生初级阶段汉字习得偏误分析》、《中亚留学生初级阶段汉语语音教学实践与思考》、《中亚留学生学习汉语目的的研究》、《以福鼎罗源两地为代表的闽东方言在普通话学习中的负迁移现象研究》、《四川省峨边彝族自治县小学生的普通话普及运用情况及存在问题研究》、《中央民族大学对外汉语专业本科生培养模式的研究与思考》、《关于对外汉语专业课程设置的浅思——以中央民族大学2010版对外汉语本科教学培养方案为例》、《新汉语水平考试的课件创新实践》、《日本留学生汉语声调格局》；其中有3篇论文在正式刊物上发表。

由 2008 级丁启璠、王正、唐静、田孜、石栗等五位同学撰写的论文《关于对外汉语专业课程设置的浅思——以中央民族大学 2010 版对外汉语本科教学培养方案为例》已在《中央民族大学本科教学研究》第十辑上发表。该文以中央民族大学推出的 2010 版对外汉语本科教学培养方案为研究版本，与 2006 版培养方案进行对比，指出了 2010 版培养方案较之 2006 版有着明显的优点；并通过调研专业任课教师、在校学生、用人单位，指出 2010 版培养方案在课程设置上仍有不足，并提出一些合理化建议。这对下一版培养方案的制订有一定的参考价值。

由 2009 级崔言同学撰写的论文：《新汉语水平考试的课件创新实践》已在《考试周刊》上发表，由杨吉春老师和崔言同学撰写的论文：《日本留学生汉语声调格局》已在《汉语国际传播研究》第 2 辑上发表。论文《新汉语水平考试的课件创新实践》以新 HSK 考试词汇大纲为基础，为初学汉语的日本留学生试制语音课件，课件音频采用 WAV 格式，具有即点即读功能，界面简单，易于操作，特别适合独立学习型的学生，延伸了课堂教学的时间和空间，取得了很好的教学效果。论文《日本留学生汉语声调格局》以日本留学生汉语单字调为声学实验对象，以 PRAAT 为实验软件，采用"声调快速验证模式"方法，考察了日本留学生汉语初学者的声调格局。实验发现：学生去声习得效果最好；阴平居于高音或中高音区，习得较好；上声习得、阳平上声区分困难，且存在问题的种类不同，不可一概而论；学生上声尾段以低音结束的发音在听感上更接近普通话，上声习得时应强调降，弱化升。两篇论文的研究方法和观点对国际汉语教师的教学有重要的借鉴作用，对日本留学生学习汉语语音均有重要的参考价值。

3. 学习工具的研制和应用情况

由崔言同学负责的国家大学生创新性实验计划项目"日本留学生初级阶段汉语声调实验研究"针对日本留学生的语音学习情况，选取了新 HSK 一、二级词汇共 300 个，邀请了 4 位高校普通话水平均在一级乙等以上的测试员进行词语朗读，采用编辑录音词表、录音、剪辑、模板设计、音频链接、播放实验等几个阶段制作成语音课件。该课件已在辅导课堂教学中和课后学习中进行过试用和测试，得到日本留学生的一致好评。图2、图3、图4 分别为：女声点读课件截图、留学生使用学具进行自主学习图和光盘照片图。

图2 女声点读课件截图 　　图3 留学生使用学具学习

图4 光盘照片

四、在学年论文和毕业论文撰写过程中培养学生的研究能力

　　学年论文和毕业论文是对外汉语专业本科培养方案中的两个重要实践教学环节。这两个环节重在全过程培养学生的研究能力。对外汉语专业采取指导教师给出选题范围，学生自主选题，师生双向选择指导教师的方法，教研室适当调整分配指导任务。在指导过程中采取个别指导与集体指导相结合的方式进行指导。个别指导主要是指导教师单个对自己指导的学生进行完成选题、撰写开题报告、资料语料搜集、语料分析、论文撰写修改等不同阶段的具体指导；集体指导主要是教研室集中全体学生举行开题报告会、毕业论文交叉评阅和论文答辩会等三个环节。

　　在学年论文和毕业论文的撰写过程中，四届对外汉语专业的学生都能认真对待论文写作工作，在指导教师的指导下，制定写作计划，独立完成资料查阅、语料搜集、论文写作等工作；四届学生全部都顺利通过了答辩。

　　学年论文和毕业论文的写作不仅能够强化学生所学的专业知识，更重要的是能够提高学生逻辑思维能力和文字表达能力,培养学生发现问题、分析问题和解决问题的能力;每位学生都得到了学术研究全过程的训练,掌握学术研究的基本范式。两次论文的撰写工作使学生的写作水平有了质的飞跃,知识结构上有了较大的补充,学生受益匪浅。

五、对外汉语专业本科生研究能力培养模式

通过7年来对外汉语专业本科学生研究能力培养的模式探索,我们认为,对外汉语专业虽然是实践性较强的应用专业,但也不能忽视学生研究能力的培养。对于对外汉语专业的学生来讲,不但不能削弱学生研究能力的培养,反而应注重加强学生研究能力的培养。知识的传授、技能的训练、研究能力的培养应是三位一体的关系,从而形成从理论到实践,从实践到理论的螺旋式人才培养模式。通过对对外汉语专业本科研究能力的培养调查研究,我们认为对外汉语专业学生研究能力的培养应贯穿四年教学的全过程,主要体现在图5中的八个模块:

模块一: 课堂研究能力培养	模块二: 课外研究能力培养	模块三: 见习研究能力培养
模块四: 实习研究能力培养	**对外汉语专业本科生研究能力培养模式**	模块五: 项目研究能力培养
模块六: 学年论文研究能力培养	模块七: 毕业论文研究能力培养	模块八: 考研研究能力培养

图5 对外汉语专业本科生研究能力培养模式

模块一、二、三、四是学生研究能力培养的基础阶段,模块五、六、七、八是学生研究能力培养的重要阶段,是直接体现学生研究能力高低的阶段。每一阶段我们都应重视,才能为学生考研或工作奠定良好的基础。

对外汉语专业《现代汉语》课程教学改革的探索与实践

翟 燕

现代汉语是对外汉语专业的一门专业基础课程，通过该课程的学习可以使学生对现代汉语的感性认识提高到理性认识上来，培养他们良好的语言素质和出色的语言能力。同时，对外汉语专业的性质决定了该专业的现代汉语课与为其他专业开设的现代汉语课有着很大的区别。在对外汉语专业的现代汉语课堂上，不仅要求学生掌握现代汉语语音、词汇、语法、文字、修辞等基础知识，提高他们理解和运用语言的能力，为他们将来进一步深造或从事语言文字工作打下扎实的基础，同时还应该培养学生运用现代汉语知识进行教学的能力，使其具备将汉语作为第二语言的教学能力，使他们成长为优秀的对外汉语教学师资。

由于对外汉语专业是一新兴专业，在国内开设的时间还比较短，在教学方面还存在很多的问题，如教学目的模糊，侧重基本知识、基本理论的讲解，忽视基本技能的训练和对学生理解、分析、运用语言能力的培养，从而无法提高学生的实践能力；教学内容陈旧，学生在学习时提不起兴趣；教学方法单一、教学手段落后，与现代化教学模式脱节等。因此我们有必要对现代汉语课程的教学内容进行适度地调整，对教学方法进一步创新，打破旧有模式的窠臼，探索出一套既能体现对外汉语专业特色又能充分调动学生积极性的教学模式，以主动适应对外汉语专业的教学目标与培养要求。

一、对外汉语专业《现代汉语》课程教学改革的意义

（一）更新《现代汉语》的教学理念

《现代汉语》课程教学内容丰富，概念繁多，知识结构复杂，而且兼重理

---

① 本文为中央民族大学 2011 年度教改项目"中央民族大学对外汉语专业本科'知－行－研'人才培养模式探索"研究成果。

论性与实践性，需要借助大量的实践环节来巩固理论教学成果，如果仅仅运用注入式的传统教学方式，势必事倍功半。《现代汉语》课程教学改革的目的之一，就是在教学环节中，积极探索探究式教学模式，使教师由原先的课堂主角变为学生学习的引路人、指导者和支持者，通过充分体现学生的主体地位，以有效培养学生的创新能力。

（二）提高学生的学习、研究、实践能力

当前素质教育中的重要工作，就是要增强学生对课堂知识的学习、理解和应用能力。在《现代汉语》的教学改革中，通过大量增加各类实践环节，让教师的教学与学生的学习真正实现良性互动，不仅可以使学生更多地发现现代汉语的实用价值，提高学生对现代汉语基础知识的理解和掌握，进而提高学生的综合运用能力和交际能力；同时，通过增加教学研究环节，引导学生参与现代汉语知识方面的社会调查和科研项目，使学生在研究中学习，在学习中提高。

（三）增强课堂教学的趣味性和知识性

《现代汉语》是一门实践性很强的课程，教学过程中要克服教学内容枯燥乏味的弊端，要通过各种语言现象的筛选、分析与解读，鼓励学生更多地参与教学活动，提高教学的趣味性和知识性，丰富教学内容，增强教学效果。另外，在教学中，适当与中华文化如文学、历史、地理、民俗等知识相互融合，通过文化的导入提高学生学习的兴趣，赋予《现代汉语》课程教学以崭新的活力和学生学习现代汉语的不竭动力。

（四）为语言类其他课程的教学改革提供借鉴和参考

目前，语言类课程的教学模式相对传统、保守、重理论、轻实践，容易与学生的学习需求相脱节。对《现代汉语》课程的教学进行改革，不仅可以提高《现代汉语》这门课程的教学质量，也可以为其他语言类课程的教学改革提供借鉴和参考。

二、对外汉语专业《现代汉语》课程教学改革的主要举措

对外汉语专业《现代汉语》课程教学改革的主要举措是：以教学内容改

革为核心,以教学方法、考核方式调整为手段,以教材调整等为辅助,以增加实践环节为突破口,全面提高学生的语言应用能力和综合素质。

(一) 紧跟时代步伐,主动更新教学内容

教学内容的改革是《现代汉语》教学改革的关键环节。教学改革将根据教学现状、教材现状、学生的实际情况以及社会的需求对《现代汉语》的教学内容进行深化和拓展。在不改变教学大纲相关要求的前提下,拟将教学内容从以下两个方面进行改革:

1. 不断优化课堂知识体系

《现代汉语》的教学改革要坚持稳步推进的原则,对教学内容进行适度、适时、适当的更新,努力革除原有知识体系陈旧、讲解僵化的弊病。教师应该以较高的理论起点、较强的方法论意识,注意不断优化教学内容,在讲授《现代汉语》基础知识的同时,充分吸收并及时补充国内外最新研究成果,重视知识基础性、研究性、前沿性的高度统一,开阔学生视野和思路,培养学生一定的认识、理解、分析、评价语言的能力,增强学生对现代汉语特点的认识。

如在语音部分的知识讲解中,介绍人类的发音器官时,可摆脱以往仅是简单枯燥讲解人类的发音器官的构成、功用等基本知识,可在介绍基本知识的基础上,引入最新的考古学、分子生物学、解剖学的知识,带领学生分析为什么猩猩只能发出简单的语流串,而人类却能发出各种复杂的承载意义的声音?为何猩猩即使模仿人类说话也不可能达到人类语言的高度?再比如,可以介绍学生运用一些语音分析软件如 PRAAT 等,让学生在实验的过程中,将原先对语音从听觉上得到的感性认识,变为可以从视觉上加以描写和刻画的语音波形、三维语图、音高曲线等,进而了解汉语语音的声学特征等。这些新知识、新成果的引入可以极大提升学生的学习兴趣及研究动力。

2. 适度增加人文知识比重

语言类课程经常被打上枯燥、难学、无用等标签,很重要的一个原因在于课程讲解本身忽略了语言与文化的内在关系,教学中文化内涵的缺失导致学生对汉语之美认识不足,学习兴趣也不断下降。通过教学改革,我们将适度增加授课中人文知识比重,使学生改变《现代汉语》是一门纯理论课程的印象,重新激发现代汉语课程教学的活力,充分展现现代汉语的魅力,提高学生的语言学习兴趣及运用能力。

比如在讲韵母时，除介绍汉语韵母基本构造、发音特点外，可选取经典的文学作品讲解押韵的相关知识以及押韵在增强作品语言的回环美、渲染气氛、强调情感方面起到的作用。如通过对比李清照《声声慢》和毛泽东《沁园春·雪》两首诗词，分析韵在这样两个不同流派作家的笔下有何不同的表现，引导学生根据韵的开口度大小对比两首诗词不同风格的形成与韵的关系。

讲解声调时，除了讲解声调的基本概念如调值、调类外，可以结合史料带着学生一起分析东汉以后佛教的传入对人们认识汉语音高辨义所起的作用，以及由此产生的四声概念及以四声为研究对象的著作，如沈约的《四声谱》、周颙的《四声切韵》等，自此文学史上便开始了自觉运用平仄交错提升作品音律美的历史，并在唐代发展到极致，律诗的出现就是证明。

将《现代汉语》的教学置于中国古代博大精深的传统文化背景下去考察、学习和研究，不仅可以激发学生学习的兴趣，而且可以大大提高语言类课程教学的文化高度。

（二）坚持学以致用，积极改革教学模式

伴随高等院校本科人才培养目标从精专型向通识型的转变，以及对本科毕业生质量的衡量标准从专业水准向知识、素质、能力并重的改变，相应的也对传统的教学模式、教学方法提出了改变的内在要求，授人以鱼不如授人以渔，积极探索和改革教学模式、教学方法。

1. 积极尝试"教－学－教"的知识传授模式

目前较为通行的教学模式主要以"教师"为中心，教学设计便于教师组织、管理和控制课堂教学活动的进程，有利于教师主导作用的发挥，但不足之处是容易忽视学生的主动性，难以体现学生的认知主体作用。作为教师，应该克服传统的教学理念，走出简单的课堂理论教学模式，以教学实践锻炼为载体，建立双向互动的教学通道，改变单向的知识灌输模式，着力建立知识的循环传递体系，模糊教师和学生的固定身份，学生是主体，教师是主导，教学过程中的每个参与主体都既是教授者，也是学习者，也是知识的传递者。

2. 大力推进多种教学方法的综合运用

改革教学方法的目的是要调动学生学习的积极性和主动性，让学生参与教学过程，把知识学好、学活。实现这一转变则要结合教学实际，对当前一

些主要的、有一定影响的教学方法的理论依据、特点和基本的教学程式进行认真的分析和研究，在此基础上，通过对教学效果的分析、比较，提炼出符合本学科教学内容特点、具有一定普遍意义的教学方法，创造一个相对优化的教学情境，引导学生提出问题、思考问题。结合《现代汉语》这门课程理论、实践并重的特点，我们主要坚持多种教学方法的综合运用，如通过讲授法完成教学大纲规定的教学任务，循序渐进地向学生传授现代汉语的相关理论知识；通过示范法增强学生对相关知识的直观印象；通过课堂互动法引导学生参与课堂教学；通过科研小组讨论法培养学生的科研兴趣，巩固课堂所学知识；通过课外实践法引导学生利用课余时间开展语言调查，有效提高学习的目的性、实践性和学术性；通过案例分析法推动课堂知识与现实生活的紧密结合，调动学生自主学习的积极性；通过分阶段考察法督促学生对知识的学习和掌握。每一种方法都各有所长，我们在教学改革实施的过程中，将综合运用以上各种教学方法，帮助学生建立较为完整的理论知识体系，培养学生独立思考问题的能力、解决问题的能力。

（三）注重教考结合，改变单一维度的考核模式

传统考核模式上往往只依赖于试卷考试，靠分数判定学生的能力和教学效果，考核维度单一，难以反映学生实际的学习水平，由此得出的结论也难以对下一步教学活动的开展提供理据上的支撑。在教学实践中，我们要摒弃"教考分离"，倡导"教考相形"，变单一的考核为全方位、多层次的考核，不以分值定能力。要让考核贯穿教和学的全过程，以实际应用能力为核心，不断丰富考核形式，如课上提问、课下练习、课题研究、社会实践等多种方式综合运用；针对课程特点，还可以组织一些课堂辩论、课题研讨等，培养学生的实践能力和创新能力，进而提高学生的综合素质。另外，在考核分数比例设置上，也要有相应的改变，可尝试将原先平时成绩10%、期中成绩30%、期末成绩60%的格局，变为平时成绩50%、期中成绩20%、期末成绩30%的比例分配，使学生改变一贯的临阵磨枪、不快也光的"泡面学习法"，重视知识的积累以及综合素质的提高。

（四）树立现代意识，采用现代化的教学手段

当今社会已经步入信息时代，《现代汉语》课程教学要想紧跟时代发展，

必须借助现代化的教学手段来增强教学效果。当前，传统的讲台、黑板已经不能满足需要，多媒体教学被引入到教学中来，它可以兼有文字、图像、声音、视频等功能，变枯燥为有趣，变死板为生动，变静止为动画，变单向为互动，使抽象的语言知识诉诸视觉效果，从而让学生能够身临其境地去体验和感受汉语的独特魅力。教师在教学过程中，可根据新的教学理念和教学实际，着力建设"三个一"，即三个现代化的辅助教学资源：着力设计一套全新教学PPT，用于课堂教学；搜集整理一套现代汉语基础知识示例资料库，用于学生研究与实践的需要；建立一套现代汉语作为第二语言教学的案例集，用于学生有针对性地提高自己运用现代汉语知识进行第二语言教学的能力。

（五）着力强化实践，拓展课堂教学的时间和空间

课堂教学的空间和时间是有限的，要注意将课堂实践活动与课外实践活动紧密结合，为学生打造一个自由延伸的学习环境，使学生的学习兴趣和实践能力在课后依然可以得到持续提升。

1. 课堂实践环节的设置与实施

根据教学内容需要，通过精心设计，在课堂上组织专题讨论、教学案例分析等环节，最大范围地让每位同学都参与其中，有效提高学生的综合素质。

2. 课外实践环节的设置与实施

（1）引导学生进行语言调查及语言教学的实践活动

中央民族大学的生源极具特色，有来自不同少数民族的同学，有来自不同方言区的同学，还有来自不同国家的留学生，各种语言并存的环境本身即是得天独厚的优势，为学生进行语言实践提供了很好的客观条件，学生可以方便地进行语言调查，比较汉民族共同语与各少数民族语言、各种方言、各种外语之间的异同，以进行语言的对比研究、语言的偏误分析等；还可以通过到国际教育学院做汉语志愿者或者与少数民族学生结成互助小组，在教授、辅导留学生、少数民族学生学习汉语的过程中，不仅可以实践在课堂上所学的基本知识，还可以收集相关语言案例，以作为进一步学习和研究的起点。这样不仅能够提高学生的专业知识和实践能力，也为将来的就业奠定了坚实的专业基础。

（2）指导学生申报"URTP"项目

"URTP"项目指的是中央民族大学本科生研究训练计划，即 Undergraduate Research and Training Program，这一计划是为推动我校学生的创新能力而在 2006 年正式实施的一项本科生科学研究计划。自计划实施以来，对我校的本科教学产生了极大的推动作用和积极的影响，在提高学生的实践能力、研究能力、创新能力等方面都起到了积极的作用。《现代汉语》的课程教学可以充分利用这一资源，围绕学校"URTP"项目的设置，结合本课程教学考核和学生学年论文、毕业论文的选题，设计一系列语言研究课题，指导学生利用课余时间、假期开展调查和研究，锻炼学生的科研能力。

（六）强化师生互动，积极创建双向评估机制

在《现代汉语》课程的教学过程中，可尝试打破传统的单向评估模式，建立双向互动的评估机制。教师要对每位同学进行评估，同学对教师的教学效果也要及时反馈。在此基础上，同学们之间也要相互打分，以使评估结果更加科学、客观、全面。

三、结语

当前，在高等教育中，更新教育理念、推进教学内容和课程体系改革，已经在教学活动的各个参与主体间达成共识，无论是管理者、教师还是学生，均对教育教学改革持欢迎的态度，这给《现代汉语》的教学改革提供了比较宽松的实施环境。我们将积极革新《现代汉语》现有的教学理念，强调"三个并重"：即教学与实践并重、研究与实践并重、教学与研究并重，完成教学内容、手段和方法的全面更新，激发学生自主学习的兴趣，培养学生独立思考问题的能力、研究及解决问题的能力，全面提升学生的综合素质，使他们能够成长为适应社会需要的复合型、高素质人才。

《公文写作》教学内容与方法改革初探

魏 彬

叶圣陶先生早在 20 世纪 60 年代就曾指出:"大学毕业生不一定要能写小说、诗歌,但是一定要能写工作和生活中实用的文章,而且非写得既通顺又扎实不可。"面对 21 世纪知识经济时代的发展机遇,具备一定的公文写作能力,已成为大学毕业生必备的职业技能与素养,这也是公文写作课教学目的之所在。笔者从事公文写作教学多年,认识到教学内容的更新与教学方法的探索是《公文写作》课程建设的核心,并以此为题申报了学校的教改立项。经过三年多的不懈努力,取得了较好的教学效果,自感收获良多。从反馈意见来看(包括在校生和已毕业的学生),本课程所讲授的公文写作与公文处理的理论、原则、技能及方法,为学习者在考研、实习及职场工作中处理实际问题打下了良好的基础。

现就《公文写作》课程在教学内容与教学方法两个方面的探索作出总结。

一、本着"精"、"新"的原则设计教学内容

公文写作课程兼具知识传授与能力培养的双重任务,尽管两者不可或缺,但比较而言,能力培养更重要,难度也更大,要实现既定教学目标,需要一个艰苦的写作实践过程。而公文写作的牵扯面广,涉及国家政务、社会民生、企事业管理等方方面面,要求学习者必须有一定的知识储备,即要求一定的先修课程作为基础,否则接受起来难度较大,以至影响学习积极性与主动性的发挥。

目前,公文写作课程面对的难题较多:一是授课学时过少,专业必修课 54 学时,专业选修课仅仅 36 学时,如此短的课时,要求学习者初步具备公文写作能力绝非易事。二是修课学生,特别是公选课的部分理科学生,母语非汉语的少数民族学生,受生活阅历、专业背景、书面语表达能力、对现实问

题的关注程度等诸多因素的影响，在学习中呈现水平差异较大，学习能力参差不齐，学习目标定位不同的状况。有相当一部分学生，认识到提高公文写作能力对提高自身未来职业竞争力的重要性，但由于上述原因，在提笔写作时还是不知道该怎么写，踌躇再三，迟迟难以下笔。据笔者观察，此种情况无论是在专业课还是公选课上都普遍存在。

"公文写作"是"写作学"的分支学科"应用写作"的核心内容，内容涉及面广、文种繁多，目前存在教材雷同、案例陈旧、练习环节薄弱、缺乏课外指导、缺少拓展环节等难题，因此，解决"教什么"的问题，即按照何种标准和原则择取与设计教学内容是摆在教学工作面前的首要任务。

（一）精选原则

为解决教与学的矛盾，需要按照"四重"的原则选择教学内容，即：重理论、重路径、重实践、重指导。

重理论指的是在教学中适当安排写作学基础理论的内容，包括对写作活动与写作过程的理性概括，对写作中五大基础要素（即主题、材料、结构、语言、表达方式）的理解与把握等。安排这部分内容是必要的"补课"。从课前的问卷调查可以看出，学习者之前大都未系统学过写作类的课程，许多人甚至连一门写作类课程也没有接触过。这也从一个侧面反映出目前高校文科各专业在培养方案、课程设置方面，程度不同地忽视对学生写作能力的系统训练，往往在培养目标上强调得多，课程安排上考虑得少；重要性提得多，实际措施方面做得少。有鉴于此，在安排教学内容时，即使学时再少，有关写作基础理论的内容也要选，目的是引起学生重视，引导学生探索学习路径，为今后的持续性学习打基础。

写作能力，尤其是作为未来职业技能之一的公文写作技能的培养，非一蹴而就可以做到，而是需要一个长期吸收、消化和提高的过程。与其他技能类课程的学习规律近似，学习者往往在初学阶段进步较快，之后，随着学习的深入，涉猎面的扩大，特别是接触到大量的实际问题以后，则体会到"说起来容易，做起来难"的尴尬，发出"写公文真是太难了"的感叹！公文写作的确不是一件容易的事情。主题提炼难；材料遴选难；结构安排难；"说明"比"记叙"和"形容"难；熟练运用准确、简洁、得体、规范的书面语言表达相关内容也非易事，甚至长时间无从下笔，难以成文。面对种种难题，学习者往往表现出畏难情绪，甚至打退堂鼓。这些情况说明，学习公文写作来不得半点儿浮躁，没有捷径可图，一步一个脚印地逐步提高才是学习公文写作的路径。

公文写作的学习路径可概括为：掌握写作基础知识（打基础）——实际动笔、练笔（分练）——找准自身问题（自我诊断）——系统学习写作技法（提高）——根据实际工作案例拟写公文（总练）——学习理论，探索规律（扩展学习）——现实公文写作（实践）。一旦学习者通过"教"与"学"的过程逐步清晰地认识到这一点，则会自然而然地据此设计学习目标。探寻学习路径的过程，不能仅仅依赖教师的课堂讲授，更多地要靠学生的亲身实践，也就是说，教师在有限的授课时间内，即使讲授内容再精当，也无法替代学习者的实际体验过程。学习者仅仅凭借以往的学习经验（课程笔记、熟练记忆、应对考核）很难找到正确的学习路径，关键是帮助学习者从一开始就注意选择正确的学习路径，从基础做起，强化动笔，循序渐进，克服浮躁、畏难、急躁等学习心理障碍，这些都离不开教师的耐心引导与精心指点。在这一必须经历的学习过程中，教师充任"辅导员"的角色，起到指点迷津的作用。

按照"四重"原则选择教学内容，必须取舍得当，精中选精。笔者近年来尝试着按照以下思路设计教学内容：

1. 在总课时中，公文写作基础理论、行政公文基础知识部分约占三分之一；实践中使用频率较高的法定行政公文及常用公文部分约占三分之二。

2. 在授课活动中，理论内容占四分之一；案例（含例文解析）分析占四分之一；学生动笔练习（课内练习，不含课外作业）占四分之一；教师发表点评意见（含课内、课外作业）占四分之一。

3. 课外学习时间，按1∶3（授课1课时＝复习3课时）安排，这是对学习者的最低要求；课外学习内容中针对课堂教学内容的复习（指需要投入的时间及精力）占三分之一，拓展学习（含收集最新案例、典范性公文的阅读与解析、公文规范用语的整理、关注新文种及公文写作实践中的新问题等内容）占三分之二。

（二）求新原则

公文写作课程的教学过程有如下特点：其一，基础理论方面的内容相对稳定，变化较少；其二，重点内容一般按照不同公文文种分类讲述，公文文种相对规范，呈模式化特征；其三，公文文种的学习，一般先从具体案例入手过渡到例文，再通过例文归纳出此类文种的共性，概括该文种的模式及其要点；其四，学练结合，练习题多为根据所给案例拟写公文。

不难看出，安排教学内容必须将关注点放在案例的选择上。选择案例和例文，既要注意选择那些经得起实践检验的"范文"，更要将着重点放在与现实情况紧密相关的新案例上，即按照求新原则选择案例，安排教学内容。近年来，随着各级政府政务活动的规范化、公开化进程不断加快，通过电子政务渠道收集最新公文案例变成便捷、顺畅的事情，等于为公文写作学习者提供了一个不可或缺的学习平台，这在过去传统学习背景下是无法实现的。

在选择新案例时应注意的问题：一是所选案例（包括公文内容）是否有意义，学习者是否感兴趣，是否能够驾驭。如学习者普遍关注的社会热点问题和民生问题可作为一个切入点。例如：2011年"7·23"甬温线特别重大铁路交通事故发生后，在讲授行政公文"通知"文种的写作过程中，笔者所选择的例文是《国务院关于开展高速铁路安全大检查的通知》（国办发〔2011〕28号）；在刚刚连续发生矿难后，"通报"文种选择的例文是《国家安全监管总局 国家煤矿安监局关于贵州省六盘水市盘县过河口煤矿"8·14"重大瓦斯爆炸事故的通报》（安监总煤调〔2011〕139号）；结合学校的办学特点，"意见"文种选择的例文是《教育部、国家发展改革委、财政部关于举办内地新疆中职班的意见》（教民〔2011〕4号）。二是作业环节的案例设计注意与学生的学习、工作、实习、调研实际情况结合。例如：学生会年度工作计划、报告；暑期社会调查报告的写作；模拟所在实习单位的实际情况，拟写"请示"、"批复"、"会议纪要"；根据学校的假期安排、文体活动、党团工作等实际情况，拟写各类"通知"、"简报"、"公示"等。

紧密联系社会生活实际，贴近现实生活，适时选择和更新公文写作案例，有助于提高学生的学习兴趣，如此坚持下去，"枯燥的公文变活了，写起来很有意思"；"对公文在实施管理的过程中所发挥的作用，理解起来更实在了"（引自学习者的学习总结）；"老师，此时我正在实习单位写公文呢，学的内容用上了，非常高兴"（引自学生的短信）。

不断筛选新的案例意味着必须不断变换教学内容，这对授课教师来说也是一种挑战，要求授课教师不断关注国家政务及时事变化，适时做出判断；

要求学习者接触大量新案例、新公文，授课教师也必须提前介入，深入了解和熟悉案例内容；要求学习者根据案例拟写的公文，授课教师必须亲自动笔拟写，否则无法做出准确的评析与指导。面对这样的教学内容及教学过程，授课教师面临备不完的课，写不完的公文，改不完的作业，在付出大量时间和精力的同时，久而久之自身的专业能力、素质也会得到提高，实现"教中学""学中教"，真正做到"教学相长"。事实上，担任能力素质教学方面的教师，本身必须具备较高的能力素质，否则是教不好此类课程的。对此，笔者感同身受。

二、按照自主学习模式改进教学方法

（一）关于自主学习模式

在选择教学内容的同时就必须考虑教学方法。公文写作课程本身所具有的实用性和实践性性质，使传统的灌输式教学方法受到挑战，这就要求授课教师必须转变观念，汲取先进的教学理念，舍得在教学方法上下工夫，不断更新。经多年来反复探索，笔者以为，在教学方法的改革上，应将切入点放在培养和调动学生的自主学习积极性方面，大胆探索和实践，逐步向自主学习模式靠拢。

自主学习指的是教师基于课堂教学和校内活动的环境，通过有意识地培养学生的主体意识，激发学生的学习兴趣，指导和训练学生掌握学习方法、设定学习目标、控制学习进度、进行自我评价，从而逐步实现学生自主学习的教学过程。

强调学生的自主学习基于以下认识：学习者获取知识、能力主要不是通过教师课堂传授得到，而是学习者在一定的社会文化背景下，利用必要的学习资源而获得；学习过程不是学习者被动地接受知识，而是积极地构建知识的过程；教师只对学生的知识构建起帮助和促进作用；教师和学生的地位、作用和传统教学相比发生很大的变化。

自主学习模式要求教师课堂上要充分尊重学生的主体地位，给予学生足够的自主学习空间；强调教师为促进学生自主学习能力提高而精心设计实施的课内外教学方法必须具有现实操作性；相信学生在众多因素的作用下，能够逐步获得自主学习能力，实现自主学习，并能取得较好的学习成绩，综合能力也能得到明显增强。

（二）在组织教学方面的具体做法

1. 上好课前准备课至关重要

自主学习是一种自我设计的学习。自主学习理念对授课者和学习者来说，都是一个全新的教育理念，需有个逐步认识和理解的过程，更为重要的是，自主学习不能仅仅停留在贴标签上，需要在教学过程中一步步地进行探索和实践。教师作为自主学习模式的"设计者"，在教学初始须就课程的教学目标、内容框架、学习要求、学习方法、考核方式，乃至出勤、小组活动等方面的安排和要求，向学习者进行概要性说明，目的在于引导学习者在初始阶段即开始思考"学什么、为什么学、怎样学、我的目标该如何确立、需要投入多少时间和精力、如何自我评价学习效果"等问题。"良好的开端是成功的一半"，用来表述课前准备课的重要性一点儿也不夸张。

2. 组织小组活动

自主学习是一种合作学习。合作学习离不开师生之间的交流、学生之间的交流以及课内外、校内外的交流。从教学实践看，以小组为单位组织教学活动是一种行之有效的合作学习方法。具体做法是：

首先，按照"随机原则"分出若干个学习小组（5－7人较为合适）。随机分组可打破学习者相对固定的组合方式，若采取"自由组合"方法不加控制的话，组员往往彼此熟悉，思路易受限，活动与交往缺乏新鲜感。规定由组员轮流担任组长，目的是使所有组员均经历一次组织、主持小组活动的过程。

第二，将学习小组的活动分为课内、课外两类。课内活动的主要方式是：先在组内展开讨论，而后推举发言人进行概括总结，发言人代表小组向全班发表意见；课外活动的方式有：通过调研、走访、网络等多种形式征集案例和例文、交流公文写作资料信息、征集对改进教学的建议等。

第三，通过表格记录、讲评等方式，对小组活动实施控制。要求每次小组活动均有记录，表格记录项目包括：活动时间、地点、出席人员、活动内容、活动过程、效果、教师评语等内容。教师分别参加各小组的活动，有针对性地对各小组的活动情况进行点评与指导。

3. 聘请专家走进课堂

将长期从事公文写作工作，有丰富实践经验的校外专家请进课堂，与学生面对面开展交流，对开阔学生视野，提高学习兴趣，明确今后努力方向和目标具有积极意义。为此，笔者连续两年聘请国家民委理论研究室的张谋处长（此前曾担任我校团委书记，调入国家民委后多次承担中共中央、国务院有关民族问题重要文件的起草工作）开设讲座，以"公文写作的几点体会"为题，从公文的基本功能是"文以扶政，代国立言"；公文的语言特点是"显而畅"；写好公文要牢记"磨刀不误砍柴工"等角度阐释了公文写作所应具备的基本素养。因其长期从事公文写作实践，讲述过程中介绍了大量的实际工作案例，对学生触动很大。

4. 灵活的考核方式

自主学习模式也对考核方式提出新的要求。课程考核必须依照课程纲要所设定的教学目标与要求展开。根据《公文写作》课程教学内容的特点，考核的重点是对公文写作基础理论的理解与把握与实际拟写公文技能两个方面。根据这两方面的要求，在教学实践中尝试采取灵活多样的考核方式。

例如，在期中考试中，本着侧重公文写作基础理论和行政公文基础知识考核的目标，采取让学生自己出题并设计标准答案的开卷方式进行。具体做法是：明确出题覆盖面（列出知识点）；确定主观性试题与客观性试题的比例、题型及分值；制定标准答案及评分标准；不能重复已完成的作业题。这样做的好处是：学生有兴趣，主动换位思考，经历了整个出题过程后，基本达到了对已学内容的复习、巩固与提高的效果。一位学生在课程总结中说："为了按照要求出一套试题，我必须对所学的内容进行梳理，找出重点、难点，有时为设计一道选择题，得将可能的选项都考虑到，这样花的时间虽然多了，感觉理解和掌握的情况比过去应对考试要好。"采用此种考核方式，可使学生变被动学习为主动学习，能否达到预期效果，取决于学生的认真态度和精力投入。相比较而言，期末考试根据教学内容进度要求，考核重点是根据实际案例，选择正确的文种，按照要求写出符合规范的公文。考核方式采用当堂开卷的方式。

5. 提交课程学习总结

自主学习是一种持续性学习。课程结束后怎样引导学生通过自学方式持续学习显得十分重要。为此特要求学生提交学习总结。总结内容含：出勤情况、小组活动情况、主要学习收获、自我学习评价、下一步的学习计划、对改进教学的建议等内容。

总结环节是自主学习模式的重要环节，目的在于引导学生认真回顾整个学习过程，在初步奠定公文写作基础上，找出差距，明确下一步的自学目标，引导学生将学习过程持续下去。实践表明，绝大多数的学生在结课前都能本着诚实认真的态度进行总结，包括如实报告自己的出勤情况和参加小组活动的情况。其实，总结本身并不重要，重要的是学生在这一过程中所尝试的自我评价与控制的过程。这也是自主学习模式所必须兼顾的方面。

需要说明的是，上述教学实践活动所针对的是汉语言文学专业本科生课程。按照我院 2006 年本科汉语言文学专业的培养方案，《公文写作》被设定为专业必修课，54 学时，安排在第七学期，已开设过两轮，目前第三轮已开始授课。作为公选课，自 2010—2011 学年第一学期始，《公文写作》调整为《应用写作》，并列入全校首批素质教育通识课程。截至目前，已经授课两轮，从教学实际情况看，上述调整是必要和可行的。但仍需指出，素质教育通识课程与专业必修课程在课程性质、教学对象、目标、内容、方法等方面差异性颇大。今后，写作类课程的建设与改革仍应坚持以改革教学内容和教学方法为核心，由重理论教学转向重实践教学，坚持从培养学生的综合素质入手，强化学生的基础知识、基本技能、基本素质，引导学生关注现实，结合实际，不断探索和实践自主学习新模式。

对新闻教育核心目标的再思考

王晓英

一、问题的提出

中国的新闻教育,始于 1918 年北京大学创办的我国第一个新闻学教育和研究团体——北京大学新闻学研究会,至今已有 90 多年的历史。90 多年来,中国的新闻教育是随着中国社会的变迁和中国新闻事业同步发展的。"中国的新闻教育不仅服务于中国的新闻事业,源源不断地为后者培养和输送了大量的人才,使整个事业薪火相传,后继有人,也为中国新闻学和传播学的师承、研究和发展,奠定了基础。没有新闻教育,就没有今天恢宏壮阔的新闻事业发展的大好局面,就没有今天的新闻传播学研究的空前繁荣。"[1]这一从宏观角度对中国新闻教育的整体评价无疑是正确的。但是我们必须看到,面对新的形势和挑战,目前,我国的新闻教育还存在着严峻的问题,新闻教育的质量受到学生、媒体乃至社会的普遍质疑。比如有新闻院系的学生说:"我们以比较高的分数考入了新闻学院,但是到了学校之后,和其他的文科,如法律、经济、哲学这些系相比,我们的书比较容易读,老师不讲也看得懂,觉得自己的智慧和学习成绩没法发挥。"[2]有新闻界的学者说:"中国新闻教育不仅正渐渐与现实脱节,更为糟糕的是,它正渐渐背离新闻学的核心价值。尽管公众仍然通过阅读记者的新闻报道来了解政治、经济、社会、科学、医学和教育的最新发展,但是新闻或传播学院远远没有使学生准备好理解世界的能力。在新闻或传播学院,学生被教授各种吸引眼球和注意力的技巧,而没有学会

---

[1] 方汉奇:《中国新闻教育史论》序言一,《中国新闻教育史论》,第 1 页,北京,新华出版社,2003。

[2] 李希光:《中国新闻教育走向何方》,《当代传播》,2009(2)。

全面、真实、公正地报道，并保持其科学可信度。"①有新闻媒体的人士认为：新闻学院培养的学生不是他们需要的。根据一项对8省、市12所高校及对应地区媒体从业人员的调查，有72.4%的媒体从业人员认为，现在新闻专业毕业的学生不能满足媒体要求；有2/3以上的媒体人员认为新闻教育与媒体需求脱节。②

怎样看待中国的新闻教育？近年来，新闻学界、业界及社会对新闻教育改革的呼声越来越高，新闻教育界也在不断反思、不断争论。有从宏观上、从新闻教育理念、从新闻教育的政策和体制等方面的探讨，也有从微观上、从课程设置、从教学内容、教学方法等方面的思考。从已发表的论文和有关研讨会上的发言看，在很多问题上都有分歧。一方面，有分歧就会引发争论，而争论又可以促使人们对问题进行深入的探索；但另一方面也应该看到，如果在一些根本问题上不能达成共识的话，也会影响新闻教育的健康发展。特别是我国目前新闻院系众多，到2008年，在教育部备案的新闻学科专业点就已经发展到878个。这其中有综合性大学办的，有理工科大学办的，有师范类大学办的，也有外语、政法、财经、工商、农业、体育等等专业院校办的。这些不同层次、不同类别的新闻院系在具体办学模式上存在差异是非常正常的，也是值得提倡的，即可以形成各自不同的办学特色，为社会提供多元化的人才。但是不论何种层次、哪种类别的新闻院系，作为新闻学的专业教育，在教育的核心目标上应该是统一的，否则这个专业的标准就无从遵循，这个学科的发展就会失去方向。因此探讨新闻教育的核心目标，是新闻教育改革的关键。

二、新闻教育应追求什么样的核心目标？

讨论新闻教育的核心目标，不能脱离新闻学科的发展历史。在现代大学的学科设置中，新闻学既是一门相对年轻的学科，又是一门快速发展的学科。即使是现代新闻学教育发源地的美国，也是直到19世纪末才开始在大学里设置新闻学的课程，而第一所独立的新闻学院是1908年在密苏里大学成立的，

---

① 李希光：《中国新闻教育改革的希望在哪里》，《新闻与写作》，2008（5）。
② 陈勇、王远舟、吴晓川：《高校新闻教育与媒体接轨状况调查》，《新闻界》，2008（1）。

独立的新闻院系在大学里的普及则是 20 世纪中叶以后。在中国，新闻教育是从 1918 年开始的。新中国成立以后，特别是 1978 年以后，伴随着中国社会的巨变，新闻教育也进入了飞速发展的时期。从社会历史的角度看，新闻教育的兴起和发展，都是源于社会需求和社会实践。在美国，随着现代报业的发展及其对社会重要作用的显现，以普利策为代表的业界人士开始思考给那些从事新闻记者工作的人以职业的培训。他认为，新闻事业具有极其重要的社会功能，永远是文明生活中起决定作用的一种社会力量，从事负有这么重要责任的职业的人必须接受专业训练。和普利策一样，著名报刊专栏作家李普曼也强调，必须培养出一批专业的新闻工作者，以让公众认可报业的尊严，使报纸客观可信的理想得以实现。可见新闻学这一学科是肩负着重要的社会使命诞生的。这两位著名新闻工作者的真知灼见，不仅对美国，而且对世界的新闻教育都产生了深远的影响，中国及世界多个国家和地区的新闻教育都源自美国。

但是新闻专业教育自从开设以来，受到的批评就从未中断过，最激烈的批评来自新闻业界，如美国广播公司（ABC）的著名新闻节目《夜线》的主持人科佩尔就曾抨击："上新闻学院绝对并且完全是在浪费时间。在学校，你永远不可能模拟真正的新闻事业，那就是——真正的压力。"[①] 新闻学界也就学科性质、教育理念、培养模式、人才标准等等问题始终争论不休。20 世纪 40 年代末，传播学的兴起以及与新闻学的"融合"在提高了新闻院系在高等学府的地位的同时，也对新闻教育形成了极大冲击。美国一些学者甚至认为，如果不把新闻学融入传播学，新闻教育就无法生存下去。在我国，长期以来，新闻业界也一直质疑新闻教育，近年甚至出现了新闻媒体在招聘时"不必专挑新闻系的，甚至最好别要新闻系的"[②] 这种极端现象；新闻教育界也一直在"学"与"术"、理论与实践孰轻孰重之间徘徊和争执。[③] 传播学传入中国后，也引发了新闻学与传播学谁主谁次的争论，甚至出现了"以传播学取代新闻学"的观点。事实上，正如许多学者都认识到的那样：新闻学与传播学虽然有不少联系，但在研究对象、研究目的、研究方法，以及人才培养目标和要求上都存在着明显的区别和差异，有着各自独立的理论发展和实际应用价值，

[①] 转引自陈昌凤著：《中美新闻教育》，第 25 页，北京，中国广播电视出版社，2006。
[②] 方可成：《新闻学院的生存危机》，《青年记者》，2011（2）上。
[③] 转引自陈昌凤著：《中美新闻教育》，第 41 页，北京，中国广播电视出版社，2006。

不存在谁取代谁的问题。但是无论是在理论上还是在实践中，传播学的快速发展对新闻学以及新闻教育的冲击和影响都是有目共睹的。对一种专业教育的批评和讨论长期存在并受到社会重视，本身就说明这种专业对社会的重要性。本文的主旨不在于梳理和分析这种争论的孰是孰非，本文认为，对新闻教育改革更有意义的事情是：探讨新的历史条件下新闻教育的核心目标，在理论上明确这个目标，在实践中坚定地向这个目标努力；在此基础上借鉴传播学的研究思路和研究方法，逐步完善和发展新闻学。

那么在当下，在新的历史条件下新闻教育应该追求什么样的核心目标？应当说社会大环境的变迁，使新闻教育市场和受教育者的需要也在不断变化。但是无论社会如何变迁，人类追求幸福美好生活的大方向是不会改变的，就像医生要永远坚持救死扶伤，律师要永远坚持法律公正一样。新闻学从诞生起就肩负重要而独特的社会使命，关于这一点，美国哥伦比亚大学新闻学院教授詹姆斯·凯瑞的观点非常有启发。他认为，新闻学的学术来源根植于人文科学或人文类的社会科学中，新闻学是一门独特的社会实践学科，新闻教育必须以新闻学本身作为目标。"新闻学本身"是什么？詹姆斯·凯瑞提出了三条原则：新闻和新闻教育绝不等于或包含广告、传播、媒介研究、公共关系或广播；新闻作为独特的社会实践不可与传媒和传播相混淆；新闻是民主的另一个名称，或者说，没有民主就没有新闻。他心目中理想的新闻是"以启蒙运动的核心关注为抱负，以在实践中落实民主追求为目标，以社会福祉为基点"的。[①] 反映詹姆斯·凯瑞这些观点的那篇著名的《新闻教育错在哪里》发表后，得到了许多新闻学者的认同和回应，美籍华人学者潘忠党就认为："新闻必须有灵魂，有其社会存在之理由，这灵魂存在于将新闻这种社会实践与民主体制相勾连，在于以新闻实践不断提升民主生活、健全民主体制。"[②] 在这里，新闻与民主的关系得到了突出的强调。其实，我们从新闻事业产生和发展的历史看，在一定意义上也可以说，新闻是民主的产物，正是人们对言论自由和出版自由的渴望与奋争，才促进了近代新闻事业的产生与发展。同时，新闻与民主又是共生共进的，没有新闻，民主便失去了它的一项重要内容和实现形式，即体现民主精神的新闻自由和争取民主自由的新闻

---

① 【美】詹姆斯·凯瑞：《新闻教育错在哪里》，《国际新闻界》，2002（3）。
② 潘忠党：《新闻与传播之别——解读凯里〈新闻教育错在哪里〉》，《国际新闻界》，2006（4）。

媒体；而没有民主，新闻也会失去最重要的品质和体现新闻本质和内涵的真正价值。① 虽然"将新闻与民主相连，令新闻延续启蒙时代的人文精神和人文价值，赋予新闻在社会生活中净化人们心灵、唤醒人们思考的功能"，也许在某种程度上还只能是一种理想状态，但这并不妨碍我们将其作为新闻教育的核心目标去追求。特别是在缺乏民主传统的中国，在社会转型期的当下，从新闻教育的角度认识新闻与民主的关系，帮助学生了解新闻是民主的一种内涵所在，认识民主对于新闻存在和发展的内在意义，从而培养学生的民主意识和民主精神具有特别重要的意义。

三、追求新闻教育的核心目标与新闻专业人才培养

如前所述，新闻学是一门独特的社会实践学科，是带有人文性质的社会科学，将培养学生的民主意识和民主精神作为新闻教育的核心目标，体现的就是新闻教育应当注意培养学生的社会责任感和人文情怀的价值取向；但同时，新闻学又是一门应用性很强的社会科学，新闻教育又要始终体现为新闻实践服务、为社会发展服务的方向，为媒体和社会培养掌握新闻传播技能、方法和知识的专门人才。在新闻教育实践中如何平衡两者关系？追求新闻教育的核心目标怎样与培养新闻专业人才统一起来？本文认为应从以下两个方面认识和理解。

首先，追求新闻教育的核心目标，要正确看待"新闻教育与实际相脱节"的问题。近些年听到对新闻教育批评最多就是这方面的指责：比如，有极端的说法认为，新闻系毕业的学生有的连消息都不会写；新闻专业学生在大学里学的东西到毕业的时候差不多就过时了；大学的新闻教育很难培养出专业记者，因为大学的新闻教育是综合教育，培养的是杂家，不是专家，是没有专业的专业②等等，总之就是说新闻专业培养不出媒体需要的人才。这些批评使新闻学院和新闻专业教师倍感压力，于是新闻学院都在力图解决这个问题，有的增加采写编评训练强度，有的增加实习时间，有的通过双学位的方式为新闻专业的学生提供另一种专业知识等等。但是这些努力似乎并没有取得显

---

① 参见郑保卫：《论新闻学学科地位及其发展》，第74页，中国传媒大学出版社，北京，2010。
② 参见刘宏：《我们的新闻教育出了什么问题》，《青年记者》，2011（2）下。

著的效果，有的反而偏离了新闻教育的核心目标，即强调新闻实务的技能培训而忽视了新闻理想教育和职业精神培养。新闻教育似乎永远处于两难境地。其实对这个问题我们可以考虑从另一个角度去思考，即新闻教育界、学界与实务界不是无缝对接的，都是有一定距离的。大学新闻教育的目的并不只是为了培养新闻行业从业者，让学生直接去新闻界就职，而是和其他人文社会学科一样，是基础教育、通识教育。职业技能培训主要是媒体的任务，大学的新闻教育如果强化职业培训，不仅是短视的，也是费力不讨好的。一个学期的新闻采写课即使全部用来训练采写能力又能写几篇作品呢？"新闻采访、写作、编辑都只是新闻工作的表象，只是冰山浮在水面上的一个尖而已，冰山巨大的底部是不被常人所见的。大学新闻教育就是培养学生奠定坚实的底部，而不是只把注意力放在冰山之尖上。"[1] 所以应冷静对待和理智分析"新闻教育与实际相脱节"的问题，不仅在理念上而且要在实践中坚持追求新闻教育的核心目标。

其次，追求新闻教育的核心目标，还要正确认识新闻教育正在由专业教育向普及教育延伸的趋势。从社会的角度看，随着信息化时代的到来，传媒业快速发展，新闻传播对政治、经济、文化和社会生活的影响越来越大，可以说，一个国家的政治民主、经济发展、文化繁荣和社会和谐都离不开新闻传播。从个体的角度看，由于网络新媒体的发展，已经在很大程度上改变了传统新闻的运作方式，改变了新闻的呈现手法与写作技巧，只要愿意，每个公民不需要跨过太高的技术门槛就可以参与新闻的采集、发布与传播。现代社会里新闻传播无所不在，媒介素养越来越成为现代公民不可缺少的基本素质。因此新闻教育应当有意识地承担起"公民教育"的责任。追求新闻教育的核心目标，培养学生具有民主精神，理性、客观、公正，关注社会，关注人生，关注国家和民族的发展，这种社会责任感和人文精神不仅是优秀新闻记者的品质，也是现代公民的特质。新闻教育如能成功地将这一核心目标的追求贯彻到人才培养过程中，使数量庞大的学生理解新闻与民主的关系，毕业后不管他们是否进入新闻媒体，都能成为推动我国公民社会形成和发展的潜在力量。特别是在网络科技高速发展的今天，网络已成为中国的大众媒体

---

[1] 郭平：《新闻教育的"学"与"术"——访台湾政治大学传播学院朱立教授》，《当代传播》，2010（1）。

的一种形式,拥有世界上最多网民的互联网在中国所起的作用,是其他媒体难以替代的。但是传媒技术并不能直接"把人类带入一个高度自由、民主和平等的理想国","媒介工具是人的创造物,重要的是人如何利用它","传播媒介的社会影响并不仅仅取决于媒介的技术或形式特征,而且取决于掌握和运用它的人和社会组织,取决于它们生产和传播的信息"①。因此,坚持追求新闻教育的核心目标,充分发挥新闻教育资源在推动社会文明进步中的作用,应该引起新闻教育界和新闻教育工作者的思考。

---

① 郭庆光:《传播学教程》,第 155 – 156 页,北京,中国人民大学出版社,1999。

关于利用院报创建新闻业务实践教学平台的再思考

陈俊妮

2011年上半年，笔者曾以"利用院报创建新闻业务实践教学平台"申请我校教育教学改革项目，虽然申报未成功，但关于它的思考却并未中止。

一、新闻学教育现存两大困境

目前，我国新闻传播教育正处于一个高速发展时期，据中国新闻教育学会统计，新闻传播学的专业点总数已经超过300个，新闻专业已经成为比较热门的专业之一，但是新闻学教育在理论与实践方面普遍存在如下两个困境：

（一）理论与实践困境

新闻学是一门实践性非常强的学科，在教学中如何将理论与实践较好地结合在一起，一直是困惑新闻教育工作者的问题。具体表现如下：

1. 许多新闻专业毕业生走上工作岗位后，往往感到在学校学习的专业知识用不上，工作无从下手，或者磨合期非常长，适应能力非常差。学生在校期间掌握了大量的专业理论基础知识，但到了媒体实习或工作后，会遇到各种各样的实际问题，面对这些问题，学生们往往缺乏解决的对策。究其原因，清华大学新闻与传播学院副院长、国际传播研究中心主任李希光指出，当前中国的新闻学教育中，"存在着理论与实践严重脱节的问题"，"一些新闻与传播学院培养的人不会写有新闻的新闻，只会写无新闻的'新闻'。许多大媒体的记者把新闻埋葬在一堆空话中，变得越来越同老百姓不相干"，"学生不去实践，不去动手写，整天在高谈阔论一些理论，可能永远做不了一个好记者。在新闻这方面，写篇好的新闻作品能切实地解决生活中的问题远甚于整天高谈阔论"。因此对于实践性很强的新闻学科来说，理论不是不重要，而是在传授理论的同时，应当花更大的气力投身实践，在实践中贯彻理论。

2. 新闻学教育普遍存在狭义理解新闻教育的状况，教学内容仅以新闻为主体，纯粹从新闻工作工艺过程分解出若干环节加以解释，不能反映新闻学科的基本特征，导致各门课程之间功能分工明确，但是课程之间的割裂影响到学生融会贯通地学习，致使教师之间的配合不够。对于新闻学教学而言，课程之间、教学上"各自为战"，直接导致学生在日后的工作中不懂工作流程，缺乏合作意识，无法适应或无法迅速适应新闻实践的现实和长远需要。

3. 难以培养媒体所需要的复合型记者。复合型既包括立体性，即有深厚的人文功底、扎实的传播理论基础和现代传播技能，还包括高能性，即集采编、制作于一身，又包括多面性，一专多能，新闻学的专业教学应该适应这样的人才需求，但是教学实践对于复合型人才的培养环节常常厚此薄彼，原本需要相互配合的工作环节由于课程的严格划分形成壁垒。随着学科基础从文学转到社会学，课程教育也由仅仅重视写作转到提高综合素质上来。这就给新闻教育提出了新的课题，要求在专业教学中打破课程壁垒，提升学生各方面的专业综合能力，努力培养复合型记者，从而适应新闻传播工作的需要。

（二）技能与责任感困境

技能培养固然重要，但与此同时，培养学生的新闻责任感更重要。新闻责任感的丧失在新闻业界已经是老生常谈的话题，记者与报道对象之间进行有偿新闻或者有偿不闻的交易是比较典型的违背新闻责任感的行为，而更为普遍的违背新闻责任感的行为还包括对所写的内容没有深思熟虑，不考虑舆论影响，仅凭个人好恶或者因情绪发泄需要写作等。这些行为与有偿新闻相比，似乎在性质上只是轻微的，可以简单归罪于失误或者考虑不周的范畴，但同样可能给社会带来相当恶劣而长远的负面影响，甚至在某种程度上说，其负面影响的波及面和程度更胜于有偿新闻。因为有偿新闻是众矢之的，记者能够比较明晰地将之视为自己的职业行为底线而不去触犯它；但是不考虑舆论引导作用的新闻报道与记者的职业道德表现的关联性是比较隐晦的，甚至有意为之与无意触犯之间的界限都很难划清，因此对于记者来说这类责任感是很容易被忽略掉的。

今天的学生可能成为明天的记者，他们的新闻责任感不是凭空架构的，在培养技能的同时培养他们的新闻责任感是新闻学教育的题中应有之义。"在采写新闻、传播信息时，还必须在事实与价值之间有明确的判断，能回答

'为什么'的问题。传媒人在新闻传播活动中不仅应确信自己在技术上是正确的，也应该包括对道德和社会的思考，深刻理解所从事的专业的社会伦理意义，并赋予自身工作以价值。"①

早在 2002 年在北京召开的"21 世纪新闻学教育国际研讨会"上，斯坦福大学新闻学教授 Theodore Glasser 就认为："新闻学不能是一门技能科学，只教会记者如何采集信息和表达信息。新闻学教育者面临的最大的挑战之一，就是如何将新闻学教育回归到对人的教育，再一次唤醒我们对新闻内容的一种责任感。"② 与会的《中国青年报》副总编辑陈小川也认为，过去四年的大学本科，是用很多的精力在教新闻技能，但是没有教给学生作为新闻从业人员，他的人文追求应该是什么，即"学校应该教给一个准记者所需要的人文素质，你为什么要做这件事，内心有一种追求，乐趣在哪里，满足了自己什么愿望。"③

通过课程传授理论与案例教育来培养责任感固然重要，但更重要的是让学生在实践中去体会责任感的重要，体会如何在自己的采、写、编、评中反映出自己的责任感。因此，技能与责任感的困境，其实并不在于技能与责任感本身，技能需要责任感，责任感需要在技能的实践中去体会和呈现，这种困境在于教育者没有在实践中去培养学生的责任感，并且这种实践必须是真正的实践，有真正的受众群，会受到报道真正的影响，而不是课堂的模拟，场景的模拟。

二、新闻院校解决困境的尝试

美国大部分新闻院校都办有广播电台、电视台和报纸，而且是面向社会的，新闻系学生一进入专业学习阶段，就直接参加这些院校主办的传媒的采编、播音和广告制作活动。④ 这种社会化运营模式很重要的一点就是学生既在实践操作过程中培养技能，也在不断体会责任感在实践业务中的具体体现，

---

① 肖燕：《当前我国新闻学教育需避免两大误区》，《当代教育论坛》，第 25 页，2009（8）。
② 思岚、周敏、黄瑞：《思与鸣上下求索 知和行牵手等高——"21 世纪新闻学教育国际研讨会"综述》，《青年记者》，第 19 页，2002（7）。
③ 思岚、周敏、黄瑞：《思与鸣上下求索 知和行牵手等高——"21 世纪新闻学教育国际研讨会"综述》，《青年记者》，第 20 页，2002（7）。
④ 童兵：《比较新闻传播学》，第 337 页，北京，中国人民大学出版社，2002。

知道从哪些方面去思考采写的角度,报道后的影响可能是什么。

　　清华大学的李希光教授开设的"大篷车"式教学,即由教师带领学生走出教室进行社会实践,在学生的采写过程中教师现场进行评点的方式被很多专业人士所推崇,但这需要停止其他教学活动,并且耗资巨大,一般院校难以推广。通过现有报纸模式构建新闻业务实践教学平台,将新闻业务课程有机结合,既实现了教师的配合与课程整合,同时还不影响其他课程的教学活动,并且课程中所利用的实验设备等教学资源也是专业建设中已有的资源,与"大篷车"教学模式相比,可谓投入少、效益高。

　　目前北京大学新闻与传播学院创办的《闻新报》也已经在该报报头左上角明确标上"北大新闻与传播学院新闻业务平台"字样,将该报纳入到新闻业务实践教学体系当中。

　　一些地方院校,诸如湖州师范学院、石家庄学院等院校均在 2006 年就已经开始尝试创建供专业教学使用的新闻报纸作为实践教学平台,迄今已经取得良好的效果。湖州师范学院把该学院的人文学院新闻广告专业学生全部吸收为校报学生通讯员,在运作过程中,其二级学院主要负责学生通讯员工作安排、检查,人文学院指导老师主要负责对学生通讯员进行业务指导,根据工作数量、质量和工作态度,每年对学生通讯员进行考核,对考核优秀的给予奖励,并评聘为学生记者,还进行好新闻、好版面评比,以完善激励机制,加强队伍建设,提高办报质量。石家庄学院以该院《新闻报》为实践平台,模拟报社办报,教授新闻采访、写作、评论等专业课的老师打破课程壁垒,通力合作综合指导,进行各项新闻业务技能整合运行的综合实训,学生各方面能力得到锻炼,写的部分稿件甚至还被省级媒体全文刊登。

　　这些新闻院校的前期实践探索成为我们以《民声时报》搭建实践教学平台的有益参考与借鉴,同时大量文献研究资料也为我们提供了理论支持与实践总结参考,诸如《构建新闻业务的教学实践平台——以石家庄学院新闻专业创办〈新闻报〉为例》[1]、《浅谈我国新闻传播教育与新闻人才培养》[2]、

---

　　[1] 张海馨:《构建新闻业务的教学实践平台——以石家庄学院新闻专业创办〈新闻报〉为例》,《新闻爱好者》,第 123 - 第 124 页,2009(11)。

　　[2] 蔡雯:《浅谈我国新闻传播教育与新闻人才培养》,http://www.zjo1.com.cn/gb/node2/node26108/userobject15ai3726194.Html。

《21世纪新闻学院应培养什么样的人才》[①]、《传播学的导入与中国新闻教育模式改革》[②]、《新闻传播教育面临的难点》[③] 等。

三、我院新闻学教育现状与院刊利用可能

与其他新闻院校相似，我院新闻学专业学生同样面对理论与实践、技能与责任感的双重困境。我院主办的《民声时报》在创刊初期就已经规划要成为新闻业务平台的一部分，但是创刊后的很长一段时间并没有成功实现这一初衷。由于没有系统化、常规化，虽然《民声时报》的采编人员有比较高的比例是新闻学专业学生（目前该报约有三分之二的采写、编辑人员是我院学生，三分之一是来自外学院和外专业的学生），但并不是所有新闻学专业学生都能参与进来，导致《民声时报》成为一小部分学生锻炼的平台，而无法实现资源的全体共享，同时还造成这样一种局面：对于学生来讲，一方面，理论与实践相脱节，另一方面，由于没有进入实战状态，学生对课堂学习和作业完成缺乏积极性和较高的兴趣，这两方面相互作用，直接影响到整体的学习效果。

对于那些没有在《民声时报》实践的同学来说，他们既缺失了磨砺技能的机会，也失去了在技能运用过程中体会责任感的机会。如果不是亲自作出的报道，而只是看报道，是很难体会到报道与报道之间究竟在责任感上有什么差异的。锻炼只有亲历才有收获。例如，《民声时报》总第49期新闻版有一篇报道《地下食堂："干锅香膏"早已停用 未使用有害添加剂》，最开始的标题是《地下食堂："干锅香膏"早已停用 食品安全恐慌进校园》。如果是用最初的标题，那么读者理解的必然是地下食堂做了澄清，而食品安全恐慌已经在校园蔓延。但这与文章正文内容是不相符的，而且校园里并没有出现食品安全恐慌。这样的报道不仅违背事实，还可能因此引发校园恐慌——标题的修改并不只是技巧上的问题，更是出于记者报道的责任感。写这篇报道的学生在修改标题的过程中就逐渐体会到这份责任感并不是说说而已。有的时

---

① 黄瑞：《21世纪新闻学院应培养什么样的人才》，《新闻记者》，第45-48页，2002（6）。
② 吴廷俊：《传播学的导入与中国新闻教育模式改革》，《新闻大学》，第25-27页，2002年春季号。
③ 骆正林：《新闻传播教育面临的难点》，《当代传播》，第73-74页，2006（1）。

教 学 研 究

候,一期报纸出来,其中某一篇在学校层面引起很大的争议,这时候作为记者的学生们会真真切切感受到压力,也感受到那份责任是实实在在的。报纸不是 PPT 的呈现,错了可以随随便便就更改过来,一篇报道没把握好分寸,引起负面反应,这些都是无法挽回的——对责任的这种理解和认识只有在一个真实的、并非模拟的媒体里经历过才能逐渐形成。而这种经历和认识,如果直到进入社会的媒体才开始培养,恐怕为时已晚。

因此,要有效解决新闻专业学生理论与实践、技能培养与责任感相脱节的现状,改变新闻专业各门课程间割裂、缺少有机整合的情况,利用《民声时报》创建实践教学平台是必然要迈出的一步。

与此同时,在我院 2008 级新闻学专业学生中进行的小规模调查发现,绝大部分同学对于利用《民声时报》创建实践教学平台持支持的态度,他们同时提出成立媒体中心通讯社、将全体新闻系学生都纳入到通讯社中来的建议。

从教师这方面讲,《民声时报》的单一指导老师制度虽然有利于明确责任,但不利于其他教师常规化地参与到学生在《民声时报》的实践中。"在美国,新闻专业的教师大部分都会做校园媒体工作,无论是兼职还是专职。这既有利于保证教师不与实践脱节,同时又能给予学生更多亲身的指导。"[①] 我院新闻教育方面师资力量充足,采、写、编、评都有经验丰富的教师,但这一优势尚未体现在学生的实践指导环节。如果将《民声时报》发展为我院的新闻业务平台,新闻业务各个层面的老师都能够机动地进入平台进行相关部分指导,对教与学两个方面都有利。

在具体实践操作上,主要设计思路如下:

1. 成立媒体中心通讯社,成员是全体新闻系学生,学生的业务课上和课余的练习可进入稿件库由报纸择优采用,稿件把关由课程老师和当班编辑学生负责,实行鼓励规则,上稿以及编辑版面可加该门课的平时成绩。

2. 通过实战演练激发学生学习动力,在理论与实践的磨合过程中认识不足,使实践对理论知识的掌握产生一种折返力,促使学生自发针对学习的薄弱环节进行强化学习。教师在课程设置与作业构思方面提前下工夫,通过与其他课程老师相互沟通协商,将课堂上的采写、编辑教学任务和作业安排与报纸发行相结合,从这两方面引导学生进入实战状态,学生以组为单位在学

---

① 姜巍:《校园媒体在当代新闻学教育中的作用》,《新闻爱好者》,第 101 页,2009 (12)。

完相应课程内容后直接进入到《民声时报》相关部门进行实习，不同年级学生课程进度刚好错开，既保证了人员上不至于过于拥挤，也保证了该报在各个环节上的人员配置。

3. 各个环节采取竞争机制和循环淘汰制，学生分组以自愿组合为原则，以组为单位竞聘《民声时报》相应部门，稿件质量与版面质量由指导老师以及读者群构成的评报小组模仿媒体制定的工作考核办法进行量化评分，实行优胜劣汰，并将评分计入平时成绩中。在实战过程中锻炼学生的业务能力，增强新闻敏感，有效掌握各项业务技能的操作要领和操作技巧，同时增强其团队意识、创新意识和竞争意识，使其新闻业务素质获得全面提高。

学生的新闻业务技能通过报纸物化呈现，具体直观的新闻产品能极大激发学生的学习动力，学生在办报流程的参与中发现课堂学习的薄弱环节，并有针对性地突破，切实领悟新闻理论的实际意义，有效训练学生掌握各项业务技能的操作要领和操作技巧。整个过程中教师是配角，负责辅助学生办报，督促学生的采编工作，监督采编流程，并对学生的报道导向和采编技巧进行指导，对学生遇到的问题和矛盾进行疏导，新闻专业学生为办报主角，报社编辑部自主运作，包括选题编前会、编辑会议以及编后会等完全由学生分组完成，由各组介绍版面设计思路，在办报过程中遇到问题尽量由学生自己解决，充分锻炼他们分析问题、解决问题的能力。报社岗位采取流动竞争制，保证所有学生都可以也必须以组为单位进入不同职业角色，定期轮岗。在角色意识的驱动下，让学生在特定的岗位中体会自己与其他岗位的相关性与协调性，树立团队精神，有效培养竞争能力以及合作能力。

四、预想问题以及解决途径

在具体实施过程中问题肯定会逐渐暴露出来，目前比较现实的问题有如下两个：

（一）课程与报纸运作的衔接与设置

各个年级开设的新闻相关课程是有先后顺序的，比如大一的学生是以学习理论为主，大二的学生学习新闻采访与写作、新闻摄影，大三的学生学习新闻编辑、排版以及新闻评论。这意味着不是每个年级的学生在参与到报纸运作中时已经系统掌握了新闻采写编评排版等专业技能,如何让不同进度的学生都能在报纸的运作中获益,中国传媒大学南广学院新闻传播系的经验值得借鉴:"从经验总结来看,最好的实训模式是一种垂直的,全方位的,让学过新闻采访与写作的二年级学生负责采访与写作,让学过报道策划和排版的三年级学生负责新闻策划和排版。以此类推,实训课循环进行。对大二学生而言,今年我们是记者,明年我们就是编辑,这样的训练才能真正有效而且长久。"①

(二) 现有外院学生的去留

通过前期调查,我们发现,《民声时报》现在还有近三分之一的外学院、外专业学生,包括汉语言文学、法学、经济学、预科学院、美术学院等等,这部分人是新闻爱好者,能积极做事,业务能力甚至也并不比新闻系部分同学差,同时他们也是报纸定位全校的有力的资源与力量。如果将《民声时报》建设成我院实践教学平台,将面临如何处理这部分现有报社力量与实践教学平台力量之间的矛盾这一问题。

目前的解决办法是保留这部分外院力量不变,与我院新闻学专业学生在同等条件下以稿件作品和版面作品竞争上岗,同时流动岗位制也同样面向这部分外院力量。通过这种方式既可以激励外院力量,也可以激发我院新闻学专业学生不服输的竞争意识。

---

① 李浩崴:《论新闻学教育中的综合实训课程》,《成功(教育)》,第 214 页,2009 (8)。

实践性课程"联动"之教学探索
——以广告学课程联动教学改革为例[①]

范小青

　　普通高等院校的学科门类中,应用型学科与理论型学科在教学内容和教学方式上有很大的不同。应用型学科的课程体系里,除了常规的知识性、理论性、基础性课程以外,往往由几门成系列的实践性课程作为主干和支撑。几门主干课程前后连接,又各司其职,协同起来共同促进学生对理论的理解,提高其实际动手能力。

　　然而,我国目前的应用型学科教学在某些方面不尽如人意,如实践课程分割太细,但课程连接不够紧密,课堂讲授各自为政等。这些问题制约了整体教学效果的达成。各门课程只有联合起来,充分携手,才能体现系统论"整体大于部分之和"的最佳效果。

　　现在我国各高校均在实施教学改革,我校作为"985"和"211"工程重点院校,在这方面更是不遗余力地支持、引导并资助教师展开教学改革的探索。2008年底,我们广告学专业几位教师在学校和所在的文学与新闻传播学院的大力支持下,针对广告学课程教学现状,实施了"以能力培养为主导的广告学课程联动教学改革"。本文就以我们的项目建设情况为例,来探讨实践性课程联动的必要性和实施要领,期与同行交流与共享。

一、实践性课程教学目前存在的问题

　　若说"课程联动",这似乎是个不需要讨论的问题,因为不管哪个学科、哪类课程,在课程之间建立紧密的联系是在培养方案制订之初就已确定了的。然而,在实际操作过程当中,这只是一种"理想状况"。尤其是应用型学科的

[①] 本文是2008－2010年度中央民族大学校级教改项目"以能力培养为主导的广告学课程联动教学改革"的成果。

实践性教学方面还存在着诸多问题，使现在强调并实施"课程联动"不仅必要而且紧迫。

这里以广告学学科课程建设和教学情况为例。我国广告学教育在近十几年里迅猛发展，目前已有很多高校开办了广告学专业或者开设了广告学课程，但是广告学在我国仍是一门较为新兴的学科，其知识框架不够成熟，教学仍在不断探索当中，广告学教学还存在较多问题，其中比较突出的有：

（一）课堂教学中，以理论知识传授为主，忽视广告学实践能力培养

这表现在以往的广告学课堂教学中，教师在有限的课时里着力讲授广告学各家理论和观点、广告创作原则和技巧等，而没有留足够的时间、空间锻炼学生的实践操作能力，其考试和考核也常常以这类知识性内容为主，较少考核实践内容。这种"重理论、轻实践、重讲授、轻训练"的授课现状导致不少学生背诵了大量广告学理论、创作原则和技巧之后，实际动手能力却很差，使广告学教育的"产"与"学"脱节，很多广告学专业学生毕业后不能马上适应业界需要，广告学教育的目标和效果受到很大质疑。

（二）实践性课程"各自为政"

广告学作为一门新兴学科，教学资源相对紧缺，师资力量较为不足。早期的广告学师资常常来自其他学科比如文学和新闻学，现在的师资虽充实了广告学专业毕业的教师，但人数和学历仍有待提高（在2004年以前我国还未有广告学专业的博士毕业生）。这样的紧缺情况使在实际的广告学教学中，常常一位教师教好几门课；一门课一位老师，较少出现几位老师共同讲一门课的情况。广告发展日新月异，需要据此对教学内容进行不断更新，故相关授课老师的备课任务很重。由于忙于备课，教师之间教学计划、教学内容缺乏沟通，未能合理分工，使得课程与课程之间某些内容重复讲授，某些内容却成空白地带，浪费了教育资源，也耽误了学生的学习。

（三）课堂与业界交流较少

广告学教育本应与业界实践关联十分紧密，但由于很多教师本人远离广告实践，与业界人士交流不多，广告学课堂也就成为远离实务的"庙堂"。教

师课堂上的教学内容甚至是实践教学环节与实务需要相距甚远。

鉴于以上原因，我校广告学专业已通过培养方案的修订、合格课程的建设和实践教学的开展，使教学课程设置更加合理，教学中的实践训练环节得到很大加强，教师间的交流增多。为了进一步深化教学改革，也为了更加深入地改变广告学教育中存在的以上问题，2008年我和教研室两位同事以所担当的四门主干实践课程为试点，提出了"能力培养主导下的'课程联动'教学改革"方案，获得了学院和学校的支持并予以立项，开始了为期两年的"广告学课程联动"教学改革实践。

二、实践性课程"课程联动"的内涵

实践性课程要实施"课程联动"，是指在"能力培养主导"下，充分实现实践课程内部的讲授与训练联动，实现课程与课程之间的联动，实现课程讲授与业界实践的联动等。即它的主要内容包括：

（一）以能力培养为主导的原则

以往的实践性课程教学虽然强调能力，但其实还是以知识和理论传授为主导，那么要实现"课程联动"，提高实践能力，首先就要将以"知识传授为主导"的教学模式改为以"能力培养为主导"。将"能力培养优先"作为实践教学宗旨，意味着以"授之以渔"取代"授之以鱼"，在实践教学过程中，以知识讲授带动实践训练，以实践训练促进对知识讲授的理解，最终切实提高学生的实践操作能力。

（二）实践课程内部，理论知识讲授与实践训练的"联动"

以能力培养为主导，这意味着每门课程的教学都要探索切实可行的实践教学模式，将每一步的课程讲授都通过实践训练加以巩固，是为课程内部的"联动"。以广告学课程为例，广告学的理论策略讲授是直接指导实践的，教学过程中实践环节应与课程内容更加有机地结合。比如在《广告文案写作》必修课程讲授中，实践环节设计紧扣每章节内容，一个学期的4-6次作业每次都紧随相应章节来布置，由浅入深、由易入难地训练学生的广告创作能力。学生作业完成后，教师通过对作业的认真批改、一对一的评语发放和选择典型作业进行细致的评讲，能有效帮助学生领会和提高，同时激励学生的学习动力。这种理论知识与实践训练的无缝连接，作业布置和作业评讲的环环紧扣，就是实践课程内部"联动"的意涵。

（三）课程之间，备课、作业、辅导全方位的"联动"

以能力培养为主导，还意味着课程之间要密切配合，使教学效果最大化。这也是"课程联动"的实施重点，它需要教师之间的充分沟通和协调。

课程之间的联动，体现在备课、讲授、作业、辅导等各个环节。通过"联合备课"，将每门实践课程的边界弄清楚，避免重复讲授，补充空白的内容，使课程联系更紧密。通过"联合作业"，将本就不可分割的实践环节整合起来，以全案作业取代以前每门课程的重复作业；布置同一个主题的作业，各门课程老师根据不同科目的重点去辅导和评析作业，不仅减轻学生作业负担，提高作业质量，而且避免学生片面理解实践内容，使之能用全局的眼光来看待广告实战。通过"联合辅导"，建立课内课外的"能力训练绿色通道"，项目组教师向辅导小组学生公布手机、邮箱等各种方便联系的方式，建立班级或者课程博客，使之成为学生实践活动的"绿色通道"，方便老师与学生、学生与学生随时交流。

（四）实践课堂与实务界的"联动"

以能力培养为主导，课堂、业界建立长久关系，实施联动，是检验教学效果、提高学生兴趣和能力的两全之举。建立与业界的联动主要可从两方面来实现。一方面，可以邀请业界人士与学生交流或讲座，使学生逐渐熟知业界操作流程，拉近学生与实务界的距离，使之更明了学习的重点和目标，促进其学习的自主性和增强紧迫感；另一方面，由业界赞助或出题，直接将实战题目纳入课堂讲授过程中，让学生体验实战。比如联系业界在学生当中举行"广告比稿"，优秀作品可被采用，作品可以得到业界专业人士的评点，优秀作品予以采用。除此之外，还将积极建设实习基地，建立与业界的长久合作。

三、广告学"课程联动"的实施基础

广告"课程联动"的实施基础主要表现在适当的联动课程选择、已有的良好的实践教学基础上。

(一) 联动的课程选择

只有那些前后实践环节紧扣的课程才能够使"课程联动"发挥最大效果。鉴于广告学科的实践性课程众多，大致可以分为策划类、创意表现类、史论类等，这次课程联动教学改革选择在"创意表现类"的四门主干课程（《广告文案写作》、《平面设计基础》、《电脑设计基础》和《市场营销学》）中展开。

之所以选择这四门课程，是因为在广告学众多课程当中，这四门课程又自成一个小的实践体系：《广告文案写作》属于广告文字传播，《平面设计基础》和《电脑设计基础》属于广告视觉传播，《市场营销学》（广告学专业的这门课程主要针对广告营销活动来讲述）属于广告活动营销。因此，四门课程就构成了一个"广告作品实践（文字传播＋视觉传播）＋广告活动实践"的能力训练系统。针对这个能力训练系统，很方便进行课程联动的实践。

(二) 四门课程已有的实践教学基础

本项目的实施基础首先来自于四门课程的教学实践，四门课程的主讲教师已经在实际教学中尝试了多种实践教学方式，将"能力培养"和"综合素质培养"作为教学目标的重点。

如在《广告文案写作》课程中，教师已在教学过程中尝试实施了"头脑风暴＋整体实战"的实践教学模式——通过"头脑风暴"式的思维训练，切实提高学生的广告创意思维能力和文案创作发想能力；通过"整体实战"的广告创作练习，训练学生的创意和文案写作整体策略思维，以及在具体作品中将创意用文案、艺术手段良好表达出来的能力。经过几年的调整、尝试和教学实践，这一模式已发展了课堂头脑风暴、启发讨论、课堂提案和表演、课外实战练习、课外小组讨论等多种实践教学方式，教学效果良好，一些同学的作品让人惊喜。

《平面设计基础》和《电脑设计基础》课程从培养训练学生研究问题、解决问题的能力出发，有针对性地提出了"自我研学项目"。在学期初将详细的研学项目作业布置给学生，随着课程进行，学生按照计划课下查阅资料并进行相应的研读，在规定的时间进行课上总结发表。经过几个学期的尝试，学生研究能力、提案发表能力和创新意识得到了提高和锻炼，学习的主动性和学习兴趣有明显的提高，做提案时显得非常自信，提案内容十分精彩。

《市场营销学》课程则尝试了"沙盘模拟模式"的实践教学模式，通过实战模拟，进行市场细分和选择目标市场，学会竞争分析、资源分配、整合营销策划和实施；同时在这个过程中，逐步学会制订以市场为导向的业务战略计划，认识营销战略对于经营业绩的决定性作用等。作为一种综合性的营销实战演习，它的训练目标具体而全面，学生学习效果良好。

这些初步的尝试已经取得了较好的效果，学生的学习兴趣、积极性都有很大增强，从作业反馈来看学生的创作能力也得到较大提高。在此期间，一些学生参加广告创意创作比赛，多人获奖，也从另一方面肯定了我们的教学成果。这些都增强了我们将教学改革进行到底的信心和决心。

（三）四门课程已有的其他基础

项目组三位成员的实践教学研究为本项目奠定了思想基础。在《思索与创新——中央民族大学文学与新闻传播学院本科教学研究论集》中，三位教师分别就以上课程的实践教学进行了相关研究：范小青的《围绕学生兴趣展开实践教学——广告学专业实践教学的体会和思考》、杨超的《案例教学法对广告学教学的启示》、郭梅雨的《关于〈平面设计基础〉课程教学思路与实践训练的思考》等，这些研究均对广告学实践课程的教学内容、教学方式、教学环节的设置等提出了很多有益的思考，它们是本项目形成的思想基础。

与此同时，学校大力推动教学改革，最大限度地为教学改革创造了条件；文学与新闻传播学院领导重视并亲自抓教学改革，积极组织并有效引导进行教学改革的尝试。这些都为我们展开广告学实践教学改革提供了巨大动力和支持。

四、广告学"课程联动"的实施要点

按照上述"课程联动"的内涵，在本次的"课程联动"教学改革中，我们除了继续完善每门课程的实践教学体系，为学生建立一整套实践能力培养体系外，主要是重点开展了课程之间、课程与业界的两方面的联动。

(一)"联合备课"

为了使课程内容和实践环节更好地衔接，项目组教师定期交流课程内容和授课心得，完善备课内容，并对四门课程的课程内容如何衔接，实践环节如何相互配合，实践作业如何布置和批改做出统一计划。为此，项目负责人确立了"联合备课"的定期交流机制，每个月末项目组成员教师就会召开一次课程备课会议。同时每周五学院开会之后，也会开碰头会交流课程内容和授课心得。与此同时，充分利用网络手段进行交流，利用项目组教师所用的MSN交流工具，平时经常交流近期授课感想和所得，对下一步的授课提出建议和设想。这种教师联合备课的方式，促进我们共同提高教学水平，提升教学效果特别是实践环节效果，很有帮助。

(二)"作业联动"

对于广告学实践课程，实践作业的布置和批改是当中一个非常重要的环节。由于项目四门课程虽各有重点，但在实践训练方面却互相关联，故其作业不能被孤立看待，很多作业涉及多方面课程知识，实质是全案作业。这样的作业如果仅由一位老师去批改，可能评价不够全面，不如让三位老师分别从视觉、文案、活动三个方面去评价。

因此，我们主张"作业联动"，在实践作业布置和批改上统一规划、联合力量，其具体操作要点如下：1. 对课程开设时间一致的课程，采用"联合作业"，一份作业两个课堂布置、分开评讲。如学生完成一份全案作业后，设计课上教师讲评广告创作上的得失，营销课上则由老师讲述活动策划得失。这样，一次完整的全案作业布置和评讲就完成了，学生能够两方面对照学习，事半功倍。2. 对课程开设时间不一致的课程，采取统一的"作业批改和评价联动系统"。一门课程布置的全案作业，其他课程的老师也参与评价和指导。比如文案写作课上的广告作品作业，除了文案老师评价文案外，设计课教师还会评价其作品的视觉表现。同样，设计课布置的整体广告作业，也会有文案老师对其文案表现的评语。这样，一门课的作业由几位老师联合批改，学生所获得的作业反馈（评语）将更准确、全面、客观。

(三)"辅导联动"

"作业联动"之后，就需要"辅导联动"了。在2009年和2010年的《广告文案写作》课程中，授课教师开设了以班级博客为平台的网上作业辅导系统，文案写作课上的广告作品作业，除了文案教师评价文案外，设计课教师评价其作品的视觉表现，营销课教师则会提示其作品和媒介所适用的活动场合。

在遇到广告比赛时，项目组老师将广告比赛题目布置为课堂作业题目，然后三位老师联合指导。比如2010年学生在准备时报金犊奖和学院奖的参赛作品时，设计课和文案课两位老师经常同时出现在课堂上，在现场共同指导学生作业。在那年时报金犊奖的比赛中，他们指导的学生作品获得了该重大赛事的内地二等奖，是本学院学生参加这个大赛以来获得的最好成绩。

老师们还鼎力支持和辅导学生课外的实践活动（如学生社团广告社的活动），辅导学生参加各种名目繁多的广告比赛，如除了以上的"时报金犊奖"、"学院奖"外，还会在课外重点辅导学生参加"全国大学生广告设计大赛"、校内的"创意最大"广告大赛等。在2008年－2010年的项目建设过程中，项目组成员教师发挥精诚合作的精神，共同辅导学生的创意作品，这些努力使学生在最近几年的大赛中获得较好的成绩。

（四）与业界的长期"联动"

根据与业界联动的原则，在项目实施过程中我们邀请了多位广告业界或营销业界知名人士来校讲座，如在"创意最大"广告大赛前后，举行了"创意最大"系列讲座，在时报金犊奖评比期间又邀请了多名业界人员来校交流等。

与此同时，项目组老师积极联络业界实践题目，让学生直接参与实践创作。比如2010年我们与"北京大学创意产业研究中心"网站"四眼论坛"合作，利用《平面设计基础》课程在学生中布置了"四眼论坛宣传册设计"的作业，并在学生中组织小型比赛。学生作业做得很认真，多份作品受到合作方好评，最后利用网络投票的方式，选出排名前三的作品，给予奖励，合作方并拟采用部分作品。这种与业界项目直接连接的作业，比老师虚拟的题目更能锻炼学生的策略思维能力，考验其实践动手能力。

以上这些联动的尝试和探索，达到了较好的效果，它并没有因为项目的结束而结束，反而因其效果良好，激励着我们将它继续贯彻和深化，并扩展到更多的课程教学中去。我们深知要进一步提高"课程联动"的效果，还需要专业教师加强自身的学习，进一步提高理论和实践修养，我们一直在努力，也将继续努力下去。

影视教育应确立跨文化视角

吕乐平

本文所说的跨文化视角是指，人们在认识和分析问题的时候，不应只站在自己所属的文化价值立场上和运用长期秉持的思维习惯去对待异文化圈的对象，而是要深入对象所属的文化背景中去理解和分析问题。这样做的目的是避免对对象的误读和误判，增加相互之间的了解和交流。具体到影视教育中的跨文化视角，意指在教学中教师运用与对象相应的文化视角去分析影视现象和文本，对对象做出准确的解读，并将这种方法传递给学生，进而培养他们分析问题的多维视角。

影视是舶来品，也是各国文化往来和文化贸易重要的领域，这使得我们的影视教育要面对大量境外的研究对象。影视是视觉文化的代表，而视觉文化本身就具有跨文化的属性。[1] 在当今信息传播全球化的时代，影视学科比起其他学科来，其研究对象包含的跨文化问题显得特别多。诸如不同国家影视产品的主题、样式和技术手段的相互影响，影视资本的跨国流动，影视企业的跨国组合，两国或多国参与的合作拍摄，演职人员的全球流动，影视剧境外拍摄，记者异地采访，电视频道的海外落地、影视广告营销，影视产品全球推介活动，大片首映式，国际电影节举办等等，这些都需要我们的教学和研究与对象相适应。

现在，我国有三百多所高等院校开设了影视方面的课程，还有很多院校准备开设这方面的课程。应该说，影视教育在我国已经渐成规模。但与之不相称的是，我们的教学方法和使用的教材所体现出的看问题单一化视角现象特别突出。主要表现之一是，面对境外众多的影视现象和文本，我们常常不去把对象置于具体的文化环境中去分析，而是只用我们的价值观念去对对象

---

[1] 参见【美】尼古拉斯·米尔佐夫著，倪伟译：《视觉文化导论》，第163页，南京，江苏人民出版社，2006。

做单一化的评判,并将这种看法定格。长此以往,这样的教育培养出的学生不仅对影视现象和文本不能做出准确和完整的分析,而且会影响自己的思维方式,看问题单一,视野狭窄,如果走出国门,难以融入跨文化交流的国际环境中去。

如何在影视教育中确立跨文化视角?笔者的理解有以下两点。

一、教师应具备跨文化传播意识

长期以来,影视教育被单纯地列入艺术教育的范畴,教学目的也被单一地理解为培养学生的审美素质和艺术修养。这种理念及其教学实施有一定的存在理由。但时至今天,这样的理念和操作不加以更新,就无法适应文化大融合的时代要求。影视是艺术,也是信息。仅懂艺术规律不懂信息传播规律就不能准确完整地解读影视文化现象和文本。信息传播不能只注重信息的制造,还要了解信息的传播过程,以及信息的接受环节。懂了信息传播的一般规律还不能止步,教学的参与者还应具备跨文化传播意识。在当今经济全球化、信息传播国际化的背景下,几乎每一个信息都可能面临跨文化传播的现实。

跨文化传播(Intercultural Communication)的概念是 20 世纪 50 年代美国人类学家爱德华·霍尔提出的概念,最初是指来自不同文化背景的人与人之间的交流。后来这一概念被传播学引用,内涵得到充实,即它不仅指不同文化间的人际传播,也包含大众传播、组织传播、管理传播、政治传播等领域。跨文化传播理论的一个基本诉求是,在面对来自不同文化圈的交际对象时,当事者应当深入了解对方的文化背景,改变自以为是的态度和行为方式,提高交际技巧,以便改善交际效果,达到交流的目的。

影视属大众传播领域,与其他信息产品相比,它在信息跨文化传播中表现得最为活跃。在媒介属性方面,早期的电影靠光学、化学、电学、机械学科技支撑,是一种综合媒介。进入数字化和网络化时代,电影的电子媒介属性日益突出。电视的电子媒介属性更是毋庸置疑。电子媒介的特点是"腿快"、覆盖广,这决定了在信息跨界传播方面它的突出地位。从产业属性讲,影视产品有很大的利润空间,这使得很多国家政府和企业投入大量资金从事这方面产品的生产。不仅影视产品的投入逐年递增,且市场急剧扩大。特别是国际市场,如今已成为各国影视大鳄激烈竞争的领域。现在的美国,其影视及其相关产品出口带来的外汇收入已经超越了其他行业产品的出口业绩,位列第一。受到好莱坞电影挤压的欧洲大陆也不甘寂寞,老牌电影强国法国誓与美国同行相抗争,不断向世界更多国家和地区伸展自己的羽翼。放眼亚洲地区,拥有世界第一大电影产量的国家印度,始终以电影大国的姿态在非洲和欧洲扩大自己的市场。继日本、印度、中国的香港和台湾地区的电影成为世界电影大家庭重要成员之后,韩国的影视产业又成为一匹让人眼前一亮的黑马,在20世纪90年代以后,韩国影视在世界范围内加速传播。伊朗电影在20世纪80年代以后发力,其产品在国际A类电影节上频频获奖,为世界影坛所侧目。中国内地电影在21世纪后发展迅速,如今已成为世界第三大电影生产国、第一大电视剧生产国。中国政府已经将影视产品"走出去"列为一项基本的文化政策。以墨西哥、巴西为龙头的南美影视产品也是很多国家银幕和银屏上时常出现的一景。纵观世界影视市场,产品的跨国流通从来没有像现在这样频繁和热闹。我们的影视教育面对的是来自不同文化背景的庞大的产品群和多元的影视文化现象。教师不具备跨文化传播意识如何能准确判断和解读如此复杂的研究对象?如此下去,只能是以惑授惑,难以培养学生看问题的多维视角。

二、分析案例不能忽视文本中的文化信息

案例教学在影视教育中是常用的方法。相比较其他学科,影视学科没有过多的抽象理论,因为影视是实践性很强的学科,文本是编导者个性化创造的结果,一般理论并不能完全对应具体案例的复杂结构。所以影视教学和研究多通过大量经典文本的分析去触发大家的灵感,启迪大家的创造性思维。

传统教学在分析影视案例时,常常是先分析案例内容的时代背景,再分析案例的艺术特色。时代背景固然对解读文本的思想内涵有很大帮助,但仅限于这一点是不够的,特别是面对境外的文本尤其如此。善、恶、美、丑、爱、恨、情、仇、崇高、卑下,就其绝对价值而言,不同国家和民族面对它们时表现出相似的态度,这是影视文本得以在不同文化圈传播的道德和审美基础。但不同民族对这些范畴内涵的理解和处理它们的方式存在着很多不同之处。这些不同形成了文化的多样性,这些多样性大量地内含在影视文本中。

因此多元文化是我们解读影视文本时面临的一个很重要的问题。在介绍文本的时代背景的同时，我们还应分析与内容相关的文化类型、宗教、习俗、伦理、道德等价值体系。只有这样，才能对案例做出客观的、全面的解读，避免单向、武断式的教学。

以前人们常说，影视艺术是综合艺术，主要指的是编、导、演、摄、美、录、服、化、道等方面，这是没有什么疑问的。以往的影视教学，我们偏重的是文学艺术层面的解读。然而，随着跨文化时代的到来，这样的解读已经不能完全涵盖电影的复杂性了。在面对汹涌而至的境外文本时，没有人类学、宗教学、语言学、历史学知识的受众，在解读文本时会遇到很多困难，其结果是对影片的鉴赏囫囵吞枣。比如，我们遇到的一个很普遍的问题是，在观赏英文原版电影时，如果我们的英文知识不足，我们就不能准确地理解台词的意思，至于台词的修辞效果就更难体味。对于影片中人物的体态语言，我们也需要有相关文化的背景知识才能理解其中的含义，这一点很重要，因为影视主要是靠影像传播信息的。如果我们不熟悉《荷马史诗》、《圣经》，就会对西方国家的很多影片的题材不胜了了。不熟悉印第安人、毛利人的历史和现状，以及相关国家的法律和民族政策，我们就无法看懂这些国家的人类学纪录片。

跨学科解读影片是影视教育的一个趋势，有助于跨文化视角的确立，但对师生原有的知识结构是一个挑战。我在教学中已经感到不少学生主动尝试用另一种视角来解读影片。比如，在境外影片解读中，他们主动要求看原版文本，这是对跨文化语境的主动适应。翻译过的影片毕竟会漏掉原版的很多信息，这一点学生们已经有了共识。但从更高的要求看，跨学科解读影片对师生原有的知识结构都提出了提升的要求。

大学教育的重心是培养学生的创新精神，创新精神的形成有赖于一种全新思维习惯和思维结构的打造。确立跨文化视角应该是培养大学生创新精神的有效途径之一。因为具备跨文化视角会让我们超越所处文化的局限，会让我们用更多的视角去看待研究对象，去面对纷繁多样的文化，去探求未知领域的本质。

最后我要用跨文化传播学科的奠基人爱德华·霍尔的话作结："每一种无意识文化都有其隐蔽而独特的方面。"[①]

[①] 【美】爱德华·霍尔著，何道宽译：《超越文化》，第2页，北京，北京大学出版社，2010。

立雪论坛·研究生
优秀论文选

立命館大学・研究生
許 文 金

也谈"通变"论与"新变"说

朱林霞[①]

文学发展到魏晋南北朝出现了许多变化。汉魏晋大赋发展至此,逐渐变化为俳赋、律赋;"魏晋骈文发展至此,逐渐变化为原始的四六体"[②]。声律、对偶、用事的讲求,更是丰富了语言的表达技巧。对于文学发展出现的这些变化,梁代批评家们进行了各自的理论总结,并表现出不同的态度。现代学者根据保存下来的文论,将其分为三派:复古派、趋新派和折中派。比如周勋初在《梁代文论三派述要》一文中,认为裴子野、刘之遴等可以作为守旧派的代表,徐摛父子和庾肩吾父子可以作为趋新派的代表,刘勰可以作为折中派的代表。詹福瑞在《中古文学理论范畴》一书中,也认为复古文学思想的代表是裴子野,折中文学观的代表是刘勰和萧统,趋新派的代表是以萧纲为首的宫体诗人。但是如果对各派文人的理论细加研究则会发现,同是提倡新变,萧纲、萧子显和萧绎有不同之处;同是主张折中,刘勰和萧统也有差别。而派别不同的萧子显、萧统和萧绎,又有某些类似的观点。两派之间可谓同中有异,异中有同。

为此,本文拟以刘勰《文心雕龙·通变》篇为参照点,结合当前的研究成果,将刘勰、萧统的折中文学观与萧子显、萧纲、萧绎的新变文学观进行比较,以期对刘勰的"通变"[③]观获得更加全面的认识。

一、"文辞之变"与"体变"

注意到文学的发展变化是齐梁文坛一个很普遍的共识。萧统《文选序》

[①] 作者为文学与新闻传播学院中国古代文学专业 2009 级硕士研究生。
[②] 周勋初:《梁代文论三派述要》,《中华文史论丛》第 5 辑,第 195 页,北京,中华书局,1964。
[③] 关于"通变"一词的解释历来颇多争论,詹福瑞《中古文学理论范畴》一书概括成四种:"复古"说、"继承与革新"说、"会通适变"说和"变新"说。本文认同詹先生的观点,认为"通变"包含两层含义:"通晓于变化"和"因变化而通达",文中不另作论述。

云："若夫椎轮为大辂之始，大辂宁有椎轮之质？增冰为积水所成，积水曾微增冰之凛，何哉？盖踵其事而增华，变其本而加厉；物既有之，文亦宜然；随时变改，难可详悉。"① 意思是说文学越来越讲究辞藻华丽，就像椎轮增饰为大辂、积水冻结成层冰一样。萧子显《南齐书·文学传论》说："属文之道，事出神思，感召无象，变化无穷。俱五声之音响，而出言异句；等万物之情状，而下笔殊形。"② 萧子显认识到文学的产生与人的思维有关，尽管大自然的声音和万物的情状对众人而言是一样的，但是在不同人的笔下会产生变化万端的作品。萧绎在《内典碑铭集林序》中说："夫世代亟改，论文之理非一；时事推移，属词之体或异。"③ 他不仅指出文学随时代在变化，而且说评论文章的方法和原则也在随着时代而改变。

不过，认识变化并不等于肯定变化。尽管梁代文人都认识到了文学的发展变化，但他们对变化的态度却不尽相同。萧统认为质文代变就像椎轮增饰为大辂、积水冻结成层冰一样，是理之宜然，是自然发展的规律。从这一点上讲，萧统是比较肯定文学由质向文的发展的。刘勰也认为文学只有不断地变化，才能持久地向前发展，他在《通变》赞中说，"文律运周，日新其业。变则可久，通则不乏"④。但是，在刘勰看来，九代质文代变只是一个变化现象，并不代表发展的正确方向。尽管刘勰也肯定了楚汉魏晋某些文人的文学成就，但从整体上讲，他对"楚汉侈而艳，魏晋浅而绮，宋初讹而新"的发展变化是不满意的，反而认为"从质及讹，弥近弥淡"，文辞越来越繁缛，但文味却越来越淡了。

在《通变》篇中，刘勰指出导致文学"弥近弥淡"的原因是"竞今疏古"。那么"今之文人"竞于今的是什么？疏于古的又是什么呢？刘勰在《通变》篇中没有明说，但是联系《风骨》篇和《定势》篇，我们可以找到答案。《风骨》篇主张文章创作要风骨并重，指责那些作品无风无骨的人"骨采未圆，风辞未练，而跨略旧规，驰骛新作"；《定势》篇论述文章创作要因

---

① 郭绍虞、王文生主编：《中国历代文论选》，第329页，上海，上海古籍出版社，1979。以下所引《文选序》均据此书。
② 郭绍虞、王文生主编：《中国历代文论选》，第264页。以下所引《南齐书·文学传论》均据此书。
③ 郁沅、张明高编选：《魏晋南北朝文论选》，第370页，北京，人民文学出版社，1996。
④ 【梁】刘勰著，范文澜注：《文心雕龙注》，第521页，北京，人民文学出版社，1958。以下所引《文心雕龙》均据此书。

情立体，批评近代辞人"率好诡巧，原其为体，讹势所变，厌黩旧事，故穿凿取新"。所谓的"跨略旧规"、"厌黩旧事"就是"疏古"，"驰骛新作"、"穿凿取新"也即"竞今"。《通变》篇说"名理有常，体必资于故实；通变无方，数必酌于新声"。"资于故实"是说要借鉴过去的作品，"酌于新声"是说要参考当今的新作。本来，刘勰的"通变"观是包含不变与变这两层因素的，所以他提供的"通变之术"也是包括"资故实"和"酌新声"这两部分的。但是，由于"今才颖之士，刻意学文，多略汉篇，师范宋集"，"酌新声"有余，而"资故实"不足，致使宋以后的文学走上了"弥近弥淡"的歧路。也就是说，"今之文人"在文辞气力上参考了当今的新作，巧意奇字皆已具备，但是他们忽视了有常之体，甚至是厌于遵循有常之体，这种片面的追新只是"率好诡巧"、"讹势所变"。

在文学日新其业的发展中，还有一个因素刘勰认为是不变的。《通变》篇云："黄歌'断竹'，质之至也；唐歌在昔，则广于黄世；虞歌《卿云》，则文于唐时；夏歌'雕墙'，缛于虞代；商周篇什，丽于夏年。至于序志述时，其揆一也。"尽管从黄帝时代到商周的文辞越来越繁丽了，但"序志述时"的根本原则是没有变化的。当然，刘勰所谓的"序志述时，其揆一也"是相对而言的，它是一条创作的基本原则，主张作者的个人创作应当反映他的情志和他所处时代的信息，并不是说历代作家作品所序的"志"和所述的"时"都是一成不变的。刘勰之所以反对齐梁时"俪采百字之偶，争价一句之奇"的文风，除了华丽的文辞导致文味越来越淡外，还有一个重要原因就是这种片面的形式主义追求，抹杀了作者真实的情志，遮掩了实际的时代概况。他在《时序》篇中评建安文学时说："观其时文，雅好慷慨，良由世积乱离，风衰俗怨，并志深而笔长，故梗概而多气也。"这是文学演变反映了时代之音的典型范例。而"自中朝贵玄，江左称盛，因谈馀气，流成文体。是以世极迍邅，而辞意夷泰"，则是文学受时代思潮的特殊影响，没有真实反映齐梁时代社会动乱的一例。

结合刘勰主张的"不变"与"变"来看，刘勰的"通变"观是要求在遵循"有常之体"和"序志述时"原则的前提下，追求"文辞气力"的变化。需要指出的是，刘勰的"文辞之变"与齐梁文人的"文辞之变"是有区别的。齐梁文人的文辞变化，正如刘勰所言，无非是"文反正为乏，辞反正为奇"而已。这种"颠倒文句，上字而抑下，中辞而出外"的效奇之法在刘勰看来丝毫不足为奇。刘勰本人追求的"文辞之变"是"凭情以会通，负气以适变"，是要根据个人的情感和气质求得创新。

在描述各种文体的发展时，刘勰着重考察了它们的流变。但是从根本上讲，刘勰是力求维护文体的稳定性和规范性的。所以对历代出现的变体、讹体，刘勰总是颇有微词。如《颂赞》篇云："颂者，容也，所以美盛德而述形容也。……至于班、傅之北征、西巡，变为序引，岂不褒过而谬体哉！马融之广成、上林，雅而似赋，何弄文而失质乎？……及魏晋辨颂，鲜有出辙，陈思所缀，以皇子为标，陆机积篇，唯功臣最显；其褒贬杂居，固末代之讹体也。"

与刘勰维护文体规范不同，"新变"派高度赞扬了历代体变创新的作家文人。萧子显《南齐书·文学传论》中说：

> 吟咏规范，本之雅什；流分条散，各以言区。若陈思"代马"群章，王粲"飞鸾"诸制，四言之美，前超后绝。少卿离辞，五言才骨，难与争骛。桂林湘水，平子之华篇；飞馆玉池，魏文之丽篆：七言之作，非此谁先？卿、云巨丽，升堂冠冕；张、左恢廓，登高不继：赋贵披陈，未或加矣。显宗之述傅毅，简文之摛彦伯，分言制句，多得颂体。裴颜内侍，元规凤池，子章以来，章表之选。孙绰之碑，嗣伯喈之后；谢庄之诔，起安仁之尘。颜延《杨瓒》，自比《马督》，以多称贵，归庄为允。王褒《僮约》，束晳《发蒙》，滑稽之流，亦可奇玮。五言之制，独秀众品。

"雅什"代指《诗经》[①]，"吟咏规范，本之雅什"就是把《诗经》作为文学的发展源头。从这段话的论述来看，萧子显认为四言诗、五言诗、七言诗、赋颂、章表、碑文、诔文都属于文学的范畴，它们的创作规范都是源自《诗经》。显然，对于各种体裁的文学，萧子显没有厚此薄彼，对于各种文体的代表作家和作品，他都给予了充分的肯定。而在众体纷呈的文学中，萧子显认为五言诗的成就是最出色的。虽然说萧子显对各体文学流变的考察不如

[①] 参见杨明、羊列荣编：《中国历代文论选新编》注解，第231页，上海，上海教育出版社，2007。

刘勰精细，但他对体变的态度比刘勰宽容得多，《文学传论》无疑也体现了其追求新变、崇尚新变、赞扬新变的一种精神。所以紧接着这段话之后，他就鲜明地提出了"若无新变，不能代雄"的主张。对建安以来敢于突破陈规而有所创新的作家，萧子显纷纷予以肯定，甚至一向为人所诟病的玄言诗，被他归于"朱蓝共妍，不相祖述"一类。

除了理论建树，以萧纲为首的宫体诗人在创作上也是积极追求新变，而其新变的表现之一就是体变。《梁书·徐摛传》载徐摛"属文好为新变，不拘旧体"[①]；《陈书·徐陵传》说徐陵"其文颇变旧体，缉裁巧密，多有新意"[②]。可见，变革旧体是宫体诗人作品的一个创新点。当然，宫体诗人并不是不讲究藻饰和声律了，《梁书·庾于陵传》说"齐永明中，文士王融、谢朓、沈约文章始用四声，以为新变；至是转拘声韵，弥尚丽靡，复踰于往时"[③]，说明宫体诗在声韵和辞藻上比"永明体"是"有过之而无不及"。但是，诗歌发展到永明文人手里，声律、对偶、用事等技巧已经日臻成熟，力求新变的宫体诗人要想超越永明文人，就必须在继承其讲究声律、对偶的基础上，突破"永明体"业已形成的规范。因此，变革旧体无疑成了其诗歌创新的关键。

所以，就"变"的内容来看，刘勰主张在维护文体和序志述时的原则下，根据作家的情感个性，对文辞气力进行创新。而以萧子显为代表的"新变派"则主张文辞之变与体变并重，其追求革新的呼声比刘勰更高。

二、"还宗经诰"与"且须放荡"

"从质及讹，弥近弥淡。何则？竞今疏古，风末气衰也。"刘勰认为导致"弥近弥淡"的原因是"竞今疏古"。所以，要想矫正这种不良文风，就必须处理好今古的关系，把学习古人和效法今人结合起来。而在"资故实"与"酌新声"这两方面，齐梁文人无疑是擅长后者而疏忽前者。因此，针对"今之文人"不擅"资故实"的弊病，刘勰提出了"还宗经诰"的治疗方法。那么"还宗经诰"是学习经典的什么呢？

《通变》篇开篇云："夫设文之体有常，变文之数无方，何以明其然也？

---

① 【唐】姚思廉：《梁书》，第307页，北京，中华书局，2008。
② 【唐】姚思廉：《陈书》，第233页，北京，中华书局，2009。
③ 【唐】姚思廉：《梁书》，第478页，北京，中华书局，2008。

凡诗赋书记，名理相因，此有常之体也；文辞气力，通变则久，此无方之数也。名理有常，体必资于故实；通变无方，数必酌于新声。"在刘勰看来，文学的发展包括"不变"与"变"两方面的因素，在讲求文学创新时，两者必须兼顾。而不变的"有常之体"是历代优秀作家不断积累的创作经验，所以学习"有常之体"的最好方法是借鉴前人的作品。因此，就《通变》篇而言，"还宗经诰"与"资于故实"一样，都是要在"有常之体"方面师法前人。

有意思的是，"新变派"的萧子显在《南齐书·文学传论》中也说文章创作"若夫委自天机，参之史传，应思悱来，勿先构聚"。所谓"委自天机"、"应思悱来"与《文心雕龙·神思》篇的某些观点相似，而"参之史传"与"还宗经诰"、"熔铸经典之范，翔集子史之术"也有相通之处，都是说文学创作应该借鉴历代的优秀作品。可惜，萧子显对"参之史传"没有更加详尽的说明，我们无法了解它与"还宗经诰"的具体区别。

"新变派"的另一人物萧纲则极力反对文学创作以儒家经典为模式，他在《与湘东王书》中说："未闻吟咏情性，反拟《内则》之篇；操笔写志更摹《酒诰》之作；迟迟春日，翻学《归藏》；湛湛江水，遂同《大传》。"[①]对于今古之文，他甚至认为"若以今文为是，则古文为非；若昔贤可称，则今体宜弃。俱为盍各，则未之敢许"，言外之意明显是以为今文超越了古文，文章创作没必要模仿古文。萧纲批评当时文坛的"懦钝"、"阐缓"、"浮疏"之风，大致是指时人盲目模拟经书，以致作品缺乏动人的情感力量。他认为诗赋等审美性质浓厚的作品，既有其自身的作用，也就应有自身的特点，不应与经史著作相混淆。此外，萧纲还倡导将"立身之道"与"立文之道"分开，认为"立身之道，与文章异；立身先须谨重，文章且须放荡"[②]。这里的"放荡"应当释为"不受束缚"，整句话的意思是说作家应当大胆地进行文学创作，不要受陈规旧矩的束缚。其新变意识之强烈于此可见一斑。

刘勰、萧子显和萧纲在崇尚新变的同时，对儒家的经典作品，或者说对经史子集，采取的是不同的态度。实际上，这些不同的态度不仅反映了各位批评家对继承经典的态度，而且体现了他们对文学范畴的不同认识。在刘

[①] 郭绍虞、王文生主编：《中国历代文论选》，第327页，上海，上海古籍出版社，1979。以下所引《与湘东王书》均据此书。
[②] 郁沅、张明高编选：《魏晋南北朝文论选》，第354页，北京，人民文学出版社，1996。

看来，儒家经典是各体文学产生的源头，同时也是文学的最高典范。《宗经》篇说："故论说辞序，则易统其首；诏策奏章，则书发其源；赋颂歌赞，则诗立其本；铭诔箴祝，则礼总其端；纪传铭檄，则春秋为根；并穷高以树表，极远以启疆，所以百家腾跃，终入环内者也。"尽管各体文学的发展流变不尽相同，但是都跳不出经典所树立的范围。相比之下，萧子显虽然也说"吟咏规范，本之雅什"，但他并不认为文学的发展始终没有超越经典。对于源于《诗经》的四言诗、五言诗、七言诗以及赋颂等文体，只要作家的创作成就突出，他都是赞赏有加。萧纲反对"吟咏性情，反拟《内则》之篇"，并不代表他鄙夷六经，相反，它表明萧纲对文学范畴有了更加具体的认识。《与湘东王书》中说："六典三礼，所施则有地，吉凶嘉宾，用之则有所。"在萧纲看来，《礼记》、《尚书》等在树立典范礼仪方面可以发挥重要作用，但是它们不属于"吟咏性情"的作品，所以不能作为文学创作效法的对象。

萧统编录《文选》的做法与萧纲的认识有所相似。《文选序》云：

若夫姬公之籍，孔父之书，与日月俱悬，鬼神争奥，孝敬之准式，人伦之师友；岂可以重以芟繁，加以翦截。老、庄之作，管、孟之流，盖以立意为宗，不以能文为本。……至于记事之史，系年之书，所以褒贬是非，纪别异同；方之篇翰，亦已不同。若其赞论之综缉辞采，序述之错比文华，事出于沈思，义归乎翰藻。故与夫篇什，杂而集之。

虽然萧统说"姬公之籍"、"孔父之书"是"孝敬之准式，人伦之师友"，因此不敢加以裁剪选录。但对于"老、庄之作，管、孟之流"，他则明言其"以立意为宗，不以能文为本"，所以也不予选录。从"事出于沈思，义归乎翰藻"的选文标准来看，只有文采和事义兼备的作品才是萧统心中的理想文学。所以，不管是"姬公之籍"、"孔父之书"，还是"老、庄之作，管、孟之流"，只要不符合"事出于沈思，义归乎翰藻"的标准，《文选》都弃之不录。这说明，萧统对于文学有自己的判断标准，即使是"有助于风教"的儒家经典也并不都是真正意义上的文学。

值得注意的是，对于"篇辞引序，碑碣志状"等诸多文体，萧统说它们"譬陶匏异器，并为入耳之娱；黼黻不同，俱为悦目之玩"。这是不是说萧统把文学视为游戏呢？当然不是。萧统一向服膺儒术，在《陶渊明集序》中，他高度评价了陶渊明之文"有助于风教"的特点。他说"观渊明之文者,驰竞之情遣,鄙吝之意怯。贪夫可以廉,懦夫可以立,岂止仁义可蹈,抑乃爵禄可辞,不必傍游泰华,远求柱史,此亦有助于风教也。"因此也认为《闲情赋》是陶渊明这块白璧的微瑕之处。其实,"诏诰教令"、"表奏牋记"、"书誓符檄"中的很多文体都是实用性文体,萧统称它们为"入耳之娱"和"悦目之玩",表明在萧统心目中,不但诗赋等抒情体物之作具有审美价值、愉悦作用,而且诏诰教令等实用性文体也是如此。可见萧统论文学是兼顾社会作用和个人性情两方面的。

对于文学的范畴认识,萧绎在《金楼子·立言》中也发表了自己的看法。其云:

> 古人之学者有二,今人之学者有四。夫子门徒,转相师受,通圣人之经者,为之儒。屈原、宋玉、枚乘、长卿之徒,止于辞赋,则谓之文。今之儒,博穷子史,但能识其事,不能通其理者,谓之学。至如不便为诗如阎纂,善为章奏如伯松,若此之流,泛谓之笔。吟咏风谣,流连哀思者,谓之文。而学者率多不便属辞,守其章句,迟于通变,质于心用。学者不能定礼乐之是非,辨经教之宗旨,徒能扬榷前言,抵掌多识,然而抱源之流,亦足可贵。笔退则非谓成篇,进则不云取义,神其巧惠,笔端而已。至如文者,惟须绮縠纷披,宫徵靡曼,唇吻遒会,情灵摇荡。而古之文笔,今之文笔,其源又异。①

魏晋以前,文笔的区分标准是有韵和无韵。在这段话中,萧绎对"文"的范围进行了更加细致具体的确定。"绮縠纷披"比喻辞藻的繁富,"宫徵靡曼"指作品具有动听的韵律,"唇吻遒会"是说语言要精练,"情灵摇荡"则是指抒发作家丰富的感情。前三者确立了"文"的形式标准,"情灵摇荡"则划定了"文"的表现内容。可以说,萧绎对文学审美特性的认识比萧纲、萧子显都要深刻得多。但是,他的这种认识并不旨在推崇文学。他总结了古今文笔的区别,说古文"止于辞赋",而今文"惟须绮縠纷披,宫徵靡曼,唇

---

① 郭绍虞、王文生主编:《中国历代文论选》,第340页,上海,上海古籍出版社,1979。以下所引《金楼子·立言》均据此书。

吻遒会，情灵摇荡"，言语之间对文学带有几分轻视的意味。

而且从《金楼子》的著述目的来看，萧绎是要在儒家"三不朽"的"立言"方面占领一席之地。《金楼子·序》说："余于天下为不贱焉。窃念臧文仲既殁，其立言于世。曹子桓云：立德著书，可以不朽。杜元凯言：德者非所企及，立言或可庶几，故户牖悬刀笔，而有述作之志矣。"① 由此可见，萧绎主张"新变"的着眼点，与萧纲、萧子显、刘勰、萧统都大不相同。如果说其他人是为了推动文学的革新发展，那么萧绎则是为了在著书立说上突破前人。

三、"斟酌质文"与"杂以风谣"

刘勰认为，纠正"弥近弥淡"的文风，除了"还宗经诰"之外，还必须"斟酌乎质文之间，而橹栝乎雅俗之际"，在效法前人的同时处理好质与文、雅与俗的关系。所谓的"质"本可指文章表达的内容，也可指文辞的质朴。当"质文"并提时，"质"当是指文辞而言。而"雅"与"俗"所能概括的范围就更加广泛，既可指作品的风格，也可指作品的题材内容，还可指文辞的典雅与粗俗。《通变》篇是在总结九代质文代变之后，批评"从质及讹，弥近弥淡"的文风，继而提出"还宗经诰"、"斟酌质文"、"橹栝雅俗"的修正方法。所以就《通变》篇而言，"质文"、"雅俗"都是着眼于文辞。

刘勰的这种"质文并重"的文学观在萧统、萧绎和萧子显那里也有所体现，但是内涵略有不同。萧统《答湘东王书求文集及〈诗苑英华〉书》中说："夫文典则累野，丽亦伤浮。能丽而不浮，典而不野，文质彬彬，有君子之致，吾尝欲为之，但恨未遒耳。"② "文质彬彬"语出《论语》"质胜文则野，文胜质则史，文质彬彬，然后君子"之句。就文学而言，它是强调文学创作要修饰得当，文辞过于朴实和过于繁缛都是不可取的。萧绎《内典碑铭集林序》中说："能使艳而不华，质而不野，博而不繁，省而不率，文而有质，约而能润，事随意转，理逐言深，所谓菁华，无以间也。"③ 这数句话也表明了萧绎兼重文质的基本倾向，与刘勰"斟酌质文"、萧统"文质彬彬，有

---

① 郁沅、张明高编选：《魏晋南北朝文论选》，第363页，北京，人民文学出版社，1996。
② 郁沅、张明高编选：《魏晋南北朝文论选》，第331页，北京，人民文学出版社，1996。
③ 郁沅、张明高编选：《魏晋南北朝文论选》，第370页，北京，人民文学出版社，1996。

君子之致"的论点较为一致。

萧子显《南齐书·文学传论》批评当时文章三体之后，提出了自己的审美标准："言尚易了，文憎过意，吐石含金，滋润婉切。杂以风谣，轻唇利吻，不雅不俗，独中胸怀。"在作品文辞方面，萧子显同样反对过分藻饰，文过其意，这与刘勰、萧统、萧绎的观点是大致相同的。不同的是，萧子显还鲜明地主张向风谣学习。所谓"杂以风谣，轻唇利吻，不雅不俗，独中胸怀"，是说作品可以借鉴俗文学的语言特色，以达到"轻唇利吻"即流畅圆转、音调和谐的效果。当然，学习风谣并不是完全模仿风谣，而是要"不雅不俗"，既从民间歌谣中吸取营养，又要予以加工，使其文雅精致。

所以，概而言之，刘勰、萧统、萧绎和萧子显都强调作品的言辞要修饰得当，不可掩盖了文章之意。而萧子显在此基础上还提出了文学创作可以借鉴民间歌谣的主张，以兼取雅俗文学之长。

以上就"变"的内容、"变"的方法和审美标准分别论述了刘勰"通变"观与萧统、萧子显、萧纲和萧绎的异同。本文粗陈己见，意在说明粗略地划分"通变"派、"新变派"未免将问题简单化，掩盖了各人文学观的不同特点。事实上，刘勰、萧统与萧纲、萧绎、萧子显文学发展观的最大不同之处在于他们对文学的功用意义的体认不同。"诗言志"的传统至魏晋时期已被大大突破，主张诗歌"吟咏性情"的呼声也越来越高。可是"吟咏性情"有时吟的是一己之私情，有时吟的则是诗人对社会、对人生的感悟。在这一点上，萧纲、萧绎和萧子显等宫体诗人明显倾向于前者，而主张"序志述时"的刘勰和主张"事出于沈思，义归乎翰藻"的萧统则倾向于后者。

"围墙"内外：欲望的空间地理学
——纳西族女作家和晓梅小说论

王冰冰[①]

一、家族女性的系谱：叛逆的女人

生活在丽江古城的和晓梅是个以才气取胜的女作家，她的作品虽不多，但篇篇精致、出手不凡。从以《深深古井巷》震惊文坛始，和晓梅便一直在营构着那些极具地域特色的优美篇章。作为一个女性意识较为鲜明的作家，和晓梅善写女人，她为数不多的几部中篇都是以女性视角讲述的女性的故事。她喜欢以第一人称叙事，但并非是要讲述"自己"的故事，而多以家族中的女性长者作为主人公或至少是推动叙事发展的关键人物。"奶奶"（《有牌出错》、《女人是"蜜"》）、"母亲"（《水之城》、《是谁失去了记忆》）、"二伯妈"（《深深古井巷》）、"姑妈"（《水之城》）、"五姨"（《情人跳》），可以说这些不同凡响的女人组成了一个家族女性的亲属链。在此我们不妨将和晓梅的作品序列读作一部关于女性的家族史，而各篇之间的互文关系或许可以由此得以显影与呈现。这些女性虽然身份有异、境遇各殊，但都是叙事人"我"的血脉根源，是女性族谱里失散或未曾失散的至亲。在此意义上，可以说和晓梅以自己独特的方式加入到"家族史"的写作中，并与当年从事《纪实与虚构》的王安忆一样，置父系族裔命脉于不顾而专心勘探与追溯那些总也被正史压抑、放逐的女性的历史记忆、经验与关联。

作为家族女性中最权威的长者，"奶奶"的故事当然是最为精彩的。《有牌出错》中的"奶奶"，一个美丽智慧、赌技超群的奇女子，为了一个"著名的二流子"背弃了自己堪称显赫的身份——纳西族最权威的智者大东巴的孙女，并干冒天下之大不韪而以赌术维持生计并为自己赢得声名。在最终成

[①] 作者为文学与新闻传播学院中国现当代文学专业2009级博士研究生。

为一个称职的妻子与母亲之后却又心甘情愿在一场致命的赌局中"有牌出错",从此放弃了自己胼手胝足建造的家庭与嗷嗷待哺的子女,追随一个彪悍阴冷、来历不明的马锅头开始不为人知的流浪生涯。从背叛父的家庭始,到背叛夫的家庭终,可见"奶奶"所追求的并非只是自由自主的爱情,而毋宁说她最为在意的是要拥有能够自己掌控的人生,一如她始终能够掌控的赌局。"我"的"奶奶"既是如此的传奇,那么"母亲"怎样?比起在赌场上叱咤风云的"奶奶","母亲"们(《水之城》、《是谁失去了记忆》)则专司于情场的摸爬滚打,但那赌徒般的孤注一掷、执迷不悟却是青出于蓝,最终与"奶奶"一样在命运的轮盘赌上输得血本无归。《水之城》中呈现于小女孩"我"的视域中出身贵族的"母亲",高傲冷艳、识文断字,但为一个不值得付出的孱弱卑微的男人付出了所有——青春、激情、名誉、地位,最终甚至不惜出卖色相为毒瘾发作的心上人换取鸦片。在常人看来,她的付出过于不值,甚至有着受虐狂似的耽溺,但她那九死不悔、执著痴迷的激情与爱欲,飞蛾扑火似的自焚与自毁的冲动却也见证了女性欲望潜能的深邃难测。《情人跳》中的"五姨"是一个从"情死"中幸存的贵族女人,在世人的白眼与冷嘲中苟活。作为出身高贵的女子,她拒绝门当户对的婚姻而选择了非理性的情爱,却又在"情死"的最后一刻退缩而让情人只身赴死。在借爱情背叛家族以后又莫名其妙地背叛了爱情,这双料的"背叛"让她成为世人眼中"谜"一般的存在——可憎可惧却又难以捉摸、无从索解。可以说,这是一群离经叛道的女人,她们长于且善于"背叛",叛父也叛夫,甚至连子女都可以弃置不顾。她们其实是最为自恋的一群,只顾勘探自身那独属于女性的欲望与想象,以一己之躯见证女性欲力的强大与丰足。"奶奶"、"母亲"于她们似乎只是无足轻重的称谓,她们其实是颇为纯粹的"女人",不为妻母角色束缚,而总有着交际花般沧桑的凄艳与风情,总是过度且无节制地追寻着欲望与激情的完满。她们不被规训的人生在常人眼中未免过分纵情任性,甚至是纵欲败德,但她们的过激与疯狂未尝不是出自一种无奈,甚或是一种矫枉过正的"策略"。在文本中,对那些土司小姐们凄美爱情的描写总是伴随着对其所属家族的没落与颓败的渲染。在"改土归流"后的漫长岁月中逐渐丧失了曾经的煊赫与权威的古老贵族,面对着似乎无可更改的衰颓之势,唯有通过将希望或压迫转移到具有某些交换价值的个体身上寻求"缓解"。在此意义上我们或许可以理解这群出身高贵、得天独厚的女人,为何总是要选择低阶层的、孱弱的、注定无出路的男人作为自己的爱情对象并与之私奔或"情死"的原因了：这与其说是出自非理性的情焰、是爱情的力量跨越阶级，不如说是一种清醒与自觉的"选择"——这意味着对父亲、家族及其阶级为她注定的婚姻及人生模式的一次反叛，意味着将遭遇来自家族与她的阶层的全力阻挠甚或放逐。对她们而言，那些被禁止去爱的情人也许只是一个她决定倾力出演与成就的悲剧所必需的"道具"而已，借助于这件"道具"她才得以拒绝在家族中的传统角色，拒绝她对那些没落的贵族家庭的意义——在家族之间流通的一件珍贵的"交换物"/礼物。换言之，她们要拒绝的并非是哪个具体的男性，而是自己作为半客体/交换物的身份与意义，自己被父权宰制、管控的命运。而无论是私奔或情死，对她们而言都更是一种"逃脱"或曰离轨的方式，与其说她们向往的是世俗毫无沾染的纯粹爱情，不如说她们是在试图借用一种决绝过激的情爱方式来彰显自己的主体性。

二、"围墙"内外：阶级地形学

但在和晓梅的故事中，除了这些出身高贵、桀骜不驯的女人外，还有另一些低阶级的女性形象，她们以另一种方式存在于和晓梅的文本世界里。她们也是美丽的，但是更为柔韧坚忍，或者说她们更为贴近大地，她们是《水之城》中的姑妈，是《是谁失去了记忆》中的和烟杨。在《是谁失去了记忆》这部中篇里，和晓梅似乎于不经意间将渗透着空濛水汽的诗意笔触伸向了经济及社会领域。在文本中，社会阶级获得了某种地形学似的表达，而这种表达是由主人公"我"——和烟杨的人生轨迹所体现出来的。和烟杨来自于一个衣食不周的农家，但在幼年时随改嫁的母亲进入古城里一个士绅家庭。从踏进那"高大阔绰的门"始，这个小女孩便将这个弥漫着芝兰之香的古雅气派的庭院当成了自己唯一的"家"，那也是晚年的和烟杨在记忆衰退的状态中唯一能够记起的"家"。但事实上，这个"家"并不曾轻易接纳过她，真正成为这个家族的一员，是出身低微的母女二人共同的梦想。但随着继父的死亡，这梦想变得遥不可及，无望的母亲与一个马锅头私奔。但这个遭母亲遗弃的小女孩却绝非等闲之辈，其果决与主见简直可令须眉汗颜，且对兵法战术有着无师自通的能耐：先是以守为攻、以退为进，自己做主把自己嫁给了"隔壁卖凉粉的余家"，从此在"一墙之隔"的近处运筹帷幄，经过几十年如一日的谋猷筹划、精打细算,最终得偿夙愿——成为那个幽美庭院的主人。此间一个不容忽视且意味深长的事实是,在文本中存在着多处关于"墙"的描写——"由它隔绝着两个不同状况的家庭,一边是兰意阑珊、雕龙画风,而另一边则永远地弥漫着豆类的清香"、"虽然只有一墙之隔,但这个狭小逼仄的不规整院落再也不可能弥漫着兰花与缅桂的幽香了。四处墙基坍塌白壁剥离,但凡平坦的地方都堆放着柴木和簸箕"①。这一系列关于"墙"及被"墙"所分割的空间的描述暗示了某种地形学或是空间测绘,指涉着两个社会阶级之间的分野与界限。这道围墙分割出两个截然不同的世界,其间横亘着巨大的社会鸿沟,可以说这是真正意义上的"咫尺天涯"。

有趣的是,在文本中和烟杨更多地是以对气味的辨识来区分这两个空间,即兰桂之幽香与豆类的清香,它们暗示着两个阶级判然有别的生活方式——茶香墨浓与柴米油盐。和烟杨的一生几乎都在从事着艰苦的手工劳作,并以对墙那边优雅闲散的生活的追忆与向往作为支撑与鞭策自己的动力。但吊诡的是,当我们坚强的女主人公把她所有的欲望都投射到围墙那一边的世界时,她也许并未意识到正是她及与她相同阶层的人们在围墙另一边日复一日、胼手胝足的劳作才使得那种貌似不食人间烟火的投闲置散成为可能,换言之,正是她们真实的幕后工作把贵族或书香门第的优雅与超脱演绎成了幕前奇观。在此意义上,可以说这个故事是一个关于低阶级女性的社会欲望的故事,为围墙所区隔的空间正暗示着女主人公欲望的地理场景。从这个意义上可以说《水之城》中的"姑妈"类似于另一个和烟杨。作为土司和一个没有名姓的女奴的后代,姑妈的身份是尴尬且暧昧的,她非主非仆、亦主亦仆,"这个原本不该姓木,却为木家承担了一切的女人"②孤身守护着早已是树倒猢狲散的破败之家,为这个家族仅存的后人——"母亲"和"我"提供着最后的庇护。她的劳作从物质和精神上支撑着整个家庭,然而,她与"母亲"——土司小姐、木家名正言顺的嫡传后人——的阶级关系的现实却一直是不可被言说的禁忌,因为那是"维系着我们感情的薄纸"③,它不能但终将被捅破。

---

① 和晓梅:《女人是"蜜"》,第 255、245 页,北京,作家出版社,2008。
② 和晓梅:《女人是"蜜"》,第 89 页,北京,作家出版社,2008。
③ 和晓梅:《女人是"蜜"》,第 91 页,北京,作家出版社,2008。

三、两类女人的位移：脱钩与越界

　　如果说"围墙"象征着阶级的空间地理学，那么，和烟杨与姑妈这样企图"越界"的女人便和"奶奶"、"五姨"、"母亲"一样，成为传统的阶级秩序的离轨者与冒犯者。不同的是，她们以相反的方向"流向"不同的阶层。对于那些高阶层的女人来说，她们将爱情尤其是被禁止之爱当作反叛秩序及父权的最佳也是唯一的选择，于是那些作为禁忌存在的低阶级的男性便成为她们最好的欲望对象。可以说她们正是要借助"禁恋"所携带的深刻的颠覆力来完成自己的反叛，成就自己的"被逐"。对她们而言，所要断然否定与拒绝的正是门当户对的婚姻——秩序的最佳维护与体现。有趣的是，在文本中，和晓梅几乎将这些叛逃的女人的恋爱过程尽数省去，而是将她们直接推向情感爆发的前台，读者几乎无从知晓这些女人那貌似坚贞不渝的爱情究竟是怎样发生的，而只能看见她们为已发生的爱情的不菲甚或是惨烈的付出与牺牲。《有牌出错》中的"奶奶"刚出场便是一个逃婚出走的形象，但她投奔的爱情对象却是一个只"有过几次肤浅接触"的男人，且这个男人是个除了英俊一无所长的"最著名的二流子"。除过一个"漫长"的拥抱，文本中再未给出他们相爱的证明，婚后的岁月中"奶奶"无疑将所有的激情与欲望都奉献给了牌局——这甚至要让人怀疑她当初逃婚的动机了，究竟是为了爱情还是为获得自由挥洒赌技的空间？爱情戏中原本不可或缺的男性主人公在叙事者和女主人公那里都被化约成了无足轻重的闲笔——"我的爷爷，这个在这篇小说中微乎其微得不必占用太多笔墨的二流子"[①]。《水之城》的故事开启处，"母亲"已被情人抛弃而是带着私生女独自在困顿中挣扎，但在"我"——一个小女孩的眼中，那个被母亲铭心刻骨地爱着的男人桓之却只是一个卑微荏弱、自私透顶的废人与瘾君子，"我"甚至从未或拒绝意识到"我"和他之间明显的血脉关联。而"母亲"对他狂热的爱情也被"我"不动声色、客观冷静的凝视还原成了某种莫名其妙的自虐狂似的沉溺。或者说，"我"洞察了"母亲"的真相：她只不过借助"桓之"这个道具完成一种"向下沉"的渴望，与其说她是无法抗拒爱情，不如说她真正难以拒绝的是堕落的诱惑。

[①] 和晓梅：《女人是"蜜"》，第116页，北京，作家出版社，2008。

在这里下沉与堕落都暗示着一种下坠的身体姿态，一定程度上可将其视为一种阶级地形学的修辞与隐喻，这些贵族女人从自身所处的阶级内部逃脱的方式是借助低阶级的男性向一个较低的阶层滑去。但她们最终的目标并非"滑落"而是"滑脱"，也就是说，她们的目的不是成为低阶层的一员，而是借助下坠的姿态与自己的阶层"脱钩"，但"脱钩"并非为了"降落"，而毋宁是要停留在一种滑翔的姿态。可以说她们所渴求的不是"归宿"，而是一种变动不居、存在多种可能性的开放型的人生状态，一种始终"人在旅途"的人生情境。因为她们深知，一旦停下，无论是在哪个阶级的地形空间内，她们都必将被束缚或曰钉死在"妻母"的宿命中无法自拔。由此也可以理解为何叙述者总是让她笔下的女性亲属们动辄便与马锅头私奔了，因为只有那些始终"在路上"的彪悍男子们才可以给予那些永远不安分的女人以名正言顺的流浪特权。从这个意义上可以说，这群贵族女人是一群拥有不羁灵魂的"吉卜赛"，她们飞蛾扑火般地去追逐拥抱的其实并非爱情而是自由，为妻为母的归宿是她们所不屑的、是终其一生所竭力规避的。

如果说这些女"吉卜赛"是以爱情的名义完成从本阶级内部的叛逃的话，那么，那些低阶级的女性是如何实现自己的"越界"或曰"向上爬"的渴望的？她们对待爱情和婚姻的态度又是怎样的呢？如上文分析，和烟杨是依靠自己女性的无比的坚韧与耐力，依靠几十年如一日的辛苦的手工劳作积累的财富资本与子嗣联姻的方式，最终成为那个象征着士绅阶级高雅品位的幽深庭院的主人。但此间一个不容忽视的事实是，和烟杨的成功与其说是其个人奋斗的结果，不如说是历史与时代的造就。在幼年和烟杨的记忆中，那个高贵家庭不可遏抑的衰颓之势便已清晰地显露出来，而苍白荏弱、丧失生育能力的男主人的自杀更是成为这个家庭崩溃衰亡的征兆。而正是一个强有力的男性主人的缺席与整个家庭日复一日的内耗，才使得类似和烟杨这样颇有野心与心计的低阶层女子拥有了"向上爬"、僭越那原本不可逾越的阶级界限的可能。但作为一个美丽且颇具魅力的女性，和烟杨并非通过婚姻与性这种较为"常见"与"轻易"的手段越界，或者说将自己作为"流通物"而完成跨阶级之旅，而是依靠对这个没落家庭常年的金钱资助及与其相伴随的情感投资逐渐获取了支配与领导权。也就是说在拒绝成为"流通物"或价值客体这一点上，和烟杨与那些贵族女性们不谋而合。但此处更为重要的是，和烟杨是以财富或曰金钱作为换取进入上等阶级的资本，于是她的成功一定程度上暗示了一个新的时代的显影与莅临：一个以金钱作为唯一、有效的度量衡，奉行更为简单而残酷的游戏规则的时代，这个时代尊奉或曰祭起的是一尊赤金真神。而正是因为那些古老的贵族与士绅阶层随着传统社会的缓慢倾杞而走向衰亡，因为一个奉行完全相异的价值观的全新时代的到来，类似于和烟杨这样的低阶级的女人/个人才获取了依靠自我奋斗而成功的历史契机，才有幸成为一个于连或拉斯蒂涅的女性翻版。

但更为意味深长的是，文本并没有结束在和烟杨夙愿得偿的美满中，实际上，作为一个试图跨越阶级的僭越者，和烟杨最终还是失败了，而悖论性的事实是：正是她的成功导致了她的失败，正是成全了她的历史/时代最终将她彻底击溃与放逐。在文本中，这一切悖论的交织点是一场"地震"。

四、"地震"之后：两类话语的耦合

在《是谁失去了记忆》的后半部分，1996年的那场大地震成为和烟杨生命中另一个重要的转折点。作者在文本中是这样表述的："这场强达7级的地震给我们这个已经变得很庞大的家庭带来的最大震动是一条骇人的沟壑，它呈南北走向，将偌大的院落一分为二。我和我的儿子们都因此感到了不安，因为我们都没有忘记在这条清晰的裂纹之上曾经有过一面土基砌的墙，由它隔绝着两个不同状况的家庭。"虽然有着"不安"，但和烟杨还是"毫不犹豫地决定将两个院落间的围墙推到，建立一个坚不可摧的大家庭。"[①] 如果说"围墙"曾经象征着两个阶级的"界标"的话，那么正是这场"地震"摧毁了此"界标"而使和烟杨的梦想得以实现。但悖论的是，对和烟杨这种不安分的、有野心的觊觎者与僭越者来说，"围墙"那一边的世界是她最终的欲望对象，作为一个女性，她之所以对爱情与婚姻都没有表现出太大的兴趣，正是因为她把所有的欲望与热情都投射或曰铭写在了由"围墙"所阻隔与标识的属于高等阶级的生活空间之上了，可以说她把属于女性/个人的欲望转换成了不同阶级间的社会欲望。但是，对于这种企图僭越阶级界限的欲望者来说，"界标"是必须的，因为正是类似于"围墙"的形形色色的现实与隐喻层面上"界标"的存在，被其区隔与保护的另一个世界/欲望对象才会显现出某种

---

① 和晓梅：《女人是"蜜"》，第255页，北京，作家出版社，2008。

难以企及、高不可攀的优雅、上等与难以言传的魅惑。一旦"界标"消失，欲望对象便也随之消失，于是僭越者的所有努力与行动都会被指认为是某种虚妄与无效，因为一旦没有了界限，也就没有了僭越。由此可以理解和烟杨在地震之后为何会产生巨大的虚无与幻灭感了："大地震给我们的梦想带来的改变是谁都始料不及的，假如我们能够意识到梦想也能改变的话，就会发现曾经的努力显得多么的荒唐可笑。"①"我们的梦想"是进入那个兰桂飘香的庭院，那个标记着上等阶级优雅品味的生活空间，那个被各种"界标"所守护的安全的方舟，那个摆脱了可见的、无休止的物质性劳作的精致光滑的"前台"。但"地震"在摧毁了所有的"界标"与"围墙"的同时，也彻底毁掉了那个"我们"梦寐以求的伊甸园。可以说历史或曰时代与和烟杨们开了一个不大不小的玩笑，她们最终到达的是始料不及或南辕北辙的终点。

可以说，和烟杨的失落源自于试图僭越阶级界限的努力的失败、社会欲望的受挫，但在文本中，这一具体的原因却被另一个更为宏大繁复的命题置换或曰遮蔽了，那就是关于全球化时代个人与民族的历史记忆问题。或者说，这是两套话语在叙事中的交缠与耦合，是叙事人将关于女性/阶级欲望的表述与第三世界国家面对全球化时代的震惊体验在文本中耦合在了一起。在上文所引的那段关于倒塌的"围墙"给和烟杨带来的失落的描写之后，叙事者开始列数那些让和烟杨感到难以适从的巨变：散发着特殊金钱味道的时代、大量涌入的外人和洋人、土地价格可怕的翻涨、大批善于经营的商人的进驻、本地人陆续的外迁，于是最终"一座崭新的城市正在快速地兴建，将这个古老的石砌的小镇稳稳地包围在中心"②。在叙述者的表述中，地震类似于某种"天启"或预警，预示着一个新的全球化时代的到来，这是一个传统将遭遇无所不在的围剿、解构、颠覆甚至被复制与消费的时代，民俗与文化被庸俗化、量贩化的时代③。而类似于和烟杨这样的只属于旧时代的"老灵魂"，显然再也无法适应如此激变的社会/文化空间，她那赖以立足的生存基地已缓缓碎裂。在文本的最后，已是风烛残年的和烟杨在日暮穷途中寻寻觅觅、不知所

---

① 和晓梅：《女人是"蜜"》，第 255、256 页，北京，作家出版社，2008。
② 和晓梅：《女人是"蜜"》，第 257 页，北京，作家出版社，2008。
③ 联系着上世纪 90 年代末中国加快改革步伐、全面加入全球化进程的具体社会语境，则"地震"之地理学概念的意识形态性修辞的政治意涵便得以更为清晰的显现。而我们的女主人公和烟杨在面对生存空间的骤变时所产生的无所适从不也可以看做是第三世界国家或后发现代化国家在面对全球化时代骤临时的"震惊"体验吗？

终。在遭遇"去圣以邈，宝变为石"历史裂变之后，和烟杨们成为时间的逐客，历史的遗民。在此处，叙述者已经将和烟杨源自僭越阶级欲望的受挫而产生的虚妄感，转化或移置到了面对全球化时代个人/民族历史记忆丧失所产生的焦虑感之上了。当和烟杨如先知一般地说出"但我不知道这个世界上到底是谁失去了记忆，是我，还是他们？"时，在文本中她已经成为民族历史记忆的化身，忧虑着这个因全球化时代的莅临而日渐同质化、空洞化的现代或曰后现代时空中人们对民族历史记忆的彻底丢失与遗忘。至此我们可以说，《是谁失去了记忆》作为一个深具症候性的文本，其本身就是关于阶级差异与禁忌的表述与全球化时代第三世界国家所遭遇的震惊/创伤体验这两套话语耦合的叙事结果。

结语：女性的非对称性

有评论者认为，和晓梅的不足之处在于其过分单纯的生活经历一定程度上限制了她的视野[①]，但女作家叶梅却独具慧眼地指出："和晓梅的小说以引人注目的民族特性和女性话语，在全球工业化时代里，追寻着爱和生命的快乐，力图抵达人类自由、社会自主和经济平等的美好境界。"[②] 也就是说，和晓梅的那些看似不食人间烟火的篇章其实始终与现实社会中的政治、经济状况暗通款曲。通过上文对和晓梅笔下家族女性系谱中两类女性的分析，我们可以发现，透过那神秘的香格里风光及玉龙雪山那不可言说的魅惑，在和晓梅貌似与社会、经济无涉的纯粹而唯美的篇章中，隐藏着有关阶级不平等的难以言说的内容及对其携带的深刻禁忌的描述，那是关于不同阶级之间社会欲望的地形测绘，是女性欲望与阶级叙事的深刻交缠。在和晓梅的笔下，在其所结构的家族及社会景观中，阶级或阶层意识从不曾真正从人们的生活中

---

① 沙蠡曾委婉批评作家阅历过浅、生活积累不够，见《想象力如何起飞——关于纳西族女作家和晓梅的中篇小说》，《民族文学》，2006（1）；黄玲也在其论文中指出与纳西族第一代女作家赵银棠相比，"和晓梅的经历显得顺畅，也比较单薄"，见《玉龙雪山的精灵——两代纳西族女作家的文学之旅》，《边疆文学》，2007（8）。有趣的是，大多数关于和晓梅的评论都对其丰富的想象力颇多赞美，似乎这是和最为出色的优长之处，但无疑为这样的嘉许所掩盖的潜台词是：作为一个生活经历单薄的作者，想象力将成为一种有效但也有限的"弥补"，支撑这样的表述的其实是颇为传统的关于虚/实的这组暗含褒贬的二元对立。

② 叶梅：《寻找爱和生命快乐的民族女性话语》，《女人是"蜜"》，第1页，北京，作家出版社，2008。

消失，对于那些家族系谱中的女性来说，相同的性别、类似的宿命却并未使她们获得过真正的心灵和机会的平等。那些出身尊贵的女性，她们的高贵的阶级地位无疑是她们一定程度上能够逃离女性宿命的坚实保障，她们的疯狂、叛逆、纵情甚至歇斯底里都是对自我身份的挥霍、是一种特权的表白，而类似于和烟杨和姑母这样的底层女人则无疑没有获得这样的权力。因此，她们只有谨慎地规划着自己的人身，收拢起自身女性的爱欲，以可见的、辛勤的物质性劳作与对婚姻的忠贞为自己换取进入较为高等阶级的"资本"与筹码。可以说阶级体制所强加的社会禁忌阻止着这些女人接近并获取她们的欲望对象，她们为逾越此界限付出了终生的辛劳并牺牲了属于自我女性的爱欲。可以说，在以"围墙"为标识所界定的阶级地形中，分属不同空间的女性从未获得过"对称"的权力与欲望的资源。

  现在，生活在纳西古城的和晓梅在她的近作中开始触摸全球化时代民族/个人的历史记忆这样一个宏大且紧迫的命题，在《女人是"蜜"》、《是谁失去了记忆》中，她表达了对回忆可能变为遗忘的忧虑与警惕，可以说，她的视野是越发开阔了。作为一个有良知的作家，对文化全面商业化的疑虑与忧思，对跨国文化工业对本土现实的包装的反感，对全球化所带来的巨大的分离、失落、错置的创伤体验等诸多情绪的进入与记录使得和晓梅原本空灵的作品逐渐显现出了别样的沉重与繁复。在这个全球化的时代，人们无可避免地面临着"史实性的消退，以及我们以某种积极的方式来体验历史的可能性的消退"[①]，而作家和晓梅以她优美动人的文字试图使记忆成为在场，因为也许唯有紧张、努力地记忆而非遗忘才能帮助我们在这个不断城市化、全球化的社会和文化空间中航行与定位。

---

① 朱利安·沃尔弗雷斯编著：《21世纪批评述介》，第253页，南京，南京大学出版社，2009。

从汉语"比"的语法化看词汇和语法的协同发展

赵 静[①]

一、引言

"语法化"(grammaticalization)通常指语言中意义实在的词转化为无实在意义、表语法功能的成分这样一种过程或现象,中国传统的语言学称之为"实词虚化"[②]。"比"由动词向介词的发展就反映了这样一个过程。当前语法学界对"比"的研究主要集中在对"比"字句演变过程的描写上,也有对"比"的语法化过程和语法化机制进行的探索,但还不够系统。黄晓惠(1992)在《现代汉语差比格式的来源及演变》中主要研究了现代汉语差比句式"(X)比YW"的来源和演变,其中提出"比"的语法化始于魏晋南北朝时期"连谓结构"的出现。邓静怡(2008)在《汉语"比"的语法化研究》中沿用了黄晓惠的观点,也认为"比"的语法化始于魏晋南北朝时期"连谓结构"的出现,同时还对"比"语法化的动因和机制进行了阐释。以实际搜集的古文资料为基础,我们认为"连谓结构"最早在两汉时出现,虽然数量很少,但是足以证明两汉时期是"比"语法化的萌芽阶段。

中国传统的语言学将"语法化"称为"实词虚化",但实际上,"实词虚化"和"语法化"并不完全等同。"实词虚化"针对词义由实而虚的变化,"语法化"则偏重于语法范畴和语法成分的产生和形成。在语言发展过程中,"实词虚化"和"语法化"总是相辅相成、协同发展的。"比"的发展也不例外,从词汇发展看,"比"由表示动作的"比较"、"类同"意义逐渐虚化成为表示比较、引进比较对象的介词;从语法功能演进看,"比"从作句中主要

[①] 作者为文学与新闻传播学院汉语言文字学专业 2009 级硕士研究生。
[②] 沈家煊:《"语法化"研究综观》,《外语教学与研究》,1994(4)。

成分谓语,逐渐演化为和比较对象构成介词短语,成为谓语的修饰成分。本文将在前人研究的基础上,以实际搜集的古文语料为依据①,展现"比"的语法化过程,从而进一步说明"实词虚化"和"语法化"的协同发展规律。

二、"比"的语法化过程

《说文解字·比部》:"比,密也,二人为从,反从为比。凡比之属皆从比。"段注:"要密义足以括之其本义,谓相亲密也。余义备也,及也,次也,校也,例也,类也,频也,择善而从之也。"可见,密的意思是"比"字的本义,而段注所言"校也"、"类也"就是由这个本义引申出来的意思。"校"指比较,"类"指类似、等同。

1. 春秋时期,表示"比较"义的"比"已经出现,可是数量很少。

(1) 既生既育,比予于毒。(《诗经·邶风·谷风》)
(2) 含德之厚比於②赤子。(《老子》第五十五章)
(3) 鲁之南鄙人有吴虑者,冬陶夏耕,自比于舜。(《墨子·鲁问》)
(4) 自比于群臣,奚能以封为哉!(《墨子·鲁问》)
(5) 丞及吏比于丞者赐爵五大夫,……(《墨子·号令》)

这些句子中的"比"不单单表示比较过程,它还兼表比较结果——等同、一样,其意义更接近于段注所言的"类",表示两者类似、等同。这一时期的"比"大多保留着"比"的本义"密"和较近的引申义"亲近"。如"比"在《诗经》中共出现七次,可只有例(1)一次是表示"类似、等同"义。其中,"其崇如墉,其比如栉"(《诗经·周颂·良耜》)和"洽比其邻,婚姻孔云"(《诗经·小雅·正月》)中的"比"就分别是"比"的本义"密"和其较近的引申义"亲近"的意思。又如"比"在《墨子》中出现三十次,也只有例(3)、(4)、(5)三次是表示"类似、等同"义。

---

① 本文语料《诗经》、《墨子》、《老子》、《论语》、《孟子》、《吕氏春秋》、《史记》、《世说新语》、《文心雕龙》、《全唐诗》、《警世通言》、《喻世明言》、《醒世恒言》、《初刻拍案惊奇》、《二刻拍案惊奇》、《红楼梦》、《动物凶猛》均来源于百度文库。
② 引出比较后项的介词,有的文献用的是介词"於",我们在此不作区分。

就语法功能而言，这一时期的"比"常用于"（X）比于Y"和"比X于Y"的格式中，是句中的谓语动词。这里的X和Y是比较对象，X可用于表示比较意义的动词"比"之前，也可用于其后，"于"作为介词，用来引出比较对象后者Y。

2. 战国时期的"比"，出现了一些新的用法：

（6）比牺尊於沟中之断，则美恶有间矣，其於失性一也。（《庄子·天地》）

（7）此其比万物也，不似豪末之在于马体乎？（《庄子·秋水》）

（8）夫世愚学之人，比有术之士也，犹蚁垤之比大陵也，其相去远矣。（《韩非子·奸劫弑臣》）

（9）故厉虽痈肿疕疡，上比於《春秋》，未至於绞颈射股也；下比於近世，未至饥死擢筋也。①（《韩非子·奸劫弑臣》）

两个事物相比较，有同就一定有异。仅仅表示"类似"关系的"比"无法满足两事物差异关系的表达需要。所以，这一时期"比"的"类似、等同"义逐渐弱化、失落，变为了相对抽象的"比较"义。

"比"词义的变化体现在句子结构上就表现为句中出现了新的表示比较结果的成分。这一时期，"比"所在的句子形式表现为"比X于Y，W"和"（X）比（于）Y，W"。显而易见，比较结果是由句子的新成分W来充当的。其中，W语义同时指向X和Y，由两种有差异的事物的比较来说明X和Y比较的结果。虽然W表示的是比较的结果，但与其前面的成分是相互独立的分句，因此，"比"在这里仍然是动词，只是"类似、等同"的意义受到结构中W比较结果的影响逐步弱化、消失了。"比X于Y，W"和"（X）比（于）Y，W"的格式分别来源于春秋时期"比X于Y"和"（X）比于Y"的格式。句中"于"的可有可无与这一时期动词后的介词脱落的语法现象有关，是顺应这种语法结构演变趋势的结果。

当然，战国时期"比"也仍然保留着春秋时期的用法和意义，兼表比较

---

① 例（6）、（7）、（8）、（9）引自邓静怡：《汉语"比"的语法化研究》，四川师范大学硕士论文，2008.4。

过程和结果，如：

(10) 吾何修而可以比于先王观也？（《孟子·梁惠王》章句下）
(11) 尔何曾比予于管仲？（《孟子·公孙丑》章句上）
(12) 何事比我於新妇乎？（《吕氏春秋·不屈》）
(13) 公何事比施於滕螟乎？（《吕氏春秋·不屈》）

3. 两汉时期的"比"在战国时期表比较的用法上进一步发展，产生了与前面表比较成分更为紧密的W。

(14) 鲁仲连曰："呜呼！梁之比於秦若仆邪？"（《史记·鲁仲连邹阳列传》）
(15) 哙以吕后女弟吕须为妇，生子伉，故其比诸将最亲。（《史记·樊郦滕灌列传》）
(16) 吾比夫子，犹黄鹄与壤虫也，终日行不离咫尺，而自以为远，岂不悲哉？（《淮南子·道应训》）
(17) 材尽德成，其比於文吏亦雕琢者，程量多矣。（《论衡·程材篇》）
(18) 圣人难知，贤者比於圣人为易知。（《论衡·定贤篇》）
(19) 今天之崇高非直楼台，人体比於天，非若蟣蚁於人也。（《论衡·变虚篇》）①

这一时期的"比"同战国时期一样，表比较，但是动作义逐渐弱化。由于部分"比"后介词"于"的脱落，"比"自觉承担起了引出离它最近的比较对象后者Y的责任（例（15）、（16）），表示比较的介引义萌芽。

就语法功能而言，这一时期的比字句主要有"（X）比（于）Y，W"和"（X）比（于）YW"两种形式。"于"还未完全脱落，但是受这种脱落趋势的影响，一部分W与战国时期的W相比，跟前面表比较成分的关系更紧密

---

① 例（16）、（17）、（18）、（19）引自邓静怡：《汉语"比"的语法化研究》，四川师范大学硕士论文，2008.4。

了，从而在"（X）比（于）Y，W"的基础上发展出了"（X）比（于）YW"。虽然"（X）比（于）YW"与之前的句子形式没有多大变化，但是战国时期 W 和前面的成分还是两个彼此独立的分句关系，到了两汉时期，部分 W 已经和前面表比较的成分合为一个句子了（例（14）、（15）、（17）、（18））。合并后的句子中，"比"和 W 成为连谓成分，"比"是连谓结构的第一个动词，表示"比较"的意思，W 中的动词中心则成为连谓结构的第二个动词。

Li & Thompson（1974）提出动词变为介词的语法化过程发生于连动式。也就是说，"比"的语法化开始于跟 W 构成连谓结构的时期。所以两汉时期，"比"的语法化过程开始萌芽。但在两汉时期，大部分比字句中还存在介词"于"，只有小部分比字句中的"于"完全脱落。介词"于"的存在，使得比较结果 W 与"（X）比（于）Y"之间存在一定的停顿，使得"比"稳固地保持谓语动词的地位。但是随着"于"的逐步脱落，"比"在连谓结构中充当第一个动词的语法事实的确定以及语义重心向 W 的转移，"比"的动词性质会逐步减弱，词义会逐渐虚化，相应的一些句法功能也会发生变化。

还有一点需要指出，这一时期，"比 X 于 Y，W"的句式逐渐减少，"（X）比（于）Y，W"的句式保留下来并不断壮大，还发展出了上文提到的"（X）比（于）YW"。对于这种变化，学界解释不一。我们认为话题化和类化的原因最为可信。史佩信指出，"N1 从位于'比'字之后变为居于句首，这是 N1 话题化所导致的结果①"。其中的 N1 即我们所说的 X。从类化角度而言，战国时期开始，"比"所在的句式就有"（X）比（于）Y，W"和"比 X 于 Y，W"两种。在发展过程中，由于 X 的话题化，"（X）比（于）Y，W"的使用情况越来越普遍，对"比 X 于 Y，W"的句子产生了类化作用，从而使"比 X 于 Y，W"的使用情况逐渐减少。当然更主要的类化作用是当时谓语句（包括比较句）的普遍格式"XV 于 Y"的影响，比字句也是这种句子形式的一种，所以不可避免地受到这种谓语句格式的类化影响，而把 X 提前。

这一时期的"比"也同样保留着春秋时期的用法和意义，兼表比较过程和结果。如：

---

① 史佩信：《"比"字句溯源》，《中国语文》，1993（6）。

(20) 高世比德於九皇……（《史记·孝武本纪》）

(21) 然亦难以比德於殷周矣。（《史记·商君列传》）

4. 魏晋南北朝时期，在经历了两汉时期各种语法现象、语法结构相对混杂的过渡阶段之后，"比"的语法功能和句子的语法结构逐步稳定下来。

(22) 阿奴比丞相条达清长。（《世说新语·品藻》）

(23) 周觊比臣有国士门风。（《世说新语·品藻》）

这一时期，"比"的词义仍然没有大的变化，还是表示"比较"。只是随着"比"后介词"于"的彻底脱落，"比"完全承担起了引出离它最近的比较对象后者 Y 的责任，表示比较的介引义进一步发展。

就语法功能而言，这一时期"于"完全脱落。句中的 W 继续两汉时期的发展态势，同时由于受到"于"完全脱落的影响，W 和前面表示比较的成分关系愈加紧密，"（X）比 YW"取代"（X）比（于）Y，W"成为更加通用的句式。以前，"比"作为表示比较的句子中唯一的动词，承载了句子的语义重心，但是随着 W 的出现，以及"比"意义由具体到抽象的引申，句子的语义重心逐渐转移到了可以表示具体意义的 W 上，W 中的动词中心成为连谓结构的第二个动词，W 逐渐成为句子的核心成分。这一时期"于"的完全脱落又加速了这种语义重心的转移，同时加速了"比"的动作义的脱落，从而加快了"比"的虚化。由于这一时期表示比较动作义的"比"和连谓结构中的"比"相比，还占有数量上的优势（《世说新语》中共有 42 个"比"，表示比较动作义的"比"有 36 个，在连谓结构中充当第一个动词的"比"只有 6 个），所以我们认为这一时期的"比"还主要是动词的性质。

这一时期的"比"也同样保留着春秋战国和两汉时期的用法。表示"类似、等同"义的如：

(24) 宋弘称荐，爱比相如，而《集灵》诸赋，偏浅无才，故知长于讽谕，不及丽文也。（《文心雕龙·才略》）

(25) 比尧称典，则位杂中贤；法孔题经，则文非玄圣。（《文心雕龙·史传》）

表示"比较"义的如：

(26) 王比使君，田舍、贵人耳。(《世说新语·品藻》)

(27) 故淳言以比浇辞，文质悬乎千载；率志以方竭情，劳逸差于万里。(《文心雕龙·养气》)

(28) 方响则金声，比德则玉亮。(《世说新语·文学》)

但是表示"类似、等同"义的"比"已经变得较少了，表示"比较"义的还有很多。

5. 唐、宋、元时期，"比"的语义和用法基本没有太大的变化。

(29) 日比皇明犹自暗，天齐圣寿未云多。(王维《既蒙宥罪旋复拜官伏感圣恩窃书鄙意兼奉简新…等诸公》)

(30) 银字声还侧，物比柯亭韵较奇。(杜牧《寄珉笛与宇文舍人》)

(31) 比李三犹自胜，儿啼妇哭不闻声。(白居易《发商州》)

(32) 能就江楼消暑否，比君茅舍较清凉。(白居易《江楼夕望招客》)

这一时期，"比"的语义基本没有变化，仍然是表示"比较"的意思，只是动作义更加弱化。

从语法功能角度而言，"比"也跟魏晋南北朝时期一样，在连谓结构中充当第一个动词。倒是一部分 W 出现了由形容词充当的情况。W 由形容词来充当，这与现代汉语的比字句一样，而且语序也基本相同。对于唐、宋、元时期的"X 比 YW"格式是否已经发展成为现代汉语"比"字句，语法学界的看法并不一致。贝罗贝认为唐诗中的"X 比 YW"用例，句子的语义表示比较，句法结构与现代汉语的"比"字句相同，比较结论段又是由形容词充当，因而唐诗中的这些用例应当是"比"字句。而黄晓惠认为就"比"的用法来说，唐、宋、元时期还主要是作动词，因此唐诗中的个别用例还不能看成是"比"字句。我们认为黄晓惠的说法比较有道理。这一时期的 W 前大都有"犹"、"较"这样的程度副词，但是除了"更"、"还"等，现代汉语比字句中的 W 前不能加任何其他程度副词，比如我们可以说"你比他漂亮"，"你比他更漂亮"和"你比他还漂亮"，可是却不能说"你比他较漂亮"，"你比他犹漂亮"和"你比他很漂亮"等。所以,这一时期的"比"仍然是连谓结构的第一个动词,W 出现了由形容词充当的情况,为"比"的进一步虚化打下基础,"比"所在的句子正在向现代汉语比字句慢慢靠拢。

同样,这一时期的"比"也保留着春秋战国和两汉时期的用法。表示"类似、等同"义的如:

(33) 愿学秋胡妇,贞心比古松。(李白《湖边采莲妇》)
(34) 已闻清比圣,复道浊如贤。(李白《月下独酌四首》)

表示"比较"义的如:

(35) 若比世路难,犹自平于掌。(白居易《初入太行路》)
(36) 若比箪瓢人,吾今太富贵。(白居易《夏日闲放》)

6. 明、清时期,是比字句形成的关键时期。在这一时期,"比"基本完成了其语法化过程。

明代,"X 比 YW"这种格式的句子已相当普遍。

(37) 说起来,比他两个胡儿加倍标致。(《喻世明言·蒋兴哥重会珍珠衫》)
(38) 老夫写封书,送先生到彼作寓,比别家还省事:……(《喻世明言·穷马周遭际卖䭔(食旁)媪》)
(39) 众人都道,这张小官比外公愈加老实,个个欢喜。(《喻世明言·李秀卿义结黄贞女》)
(40) 这一场病,比前更加沉重。(《醒世恒言·勘皮靴单证二郎神》)
(41) 大官人虽则不丑,更有比大官人胜过几倍的,他还看不上眼哩。(《醒世恒言·钱秀才错占凤凰俦》)

这一时期,"比"渐渐褪掉了动词的特性,成为表示比较意义的介词,实现了由动词到介词的质变。

从句法结构角度而言,W 与"比 Y"的关系更加紧密,而且在 W 之前也出现了"更加"、"还"、"愈加"等表示差比的程度副词，W 中还出现了表示程度的补语，如例（41），这就在形式上与现代汉语中的比字句基本相同了。"比"彻底实现了由动词向介词的虚化，在句中充当介词，作用是引出比较的对象，比较句的语义重心全部转移到了 W 上。

然而这一时期的"比"仍旧保留着春秋战国和两汉时期的动词用法。表示"类似、等同"义的如：

（42）韬光晦迹的文人秀才，就比那奇珍异宝，良金美玉，……（《醒世恒言·马当神风送滕王阁》）

（43）思我兄弟三人，产于一姓，同爷合母，比这树枝枝叶叶，连根而生，分开不得。（《醒世恒言·三孝廉让产立高名》）

表示"比较"义的如：

（44）常把西湖比西子，就是西子比他也还不如。（《醒世恒言·卖油郎独占花魁》）

（45）玉郎是个男子汉，一只脚比女子的有三四只大。（《醒世恒言·乔太守乱点鸳鸯谱》）

到了清代，尤其是《红楼梦》中，"X 比 YW"格式与现代汉语的比字句已经没有什么本质上的不同了。"比"在句中引出比较对象，与比较对象构成介词短语来共同修饰谓语动词。与现代汉语的情况一样，表差比意义的程度副词在"X 比 YW"格式中的应用非常活跃。据黄晓惠（1992）统计，《红楼梦》中有"X 比 YW"格式的共 340 句，其中带表差比意义的程度副词的就有 127 句。如：

（46）如今这几个姊妹，不过比人家的丫头略强些罢了。（曹雪芹《红楼梦》第七十四回）

（47）凭他怎样，你老拔一根寒毛比我们的腰还粗哩。（曹雪芹《红楼梦》第六回）

另外，W 由形容词充当的情况也越来越多，呈现出急速增长的状态，只用于现代汉语的"V 得 A"动补结构也已经广泛地在"X 比 YW"格式中出现充当 W 了。

这一时期"比"作为表示比较意义的动词的例子越来越少，但还是存在的。

（48）那一个配比这些花。（曹雪芹《红楼梦》第二十一回）

（49）咱们又不比外任督抚要办贡。（曹雪芹《红楼梦》第九十二回）

从清代到现在，尽管表示比较意义的动词"比"仍然存在，但是"比"的用法逐渐专门化，正在进一步退化掉动词特性而成为一种表示比较意义的介词。以王朔的《动物凶猛》为例，全书"比"共出现 35 次，其中，作为表比较意义的介词出现 23 次，使用频率很高，而且结构也更加复杂，形式也更加多样化：

（50）炎热的天气使人群比其他季节裸露得多，因此很难掩饰欲望。

（51）我比以往更加强烈地想念她。

（52）高晋醉得比我厉害，又吐不出，憋在心里十分难受。

（53）于北蓓比我们中的哪一个都大，当时十八岁，应该算大姑娘了，可智力水平并不比一个十五、六岁的男孩子更高。

三、汉语词汇和语法的协同发展

"比"作为现代汉语中常用的表示比较意义的介词，经历了漫长的实词虚化和语法化协同发展的过程。"比"的实词虚化和语法化过程如下表所示：

时期	"比"的意义	"比"的语法功能和句子的语法结构
春秋	"比较"的动作义 + "类似、等同"义	(X) 比于 Y；比 X 于 Y，"比"充当谓语动词
战国（"比"语法化的准备阶段）	"类似、等同"义弱化、消失 + 动作义弱化	比 X 于 Y，W；(X) 比 (于) Y，W，"比"充当谓语动词；引出比较对象后者的"于"逐渐脱落；W 分句出现，表示比较结果

续表

时期	"比"的意义	"比"的语法功能和句子的语法结构
两汉 ("比"语法化的萌芽阶段)	"类似、等同"义弱化、消失 + 动作义弱化 + 表示比较的介引义萌芽	(X) 比 (于) Y, W；(X) 比 (于) YW, "比"充当谓语动词；引出比较对象后者的"于"逐渐脱落；W 与前面表示比较的成分关系更加紧密，部分 W 甚至和前面成分合为一句，与"比"构成连谓结构；战国时期的"比 X 于 Y, W"格式数量逐渐减少
魏晋南北朝 ("比"语法化的初步发展阶段)	动作义弱化 + 表示比较的介引义发展	(X) 比 YW, "比"充当连谓结构的第一个动词，引出比较对象后者 Y；引出比较对象后者的"于"彻底脱落；W 与前面的句子成分关系紧密，合为一句；W 中的动词中心充当连谓结构的第二个动词
唐、宋、元 ("比"语法化的进一步发展阶段)	动作义弱化 + 表示比较的介引义发展	(X) 比 YW, "比"充当连谓结构的第一个动词，引出比较对象后者 Y；一部分 W 出现了由形容词充当的情况，越来越接近现代汉语中的比字句
明、清 ("比"语法化的确定阶段)	动作义弱化、消失 + 表示比较的介引义通用，取代动作义	(X) 比 YW, "比"充当介词，在句中引出比较对象，与比较对象构成介词短语来共同修饰谓语动词。W 前表差比的程度副词出现且应用日趋活跃，W 由形容词充当的情况越来越多，W 中也出现了现代汉语的"V 得 A"动补结构

从"比"的整个发展过程来看，"比"词汇意义的演变始终伴随着语法功能的发展和比字句句法结构的调整。"比"由表示动作的"比较"、"类同"意义逐渐虚化为表示比较、引进比较对象的介词的过程，自始至终伴随着"比"从作句中主要谓语动词，逐渐演化为与比较对象构成介词短语，成为谓语修饰成分的语法化过程。"实词虚化"和"语法化"二者是相互影响、相互促进、协同发展的。

"实词的虚化，要以意义为依据，以句法地位为途径。也就是说，一个词由实词转化为虚词，一般是由于它经常出现在一些适于表现某种语法关系的位置上，从而引起词义的逐渐虚化，并进而实现句法地位的固定，转化为虚词。"[①] 从以上"比"语法化过程的探讨可以看出，句子语法结构和语法功能的转变可以促进词汇意义的发展，反过来，词汇意义的改变又可以引起所在句语法结构和语法功能的转变。所以说，词汇和语法作为语言的两大要素，二者的发展从来都不是孤立的，词汇和语法始终是协同发展的。

[①] 解惠全：《谈实词的虚化》，《语言研究论丛》第4辑，第208-227页，天津，南开大学出版社，1987。

定州市回民街社区回族宗教信仰与习俗调查报告

刘东亮[①]

一、调查概述

(一) 调查的目的和意义

在以往对回族的研究调查中,多是选取回族聚居的地区,比如宁夏、甘肃等地区,而得出的调查结论虽带有一定的普遍意义,但是毕竟与散杂居地区的回族有着区别,一些特殊的情况并不能包含在内。本次调查拟获取一些新颖的材料,以期对于回族习俗与文化的研究有所帮助。

(二) 调查的主要方法

在具体的调查研究中,将采用以下的手段或方法:1. 历史资料研究法,查阅了大量的方史志和有关资料;2. 参与观察法,运用民俗学的相关理论,获取第一手资料,笔者在调查地点进行了为期近20天的实地调查;3. 访谈法,对不同民族中部分成员进行了深度访谈,访谈的对象主要有政府官员、清真寺阿訇、管理人员和市民;4. 问卷调查法,在清真寺周围居民小区发放了500份问卷,收回了430份。接受问卷调查的人,有回族346人,汉族77人,其他7人。

(三) 调查地点的选择

本次调查选取了笔者的家乡河北省定州市作为调查地点,它是河北省县

[①] 作者为文学与新闻传播学院民俗学专业2010级硕士研究生。本次调查得到定州清真寺张金明阿訇、寺管会马德宝、杨振杰以及杨国全老人的大力支持,部分材料系民宗局白政埔副局长提供,在此特别致谢。

级第一人口大市，现辖 8 个乡、13 个镇、1 个民族乡、3 个城区，486 个村街、31 个社区；总面积 1274 平方公里，总耕地 115.56 万亩；全市总人口 119 万，其中农业人口 88.77 万，非农业人口 27.22 万；城镇常住人口近 39 万，其中三城区人口 21.6 万①。

本次调查集中在定州市区的回民街，它是本市回族聚居的街道，共包括回民街第一和第二两个社区，另外在街中心的位置还有一座历史悠久的清真寺，而且这座清真寺是凝聚当地回族的一个枢纽，对于增加民族感情和增强民族认同感具有重要的作用。

二、定州回族的宗教信仰与风俗

"信仰包括宗教信仰、政治信仰、群体（或社团）信仰以及文化信仰等……其中宗教信仰即包括各种宗教仪式，它以其灵性信仰力而影响、把握或引导着人的精神世界，支配着人的精神生活。"②

宗教是民族传统文化的一个重要内容，它深深影响着一个民族的文化性格和生活方式，对于这个民族的心理产生了深远的影响。格尔茨指出："人类如此依赖于象征符号和象征体系，以致这种依赖对其生物性存在具有决定性影响"，"因此，我们最重要的财富，永远是关于在自然界里、地球上、社会中以及我们所作所为中的一般定位的象征符号：即我们的世界观与人生观的象征符号"。③

伊斯兰教是回族文化的核心和源泉，回族的文化差异诸如饮食、风俗习惯等，都是由宗教信仰塑造的。因此，正确了解散杂居回族的宗教信仰状况，就等于抓住了认识散杂居回族民俗事象的关键，对于进一步分析和研究散杂居地区回族的信仰和风俗情况有着重要的作用。

（一）定州回族宗教信仰习俗

伊斯兰教作为回族文化的宇宙观部分，是其文化的核心和源泉。笔者在调查地点所做的问卷调查中，被调查者 430 人中，回族 346 人，占 80.5%，

---

① 定州市统计局编：《2009 年定州市统计年鉴》，第 1 页，2009。
② 卓新平：《精神世界与精神生活》，第 6 页，北京，宗教文化出版社，2001。
③ 格尔茨著，纳日碧力戈等译：《文化的解释》，第 144 页，上海，上海人民出版社，1999。

其中声称信仰伊斯兰教的为342人，占所有回族被调查者的98.8%。可见，回族的一元化信仰与汉族的多元化信仰之间有明显的差异：回族信仰伊斯兰教是最彻底的一元论，而汉族的代表性信仰是多元糅合的民间信仰系统。

表1.1 宗教信仰状况问卷调查表　　　　　　　　　　（人,%）

	宗教信仰	人数	比例	占有效答案的比例
有效答案	无神论	29	6.7	7.2
	伊斯兰教	342	79.5	84.9
	佛教	15	3.5	3.7
	基督教	4	0.9	1
	道教	5	1.1	1.2
	其他	7	1.6	1.7
	合计	403	93.7	100
未回答		27	6.3	
共计		430	100	

"信安拉"是回族全部信仰的核心，伊斯兰教确立了"认主独一"的核心理论，反复重申"万物非主，唯有安拉"的思想。伊斯兰教认为，安拉是独一无二的神，是宇宙万物的创造者和主宰者；它无所不在、无所不知，无始无终，无形象、无匹偶，宇宙间无一与之匹对。[①]

伊斯兰教还规定了穆斯林的五项宗教功修，即念经、礼拜、斋戒、天课和朝觐。穆斯林应通过五功规范自己的行为，体现自身的宗教信仰。应该说，五功的遵守情况是最能够反映一个地区回族的宗教信仰现状的。

念功，即诵念"清真言"："万物非主，惟有真主；穆罕默德是真主的使者。"这是一个纲领件的宣言，是信仰伊斯兰教的最高原则和总纲，同时也是穆斯林的证词的基本内容。"清真言"高度概括和集中体现了"认主独一论"的根本信仰，确认安拉的至高无上的地位。穆斯林应该时刻诚心地诵念，以提醒自己是一个穆斯林。

关于定州回族"念功"的调查，首要的一项便是了解当地回族对《古兰经》的学习和熟悉程度。当被问及"您学过并会念《古兰经》经文吗?"，只有4.1%的人表示会念《古兰经》，而90.5%的人表示不会念或者只会念清真言。对于这一问题的回

[①] 马启成、丁宏：《中国伊斯兰文化类型与民族特色》，第53页，北京，中央民族大学出版社，1999。

答，基本可以反映出定州回族并没有特别讲究遵守"念功"，这一点是值得注意的。这也说明，当地回族真正了解伊斯兰教"念功"的意义且认真遵守的比较少。

表1.2 您学过并念过《古兰经》的经文吗？ (人,%)

		人数	比例	占有效答案的比例
有效答案	学过也会念	15	3.5	4.1
	学过不会念	20	4.7	5.4
	没学过不会念	159	37	43.1
	只会念清真言	175	40.7	47.4
	合计	369	85.8	100
未回答		61	14.2	
共计		430	100	

关于礼功的调查：礼功即礼拜真主，又称拜功。穆斯林每日五次按规定的时间、仪式敬拜安拉，每星期五为聚礼日，又称主麻。每年有开斋节、古尔邦节两次会礼。在对"您什么时候会去做礼拜"的回答中，只有3%的人表示每天都会去做，而51.7%的人只在宗教节日或家中有重大事情时才会去做，另外有42%的人表示没有去做过礼拜。笔者在调查中发现，一些中青年回族认为礼拜是老年人的事情，因为工作忙没时间而不愿意参与其中，这种情况不容乐观。

表1.3 您什么时候会去做礼拜？ (人,%)

		人数	比例	占有效答案的比例
有效答案	每天都做	12	2.8	3
	主麻日才做	13	3	3.3
	宗教节日才做	45	10.5	11.3
	家中发生重大事件才做	161	37.4	40.4
	不做	167	38.8	42
	合计	398	92.6	100
未回答		32	7.4	
共计		430	100	

在斋戒方面，定州是回族与汉族散杂居的地区，但是这里的回族也很重视一年一度的斋月，这成为回族维系民族情感的一种必要手段和方式。斋月是每年伊斯兰教历的9月，这是一年中回族社会宗教仪式最集中的一段时间。

在斋月里，穆斯林普遍要履行封斋的功课，只是在散杂居地区，封斋已不再是必须的功课，而回族家庭中老一辈的人更为虔诚。在斋月结束的时候，就迎来最盛大的节日——开斋节。在问卷调查中，被问及"您家里斋月封斋的情况"时，在做出回答的339人中，只有4.4%的人表示家里全家封斋，而54.6%的人表示不会封斋。可见，散杂居地区的回族没有那么讲究履行宗教功课，这一点与回族聚居区有十分明显的差别。

表1.4 您家里斋月封斋的情况是？ （人,%）

		人数	比例	占有效答案的比例
有效答案	全部封斋	15	3.5	4.4
	不封斋	185	43	54.6
	只有老人封斋	139	32.3	41
	合计	339	78.8	100
未回答		91	21.2	
共计		430	100	

关于课功的调查：课功即"天课"。伊斯兰教规定，穆斯林将自己当年收入结余的2.5%即四十分之一缴出，施济贫困[①]。在回族散杂居的定州，回族群众的"课功"主要表现为向清真寺缴纳乜帖。当地回族在"课功"方面的状况比较好，有96.4%的人表示自己缴纳过乜贴，这也说明当地回族比较重视团结和互助。

表1.5 定州回民街回族向清真寺缴纳乜帖状况 （人,%）

		人数	比例	占有效答案的比例
有效答案	缴纳乜帖应当严格遵守	95	22.1	23.6
	宗教节日才缴	89	21	22.1
	家中有重大事件才缴	115	26.7	28.6
	寺里有重大事件才缴	85	19.8	22.1
	从来没缴过	18	4.2	4.6
	合计	402	93.5	100
未回答		28	6.5	
共计		430	100	

---

① 参见夏瑰琦：《伊斯兰教与穆斯林生活》，第209页，郑州，河南人民出版社，1990。

在调查中,一位不会"清真言"、几乎不做礼拜、不"把斋"的回族说:"重建望月楼,我捐了500元,缴钱自己心里踏实。不要口头说自己信教真还是不真,寺里需要用钱的时候,毫不犹豫地帮助,才算真心。"

朝功即"朝觐"。伊斯兰教规定,凡是穆斯林,只要经济宽裕、身体健康、精神健全、沿途平安、旅费充足,一生中最少朝觐一次。[①] 在被问及"您是否会去麦加朝觐"时,66.4%的人表示不会去麦加朝觐,只有2.9%的人表示一定要去,可见当地回族对待朝觐的态度比较冷静,基本上能够根据客观条件来对待朝觐。有的回族居民表示:不去的话,就去看清真寺的望月楼,就是天房。

表1.6 您是否会去麦加朝觐?　　　　　　　　　　　　(人,%)

		人数	比例	占有效答案的比例
有效答案	很强烈,一定要去	11	2.6	2.9
	有条件就去	15	3.5	3.9
	无所谓	103	24	26.8
	不去	256	59.5	66.4
	合计	385	88.5	100
未回答		45	11.5	
共计		430	100	

当被问及"您认为清真寺对您和周围的人的生活起了什么作用"时,有61.8%的人选择"是巩固信仰和履行宗教功课的地方",有21.4%的人选择了"举行重大宗教活动的中心,维系社会生活的纽带"。这说明清真寺在人们心中具有巩固信仰的作用,通过宗教功修来激发和增进民族感情,同时清真寺又是回族群众维系社会生活的纽带,具有重要的价值和作用。

表1.7 您认为清真寺对您和周围的人的生活起了什么作用?　　(人,%)

		人数	比例	占有效答案的比例
有效答案	传承文化	47	10.9	11.8
	教育	20	4.7	5
	举行重大宗教活动的中心,维系社会生活的纽带	85	19.8	21.4

---

① 秦惠彬:《中国伊斯兰教基础知识》,第76页,北京,宗教文化出版社,2005。

续表

		人数	比例	占有效答案的比例
有效答案	巩固信仰	151	35.1	37.9
	履行宗教功课的地方	95	22.1	23.9
	合计	398	92.6	100
未回答		32	7.4	
共计		430	100	

对于信仰伊斯兰教的回族而言，其民族成员之间由于有共同的宗教信仰，并随之产生共同的宗教情感，从而增强了对同属一个民族的认同感。伊斯兰教作为构成民族共同心理特质的主要内容而与回族的日常生活密切地联系在一起。"认主独一"论将回族等信仰伊斯兰教的民族的民众生活与信仰紧密结合在一起。

（二）定州回族的人生礼仪

按照人类学关于文化的解释，作为精神文化的世界观或宗教贯穿于文化的其他层面之中，决定着一种文化体系的风格和特色。回族文化从物质文化（衣食住行）、节日文化（婚丧嫁娶和岁时节日）、制度文化（社会组织与伦理道德）到精神文化（艺术等）的所有层面，都受到伊斯兰世界观的影响。在我们的问卷调查中，涉及了婚姻、丧葬和节日等方面的内容。

在伊斯兰教信仰支配下的回族的人生礼仪有着自己独特的民族特色。例如回族在发展过程中，形成了本民族的婚姻习俗惯例，如对婚姻的认识和态度，选择婚配的条件以及婚姻制度和婚姻形式等都具有鲜明的民族特点。在婚俗方面，内婚制是回族的一个重要特征，而回族婚俗另一个主要特征是宗教仪式的重要性，在对该问题做出回答的298人中，有31.9%的人认为宗教仪式是最重要的婚礼程序。

表2.1　在婚礼程序中，您认为哪一种最重要？　　（人,%）

		人数	比例	占有效答案的比例
有效答案	领取结婚证	136	31.6	45.6
	宴请亲友	14	3.3	4.7
	宗教仪式	95	22.1	31.9
	其他	2	0.5	0.7

续表

		人数	比例	占有效答案的比例
有效答案	兼选1和3项	45	10.5	15.1
	兼选2和3项	2	0.5	0.7
	兼选1、2、3项	4	0.9	1.3
	合计	298	69.3	100
未回答		132	30.7	
共计		430	100	

定州回族婚礼的程序，首先是定茶，有些地方的回族也叫"说色俩目"或"道喜"。定茶一般要选择主麻日（星期五），男方家要准备回民喜欢喝的花茶、绿茶等各种茶叶，还要准备一些红糖、白糖、核桃仁、葡萄干、红枣等，然后分别包成一斤重的小包，每个小包上放一条红纸，表示是喜庆的事。女方家要宰鸡、宰羊，以糖茶、宴席热情款待。吃完宴席，双方当着众亲戚朋友的面，互道"色俩目"，表示这门婚事已经定下和许诺，今后一般不再变更和许配他人。

接着就是插花了，回族也叫"定亲"，有的地方还叫"提盒子"礼。插花一般是在女方喝了"定亲茶"以后，媒人根据女方的需要，由男方纳合理的聘金，回民叫"麦哈尔"，并适当购置一些化妆用品、日常生活用品等，以及送相当的首饰，如戒指、耳环等。

在插花这一天，男方由一位阿訇等带领，父母跟随。女方家也有一位阿訇或回族老人在家迎客，接盒子接聘礼。女方家还要炸油香、宰羊、过"尔麦里"。"尔麦里"，即由男女双方请的阿訇或懂得伊斯兰教义的人，诵读《古兰经》有关章节，其余人聆听。"尔麦里"过后，两家人和亲戚一起赴宴会，这时相互寒暄，讲婚配和攀亲的重要意义。最后由双方商量结婚的大致日期，以便做好准备。

最后就是迎娶了，男方接亲车要早点出发，当送亲客人进屋后，主人一方面安排接待客人，一方面请阿訇给新郎、新娘念"尼卡哈"：在堂屋正中设一张方桌，上方坐阿訇，左右坐证婚人和父母亲，地下铺上毯子，新郎、新娘站在上面，聆听阿訇宣读《古兰经》有关片断。证婚仪式结束后，新郎、新娘准备入洞房时，教长或家长将早已准备好的果子、糖、枣子、核桃等向新郎、新娘身上撒去，意为感谢真主赐给的良缘，祝新郎、新娘早生贵子。

新人入洞房时,将喜枣、喜糖等撒向围观的群众,以表示喜庆的施舍,众人皆从地上抢着拣,回民把撒喜也叫撒金豆。

在婚礼后三天或七天,新郎要准备礼品陪同新娘回门,也叫回娘家,看望岳父母及亲属。岳父母家也要事先做好准备,款待女婿、女儿。

当在婚姻问题中被问及"如果您是穆斯林而对方不是,您会要求对方如何"时,做出回答的人中,有75.6%人认为对方"必须入教"。这表明,回族把宗教信仰作为标志民族边界的最重要的象征符号和工具。如果与非穆斯林通婚,要求对方皈依伊斯兰教,也就意味着消除了原先的民族边界,使对方内化为可以被认同的一员了。

表2.2　如果您是穆斯林而对方不是,你会要求？　　　　　(人,%)

		人数	比例	占有效答案的比例
有效答案	必须入教	223	51.9	75.6
	不必入教	19	4.4	6.4
	不好说	33	7.7	11.2
	不知道	20	4.7	6.8
	合计	295	68.6	100
未回答		135	31.4	
共计		430	100	

回族的丧葬习俗,是人结束一生后,由亲属、邻里乡亲、朋友等进行哀悼、纪念、祈祷的一种活动。定州回民在临终前,首先要请阿訇给病人念"讨白",祈祷真主饶恕病人的罪过,要求病人忏悔和反省自己。其次是要"口唤",即平时接触的邻里乡亲、朋友与病人如果发生过口角、矛盾,甚至结下仇恨的,这时要主动向病人说"色俩目"要"口唤",讲明原因消除误会与隔阂,互相原谅,愉快地了结往事。再次是病人病危时,要求周围肃静,不乱哭乱喊,除了病人的亲骨肉和守候在病人身旁的阿訇以外,其他人均不能入室,直到病人逝世。

在丧葬习俗方面,与伊斯兰教有关的纪念仪式也是回族区别于汉族的独特习俗。

回民停止呼吸后,在身旁守候的阿訇或亲人,还要整好尸体。人逝世后不能停在睡觉的床上,要安排在通风凉爽的客堂大厅,铺上席子或停尸床,将尸体置于上面,停尸必须使亡人头北脚南仰卧,面稍向西。在尸体上要覆盖一洁净的白布单。与此同时，要派人分头通知本坊教长及亲戚朋友、邻里乡亲。

回族在人亡后若当天未能埋葬，还得"坐夜"，须请一位亡人的亲友或深明教义的人看守亡人。"坐夜"者要身上洗过大净，停尸的屋子要点上香烛直到天明。

备殓，回族俗称缝"克番"。定州回民的克番有两个特点，一是从颜色上看，都是白色的，不用有色的布料。二是从选料质量看，不分贫富贵贱，一律用白棉布、白漂布等，不用绫罗绸缎和其他高级面料。

殡礼在丧主住宅院里举行，从宗教意义上来说，是生者代死者向安拉作最后一次礼拜：先将尸体放在西边，阿訇靠近尸体站立，其他参加者都脱鞋随后排班站立，诵《古兰经》片断，并举意，求真主饶恕活着的和已经死去的。之后，向左右说："色俩目。"至此殡礼结束。

回民的坟墓与汉民的不同，它不是圆坟，而是长坟，不起坟头。在下葬的过程中，阿訇、满拉为亡人念经，其他送葬者跪听祈祷。丧主要为亡人散乜贴，数十元、百元不等。有的丧主除了给送葬人散乜贴以外，还要给每人散一顶小白帽戴孝。

在关于如何纪念亡人的问题中，在做出回答的386人中，75.6%的人选择"上坟念经"，这当然是回族传统的纪念方式，选择送花圈、烧纸的则是汉族。

表2.3 纪念去世的亲友时，您会采取哪种纪念方式？ （人,%）

		人数	比例	占有效答案的比例
有效答案	送花圈	28	6.5	7.3
	上坟念经	292	67.9	75.6
	烧纸	32	7.4	8.3
	无所谓	26	6	6.7
	其他	8	1.9	2.2
	合计	386	89.8	100
未回答		44	10.2	
共计		430	100	

回族纪念已故亲人的方式有以下几种：游坟：通常情况下是亲友请阿訇、海里凡一同去墓地进行（如果自己会念，请阿訇也不方便，可以自己去）。一

般每年的斋月中和忌日那天都要游一次坟。平常时日就根据自己的意愿或心意了。游坟的目的和意义有三项：1. 对已故亡人的悼念；2. 为亡人向主求恕饶；3. 启发和促使自己参悟人生，记想后世，进而及时悔悟，积极行善。做乜帖：也叫做事儿，也叫做尔麦里等，属于比较隆重、正式的纪念方式，通常早上先请阿訇游坟，中午再请阿訇、亲友和走动近的乡亲们到家里来赴席（之前要根据参加人数的多少宰好鸡、羊或牛），之前大家也要在阿訇的主持下祈祷一番。

当被问及"您最重要的节日是什么"时，在做出回答的408人中，有65.4%回答春节和开斋节，只有11.5%的回答是开斋节，这一点是值得我们思考的。可见在散杂居地区，一方面回族的宗教传统受到了汉族文化的强烈冲击，但另一方面也显示了回族与汉族的融合。

表2.4　您最重要的节日是什么？　　　　　　　　　　（人，%）

		人数	比例	占有效答案的比例
有效答案	春节	79	19.3	19.4
	国庆节	5	1.2	1.2
	圣诞节	3	0.7	0.7
	开斋节	47	10.9	11.5
	情人节	4	0.9	1
	春节和开斋节	267	62.1	65.4
	其他	3	0.7	0.7
	合计	408	94.9	100
未回答		22	5.1	
共计		430	100	

回族有三大节日，即开斋节、古尔邦节、圣纪节。除此之外，还有小的节日和纪念日，如法图麦节、登霄节、阿舒拉节等。这些节日和纪念日都是以伊斯兰教历计算的。

斋戒期满，就是回族一年一度最隆重的节日之一——开斋节。在开斋节前夕，在外面工作的、做买卖的、出差的回民都要提前赶回家中。

在定州，回族的开斋节要过三天。成年回族人个个都要洗大净、沐浴净身。男女老少都换上自己喜爱的新衣服，头发梳得光光亮亮的。回族群众聚会和活动的场所——清真寺，节日里也都打扫得干干净净，有的地方还专门布置一番，悬挂"庆祝开斋节"的巨幅标语和彩灯。开斋节期间回族还在清真寺举行盛大的会礼，回族群众在阿訇的带领下铺下毯子或小拜毡，脱下鞋子，立即面向圣地麦加方向叩拜。

三、定州市回族社区宗教信仰与习俗特点

通过以上的调查数据和笔者对于调查地点社区生活的了解，对于定州回族街社区的宗教信仰与习俗的特点有了大致的认识，概括如下：

（一）宗教性

对于散杂居的回族来说，伊斯兰教成为一种凝聚力量，起到了纽带作用。由此形成、发展进而传承下来的回族民俗，具有鲜明的伊斯兰教特色。定州回族的习俗保持着原有的伊斯兰教的风格和特色，如回民街社区的丧葬仪式是根据伊斯兰教经典《古兰经》和伊斯兰教教规规定的，自始至终都体现着迅速、简便的特点和反对浪费的原则。定州的回族主张速葬，严格执行伊斯兰教"三日必葬"的规定，主张薄葬，丧事从简，不讲究排场，只用三丈六尺白布。其他如"穿克番"等习俗，也都是伊斯兰教处理丧事的基本规定。

还有回族群众的三大节日开斋节、古尔邦节、圣纪节，既是民族节日，同时也是宗教节日。如在开斋节里，定州回族街社区举行的庆祝活动包括以下几个重要仪式：1. 拂晓之后进食，以示斋戒结束；2. 施舍济困；3. 沐浴，穿新的或干净的衣服；4. 会聚清真寺，做平安祈祷；5. 自家团聚会餐；6. 有条件的可以游坟，为亡故的亲人做平安祷告。

由此可见，定州回族社区的日常生活与宗教紧密结合在一起，因而其习俗也具有浓厚的宗教气息，体现一种民族的感情。

（二）民族性

定州回族社区的饮食习俗特别具有民族特点。如回族街社区的许多具有回族特色的风味小吃，都富有典型的民族特色。比如说油香，这是回族群众喜好的一种传统食品。在定州回族的家中，家里来了贵宾，或给孩子贺满月、过百日等，都要炸油香庆贺。当祭祀亡人时，要炸油香过"尔麦里"，表示纪念。特别是每逢回族开斋节、古尔邦节、圣纪节等，家家户户都要炸油香，

除了自己吃以外，还要馈赠邻里乡亲，祝贺节日。

回族在长期的历史发展中，根据本民族的特点，创造出了一种符合本民族饮食习惯的馓子，富有回族特点。定州回族给亲友拜节时，要拿馓子送礼，家里来宾客时要端上馓子和盖碗茶招待。定州回族的馓子造型美观，做工颇讲究。一般要在面粉里加入红糖、蜂蜜、花椒等原料熬成的水，再加进鸡蛋和香油和面，然后反复揉压，搓成粗条，最后放进油锅炸，做出香喷喷的馓子，富有民族特色。

（三）复合性

回族民俗是多种文化类型互化与整合的结果，表现出多层次、多形式的复合性特征。如定州清真寺整个建筑的布局、造型以及内部装饰融阿拉伯民俗文化、汉民族传统文化与回族民俗文化为一体。再如在定州回族的丧葬民俗中，既继承吸收了伊斯兰教的有关规定，又有从汉族民俗文化中吸收来的事项。如定州回族给亡人做"头七"、"二七"、"三七"、"四十天"、"百日"等纪念活动，时间上与汉民族的习俗相同，回族借用其形式，并赋予其宗教意义，使之成为回族民俗，与原来汉族习俗在本质上有了一定的区别。

但是，通过调查我们也看到，定州回族由于处在散杂居地区，其宗教意识还比较薄弱，主要呈现出以下特点：

（一）整体上伊斯兰教信仰非常薄弱

总体上，定州回族伊斯兰教信仰非常薄弱，但民族意识相对强烈。对此，清真寺阿訇的评价最具说服力。

这位清真寺阿訇，现年 38 岁，河北保定人。他告诉笔者，定州回民的宗教意识非常薄弱，民族意识还比较强烈。这里平时礼拜的都是一些老教门（指笃信伊斯兰教的穆斯林），但回民街有些回族青少年根本不懂伊斯兰教知识，所以说宗教信仰前景不乐观。①

定州市民宗局干部也告诉笔者：定州回族是散杂居回族，在节日风俗上，春节是一年中最重要的节日，其隆重程度远远超过伊斯兰教宗教节日。宗教节日活动仅局限在清真寺内举行，参与人员也仅局限于平时参加礼拜的乡老，

---

① 笔者在定州清真寺采访张洪明阿訇后整理，采访时间 2011 年 2 月 13 日。

宗教节日已变成象征性的节日。①

（二）践行"五功"的群众以老年人为主

出现这种情况，一方面是因为老年人对伊斯兰教教义的熟悉程度相对较高，在平日的生活中更为笃信宗教，另一方面老年人的空闲时间也相对充裕。但从另一个侧面也说明回族青少年在回汉杂居的地区和环境中长大，不可避免地受到汉族文化的浸染和影响，其宗教信仰受到了强烈的冲击。同时，这些信教群众大多分布在清真寺周围。这说明，尽管在散杂居地区，但是定州回族对伊斯兰教的宗教认同是比较强烈的。这也从另一个侧面说明了定州回民街的形成与这种民族认同息息相关。

一位居住在清真寺周围的79岁老人告诉笔者说："现在天气冷，我年龄大，身体不好，不能换水看（指大净）。天气暖和的时候，一天五次礼拜都做，我在家没事干，有的是时间。"

另据定州市民宗局介绍，当地45岁以上回族大部分从事回族的传统行业，如牛羊屠宰业、清真餐饮业、食品加工业等等。而正是这些回族的传统行业使得他们对伊斯兰教的认同比较强烈，其家庭内的宗教氛围也比较浓厚。

四、伊斯兰教宗教信仰在定州回族社区中的功能

根据个案访谈资料，并结合问卷资料的统计，就宗教信仰在定州回族社区中发挥的功能进行分析，得出如下结论：

（一）伊斯兰教的信仰引导信徒施贫济困、促进社会发展

伊斯兰教提倡并鼓励施济，帮助贫困者。《古兰经》中说："敬畏的人，在康乐时施舍，在艰难时也施舍，且能抑怒，又能恕人。真主是喜爱行善者的。"（3：134）② 此外，这种行为与伊斯兰教的天课制度也不无关系。每个穆斯林若有余财，都应抽出部分作为"天课"，赠送给贫困者。

在定州回族社区调查中，我们问了这样一个问题："当您有能力时，您会

---

① 笔者在定州民宗局采访白正坡局长后整理，采访时间2011年2月13日。
② 马坚译：《古兰经》，北京，中国社会科学出版社，2003。

捐出自己的一些收入来帮助穷人吗？"92.7%的被访者都选择了"会"，5.2%的被访者选择了"有时会"，只有2.1%的被访者选择"不会"。

个案：马彦凤的事迹

马彦凤，女，48岁。她在2002年开了一家鞋厂，刚一建厂就安排本地的贫困户入厂工作。后来，她的企业效益很好，现已形成年产值10万元以上的生产规模。富裕起来的马彦凤每年拿出5－10万元用于施济，对象主要是贫困家庭和老年人等。另外，马彦凤还为定州清真寺重修捐款6万元，为定州回民小学捐款1万元。谈起这些，她说："我只是做好一个穆斯林而已，我们穆斯林要互相帮助，要尽自己所能去关心和帮助回族的父老乡亲，这样才能对得起自己。"

（二）伊斯兰教宗教信仰增强了回族的民族身份与文化认同

以伊斯兰文化为主导的回族文化是全体回族居民文化认同的基点，长期的历史文化积淀使得回族民众大多具有民族的归属感和认同感。[①]定州回族社区内的回民严格遵守本民族长期沿袭下来的生活方式和伊斯兰教教规，他们在家庭、清真寺和社区内部所受到的熏陶和教育，确立和强化了他们的穆斯林身份。

定州回民街回族社区成员在社区内履行着伊斯兰教的宗教功修，巩固着宗教生活，培养了回族群众对穆斯林身份的强烈认同，这种认同的外在形式便是本区回族按照本民族长期沿袭下来的生活方式生活：饮食习惯上严格地遵守伊斯兰教的饮食禁忌；婚姻上严格实行族内婚，非穆斯林与回族结婚必须"随教"；实行土葬、速葬和薄葬等。生活在该社区中的回民或多或少掌握一些伊斯兰文化的传统文化知识，在家庭、清真寺和社区内部受到的熏陶强化了他们的穆斯林身份意识。

五、结论

回族文化的核心是伊斯兰文化，这使得回族社会的许多规范和风俗习惯都与伊斯兰教有着密切关系。对于散杂居的定州回族来说，如何使传统文化

---

① 李吉和：《现代城市民族社区功能探析》，《中南民族大学学报》，2006（1）。

与民族文化能够很好地传承，是不得不面对的一个问题。在对回民街回族社区的调查中，我们也看到年轻人对宗教生活的淡漠和文化认同的弱化。一方面，年轻人参加宗教活动的人数很少。笔者曾经对到回民街清真寺礼五番拜的人数做过记录，发现前来参加礼拜的人群中，老年人、中年人和年轻人的比例有极大的差距。老年人占60%以上，中年人约占30%，年轻人仅占10%左右。在当今社会，现代化的进程越来越快，新型的适合城市需要的回族社区还没有普遍建立起来，回族文化传承面临新的挑战。

从定州回族社区文化发展来看，一部分人无论遇到什么困难都始终坚持不渝、风雨无阻、守护着心灵的"一片净土"，坚守民族文化内核；另一部分人专门"读书"，不再懂伊斯兰文化，远离了传统，成为"户口回族"。这两部分人将回族文化引向两端，使回族民族文化出现了某种程度的"断裂"。①

对于回族的发展来讲，伊斯兰教作为回族文化的实质性传统，担负了重要而核心的历史"角色"，它是回族实现自身现代化的历史基础和汲取社会发展动力的精神源泉。这一独特的传统文化体系决定了回族的发展要基于传统文化内部创新与开放的合力。只有这样，回族才能使自己在文化多样性的世界中有立足之地。

---

① 白友涛：《回族文化模式转型论——基于对大城市回族社区文化模式变迁的思考》，《贵州民族研究》，2007（1）。

论大众媒介新闻传播活动建构国家认同的手段

张 喆[①]

随着科学技术的进步,现代社会的媒介环境发生着剧烈的变化,人类的认同观处在一个多元同时又不断变动和转型的状态之中。"国家认同产生于20世纪70年代行为革命时期的政治学领域,长期以来没有受到应有的关注。但随着东欧剧变等第三次民主化浪潮的席卷,全球化进程的加速,许多国家特别是发展中国家面临着国家认同缺失的问题。"[②] 由于大众媒介与人类密切相关,人类无时无刻不处于大众媒介传播的信息塑造的"拟态环境"之中,而国家认同的建构正是通过外界的信息和自身的思考来明确对于国家的情感的过程,所以认识到媒介与国家认同的关系对通过媒介运用一定报道手段建构国家认同有着积极的意义。

目前,西方国家对于媒介与国家认同的研究多集中在不同媒介传播的效果、媒介仪式等与国家认同的关系上,同时由于民主化程度比较高,对于民族、种族问题与国家认同在政治学意义上的研究亦较丰富。我国关于媒介与国家认同的研究总体上量比较小,多集中在媒介体制、政策方面,或者是单纯地研究国家认同与民族认同的问题,目前关于新闻传播与国家认同建构较为成熟的研究成果较少。

大众媒介作为社会发展的产物,它存在的形式、内容和其报道的"产品"无一不是社会现实的反映,同时又作用于社会和处于社会中的人,影响其通过"信息"(已有的经验记忆和新的信息)来建构或重塑民族国家和个人的形象。也就是说,大众媒介所传递的信息就是国家认同建构的基础。大众媒介的新闻传播活动是国家认同建构的重要途径。传播者可以通过大众媒介的大规模高强度的报道、符号化的手法和新闻话语意义的表达来建构国家认同。

[①] 作者为文学与新闻传播学院新闻学专业 2010 级硕士研究生。
[②] 郭艳:《全球化语境下的国家认同》,第 2 页,中共中央党校,中国博士学位论文全文数据库,2005。

同时要能够顺应时代的发展，按照当代社会和新闻传播学发展提供的新视野建构国家认同，避免陷入误区。

一、大众媒介的新闻传播活动与国家认同的关系

本尼迪克特·安德森在《想象的共同体》中提出：早期的大众传媒（主要是报纸和小说）在促进国家认同方面发挥了作用，他们使原本不同群体的民众相信他们同属于一个国家。① 大众媒介的新闻传播活动与国家认同建构的关系体现在以下几个方面：

（一）国家认同的内涵及相关理论

1. 国家认同

汉语中的"认同"是译自英语中的 identity，埃里克森认为这是关于"我是谁"的或隐晦或明确的回答，是人与人、群体与群体的交往中所发现的差异、特征及其归属感。② 简单地讲，认同主要是指个体或群体试图追寻确认自己文化身份的行为。③

"国家认同"一词最早出现在1953年列文森论梁启超的名著《梁启超与中国近代思想》中，是指一个国家的公民对自己祖国的历史文化传统、道德价值观、理想信念、国家主权等的认同。④

现代国家认同一般包含国内和国际两个层面。国内层面是指国民对于国家的认同，国际层面是指国际社会对于这个主权国家的国际地位的认可和主权政治的尊重。本文论及的"国家认同"是第一层面的，基于郑永年先生和许纪霖先生的国民对于现代民族国家的民族国家认同。民族国家泛指那些在特定的领土和公民范围内拥有法定和道德权力去单独实施最终裁决和管理国内外事务的政治实体。在现代社会，民族国家是当今世界体系的主要行为体，就等同于国

---

① 鲁曙明、洪浚浩：《传播学》，第108页，北京，中国人民大学出版社，2007。
② 阎嘉：《文化身份和文化认同研究的诸问题》，见周宪主编：《中国文学与文化认同》，第3页，北京，北京大学出版社，2008。
③ 贺金瑞、燕继荣：《从民族认同到国家认同》，《中央民族大学学报》（哲学社会科学版），第7页，2008（3）。
④ 贺金瑞、燕继荣：《从民族认同到国家认同》，《中央民族大学学报》（哲学社会科学版），第7页，2008（3）。

家，就是指一国的国民对于本国的政治文化意义上的认同与归属感。

2. 国家认同的基础：血缘、记忆和共享的体验

政治法律和民族文化使得人民对于国家有着双重归属感。所以国家认同作为一种重要意识，维系着一个国家的存在和发展。与此同时，"人们需要社群，以便自我认同和确认其自己的生命只是整个社群生活价值的一种反应，并且来源于后者"①，德沃金在这里提到的社群可以理解为安德森的"想象的共同体"，这种想象是基于"即使是最小的民族的成员，也不可能认识他们大多数的同胞，和他们相遇，或者甚至听说过他们，然而，他们相互联结的意象却活在每一位成员的心中"②。也就是说这种连接的意向，即国家认同的建构是个体与国家的共同需要。这种连接的基础可以是政治意义上个体一出生时就被赋予的国民身份（非绝对），最重要的是"血缘和历史记忆，或者是通过与他人共享某一公共空间或人际关系而形成的一体感"③，这种记忆和一体感常常是人们情感、道德、文化和精神的"归宿"，是国家认同建构形成的"集体记忆"。

3. 国家认同建构的动力来源

弗洛伊德和埃里克森认为在认同与主要需要满足之间存在重要联系，个人认同的形成是个人与他人互动的产物，它不是纯粹自我心理的反映和结果。这也意味着，认同的动力机制是个人拥有稳固的自我并与其他同类共享一些本质特征。现代社会，人是社会化的动物，无时无刻不处在信息的包围之中，人就是在信息的获取和再传播之中获得稳固的自我和体验的共享。人对国家的认同也是如此，是由个人认同转变为了集体认同。

对于国家认同的来源，一般分为"原生论"和"建构论"④。国家认同的原生论意味着传统、稳定和传承，建构论则意味着构建、流动和变异。笔者

---

① 转引自俞可平：《从权利政治学到公益政治学：新自由主义之后的社群主义》，http://www.law-thinker.com/show.asp?id=671。
② 【美】本尼迪克特·安德森著，吴叡人译：《想象的共同体》，第5-35页，上海，上海人民出版社，2003。
③ 金玉萍：《媒介中的国家认同建构——以春节联欢晚会为例》，《理论界》，第159页，2010(1)。
④ "现在对集体认同的学术分析中，存在着两个相互矛盾的观点，一种观点认为认同是本质的、基本的、整体的并保持不变的，另一种观点则认为认同是通过历史上的行为建构并改造的。"简言之，一是原生论，一是建构论。参见【美】约瑟夫·拉彼德、【德】弗里德里希·克拉托克维尔主编，金烨译：《文化和认同：国际关系回归理论》，第10页，杭州，浙江人民出版社，2003。

认为这两种理论应该综合来看,国家认同的塑造、建构是传统和现实信息环境相互作用的结果。

(二)大众媒介新闻传播活动[①]与国家认同建构的关系:
大众媒介新闻传播活动成为国家认同建构的重要途径

1. 媒介形态影响着国家认同的建构

国家和民族是紧密相连的,正如英国学者厄内斯特·盖尔纳所讲:"媒介的传播形式在民族主义的形成过程中起到了普遍性和决定性的作用,传播的语言和方式是其核心。"[②] 因此,影响媒介传播方式的媒介的形态在一定程度上也影响着国家认同的建构。不同的媒介形态与国家认同建构的关系可以通过单一形态明显的时期来研究。在大众传播时期到来之前的前口语和口语时代,口头传播及其辅助形式(氏族长者的神话、记忆以及氏族的祭拜活动、图腾)维系着部落的稳定和发展。文字和印刷术出现以后,人们获得信息的方式和场所都发生了一定的变化,其所传播的文字(文学、政令、新闻)一定程度上反映了强权统治对国家和人民意识形态的控制和宗教对于人们的影响。进入大众传播的时代,特别是新闻业(报纸)的发达,使得人们逐步养成了阅读和讨论的习惯,每天阅读报纸获取国内外、城市周围的信息成为人们日常生活不可或缺的一部分。特别是广播电视的出现,使得媒介的影响力进一步延伸到文字所无法达到的范围。BBC在二战时期的表现功不可没,让英国人民强烈地感受到他们是英国的一分子。可以说"广播所提供的象征性符号资源为国家打造一个共享认同的同时也帮助建立了一个坚强而又单一的国家。"[③] 电视的出现使得传统文化的统一性和传承性得以加强,这种传统文化往往以民族国家的各种历史神话传说、民间的叙事手法呈现在各类电视节

---

① 新闻传播活动是人类所从事的一切和新闻相关的信息传播活动。根据研究需要,本文所论及的大众媒介新闻传播活动是指大众媒介所进行的新闻报道活动,并将其分为常规性的新闻报道(例如每天播出的新闻节目)和重大突发事件和媒介事件这类"象征性事件"的报道。本文以丹尼尔·戴扬(Daniel Dayan)和伊莱休·卡茨(Elihu Katz)《媒介事件——历史的现场直播》的分类为基础,将媒介事件的范畴由电视媒介扩展为大众媒介,故所论述的事例主要选取的是"汶川地震"、"北京奥运会"、"神七发射"和"国庆六十周年"。

② 【英】厄内斯特·盖尔纳著,韩红译:《民族与民族主义》,第166页,北京,中央编译出版社,2002。

③ 刘燕:《国家认同建构的现实途径:大众媒介与"想象社群"的形成》,《浙江学刊》,第197页,2009(3)。

目中,同时又通过现实生活的反映使得人们明确个人、家庭、民族以及国家的身份。而对于媒介事件的报道,特别是有了现场直播之后,人们犹如参加"集体仪式"一般,使大众在特定的时空中形成强大的向心力和凝聚力,激发了国民内心强烈的民族自尊心和责任感,增强了国家的认同感。当然,当网络、移动媒体等新媒体出现后,"融媒"的特点使得媒介的影响力在主体性、参与性增强的同时也得到了进一步的加强。

2. 媒介技术和报道活动的发展影响着国家认同的建构

技术革命对社会变革的影响是在一定程度上缩短了人们获知和改变世界的时间,同时扩展了人们感知世界的视野和手段。媒介技术同其他一般的技术相同,它改变了人们认知世界的时空观。安东尼·吉登斯将时间区分为钟表时间(clock time)、生活时间(life time)和日历时间(calendrical time)这三种相互交织的时序;他认为这三种时间散漫于广播电视节目及其流程的每一个环节。[①] 他还认为,媒介时间在认知和组织上扮演着重要角色,对社会建构有重大意义。[②] 例如报纸每日出报、新闻的按时播出、固定时间的节目无形地将人们的"钟表时间"嵌入到人们的"生活时间"中,使得人们按照媒体设定的时间去生活和工作。媒体按照国家的节庆、习俗来设定"日历时间","在日历时间的架构中,透过对国家与全球性事件的规则式的报道提供次序和结构。[③]"这样,媒体借助这三个时间无声息的维系着国家社会的正常运行,也就是维系着人们对现实制度的认同。空间的改变在于,媒介的传播使得大量的场景、生活片段被复制到媒体可以无限延伸的领域,每个受众的空间得以延伸,获得的信息体验得以延展。也就是说媒介技术的发展使得个人的、本地域的、国家的空间的思维具有可协调的一致性。"当远距离传播得到加强,近距离传播退化后,我们就会发现人类的关系将转化为一种横向的水平:大量物理空间上分离的人们却通过与地方外文化、政治、权力中心的

[①] 【英】戴维·莫利著,史安斌译:《电视、观众与文化研究》,第308页,北京,新华出版社,2005。

[②] 刘燕:《国家认同建构的现实途径:大众媒介与"想象社群"的形成》,《浙江学刊》,第198页,2009(3)。

[③] 【英】罗杰·西尔弗斯通著,陈玉箴译:《媒介概念十六讲》,第123、146页,台北,台湾韦伯文化,2003。

联系而联结在一起。"① 由此便契合了詹姆斯·凯瑞的观点：媒介空间的改变在宏大的政治、经济、文化背景中塑造了国民对主权国家、从未谋面的群体其他成员、民族以及文化的认同与感受。

3. 媒介报道的内容影响着国家认同的建构

从符号学的角度讲，纸质媒体的版面设计、强势表现、字体字号的选择、图片的运用都影响着报道内容的突出和表现；电子媒体节目的镜头组合、音乐编排同样影响着报道内容。而报道内容中所涉及的关于国家的、民族的、文化的标志、语言运用和它的版面一同强化、指引着读者注意力的投射方向，潜移默化地影响民众对于国家的理解。

从新闻叙事学的角度讲，报道时，媒体所选择的文本结构、叙事手法、语言运用都反映着民族文化的传承和力量。媒体内容选择的框架和模式的运用反映着意识形态，同时通过词语、句式、镜头组合、叙事视角的选择表现主流意识的色彩。从传播的仪式观的角度讲，媒体报道的内容不是单纯的传播信息而是一种文化的共享，其功能不在于表层的认知而在于情感的维系。一个国家和民族是一个"想象的共同体"，需要的就是这种基于血缘、记忆和共同体验的情感的维系。符号学中符号变化所代表的"所指"与社会文化密切相关，这种文化就存在于血缘、记忆和共同体验之中。而新闻叙事学中宏观的意识形态、中观的神话、微观的叙事手法的任何一个角度都与血缘、记忆和共同体验这种文化的联系分不开。

所以，无论是媒介形态、媒介技术还是媒介内容都与国家认同的建构密切相关。也就是说，通过大众媒介的新闻传播活动，塑造了无形的"想象认同空间"，将民族国家这个政治概念进行了最直接、简单的呈现，"将国家这个政治意念转化成人们亲历的体验、情感和日常生活"，使人们直接参与到特定民族国家的认同构建过程中。② 所以大众媒介的新闻传播活动与国家认同建构的关系是：大众媒介的新闻传播活动成为国家认同建构的重要途径。

---

① 【英】迈克·克朗著，杨淑华、宋慧敏译：《文化地理学》，第118－119页，南京，南京大学出版社，2003。

② 刘燕：《国家认同建构的现实途径：大众媒介与"想象社群"的形成》，《浙江学刊》，第199页，2009（3）。

(三) 现代传播环境下通过大众媒介的新闻传播活动建构国家认同的必要性

进入 20 世纪中叶后，随着传播技术的快速发展，传播方式种类不断增多，人类全球交往的广度、深度和速度同时发展，人类社会正在进入一个全新的时代，这个新的时代特征给人类社会的生活方式、观念都带来了深刻的变化。人类越来越依靠媒体来生活、工作、获得精神需要的满足，与人们生活密切相关的大众媒介的新闻传播活动就是这种扩展和变化的传播和促进者。

人们对国家了解，常常受到来自于大众媒介的说教信息和自己亲身体验外部环境而获取的信息的影响，它们共同构成了"媒介国家形象"，这就是美国学者李普曼提出的"拟态环境"，即大众媒介通过对象征性事件或信息进行选择和加工，重新加以结构化之后向人们提示的环境。[1]

由于大众媒介的新闻传播活动和国家认同建构两者之间密切的相关性和现实社会中大众媒介的"拟态环境"作用不可小觑，现代传播环境下通过大众媒介的新闻传播活动建构国家认同的必要性愈加凸显。国家认同也由于经济全球化、世界政治经济格局的不断变化、国家间交往交流的增多而受到了不同程度的冲击，大众媒介的新闻传播活动都有可能因传播形态、方式和内容的不同造成或增强或削减民众对于国家的认同和理解的情况。所以现代传播环境下通过大众媒介的新闻传播活动建构国家认同有一定的必要性；同时，这种建构是大众媒介的新闻传播活动通过一定的手段实现的。

二、大众媒介新闻传播活动建构国家认同的手段

（一）常规新闻报道通过相似报道手法、循环秩序化的报道手段建构国家认同

一般大众媒介的新闻传播活动中常规新闻报道集中在固定的日期、固定的时段印发或播出，例如新闻联播、日报等，传递的是每日发生的新闻信息，

---

[1] 陈旭辉：《中国国家形象建构中的媒介因素研究》，《中国传媒大学第三届全国新闻学与传播学博士生学术研讨会论文集》，第 546 页，北京，2009。

这种信息往往反映了国家、人民的日常生活、工作。媒体以相似的修辞手法循环秩序化的每星期、每日、每个时刻点的运行节奏、运行内容，让新闻活动成为受众生活的一部分，使所有的受众都成为国家大家庭的一员。在媒体的影响下，受众通常可能放下手中的工作，转而进入到媒体所创造的"拟态世界"，加入与万千他人共享的行列，通过这种共享，产生"集体记忆"，提升了受众对于国家的认同感。

（二）大众媒介通过"象征性事件"的报道建构国家认同

除了常规新闻报道，重大的突发事件和媒介事件这类"象征性事件"[①]往往是大众媒介通过新闻报道活动扩大其影响力、塑造国家认同的巨大时机。

1. 大密度、高强度的报道强化国家认同的意识

媒体往往在面对重大的"象征性事件"时，通过"议程设置"进行大量的报道，形成事件的"拟态环境"，借助事件加深民众国家认同的程度。

在对汶川地震的报道中，从5月13日到6月2日，《人民日报》对汶川地震的受灾情况、人员伤亡、抗灾、救灾、援助等议题进行了大规模的、集中火力的报道，共发表了包括消息、通讯、评论等各种题材的文字类文章1332篇，图片481幅[②]。与抗震救灾相关的内容：中央人民广播电台从12日晚七点并机开播中国之声特别节目《汶川紧急救援》[③]，中国广播网的调查显示，有53%的灾民是通过广播了解灾情的。从5月12日下午三点到5月24日，央视抗震救灾直播节目总时长达到1034小时。其中，综合频道和新闻频道分别直播218小时、260.5小时；中文、英语、法语、西班牙语国际频道分别直播178.5小时、125小时、106小时、103小时；经济频道直播36小时；科教、社会与法频道直播7小时。[④]

在对北京奥运会的报道中，从8月8日到8月25日，《人民日报》的《奥运特刊》扩大为每日12个版。奥运会期间，奥运报道共使用版面288块，

[①] 本文所说的象征性事件是"重大突发事件"和"媒介事件"的统称，指的是具有重大代表性和象征意义的新闻事件，文中选取"汶川地震"、"北京奥运会"、"神七发射"和"国庆六十周年"为代表。
[②] 刘远鹏：《〈人民日报〉汶川地震报道研究》，第27－28页，硕士论文，2009。
[③] 谢卿：《广播在重大灾害事件中的优势》，《记者摇篮》，第63页，2008（8）。
[④] 马梅：《解析央视直播汶川抗震救灾》，《中国电视》，第38页，2008（8）。

刊发报道和文章 1042 条，图片（含漫画、图表等）1062 幅，刊发评论 186 篇。① 央视一共投入了 7 个开路频道、两个付费频道，累计播出时间超过 2796 小时，奥运期间全台平均收视份额达到 52.19%。② 中央人民广播电台从 8 月 7 日到 25 日进行全天候的直播。

2008 年 9 月 28 日 17 时 37 分，神舟七号返回舱成功着陆。对此，《人民日报》连续四天发头版，并且连续四天刊发了《神七特刊》，对神舟七号发射、出舱、返回进行了全面报道。央视 260 多名编导、技术人员分布在酒泉卫星发射中心和北京航天城两个报道点，从"神七"发射前 4 天就开始进行 24 小时开放式直播，通过大量实时信号、卫星和飞船所拍摄的珍贵视频，完整呈现了飞船发射、入轨、运行、出舱、返回的全过程。

对于国庆六十周年庆典，《人民日报》整个国庆报道总数为 408 篇，其中自 9 月 21 日至 10 月 2 日出版了《国庆 60 周年特刊》共 12 期，稿件数量达 312 篇。③ 十月一日，央视更是动用全台资源，一、三、七、十、十二套节目以及中文国际、英语、法语、西语、阿语、俄语、国际频道、新闻、高清综合等十三个频道全程直播了庆祝大会和联欢晚会。④

可以看到大众媒介对于重大突发事件和媒介事件的（特别是重大媒介事件）新闻报道数量大、比重重，这种大范围、大规模的新闻报道使得受众始终处于一种事件的包围之中，能够通过事件产生集体的共同感，成为经验的共享和"集体的记忆"的先决条件。

2. 符号化的报道手法提升国家认同感

大众媒介的新闻报道所包含的符号的所指往往被赋予了文化的涵义，其与国家认同建构的基础密切相关。所谓文化，即"人类为了传达关于生活的知识和态度，使之得到传承和发展而使用的、以象征符号形式来表现的继承性的观念体系"⑤，所以文化是具有符号性和象征性的。国家认同建构的基础是"血缘、记忆和体验共享"，这是一种"文化"的体现。因此，媒介运用符号化的报道手法往往能够在一定程度上潜移默化地加强民众对于国家的归

---

① 新浪网，http://blog.sina.com.cn/s/blog_48ca21c70100b6lq.html. 2008 年 10 月 29 日。
② 网易，央视奥运报道总结大会——体育记者专业水平成焦点，http://ent.163.com/08/0922/10/4MEHAGKS00032DGD.html. 2008 年 8 月 29 日。
③ 燕坤：《〈人民日报·国庆 60 周年特刊〉分析》，《东南传播》，第 113 页，2009（2）。
④ 数据来自《CMS 媒介研究》，《收视中国》，2009（10）。
⑤ 郭庆光：《传播学教程》，第 56 页，北京，中国人民大学出版社，2001。

属感和认同感。

《人民日报》在对汶川地震的报道中就通过符号的表述与理解、传达和思考功能来凝聚人心、塑造认同的效果。例如,对于"生命"的理解,表现灾难中幸存者个体如何与灾难搏斗、同死亡相抗争而最终获救的情况,如《178个小时——生命奇迹背后的几个画面》、《妻子的歌声给我力量》、《129个小时活着出来》、《生命听过150个小时》、《"喊回来"的一条生命》等。光看这些题目就能让读者体会到灾难中人的生命顽强、可歌可泣。而该报对生命的尊重、敬畏,"生命至上"的人文价值观也在此得到了充分的体现。这种"生命"的象征意义会吸引受众的关注,引起"同呼吸共命运"的共鸣,同时也表现了国家对于人民生命的重视。

央视在对汶川地震的报道中通过"颜色"的表达,赋予符号新的象征意义。通过人们日常生活中常见的"绿色"、"白色"、"橙色"来拉近救灾现场与观众的距离,使其融入其中,感同身受。

对于"神舟七号成功发射"的报道,央视新闻频道搭建24小时开放式直播平台,通过大量实时信号,特别是卫星和飞船所拍摄的珍贵视频,第一时间展示飞船发射、入轨、运行、出舱、返回等内容。[①] 这其中高频率地出现了国旗、国徽、发射基地、宇航员、国家主席等等这些刺激国家认同的符号,在让受众通过"五、四、三、二、一、发射"的直播体会到与国家科技发展共同进步的认同感。

中央人民广播电台在"国庆六十周年"报道中,充分运用"声音"符号来赋予其意义。对现场音、画外音还有背景音的运用让祖国、民族、节日的特点非常突出。现场采访时注重不同民族语言、地域口音的变化,亲切、质朴富于感情,让受众感受到了祖国大家庭、民族大家庭的氛围。

3. 新闻话语意义的表达促进国家认同的建构

曾庆香在《新闻叙事学》中认为,分析新闻话语意义形成有三个角度:宏观、中观和微观。

"意识形态建构的过程,即将原初事实进行'符号化'的过程。"[②] 媒体对整个事件进行符号化就是将整个事件放到"意识"的统领之下。正如媒体

[①] 郭星:《规模化、全景化、多样化——我国主流媒体的神七报道》,《新闻世界》,第66–67页,2009(1)。

[②] 闫旭宁:《〈人民日报〉的澳门回归报道与国家认同建构》,《新闻窗》,第79页,2010(1)。

报道奥运会时会将其放置在"世界和平"的大前提意识下,将"神舟七号"发射放置在科技跨越式大发展的意识前提下,"国庆六十周年"的报道中媒体始终是处在报道民族复兴、国家繁荣昌盛的意识之中。从报刊的版面安排、用色处理,电视的镜头选取、声音处理,网络的呈现都会表现这种"仪式"的盛大和对国家的意义,有形无形之中营造了浓厚的节日气氛,表现了祖国的繁荣富强。

神话的实质是"两度符号化或两度意指化后所形成的文化或文化所变成的习俗"。新闻人"使偶然的意义连接,固定为普遍接受的'事实',并使一般人视其为理所当然"。[1] 而这种连接就可以是比喻、隐喻、蒙太奇、象征等。例如《人民日报》记者李舸所摄的反映"废墟上的早晨破碎穿衣镜前的女孩"的照片,表现了在全国哀悼日过后的第一天即5月21日,绵竹市广济镇新和村14岁的女孩徐佳玲正在邻居家的衣柜前照镜梳头的场景,将"废墟"、"镜子"、"女孩"、"梳头"这些偶然的意义连接起来,就是灾区人民慢慢恢复生活的信心的最有力的表现。这种信心也就传递到了读者的内心,使他们感受到了一种力量和认同。这种两次或多次的"意指"将新闻的意图隐晦自然地呈现出来,与读者的联系也就自然地得到了加强。

在新闻再现事实、现场的时候,镜头的选取、记者的语言、文本报道的词语、句式和整体新闻的叙事方式、视角都是微观的新闻事实建构的组成部分。例如,在"国庆六十周年"的报道中,央视选取的多是全景、远景来展现场面的宏大,观众感受到的是庆典的隆重和国家的强大。又如在奥运会的解说中,解说员语言是富有激动、热爱的强烈感情色彩的,这无形中将受众拉到现场之中,增加了参与感和身份的认同。再如在媒体报道中直接引语的运用使得被采访者的话直接呈现在受众面前,更有说服力,更能够使他们从心理上获得一致性,从而为国家认同的建构提供便利。而叙事方式和视角的选择也受到民族文化的影响,因为新闻从业者本身就生活在现实客观的文化世界之中,这种文化的积淀和共通使得信息和情感的传递有着相同或相似的模式和基础。

因此,大众媒介恰当的新闻传播活动通过报道量、符号和新闻话语意义三个层面,能够而且的的确确影响着国家认同的建构,可以说媒介是促进国

---

[1] 曾庆香:《新闻叙事学》,第21页,北京,中国广播电视出版社,2005。

家认同建构的重要途径和有效手段。

三、大众媒介新闻传播活动在建构国家认同时手段的误区

从辩证的角度看，任何事物都是具有两面性或多面性的。大众媒介运用一定的手段和方法能够促进国家认同的建构。运用得当的报道活动对国家认同的建构确有极大的促进作用，但同时不应忽略的是大众媒介在进行报道传播时往往会因为各种原因而陷入一定的误区，反而会消减国民的国家认同感。大众媒介新闻传播活动在建构国家认同时可能陷入的误区体现在以下几个方面。

（一）大众媒介新闻传播活动掩盖或过度夸大新闻事实

在现代媒介的传播环境下，特别是网络媒体高速发展的状态下，大众媒介故意或过失掩盖应该为公众所知的新闻事实，是一种"高风险"的"愚蠢"的行为。首先这是对公众知情权的侵害，其次信息的不对称极有可能促使民众通过其他方式获取信息，而这种信息的获取往往就意味着不安定因素的增加。例如，媒体对于西藏"314打砸抢烧"事件前期的报道，公众对于信息的获取是一种极度不对称的状态。特别是在这种敏感问题上特别要注意报道的及时和适度，以维护国家的安定团结。

同时，过度的报道、过度宣扬可能会造成公众对于事件的抵触心理。例如对于"汶川地震"的报道，观众普遍反映经过一周的高强度的报道根本不愿再看电视、再读报、再听广播，媒介这种环境的塑造已经使得受众身心俱疲，感到无比的压抑。这种逆反心理、抵触情绪的产生无论是对国家还是对受众个体都是一种精神上的伤害。人的精神生活被单一化、固化本身就无法满足人类正常的精神需要，也就谈不上建构国家归属感与认同感了。

（二）大众媒介新闻传播活动过度"崇洋媚外"

任何国民对于国家的认同都会受到本国与他国现实状况的影响。民众会对国家的认同是建立在"血缘、记忆和共享的体验"的基础上，大众传播媒介如果只是注重对他国的报道而忽视了固有的民族文化与传统，往往就会使民众的本国、本民族原有文化传统观念减弱和消亡。例如，同样是有关"情

人节"的节庆报道，西方的"瓦伦丁节"的报道强度和力度往往会大于中国传统"七夕节"。

这种情况还可以见于政治领域。例如，对于美国总统大选的报道，如果只突出美国大选中"总统辩论"、"电视演说"、"现场拉票"等看似完全民主的环节，而忽视了其背后深层次的政治斗争、财团利益的纷争，受众往往就会片面地理解美国的政治状况。同时，受众往往会将他国与本国的情况作分析比较，不正确的片面的报道，会将受众引入歧途，削弱受众原有的对于国家的认同感和归属感，从而产生消极的影响。

（三）大众媒介新闻传播活动缺少"以人为本"的理念

大众媒介的新闻传播作为一种社会化的活动，理应在进行活动时充分考虑到行为发生的社会环境和背景，行为的对象——人的实际情况。如果考虑不充分，往往会造成相反的消极的效果和影响。

例如在报道汶川地震时，某些新闻从业者不顾受害者、受灾群众失去亲人、家园的悲痛心情，为了达到高收视率而一味地追问、重揭伤疤，造成二次伤害，这对其本身、对受众都是一种不负责任的行为。受众看到这种情况往往会对这家媒体进行谴责，这种报道理念会使受众认为国家不尊重个体的生命和隐私权，对国家的形象是一种极大的伤害。

又如在对民族问题的报道上，大众媒介要能够尊重各民族的语言和文化，对一些不尊重被报道民族的话语和符号要减少使用或不使用。如涉及治安问题的报到时常会出现"新疆小偷"、"河南人"的字眼，这对维护各族、各地区人民的平等和尊严、维护人民对于国家民族的认同与归属感产生了消极的影响，同时又可能会引发多种社会矛盾。

四、大众媒介新闻传播活动建构国家认同的新视野

马丁·巴贝罗说过："没有大众传媒则无法充分理解民族国家如何将'群众转变成人民，将人民转变为民族，再演变成一个国家'的过程。"[①] 日本学

---

① 马丁·巴贝罗：Communication from culture : The crisis of the national and the emergence of the popular, Media, Culture and Society, 1998, pp456-461.

者佐藤卓己在其著作《现代传媒史》中指出，19世纪以来的近代国家都曾大量运用大众媒介如报纸、电视加强国民的民族国家认同，尤其是电视，不仅是大众喜爱的娱乐媒介，而且以其强烈的视听效果，在塑造认同方面起到了不可替代的作用。[1] 由此可见大众媒介的新闻传播活动在国家认同建构中的重要作用。当代新闻传播学的迅速发展和社会环境的剧烈变化对大众媒介建构国家认同提出了新要求，提供了新思维，呈现出媒介建构国家认同的新视野。

（一）遵循新闻传播的原则和规律

无论在何时，无论在何种传播环境下，任何新闻传播活动都要从新闻伦理的角度遵循新闻传播的原则和规律。这是亘古不变的道理。随着世界观的多元和受众媒介素养的提升，遵循原则和规律的新闻传播才是能够使受众信服的，才能够通过大众媒介的新闻传播活动提升国民的认同感，建构国家认同。

1. 新闻传播的原则使得新闻传播与其他类型的传播区别开来，是新闻传播的内在要求和基本精神的体现[2]

杨保军先生将新闻传播的原则分为三个层面：事实原则、价值原则和方法原则。事实原则是指新闻要真实、客观、全面，其共同的目标是"让事实说话"，以再现新闻事实世界的本来面貌，并尽可能地反映整个事实世界的最新变动状态和情况，在求实的基础上努力达到求真的境界。[3] 换句话讲，不管是一般的新闻报道还是重大突发事件、媒介事件的报道，其基础都是还原事实的真相，其前提就是要事实真实。特别要提出的是"媒介事件"，"它是大众传播媒介议题设置功能的集中体现。媒体能够通过持续对某一问题的集中报道，使原本不出现在公众视野之内的事件成为一时间社会关注的焦点。如果这一事件主要是由媒体发起、策划，或在其进行过程中起了主要的推动作用，可以认为这样的'伪新闻事件'就是媒介事件。"[4] 媒体往往要通过媒介事件来促进国家认同的建构，而这些事件不应是"假媒介事件"，而应是实实

---

[1] 曾一果：《媒介仪式与国家认同——"国庆60周年庆典"央视电视直播的节目分析》，《电视研究》，第68页，2009（12）。
[2] 杨保军：《新闻理论教程》，第143页，北京，中国人民大学出版社，2007。
[3] 杨保军：《新闻理论教程》，第167页，北京，中国人民大学出版社，2007。
[4] 施喆：《〈死亡日记〉：一个媒介事件的构建和伦理分析》，《现代传播》，第7-15页，2001（2）。

在在已经发生或还未发生但必定发生的事情。客观和全面既是实现真实的新闻理念，也是实现新闻真实的必然途径，其互为手段和保证。[①] 价值原则是新闻传播的主体为实现一定的利益需要（不只是传播主体自身的利益需要）而坚持的原则，它包括公正原则和立场原则。传播主体不只是"让事实说话"，传播主体还会"用事实说话"，"为事实说话"，表达自己的意志意见，追求自己的新闻理想和其他传播目标。[②]

在遵循事实和价值原则的同时，还要遵循新闻传播的方法原则，即及时和公开。例如在对汶川地震的新闻报道中，新闻媒体遵循了当年 5 月 1 日刚刚颁布实施的《政府信息公开条例》，突破了以往对于突发公共事件的报道限制，及时公开地报道了灾情，为国家赢得了人民的信任，大大提升了人民对于民族国家的认同感和凝聚力。

新闻传播规律是新闻传播活动中客观存在的、稳定的处于传受双方互动作用下的实践规律。杨保军先生认为，从传播主体的角度讲包含选择律、效用律和接近律。在实际的新闻报道中，新闻媒体要根据双重主体的需要和特点来选择报道的内容和方式。从大众媒介促进国家认同建构的角度，媒体所选择的新闻报道内容和方式或符号化的语言要能够反映国家认同、维系的基础：血缘、历史记忆和共同体验，这种基础往往是中华民族传统文化的传承和现实社会生活的再现。

2. 拓展观念：传递观与仪式观相结合

随着当代新闻传播学的发展，更多的理论成果出现并得以传播、应用到实践领域，为大众媒介的新闻传播活动打开了新的视野。特别是国外学者的成果得以翻译介绍到国内，使得我国的新闻传播观念极大拓展。

过去我们往往只从传播的传递观来看整个新闻传播活动，新闻只意味着把信息像搬运物质实体一样从甲地搬运到乙地。[③] 詹姆斯·凯瑞从文化传播的角度提出了传播的仪式观，是对传递观的有益补充。这种传播的"仪式"功能是建构"让社会保持一致"的中心，让人类在共享信仰中和谐相处。[④] 这

---

① 杨保军：《新闻理论教程》，第 167 页，北京，中国人民大学出版社，2007。
② 杨保军：《新闻理论教程》，第 168 页，北京，中国人民大学出版社，2007。
③ 陈力丹主持：《传播是信息的传递还是一种仪式——关于传播"传递观"与"仪式观"的讨论》，《国际新闻界》，第 45 页，2008（8）。
④ 陈力丹主持：《传播是信息的传递还是一种仪式——关于传播"传递观"与"仪式观"的讨论》，《国际新闻界》，第 45 页，2008（8）。

种观念渗透到新闻传播领域，通过新闻传播的同时、同事的报道，大众获得相通、相同、相似的信息，就会产生一种"是我们"的共同感，这就是马丁·巴贝罗所说的个人到集体的演变。例如对于"国庆六十周年"庆典的报道，中央电视台的现场直播便是通过主持人的解说、记者的现场采访和画面的呈现，勾勒了一个"民族家庭"的节庆景象，通过强调"新中国生日"这一主题来培养观众的国家认同意识。①

传播的仪式观是从文化传播的角度加以解析的，在这个角度上，对于文化的传播本身就是"血缘、记忆"的根本。新闻媒体对于中华民族文化的传播，或运用符号化的语言文字（符号的所指与文化密切相关）进行传播就是以文化为纽带维系民族国家的认同感。特别要提出的是"记忆"，法国的社会学家哈布瓦赫将记忆放在社会框架之中，提出了"集体记忆"，这被德国学者扬·阿斯曼引申为具有"文化认同性"的"文化记忆"，这就是建构国家认同的"凝聚性结构"②。新闻传播媒介利用"文化的纽带"，在进行报道时多做历史性、文化性、民族性的背景解读，不单单停留在单一信息的传递上，会促使这种记忆的唤醒或重构，从而极大地促进受众对于文化的、民族的、国家的认同。

3. 结合时代特征，发挥各种媒介自身优势与特点

随着媒介技术的不断进步和发展，网络、移动媒体等新媒体的出现和其与传统媒体的融合使得"融媒"时代的特征得以显现。而大众传媒（特别是电子媒介）使得信息传递在时间和空间上得以延伸的同时，带来了全球化的多元认同观，这使国家认同的建构处于多面、易变和不稳定的状态。所以，对于国家认同的建构和维系就要发挥各种媒介自身的特点与优势。例如"电视，不仅是大众喜爱的娱乐媒介，而且以其强烈的视听效果，在塑造认同方面起到了不可替代的作用"③，"当灾难临头，没有了固定电话，没有了移动

---

① 曾一果：《媒介仪式与国家认同——"国庆60周年庆典"央视电视直播的节目分析》，《电视研究》，第69页，2009（12）。

② "凝聚性结构"在时间层面上连接过去与现在，将过去的重要事件和对它们的回忆以某一形式固定和保存下来，并不断使其重现以获得现实意义；在社会层面上，这种凝聚性结构包含了共同的价值体系和行为准则，而这些对所有成员都具有约束力的东西又是从对共同的过去的记忆和回忆中剥离出来的。参见黄晓晨：《文化记忆》，《国外理论动态》，第62页，2006（6）。

③ 曾一果：《媒介仪式与国家认同——"国庆60周年庆典"央视电视直播的节目分析》，《电视研究》，第69页，2009（12）。

通讯，也没有了电视，这个时候，广播就成了灾民与外界联系的唯一渠道，他们既可以通过广播了解到外界救援的信息也可以通过广播寻找与自己失去联系的亲人"[①]。纸质媒体在深度解读上有着其他媒体无法替代的优势，可以结合现代社会的"读图"趋势，创造出既有画面感、冲击力又有深度的新闻报道来促进国家认同的建构。网络媒体本身就是基于传统媒体基础上产生的，它具有传统媒体所没有的"互动性、参与性"大大增强的特点。传统媒体新闻传播活动往往突出传者的主体性而同时削弱了受者的主体性，一定程度上带有"单纯的精神控制"的色彩，会在一定程度上引发抵触情绪，所以带有互动与参与性的传播模式更能通过交流、互动使得受众的主体地位提升，从而在心理上认同、促进、参与事件的发生、发展，使其增强认同感和归属感。所以，不同媒体利用各自优势进行传播并加以融合会以更高效率提升传播的效果，促进国家认同的建构。

4. 结合国家实际，加强对特殊地区和文化的报道

我国是一个拥有悠久辉煌历史的多民族国家，几千年的历史发展和近百年来的中西方对抗使得我国存在着一些历史遗留问题。同时，我国目前正处于社会变革的时期，也是各种矛盾最容易产生和激化的时期。[②] 随着社会、经济的不断发展和进步，现代化的过程给各个民族、特别是边远地区的少数民族带来巨大的震荡和变化。所以大众媒介在进行新闻传播活动时要对少数民族、港澳台地区的报道从形式和内容上予以加强，以促进国家认同的建构。

新闻媒体首先要尊重这种多元文化的存在，在弘扬中华文化时，尤其要加强对各民族文化的挖掘和保护，加强对民族文化的整合，使少数民族文化不断为中华文化添加养分，使中华文化的内涵与外延更为丰富，从而形成各族人民共同的理想、价值和情感，铸造国家认同的深厚文化基础。[③] 例如在"国庆六十周年"的现场直播报道中，我们通过全景镜头看到了五十六根民族团结柱，当各省的献礼彩车经过天安门时，镜头上总是出现欢呼雀跃的景象，香港和澳门特区的彩车经过时，电视镜头特别展现了香港特首曾荫权和澳门

[①] 谢卿：《广播在重大灾害事件中的优势》，《记者摇篮》，第63页，2008 (8)。

[②] 贺金瑞、燕继荣：《从民族认同到国家认同》，《中央民族大学学报》（哲学社会科学版），第9页，2008 (3)。

[③] 吴玉敏：《实现民族认同与国家认同相统一》，《人民日报》（理论版），2009年12月7日第7版。

行政长官何厚铧高兴的神态,寓意则是全体香港和澳门市民对于"新中国生日"的自豪之情,这种情绪通过电视屏幕迅速传递给电视机前的广大观众,培养和强化了他们的身份认同意识。[①]

[①] 曾一果:《媒介仪式与国家认同——"国庆60周年庆典"央视电视直播的节目分析》,《电视研究》,第69页,2009(12)。

2011届语言文学类优秀
本科毕业论文选

李白新乐府辨疑

缪晓静[①]

一、新乐府的界定

（一）新乐府的内涵

明清及现代论者界说新乐府，一般以元稹《乐府古题序》、白居易《新乐府诗序》、《与元九书》等文为主要依据，并参照郭茂倩《乐府诗集·新乐府辞序》及《新乐府辞》卷收录的篇目，认为新乐府主要指的是从杜甫到元白一派诗人写作的即事名篇、讽兴时事的诗作。

杜甫在安史之乱前后就开始以《兵车行》、《哀江头》、《悲陈陶》等即事名篇的诗作来针砭时弊、反映民生疾苦，这些诗歌其实已经是新乐府了，只不过杜甫可能没有意识到也没有明确提出新乐府的概念。大历、贞元年间，元结、顾况等人也写过一些以通俗语言反映社会问题的诗作。从贞元末至元和初，张籍、王建、元稹、白居易诸人先后步入仕途。作为新进官员，他们有较高的政治热情和积极参政的愿望，而元和初宪宗颇思振作，这也给他们带来某种鼓舞。他们彼此唱和，力图将诗歌作为干预现实的手段。其中张、王最早从事这一类型诗歌的写作，而"新题乐府"概念的提出，则始于李绅的《乐府新题》二十首。李绅诗作今已佚，从元稹《和李校书新题乐府十二首序》可知，其内容应该是"雅有所谓，不虚为文"[②]的。李绅的创作引发元稹、白居易的热烈响应，并由他们把这一诗歌创作潮流推向高峰，白居易《新乐府》五十首便是这一类诗作的代表。

[①] 作者为中央民族大学 2011 届对外汉语专业毕业生，现为中央民族大学 2011 级中国古代文学专业硕士研究生。

[②] 元稹：《元稹集》，第 277 页，北京，中华书局，1979。

虽然在元稹、白居易那里，"新乐府"、"新题乐府"都是特指的，并不用来指称他人内容、风格相似的作品，并且元稹《乐府古题序》在论及杜甫《悲陈陶》、《哀江头》、《兵车行》等具有"即事名篇，无复依傍"性质的诗作时，也没有直接使用"新题乐府"这个概念，但从杜甫到元白一派诗人创作的这些诗作都具有两个重要特点，一是即事名篇，二是讽谕性。明清诗论家如胡震亨、许学夷、刘熙载等人即根据《新乐府诗序》、《与元九书》、《乐府古题序》等文的相关论述，称这一类作品为新乐府或新题乐府：

五七言乐府，太白虽用古题，而自出机轴，故能超越诸子；至子美，则自立新题，自创己格，自叙时事。①

杜子美创为新题乐府，至元、白而盛。指论时事，颂美刺恶，合于诗人之旨，忠志元谋，方为百代鉴戒，诚杰作绝思也。②

古乐府必不可方。李太白虽用其题，已自用意。杜则自为新题，自为新语，元、白、张、王因之。③

至唐，杜工部以诗名世，于五言始有《无家别》、《留花门》、《垂老别》诸诗，七言始有《记丽人》、《哀王孙》、《悲陈陶》诸诗。其词既工，于古人讽切之义复合，独出冠时。于是李公垂、元微之诸人，遂创为新乐府，讽讥当时之事。而白太傅所撰五十篇最善，自《七德舞》诸曲至《采诗官》，俱以讽谕为体，可播于乐章。④

也就是今人如松浦友久、葛晓音等所说的狭义新乐府⑤。部分论者如朱我芯、朱炯远、金程宇等人更明确认为，只有具有讽谕性和时事性的乐府诗，才是严格意义上的新乐府。⑥

---

① 许学夷：《诗源辨体》，第 209 页，北京，人民文学出版社，1987。
② 冯班：《钝吟杂录》，文津阁《四库全书·子部·杂家类》卷 293，第 634 页，北京，商务印书馆，2005。
③ 转引自陈伯海：《唐诗汇评》，第 3229 页，杭州，浙江教育出版社，1995。
④ 转引自陈伯海：《唐诗汇评》，第 3229 页，杭州，浙江教育出版社，1995。
⑤ 详见松浦友久：《中国诗歌原理》，第 284－289 页，台北，洪叶文化事业公司，1993；葛晓音：《新乐府的缘起和界定》，《中国社会科学》，第 161－173 页，1995 (1)。
⑥ 详见朱我芯：《郭茂倩〈乐府诗集〉关于唐乐府分类之商榷》，《北京大学学报》，第 111－119 页，2002 年 (1)；朱炯远、金程宇：《论孟郊乐府诗的成就》，《上海师范大学学报》，第 101－106 页，2001 (1)。

胡震亨《唐音癸签》云："乐府古题，作者以其唱和重复，沿袭可厌，于是改六朝拟题之旧，别创时事新题，杜甫始之，元白继之。"① 这样的看法和其他诗论家是一致的。可胡氏《李诗通》又认为《江夏行》、《春思》、《捣衣篇》等诗作是李白的新题乐府②，而这些作品显然不具有狭义新乐府讽谕性的内涵。胡震亨《李诗通》中的这种观点其实是承续郭茂倩对新乐府的界定而来的。《乐府诗集·新乐府辞序》曰："新乐府者，皆唐世之新歌也。以其辞实乐府，而未常被于声，故曰新乐府。"③ "唐世新题"、"未常被于声"和"辞实乐府"便是郭茂倩对新乐府特点的明确界定。以下略作阐发。

唐世新题有两方面特点，第一，命题方式和古题乐府相一致。虽然郭茂倩没有指明这一特点，但从《新乐府辞》收录的诗作来看，共有两类乐府题名：一类是歌辞性题名。胡震亨《唐音癸签》言乐府题名曰："其题或名歌，亦或名行，或兼名歌行。又有曰引者，曰曲者，曰谣者，曰辞者，曰篇者。有曰咏者，曰吟者，曰叹者，曰唱者，曰弄者。复有曰思者，曰怨者，曰悲若哀者，曰乐者，凡此多属之乐府。"④ 歌辞性题名是古乐府最常见的命题方式。另一类为汉乐府式标题⑤，汉乐府除了歌辞性题名外，还有一些以二字、三字为主的标题，如《铙歌》十八曲等。这些诗题大都从诗中的首句取来，或概括全诗大意而来。《新乐府辞》中具有汉乐府式标题的诗作，主要是元、白等人的狭义新乐府。第二，题名为唐代新出。在拟古题的同时，不断地产生新题，而产生的新题经人再行拟作后，又成为旧题，这是乐府从汉魏到唐代发展过程中的一大特色。郭茂倩即以唐代为界区分新、古题，这样的做法是比较合理的。唐人有些拟乐府的题名与古题是有差异的，如《侠客行》、《凤凰曲》、《少年行》、《来日大难》等，但终归是拟古之作，郭茂倩也不认为这些是唐代新题。但在判断古题痕迹明显的唐代新出的诗题是属于拟古之题还是唐世新题时，郭氏的标准并不一致。如李白《塞上曲》、《塞下曲》、《久别离》、《洛阳陌》四篇，同是辞义拟古，题

---

① 胡震亨：《唐音癸签》，文津阁《四库全书·集部·诗文评类》卷496，第212页，北京，商务印书馆，2005。
② 胡震亨：《李诗通》，顾廷龙主编：《续修四库全书·集部·总集类》卷1613，第413、第426-427页，上海，上海古籍出版社，2002。
③ 郭茂倩：《乐府诗集》，第1262页，北京，中华书局，1979。
④ 胡震亨：《唐音癸签》，文津阁《四库全书·集部·诗文评类》卷496，第179页，北京，商务印书馆，2005。
⑤ 葛晓音：《新乐府的缘起和界定》，《中国社会科学》，第161-173页，1995（3）。

名古题痕迹明显，郭氏收前二题于《新乐府辞》，后二题却仍归古题之下。部分论者如朱我芯、傅如一等看到了这一问题，主张凡是唐代新出之诗题，即使有古题的痕迹，也应一律归为新题。① 在缺少有力证据支持的情况下，如此一刀切的判断显得有些武断。笔者以为，郭茂倩对新出题名的拟古程度自有判断，不能完全否定，但在区分新、古题的过程中，郭氏可能会有所疏漏。郭氏是否将李白的某些新乐府误收入古乐府，可具体从内容、篇制、风格等方面比较其与古题的异同，再参考历代相关论述，或能有所发现。

"被之管弦"、入乐而歌本来是乐府诗的重要特点，但大约在东晋时期，就开始有部分乐府不再入乐，到唐朝，多数乐府都已经不入乐了。在唐代，乐府不一定入乐，而入乐的诗作也不一定是乐府。胡应麟《诗薮》云："唐乐府所歌绝句，或截取古诗首尾，或截取近体半章，于本题面目全无关涉。细考者人原作，则咸自有谓，非缘乐府设也。"② 因此郭茂倩对新乐府"未常被于声"的认识是比较合理的。虽然入乐与否不再是界定新乐府的标准，但并不意味着新乐府都不入乐。吴相洲《论元白新乐府与歌诗传唱的关系》一文认为，新乐府并不都像郭茂倩所说的"有辞无声"或"未常被于声"，事实证明，有一部分新乐府诗确曾入乐歌唱。③ 张煜《新乐府辞入乐问题辨析》认为，温庭筠《织锦词》、李峤《山阴行》等新乐府曾经是入乐演奏的。④ 尚立新《论新乐府的界定》则从音乐文学的角度切入，认为新乐府就是"拟歌辞"，也就是说，新乐府虽未与音乐相配，却是模仿音乐歌辞的特点而作。⑤ 新乐府与音乐的关系，还有待学者进一步深入地探讨。

所谓"辞实乐府"，就是具有传统的乐府表现方式，或如松浦友久所言"感受的古典性和客体化"⑥，即以第三人称的视角和客观的场景描写为主要

---

① 详见朱我芯：《郭茂倩〈乐府诗集〉关于唐乐府分类之商榷》，《北京大学学报》，第111－119页，2002（1）；傅如一：《李白乐府论》，《文学遗产》，第25－33页，1994（1）。
② 胡应麟：《诗薮》，顾廷龙主编：《续修四库全书·集部·总集类》卷1696，第66页，上海，上海古籍出版社，2002。
③ 吴相洲：《论元白新乐府创作于歌诗传唱的关系》，《中国诗歌研究》第1辑，第111－128页，2004。
④ 张煜：《新乐府辞入乐问题辨析》，《西北师大学报》，第34－36页，2005（3）。
⑤ 尚立新：《论新乐府的界定》，《云南艺术学院学报》，第25－30页，2003（1）。
⑥ 松浦友久：《李白研究——抒情的结构·李白乐府论考》，转引自郁贤皓：《松浦友久李白研究述评》，马鞍山市李白研究会编：《中日李白研究论文集》，第266－272页，北京，中国展望出版社，1989。

的表现方法。从《乐府诗集·新乐府辞》收录的篇目来看，除了元、白等人的部分狭义新乐府外，大部分诗作的表现手法与古乐府都较相近。郭茂倩虽然在体制上对新乐府有所要求，但却没有像明清诗论家那样限定新乐府的表现内容，今人大都称郭氏界定的新乐府为广义新乐府。乐府所反映的本来就是广阔的社会生活，相较元白、明清诗论家将新乐府限定在讽谕的范围内，郭茂倩的认识更为合理。

因此，本文即以郭茂倩对新乐府的界定为辨析李白新乐府的主要依据，认为符合以下两个标准的诗作可以称为新乐府：1. 唐代新出的歌辞性或汉乐府式题名；2. 表现样式以视角的第三人称化和场景的客观化为主。

（二）李白新乐府的数量

《乐府诗集》收李白乐府161首，《新乐府辞》和《近代曲辞》的9题28首为新乐府，其余为古乐府。而《李太白全集》乐府卷收有诗作149首，且收录的篇目和《乐府诗集》有出入。笔者比对了《乐府诗集》和10个不同版本李白集收录的李白乐府的篇目，这10个版本是：宋敏求、曾巩《李太白文集》，当涂本《李翰林集》，杨齐贤、萧士赟《分类补注李太白诗》，胡震亨《李诗通》，张含辑、杨慎评《李杜诗选》，林兆珂《李诗钞述注》，万虞恺《唐李杜诗集》，李齐芳《李翰林分类诗》，朱谏《李诗选注》十三卷、《李诗辨疑》二卷，王琦《李太白全集》，它们对李白新乐府数量、篇目的认识存在如下差异[①]：

1. 对一些并非拟乐府古题的诗作是否为乐府看法不同，见下表：

书名 篇目	《乐府诗集》	《李太白全集》	《李太白文集》	《李诗通》
《江夏行》	新乐府辞	歌吟	歌吟	乐府
《横江词》	新乐府辞	歌吟	歌吟	乐府
《笑歌行》	新乐府辞	歌吟	乐府	附录
《菩萨蛮》	无	乐府	无	无

[①] 为避重复，将十个版本分三类，每类各取一种版本为代表。宋缪本单独为一类；《李诗通》所收篇目较其他各本有很大不同，亦单列为一类；其他各本所收篇目大致相同（《李诗选注》多《襄阳歌》一篇），故归为一类，以王琦本为代表。

续表

书名 篇目	《乐府诗集》	《李太白全集》	《李太白文集》	《李诗通》
《忆秦娥》	无	乐府	无	无
《捣衣篇》	无	乐府	乐府	乐府
《去妇词》	无	乐府	乐府	无
《秋浦歌》	无	歌吟	歌吟	乐府
《南都行》	无	歌吟	乐府	乐府
《玉真仙人词》	无	歌吟	歌吟	乐府
《历阳壮士勤将军名思齐歌》	无	歌吟	歌吟	乐府
《怀仙歌》	无	歌吟	歌吟	乐府
《山鹧鸪词》	无	歌吟	歌吟	乐府
《临路歌》	无	歌吟	歌吟	乐府
《上皇西巡南京歌》	无	歌吟	歌吟	乐府
《永王东巡歌》	无	歌吟	歌吟	乐府
《峨眉山月歌》	无	歌吟	歌吟	乐府
《平虏将军妻》	无	杂咏	杂咏	乐府
《客中行》	无	行役	行役	乐府
《怨情》 (美人卷珠帘)	无	闺情	闺情	乐府
《巴女词》	无	闺情	闺情	乐府
《越女词》	无	闺情	闺情	乐府

2. 对部分李白乐府是属于新题还是古题看法不一。如《乐府诗集》收入古题而《李诗通》认为是新题的李白诗作有：《侠客行》、《少年行》、《长干行》、《幽涧泉》和《山人劝酒》。

从上述分析可知，古人对李白新乐府的数量、篇目的看法并不一致。要重新确定李白新乐府的大致数量，笔者认为以下两个问题值得进一步探讨：

1. 《乐府诗集》中的李白乐府，是否有误入古乐府的新乐府？郭茂倩归入古题的李白乐府中，题名与古题稍异或古题无见的篇目共有22首。笔者以为，在参考古今人有关论述的基础上，从内容、篇制、情调等方面，分篇辨析李白乐府与古题之间的异同，或许能有所发现。

2. 除《乐府诗集》收入的篇目外，李白是否还有其他乐府诗？《乐府诗集》虽是集大成之作，但郭茂倩在收录过程中，还是有所遗漏。如《乐府诗集》未收入的《捣衣篇》、《越女词》等作，既有唐世新出的歌辞性题名，表现手法又与《黄葛篇》、《静夜思》等新乐府相近。除郭著收录的篇目外，具有唐世新题、表现方式和古乐府大体接近的其他诗作，应该也是李白的新乐府。

下文拟通过对相关李白乐府的辨疑，明晰上述两个问题，重新统计李白新乐府的大致数量。

二、李白新乐府辨疑

如上文所言，李白新乐府的数量可能不止《乐府诗集·新乐府辞》收录的 9 题 28 首。[①] 以下拟通过参考古今文献，辨析相关李白乐府诗，补录李白新乐府的数量，为其后探讨李白新乐府的特点打下基础。

(一)《乐府诗集》中误入古乐府的李白新乐府

1.《湖边采莲妇》

古人集说：

严评本载明人批："是吴声歌等调法，正以俚见真趣。"[②]

《唐宋诗醇》："亦乐府之遗。……比《采莲曲》尤为近古。"[③]

今人之论：

《李白全集校注集评》题解："此诗为太白自制新题乐府。"[④]

《李白全集编年注释》题解："李白自创乐府新辞。"[⑤]

笔者按：郭茂倩收该诗于《清商曲辞·采莲曲》题下，除《采莲曲》同

---

① 实际上只有 8 题 27 首，当今学者大都认为《笑歌行》是他人伪作，詹锳《李白诗论丛·李诗辨伪》论证翔实，特此说明，不复赘述。
② 转引自詹锳主编：《李白全集校注汇释集评》卷 7，第 3693 页，天津，百花文艺出版社，1996。
③ 乾隆御选：《唐宋诗醇》，文津阁《四库全书·集部·总集类》第 483 册，第 783 页，北京，商务印书馆，2005。
④ 詹锳主编：《李白全集校注汇释集评》卷 7，第 3692 页，天津，百花文艺出版社，1996。
⑤ 安旗主编：《李白全集编年注释》，第 153 页，成都，巴蜀书社，2000。

题之作外，还收有王勃《采莲归》，阎朝隐《采莲女》，温庭筠《张静婉采莲曲》。他人乐府大都写采莲风光，述男女恋情，风格香艳，与《采莲曲》古辞相近；唯太白此篇数语多似女戒，诗旨当在赞颂忠贞之爱。《采莲曲》为歌辞性题名，以采莲女为描写对象；而《湖边采莲妇》是汉乐府式标题，歌咏贞心比古松的采莲妇。《湖边采莲妇》的命题方式、描写对象、风格情调、内容主旨都不同于《采莲曲》，应是李白自制的新乐府。

2.《幽州胡马客歌》

古人集说：

《乐府诗集》题解："《古今乐录》曰：'梁鼓角横吹曲有《企喻》……等歌三十六曲。……又有《隔谷》……《幽州马客吟》……总六十六曲。'"①

《李太白全集》："《乐府诗集》梁鼓角横吹曲有《幽州马客吟》，即此也。"②

《李诗辨疑》："此诗失于题解，以诗目辞意考之，当是游侠二十四曲之一。计二十六句，前十句叙胡马客之勇武，怀义报国，后十六句，乃言匈奴之桀骜残暴，无有捍御之者。"③

《李诗通》："梁鼓角横吹曲本词言剿儿贫苦，又言男女燕游，太白依题立意，叙边塞逐虏之事。"④

奚禄诒批："本子建《白马篇》而广之。"⑤

笔者按：《横吹曲辞·幽州马客吟歌辞》共五曲，辞云："快马常苦瘦，剿儿常苦贫。黄禾起羸马，有钱始作人。""萤萤帐中烛，烛灭不久停。盛时不作乐，春花不重生。""南山自言高，只与北山齐。女儿自言好，故入郎君怀。""郎著紫裤裙，女著采夹裙。男女共燕游，黄花生后围。""黄花郁金色，绿蛇衔珠丹。辞谢床上女，还我十指环。"⑥ 首曲言剿儿贫苦，后四曲写

---

① 郭茂倩：《乐府诗集》，第362页，北京，中华书局，1979。
② 王琦：《李太白全集》，第268页，北京，中华书局，1977。
③ 朱谏：《李诗辨疑》，顾廷龙主编：《续修四库全书·集部·总集类》卷1306，第188页，上海，上海古籍出版社，2002。
④ 胡震亨：《李诗通》，顾廷龙主编：《续修四库全书·集部·总集类》卷1613，第412页，上海，上海古籍出版社，2002。
⑤ 转引自詹锳主编：《李白全集校注汇释集评》卷2，第657页，天津，百花文艺出版社，1996。
⑥ 本文所引相关乐府诗，皆出自郭茂倩：《乐府诗集》，中华书局，1979年。下文不再一一标注。

男女燕游。而太白此篇所歌，"前十句叙胡马客之武勇，怀义报国，后十六句，乃言匈奴之桀骜残暴，无有捍御之者"①，并非依题立意之作。前者是幽州马客所吟之辞，后者乃太白歌幽州胡马客之诗，内容明显不同。而且李白此作的篇制、风格情调也异于《幽州马客吟歌辞》。考曹植《白马篇》，李白此作的形式、内容、情调均与之有相似处。《幽州胡马客歌》或是李白北游幽燕，有感时事，本曹植《白马篇》之立篇命意而写作的新乐府。

3. 《长干行》②

古人集说：

《分类补注李太白诗》："《乐府遗声》都邑三十四曲中有《长干行》。"③

《李诗通》："清商吴声《长干曲》，乃男女弄潮往来之词，而此咏贾人妇望夫情，其源自出清商四曲，与吴声《长干曲》不同。"④

今人之论：

詹锳《李白乐府探源》："《长干行》——拟《西洲曲》古辞。"⑤

《李白全集编年注释》题解："《长干行》，《乐府诗集·杂曲歌辞》名。"⑥

笔者按：《李诗通》认为《长干行》不同于《长干曲》的观点是比较合理的。《杂曲歌辞·长干曲》古辞曰："逆浪故相邀，菱舟不怕摇。妾家扬子住，便弄广陵潮。"后有崔颢同题之作四首，皆是五言四句，押平韵，吟咏"男女弄潮往来"之情。李白《长干行》则为五言三十句，平仄韵互用，且转韵，歌咏的对象从少女变成了盼夫归家的商人妇。詹锳认为《长干行》拟自《西洲曲》。按《西洲曲》古辞，五言三十二句，平仄韵互用，且转韵，可能是太白《长干行》所自之本。金陵自古商业繁华，自六朝以来尤甚。古代交通不便，经商之人常年在外，留妻子空闺独守。此诗或为太白早年初游

---

① 朱谏：《李诗选注》，顾廷龙主编：《续修四库全书·集部·总集类》卷1305，第188页，上海，上海古籍出版社，2002。

② 李白集收《长干行》二首，学者大都认为第二首是涨潮的作品，故仅辨析第一首。详见詹锳主编：《李白全集校注集评》第2卷《长干行》"备考"，第623-624页，天津，百花文艺出版社，1996。

③ 萧士赟：《分类补注李太白诗》，文津阁《四库全书·集部·别集类》卷355，第486页，北京，商务印书馆，2005。

④ 胡震亨：《李诗通》，顾廷龙主编：《续修四库全书·集部·总集类》卷1613，第413页，上海，上海古籍出版社，2002。

⑤ 詹锳：《李白诗论丛·李白乐府探源》，第99页，北京，人民文学出版社，1984。

⑥ 安旗主编：《李白全集编年注释》，第63页，成都，巴蜀书社，2000。

金陵时，有感当地风俗，拟《西洲曲》古辞之体制而作的新乐府。

（二）《乐府诗集》以外的李白新乐府

1. 李白集乐府卷内的篇目
① 《春思》
古人集说：
《李诗选注》："按《春思》当为古琴操角调之曲。"①
《李诗纬》丁谷云评："题非乐府，情声却合。"②
《唐宋诗醇》："古意却带秀色，体近齐梁。"③

笔者按：《乐府诗集》收李白《秋思》二首于《琴曲歌辞》，未及《春思》。《春思》与《秋思》二首的命题方式、内容、风格情调都十分相似，应是李白仿《秋思》之命题立意而作的新乐府。

② 《捣衣篇》
古人集说：
《李诗辨疑》："疑此亦古曲名也。"④
《李诗通》："初唐人多为此体，后人乐效之。"⑤
今人之论：
《李白全集校注汇释集评》题解："此篇不载《乐府诗集》……然谢灵运（笔者按：应为谢惠连）已有《捣衣诗》，梁武帝有《捣衣篇》，诗意均与此诗同，故李白为此仍承六朝《捣衣》诗意。"⑥

笔者按：郭茂倩于《新乐府辞》中收王建和刘禹锡《捣衣曲》各一首，解题曰："盖言捣素裁衣，缄封寄远也。"⑦ 事实上，南北朝时已有谢惠连

---

① 朱谏：《李诗选注》，顾廷龙主编：《续修四库全书·集部·总集类》卷1305，第612页，上海，上海古籍出版社，2002。
② 转引自詹锳主编：《李白全集校注汇释集评》卷2，第931页，天津，百花文艺出版社，1996。
③ 乾隆御选：《唐宋诗醇》，文津阁《四库全书·集部·总集类》第483册，第762页，北京，商务印书馆，2005。
④ 朱谏：《李诗辨疑》，顾廷龙主编：《续修四库全书·集部·总集类》卷1306，第190页，上海，上海古籍出版社，2002。
⑤ 胡震亨：《李诗通》，顾廷龙主编：《续修四库全书·集部·总集类》卷1613，第427页，上海，上海古籍出版社，2002。
⑥ 詹锳主编：《李白全集校注汇释集评》卷2，第952-953页，天津，百花文艺出版社，1996。
⑦ 郭茂倩：《乐府诗集》，第1317页，北京，中华书局，1979。

《捣衣诗》、梁武帝《捣衣篇》、温子昇《捣衣诗》等诗作，均以大部分篇幅渲染思妇捣衣寄远之思，王、刘《捣衣曲》应是承六朝《捣衣》诗意而来。郭茂倩将《捣衣诗》收入《新乐府辞》，不知是未将六朝时人写作的《捣衣》诗篇当乐府看，亦或另有缘由。但王、刘二人《捣衣曲》既为新乐府，与之题名、风格、内容皆相类的李白《捣衣篇》也应该是新乐府。

③《拟古》

古人集说：

《分类补注李太白诗》："莆阳夹漈郑先生（樵）曰始于太白。"①

严评本载明人批："始于太白不可解。题二字疑误。"②

《李诗选注》："拟古者，拟古人之作也。古诗始于汉而肇于苏、李。白《古风》者，以其有风人之体，继骚辞而作。自后世视之，则为古矣。故曰：《古风》，又曰《古诗余》，皆为近体也。晋陆士衡、陶渊明、刘玄休、鲍明远皆有拟古之作，盖晋人欲取法汉人也。谓始于李白者恐未然。"③

今人之论：《李白全集校注汇释集评》题解："此首胡本列《拟古》十二首之后。按'拟古'二字不类乐府诗题，郭茂倩《乐府诗集》亦未收，颇疑此作为误置乐府中者。"④

笔者按：拟古之作，早已有之，如陆机《拟古》七首，陶渊明《拟古》九首，鲍照《拟古》八首等，并非始于李白。李白此篇《拟古》，虽体制风格极似乐府，然不知其所拟之本，《拟古》亦不类乐府题名。李集中尚有《效古》、《拟古》十二首、《古意》等作，风格情调大体相类，独收此篇于乐府卷，不知何故？应是误入乐府卷中的古诗。

《去妇词》一篇，学者大多认为是顾况之作；⑤《菩萨蛮》、《忆秦娥》两篇，目前学术界对其真伪尚无定论，⑥ 于此说明，不再具体辨析。

---

① 萧士赟：《分类补注李太白诗》，文津阁《四库全书·集部·别集类》卷 355，第 495 页，北京，商务印书馆，2005。
② 转引自詹锳主编：《李白全集校注汇释集评》卷 2，第 862 页，天津，百花文艺出版社，1996。
③ 朱谏：《李诗选注》，顾廷龙主编：《续修四库全书·集部·总集类》卷 1305，第 607－608 页，上海，上海古籍出版社，2002。
④ 詹锳主编：《李白全集校注汇释集评》卷 2，第 862 页，天津，百花文艺出版社，1996。
⑤ 详见詹锳：《李白诗论丛·李诗辨伪》，第 1－13 页，北京，作家出版社，1957。
⑥ 详见詹锳《李白〈菩萨蛮〉〈忆秦娥〉词辨伪》、杨宪益《李白与〈菩萨蛮〉》、吴征铸《李白〈菩萨蛮〉〈忆秦娥〉词考》等文。

2. 李白集乐府卷外的篇目

① 《清溪行》

笔者按：宋本李白集收《清溪行》于歌吟卷，胡震亨《李诗通》将其归入乐府，并注明此篇为李白新乐府。天宝十三载，白客宣城，此与《秋浦歌》应是前后之作。《唐宋诗醇》卷五评云："伫兴而言，铿然古调。一结有言不尽意之妙"①，风格情调与古乐府相类。全诗音响清绝，语言朴素简洁，应是李白新乐府。

② 《山鹧鸪词》

古人集说：

《李太白全集》："按《教坊记》，《山鹧鸪》是曲名，郑谷诗：'坐中亦有江南客，莫向清风唱鹧鸪。'知《山鹧鸪》者，乃当时南地之新声。"②

笔者按：《近代曲辞·山鹧鸪》题解曰："《历代歌辞》曰：'《山鹧鸪》，羽调曲也。'"③ 题下收无名氏《山鹧鸪》二首，又有李益《鹧鸪词》一首，李涉二首，不及李白此篇。《秋浦清溪雪夜对酒客有唱鹧鸪者》诗云："客有桂阳至，能唱山鹧鸪。"《山鹧鸪词》可能是李白与人饮酒之时，听客吟唱《山鹧鸪》，一时兴起而作的新乐府。郭氏漏收，今补入。

③ 《上三峡》

古人集说：

《诗归》："声响似峡中谣"。④

笔者按：巴地民歌丰富，如"巴东三峡巫峡长，猿鸣三声泪沾裳"、"巴东三峡猿鸣悲，猿鸣三声泪沾衣"之类，声哀情切。《水经注》曰："巴东三峡……其中有滩，名曰黄牛。江湍纡回，信宿犹见，故行者谣曰：'朝发黄牛，暮宿黄牛。三朝三暮，黄牛如故。'"⑤《上三峡》的内容情调、表现方式与上述民谣都十分相似，应是李白于流放夜郎途中，经三峡，听闻当地歌谣而作的新乐府。

---

① 乾隆御选：《唐宋诗醇》，文津阁《四库全书·集部·总集类》第483册，第765页，北京，商务印书馆，2005。
② 李白著，王琦注：《李太白全集》，第268页，北京，中华书局，1977。
③ 郭茂倩：《乐府诗集》，第1131页，北京，中华书局，1979。
④ 转引自詹锳主编：《李白全集校注汇释集评》卷6，第3124页，天津，百花文艺出版社，1996。
⑤ 郦道元：《水经注》，第159页，北京，燕山出版社，2010。

除上述篇目外，裴斐、梁森等学者认为，李白集中（除乐府卷外）具有歌辞性题名、风格体制似南朝乐府的诗篇也是新乐府。① 李白集中这样的篇目有：《秋浦歌》十七首，《越女词》五首，《巴女词》，《怨情》二首，《春怨》二首（"去年何时君别妾"首一作《思边》），《闺情》。

综上所述，李白新乐府可判定有 22 题 63 首：《静夜思》、《黄葛篇》、《横江词》六首、《江夏行》、《塞上曲》、《塞下曲》六首、《清平调》三首、《宫中行乐词》八首、《湖边采莲妇》、《幽州胡马客歌》、《长干行》（妾发初覆额）、《春思》、《捣衣篇》、《清溪行》、《山鹧鸪词》、《上三峡》、《秋浦歌》十七首、《越女词》五首、《巴女词》、《怨情》二首、《春怨》二首（"去年何时君别妾"首一作《思边》）、《闺情》。其中《横江词》、《秋浦歌》的整体表现方式与古乐府较为接近，但其中有一小部分诗作里直接出现了李白自己的形象，抒发诗人的自我感情。李白有很强烈的自我意识，他的大部分诗作都以主观抒情为主，《秋浦歌》其一、其七、其十五、其十七，《横江词》其一、其二等篇，反映了李白主观性的创作风格对新乐府写作的影响。

需要说明的是，22 题 63 首只是李白新乐府的大致数量，除以上篇目外，李白可能还有其他的新乐府。《秋浦歌》、《越女词》等作外，李白集中还有一些诗篇的内容、风格情调或与民间歌谣相似，或同南朝乐府接近，如《宣城见杜鹃花》、《学古思边》、《代秋情》、《代别情人》、《三五七言》等，但尚无法确定这些唐世新出的题名是否符合乐府的传统命题习惯，因此暂不将其归为李白的新乐府。再如《永王东巡歌》十一首，虽然《李诗通》将其划入了乐府，但诗作的表现方式和古乐府相差较大，因此仍依郭氏之见，未将其归入新乐府。此外，郭著收入古题，然题名与古题稍有异或古题无见的 22 首李白乐府诗中，有部分诗作很难判断其属于新题还是古题，如《君道曲》、《山人劝酒》、《幽涧泉》、《洛阳陌》、《秦女卷衣》等篇，因缺少证据说明这部分诗作就是李白的新乐府，故仍依郭氏之见，将其归为古题。

---

① 详见裴斐：《看不透的人生·太白乐府述要》，第 129—130 页，北京，燕山出版社，1992；梁森：《谢朓与李白管窥·李白乐府短章论略》，第 82—93 页，北京，人民文学出版社，1995。

三、李白新乐府的特点

乐府是李白最为重要的一类诗作,其中拟古乐府的数量最多,也最能代表李白的思想和艺术个性,历来受到极大的重视。新乐府在李白乐府诗中不占主要地位,但探究李白新乐府的特点有助于充分认识李白乐府诗的创作情况,对于全面了解李白也是必不可少的。

李白的新乐府中,《宫中行乐词》、《清平调》、《塞上曲》、《塞下曲》四题是李白在长安宫廷时作。从内容格调来看,这四题的创作是李白作为供奉翰林身份的印证。这些新乐府是李白在特殊环境下创作的特殊作品,尚不具有代表性,下文所要探讨的,是除这四题之外的新乐府的特点。

李白的拟古乐府大都具有深刻的社会政治寓意,《古朗月行》指斥朝政黑暗,《北上行》反映安史叛乱,《君道曲》寓君臣之义……《远别离》、《蜀道难》等作更是恍惚莫测。但李白的新乐府却基本上没有什么政治寄托,主要表现日常的生活,或写游子思乡:"欲去不得去,薄游成久游。何年是归日,雨泪下孤舟"(《秋浦歌》其二);或写女子嬉戏:"买眼掷春心,折花调行客"(《越女词》其二);或写思妇怨情:"玉关去此三千里,欲寄音书那可闻"(《春怨》);或写日常劳作:"秋浦田舍翁,采鱼水中宿。妻子张白鹇,结罝映深竹"(《秋浦歌》其十六),描绘的都是人所共通的情感和日常的生活状态。

李白新乐府中出现的人物,多是些普通的下层平民。虽然李白的拟古乐府也有对下层百姓的描写,但主要是一些令人同情、悲悯的形象,如"停梭怅然忆远人,独宿孤房泪如雨"(《乌夜啼》)的思妇,"吴牛喘月夜,拖船一何苦。水浊不可饮,壶浆半成土"(《丁都护歌》)的纤夫,"半渡上辽津,黄云惨无颜。老母与子别,呼天野草间"(《豫章行》)的征人,"惨凄冰雪里,悲号绝中肠。尺布不掩体,皮层剧枯桑"(《北上行》)的难民等等。而他的新乐府中的大部分平民形象,不再因不幸而引人同情怜悯,而是可爱、可喜,最具代表性的便是清丽可人的"采莲女"。采莲女形象最早出现在相和歌《江南》古辞中:"江南可采莲,莲叶何田田。鱼戏莲叶间。鱼戏莲叶东,鱼戏莲叶西,鱼戏莲叶南,鱼戏莲叶北。"从游鱼嬉戏莲叶间的画面中,我们可以感受到青春、活泼的采莲女形象。此后,"采莲女"便经常出现在六朝隋唐的乐府诗中，而最集中描写采莲女形象的便是《采莲曲》。

最先制作《采莲曲》的是南朝梁武帝萧衍。其辞云："游戏五湖采莲归，发花田叶芳袭衣。为君侬歌世所希。世所希，有如玉。江南弄，采莲曲。"花香袭衣、"为君侬歌"的美艳的采莲女，已经不再有江南少女的清新自然。他人拟作中的采莲女也大都是美艳的："露花时湿钗，风茎乍拂钿"，"佩动裙风入，妆销粉汗滋"，或"汗粉无庸拭，风裾随意开"。

这些美艳的采莲女总是爱恋着某一位郎君，香艳的情爱描写使采莲女的形象有了艳情的色彩："香风起，白日低。采莲曲，使君迷"；"千春谁与乐，唯有妾随君"；"因持荐君子，愿袭芙蓉赏"；"归时会被唤，且试入兰房"。

容貌艳丽又带着艳情的色彩，于是"艳"成了这些采莲女最大的特点。而李白新乐府对采莲女形象的描绘则与其判然有别：

耶溪采莲女，见客棹歌回。笑入荷花去，佯羞不出来。(《越女词》其三)

诗中的采莲女又重新变回了江南水乡边劳动嬉戏的可爱少女。飘扬的歌声与笑声让人觉得她们似乎有过剩的青春，过剩的生命力。诗作所要描绘的并非采莲女与过客之间若有似无的情愫，而是自然纯真的生活情调和生命状态。他人乐府中采莲女的形象主要是"艳"，而李白新乐府中采莲女的形象则主要是"清"。

除采莲女外，李白新乐府还描绘了渌水素月中与郎一道夜歌归的采菱女，"眉目艳星月"、"不著鸦头袜"的吴儿女，"新妆荡新波"的耶溪女，这些顽皮、生动的少女，都具有无限的生命力。同采莲女一样，采菱女、吴儿女等江南少女的形象也经常出现在梁陈帝王和其他文人的乐府中，且大都染上了"思极闺阁之内"的香艳绮靡之气，而李白则变绮艳为传神，让这些少女在质朴自然的江南美景中展现其天然本真、质朴健康的生命状态。

除江南少女外，"贞心比古松"的采莲妇，"弯弓若转月，白雁落云端"的胡马客，"相迎不道远，直至长风沙"的商人妇，"歌曲动寒川"的赵郎，"采鱼田中宿"的田舍翁……都是可爱美好的形象。而李白自己也褪去了在上层社会中的"佯狂"，变得充满温情，平和沉静：

桃波一步地，了了语声闻。暗与山僧别，低头礼白云。(《秋浦歌》其十七)

床前明月光，疑是地上霜。举头望明月，低头思故乡。(《静夜思》)

除了内容和人物形象上的差别，李白新乐府中的语言也明显有别于他的拟古乐府。在拟古乐府中，李白特别喜欢用典故抒发自己在现实政治生活中的感受：

有耳莫洗颍川水，有口莫食首阳蕨。含光混世贵无名，何用孤高比云月？吾观自古贤达人，功成不退皆殒身。子胥既弃吴江上，屈原终投湘水滨。陆机雄才岂自保？李斯税驾苦不早。华亭鹤唳讵可闻？上蔡苍鹰何足道？君不见吴中张翰称达生，秋风忽忆江东行。且乐生前一杯酒，何须身后千载名！(《行路难》其三)

一口气用了七个典故，通过对古人的评价来表达自己至为复杂的心情。而李白的新乐府，却几乎不用典，只是用朴素简易的语言缓缓道来，如谣如谚，简单自然：

人道横江好，侬道横江恶。猛风吹倒天门山，白浪高于瓦官阁。(《横江词》其一)

巫山夹青天，巴水流若兹。巴水忽可尽，青天无到时。三朝上黄牛，三暮行太迟。三朝又三暮，不觉鬓成丝。(《上三峡》)

燕草如碧丝，秦桑低绿枝。当君怀归日，是妾断肠时。春风不相识，何事入罗帏？(《春思》)

李白新乐府还呈现出与其拟古乐府不一样的风格情调。其拟古乐府是"窈冥惝怳，纵横变幻"[①]的壮美。以诗中的景象来说，是"黄河西来决昆仑，咆哮万里触龙门"(《公无渡河》)；"上有六龙回日之高标，下有冲波逆折之回川。黄鹤之飞尚不得，猿猱欲度愁攀援"(《蜀道难》)；"日惨惨兮云

---

① 王世贞：《艺苑卮言》，第 55 页，南京，凤凰出版社，2009。

冥冥，猩猩蹄烟兮鬼啸雨"（《远别离》）；"野战格斗死，败马号鸣向天悲。乌鸢啄人肠，衔飞上挂枯树枝"（《战城南》）……或悲壮，或惨烈。而李白的新乐府则是柔美的，诗作中出现最多的意象要数水和月，在水、月映照的世界里，一片玲珑：

秋浦锦驼鸟，人间天上稀。山鸡羞渌水，不敢照毛衣。（《秋浦歌》其三）

秋浦多白猿，超腾若飞雪。牵引条上儿，饮弄水中月。（《秋浦歌》其五）

逻人横鸟道，江祖出鱼梁。水急客舟疾，山花拂面香。（《秋浦歌》其十一）

水如一匹练，此地即平天。耐可乘明月，看花上酒船。（《秋浦歌》其十二）

自然物华经由诗人的描写，便只留下这清空之美了。诗中的人物也经常活动在这样空灵的景境中：

东阳素足女，会稽素舸郎。相看月未堕，白地断肝肠。（《越女词》其四）

清溪清我心，水色异诸水。借问新安江，见底何如此？人行明镜中，鸟度屏风里。空悲远游子，向晚猩猩啼。（《清溪行》）

白马金羁辽海东，罗帏绣被卧春风。落月低轩窥烛尽，飞花入户笑床空。（《春怨》）

因着这清空的诗境，人物的情思也变得纯粹透明。
在新乐府里，李白几乎不描写民间生活的苦难，而是注重发掘存在于民间的各种人生情趣，从普通平民的日常生活中看到真正的美：

炉火照天地，红星乱紫烟。赧郎明月夜，歌曲动寒川。（《秋浦歌》其十四）

秋浦田舍翁，采鱼水中宿。妻子张白鹇，结罝映深竹。（《秋浦歌》

其十六)

吴儿多白皙,好为荡舟剧。卖眼掷春心,折花调行客。(《越女词》其二)

反映社会现实,尤其是描写社会离乱和民生疾苦是汉魏古乐府的重要传统,李白拟汉魏古题的乐府中有不少这样的佳作,比如《战城南》、《豫章行》、《北上行》、《猛虎吟》等,写战乱给百姓带来的灾难,具有很强的批判、揭露的力度。南朝乐府极少有关社会疾苦的反映,李白拟作如《丁都护歌》、《北风行》等,也写出了下层人民生活的苦难和艰辛。而杜甫、元稹、白居易等人的新乐府更是以穷工之笔直接反映民生疾苦、社会离乱。但底层人民的生活除了苦难、艰辛之外,同样也有美好、恬静,对下层平民生活中动人一面的形象描绘,不能不说是李白新乐府可贵的地方。

李白的新乐府既不拘于汉魏乐府反映社会疾苦的传统,也没有其拟古乐府幽愤深广的政治寄托,同时摆脱了南朝文人乐府的香艳绮靡之风,回到以民间生活为中心的真实体验中,以清新自然的笔触描写远离政治的下层人民的情思和生活中的美好。其实在李白拟古的乐府短章中也有类似的诗作,如《采莲曲》、《渌水曲》、《子夜吴歌》、《玉阶怨》、《估客行》等篇,但数量还比较有限,那种健康活泼、淳朴自然的精神素质要到新乐府中才完全体现出来。新乐府虽在李白乐府中不占主要地位,但正是由于新乐府在内容、风格等方面对拟古乐府的补充,李白的乐府创作才能成为一个整体。

李白在新乐府里构筑的这个远离政治、纯净透明的世界,既是现实存在的,又是李白心灵世界的映现。《唐宋诗醇》评李白《采莲曲》称"绮而不艳,此自关于天分"[1],此论用以把握李白上述新乐府的特质甚为精当。所谓"天分",应该是指李白在民间生活中所表现出来的那种纯真、质朴、充满生命活力的个性,正像裴斐先生所说,这表现了李白个性中的"平民性"[2]。

李白个性中狂傲愤懑、飘逸不羁的一面在他的拟古乐府和其他政治抒情诗、饮酒诗、游仙诗中异常突出,极为引人注目,所以他个性中"平民性"

---

[1] 乾隆御选:《唐宋诗醇》,文津阁《四库全书·集部·总集类》第483册,第758页,北京,商务印书馆,2005。

[2] 裴斐:《李白十论·李白诗歌中的另一个领域》,第137—153页,成都,四川人民出版社,1982。

的一面往往被人忽视。而自然柔美的新乐府则让我们认识了李白个性中天真、亲切、充满生命活力的一面。少了任何一方面的个性，李白都不成其为李白。

（指导教师：梁森博士）

附：写作感言

毕业论文完成至今，已经过去八个月了，现在再回头来看这篇《李白新乐府辨疑》，其实有很多不足的地方，但毕竟是花了一年左右时间完成的，也算是对自己大学四年的一个交代吧。

《李白新乐府辨疑》能侥幸成为优秀毕业论文，不得不感谢梁森老师。最初选题时，梁老师说最好踏踏实实地作篇文章，以考据为基础，兼及义理、辞章。于是在梁老师的指导下，便选定《李白新乐府辨疑》作为论文题目，文章的结构也分成了考据、辞章、义理三个部分。

定了选题之后，就开始阅读基本文献与研究论著。主要有郭茂倩《乐府诗集》、詹锳主编《李白全集校注汇释集评》、郑樵《通志·乐略》、胡震亨《唐音癸签》、许学夷《诗源辨体》、陈伯海《唐诗汇评》、萧涤非《两汉魏晋南北朝乐府文学史》、王运熙《乐府诗论述》等等。因为一些相关的古典文献必须通过《四库全书》来查找，于是有差不多两个月的时间，几乎天天都往国图跑。

文献阅读毕竟还只是前期准备，论文写作才是重点。我是一个逻辑思维很差的人，因此虽然一稿、二稿和三稿几乎每一稿都完全不一样，但没有哪一稿的思路是清晰的，是梁森老师耐着性子一遍一遍地帮我梳理前后逻辑。遗憾的是，自己天资不足，又欠缺积累，无法写出更好的文章来，只能于此表示歉意。

记得看梁森老师发来的改稿，除了关键问题的点拨外，还会有很多的红字把文中不妥的用字、标点、注释改过来。论文思路大体清晰后，便来回打磨文章的语言。当时还私底下抱怨过，觉得没必要在用这个字还是那个字这种小地方上纠结。现在想来，也许几个字、几处标点的不同，别人看来并不会有多大的区别，但任何一篇文章都是自己写出来的东西，不管是否发表，总要对自己负责。虽不一定会因一字之别，整个文章便有质的不同，可若能尽量写得漂亮点,至少自己心里会舒服些。所谓学问,总归是为己之学。因此毕业论文写作于我来说,相关知识的积累和学术方面的训练当然是很重要的收获,但更重要的可能是对做学问的态度的一种新的认识。

乐府、新乐府是比较复杂的问题,这篇《李白新乐府辨疑》有一些关键的问题并没有涉及,比如乐府与音乐的关系。虽说唐人乐府和音乐的关系不如之前密切,但抛开音乐来谈乐府,似乎总有点隔靴搔痒之嫌。因为自己没有古代音乐的相关基础,这样做也是无可奈何之举。唯有希望在研究生三年期间,积累点乐府音乐的知识,能对此问题做更清晰的说明。

走笔至此,发现自己语言贫乏,絮絮叨叨,却颇有些不知所谓,只能恳请见谅。

雅俗对流间秋胡戏妻故事研究

鄂文雯[①]

前　言

　　"大传统/小传统"是美国人类学家罗伯特·雷德菲尔德（Robert Redfield）在1956年提出的一种二元分析框架，用来说明在复杂社会中存在的两个不同文化层次的传统。"大传统"是指以城市为中心，以士绅阶层为发明者和支撑力量的文化；"小传统"是指乡民社会中一般民众尤其是农民的文化。[②] "大传统"所代表的文化体系即雅文化，"小传统"所代表的文化体系即俗文化。虽然雅文化在社会结构中处于强势的地位，但雅文化与俗文化之间并不是绝对对立的。特别是在民间文学领域，许多作品可以被两种传统同时接受。我国许多民间文学作品既能得到上层社会的认可，又能契合普通民众的心理。"秋胡戏妻"故事就是这一类型故事。

　　这个故事讲秋胡娶妻三日便离家（离家原因有多种），多年后返乡，在桑园中遇见貌美女子，上前调戏求欢被女子斥退，返回家中才发现桑园中女子便是结发妻子的故事。这个故事在形成之初就有着广泛的影响力，甚至导致当时人们谈秋胡而色变，如有人与秋胡同名同姓，女方家长便拒绝将女儿嫁给他。历经千余年，"秋胡戏妻"故事虽然数度改变，但依然为人们津津乐道。究其原因，一方面由于故事的核心思想符合两种传统的主流意识；另一方面则是雅文化与俗文化的相互影响，相互浸染，使故事在形态上发生改变来适合雅文化与俗文化的需要。在近两千年的流传过程中，这一故事最重要的情节单元从"戏妻"转变为"试妻"，并且内容不断丰富。前人对"秋胡

[①] 作者为中央民族大学2011届汉语言文学专业毕业生，现为中央民族大学2011级民俗学专业硕士研究生。

[②] 转引自谢燕清《大传统与小传统——白蛇故事的三期型变》，《人大复印资料·中国古代、近代文学研究》，2007年，第150页。

203

戏妻"故事的研究多从流变及男女主人公形象等方面入手。笔者将以"大传统"与"小传统"为研究视角,对"秋胡戏妻"故事进行讨论,并对民间文学作品在当代社会的传承和保护进行一些思考。

一、"秋胡戏妻"故事的四个文本

在"秋胡戏妻"故事流变过程中产生了众多的文本资料。其中以西汉刘向《古列女传·鲁秋洁妇》、唐代敦煌变文《秋胡变文》、元代石君宝《鲁大夫秋胡戏妻杂剧》和清代京剧《桑园会》对整个故事的记录比较完整,脉络最为清晰。

"秋胡戏妻"故事最早见于西汉刘向的《古列女传·节义传·鲁秋洁妇》[①]讲鲁人秋胡子与妻子成亲五日后去往陈国为官。五年后返回家乡,路遇一相貌姣好的妇人采桑。秋胡子见色起意,对妇人百般调戏,赠金相邀,反遭妇人斥退。待秋胡子回到家中,发现在桑园调戏的妇人正是自己的妻子。秋胡子妻愤怒难当,投湖自尽。这是"秋胡戏妻"故事的最早蓝本,故事情节十分简单,之后的各个版本都是在此基础上加以丰富和完善。秋胡子完全是一副色迷心窍的丑恶嘴脸,秋胡子妻则是贞洁烈妇的典范。

唐代对"秋胡戏妻"故事记录最完整的是敦煌变文《秋胡变文》。敦煌变文编号 s.133 的《秋胡变文》[②] 描写秋胡娶妻后,为求功名,请求母亲允许自己离家游学。游学后在魏国谋得官职。九年后功成名就,衣锦还乡。回乡途中路遇美貌女子采桑,便吟诗表白爱意,遭到女子叱责,回到家中,夫妻相见,方知采桑女便是自己妻室。采桑女认出那轻薄官员是自己丈夫后泪流满面,气结不语,指责秋胡于国不忠,于家不孝。就现存的《秋胡变文》中可以看出,唐代的"秋胡戏妻"故事已较西汉时期丰富了许多内容,情节更丰富,增加了秋胡离家时与母亲、妻子的对话,秋胡游学时的经历,秋胡魏国求官、辞官时与魏王的对话,对夫妻间的矛盾也加以详细的描写。变文特别强调说理性,在秋胡游学、辞官、秋胡妻指责秋胡时都有大段的说教内容,这与变文这种形式在唐代的讲述场合与作用有很大关

[①] 原文见郑晓霞、林佳郁:《列女传汇编·古列女传》(第 5 册),第 158 页,北京,北京图书馆出版社,2007。

[②] 项楚:《敦煌变文选注》,第 363-386 页,北京,中华书局,2006。

系。如今《秋胡变文》虽已残缺，无法料知结局，但据余下的三千多字仍可看出秋胡故事的整体脉络。

元代杂剧日渐成熟，"秋胡戏妻"故事也开始以戏剧形式呈现在舞台上。石宝君的《鲁大夫秋胡戏妻杂剧》①是现存最早的将这一故事搬上戏剧舞台的文学文本，"秋胡戏妻"故事形成了完备的故事系统。全剧共四折，"戏妻"情节只是杂剧的第三折。在戏妻之前，第一折讲秋胡与梅英新婚一日后，便被勾军抓去从军。第二折讲梅英与婆婆相依为命，采桑度日，村中李大户贪图梅英美色，想要强娶梅英，被梅英骂走。第三折即秋胡离家十年，战前立功，衣锦还乡。秋胡路过桑园，偶遇梅英，因已不相识便上前调戏，被梅英赶走。此情节与前代基本相同，无太大变化。第四折讲夫妻相认后，梅英气愤难当，向秋胡索要休书斩断夫妻之情。适逢李大户带人强娶梅英，被秋胡命人捉拿送官，加之秋胡母亲以死相劝，从而夫妻团圆。元杂剧对前代故事最大的突破，是女主人公秋胡妻有了真实名姓——罗梅英。故事增加了罗梅英拒绝李大户求婚夸夫情节，外部力量的介入促使了夫妻间矛盾的化解，使故事的大团圆结局有了可能性，"秋胡戏妻"故事由之前的悲剧演变为悲喜剧。同时这一情节出现了与汉乐府《陌上桑》合流的迹象。

清代中后期，京剧日渐流行，大部分民间故事都成为京剧演绎的对象。以"秋胡戏妻"为蓝本的《桑园会》便是京剧传统剧目之一，但《桑园会》对前代的故事做了较大的改动。京剧《桑园会》又名《秋胡戏妻》、《马蹄金辞楚归鲁》，主要讲秋胡离家二十年，到楚国为官，其妻罗敷一人辛苦奉养婆婆。一日罗敷在桑园中采桑，适逢秋胡衣锦回乡。秋胡见罗敷，因多年未见，不敢贸然相认。遂声称自己是秋胡朋友，试探罗敷。在确认罗敷就是自己的妻子后，又试探她的贞洁，并以黄金诱惑，都被罗敷严词拒绝。随后罗敷使巧计逃离桑园，秋胡也因此放心回家。夫妻相见后，罗敷方知秋胡在桑园试探自己的贞洁，愤恨丈夫将自己视作水性杨花之人，一怒上吊，被秋胡、秋母及时救下。后经秋母调和，秋胡下跪认错，夫妻重修旧好，全家团圆，成为一部彻底的喜剧。② 京剧《桑园会》有两大特点：第一，秋胡妻在这里自称罗敷，有着明显的与《陌上桑》的合流痕迹；第二，故事的中心情节由

---

① 顾肇仓选注：《元人杂剧选·鲁大夫秋胡戏妻杂剧》，第 203－231 页，北京，人民文学出版社，1956。

② 据杜镇杰、张慧芳 2010 年演出录像整理。

"戏妻"转变为"试妻",直接改变了秋胡的形象、秋胡妻的命运以及故事的结局。也因为"戏妻"到"试妻"的转变,京剧《桑园会》会中夫妻间的矛盾无需外部力量的介入便得以解决,因此《桑园会》去掉了"李大户"这一支线,将夫妻间的矛盾全部集中于秋胡一家,故事结构更为紧凑,节奏更为紧张,使观众的注意力全部集中在夫妻之间、母子之间和婆媳之间。《桑园会》一改前代以说教为主的故事内容,整出戏生活化、幽默化,并植入了大量的喜剧情节,成为一部彻头彻尾的家庭喜剧。

以《鲁秋洁妇》为原始版本的"秋胡戏妻"故事随着时间的发展,不断增加内容和细节。从《列女传》到元杂剧,"秋胡戏妻"故事日渐丰满,从悲剧转变为喜剧。《秋胡变文》和《鲁大夫秋胡戏妻》都是在《鲁秋洁妇》的基础上丰富起来的,故事情节越来越复杂,脉络越来越清晰,秋胡"登徒子"形象和秋胡妻"贞洁烈妇"形象日渐深入人心。比起最早的故事版本,变文和杂剧加入了大量的人物描写,特别是对秋胡妻形象的塑造使其显现出独立的人格。对"戏妻"的描写也越发受到重视,夫妻间的矛盾代替道德说教,成为主要的叙述内容。在《鲁秋洁妇》中,"戏妻"情节只是简单的一笔带过。而在变文和元杂剧中,"戏妻"情节中加入了大量的夫妻间对话,增加了故事的戏剧性。为了使故事的矛盾冲突更为激烈,元杂剧加入了李大户这一线索,成为化解夫妻间矛盾的重要力量,使该故事变为一出喜剧。而随着京剧《桑园会》的出现,"秋胡戏妻"故事再次发生重大变化。《桑园会》在继承前代故事的基础上,将"戏妻"情节改为"试妻",弱化了秋胡"负心郎"的形象特征。京剧吸收了元杂剧的大团圆结局,但去掉李大户这一支线。《桑园会》在此将矛盾集中在秋胡、秋胡妻、秋胡母身上,加入了大量的插科打诨的情节,突出故事的娱乐性。《桑园会》也成为"秋胡戏妻"故事最终确定下来的版本并广为流传。

二、"秋胡戏妻"的情节单元

所谓"情节单元"是指"故事中的动态元素,它推动故事向前发展,是归纳故事梗概的基础单位。情节单元与情节单元有连贯性和逻辑联系。情节单元只能在故事类型里才能出现,可以说它是众多故事异文的情节聚合。"①
"秋胡戏妻"故事可以绅绎出五个情节单元:"娶妻离家"、"还乡偶遇"、"桑园调戏"、"调戏遭拒"、"夫妻相认"。它们构成了"秋胡戏妻"故事的基本框架。

情节单元一:娶妻离家

情节单元 故事版本	娶妻离家
《鲁秋洁妇》	离家原因:求官。 秋胡妻表现:辛勤侍候婆婆。
《秋胡变文》	离家原因:游学求官。 秋胡妻表现:辛勤侍候婆婆。
《鲁大夫秋胡戏妻》	离家原因:被迫从军。 秋胡妻表现:辛勤侍候婆婆,斥退李大户逼婚。
《桑园会》	离家原因:未表述。 秋胡妻表现:辛勤侍候婆婆。

"娶妻离家"情节单元作为故事的起因,写秋胡娶妻后不久便离开家乡,留下秋胡妻采桑度日,侍候婆婆,作为故事的开端,始终比较稳定。只是《鲁大夫秋胡戏妻杂剧》中增添了李大户这一支线,作为故事传承中的一个异文,李大户逼婚这一内容并未被保留下来,在故事的传承中并未产生重要影响。秋胡离家的原因在各文本中稍有出入:一为游宦,一为被迫从军,到了京剧《桑园会》,对"离家"情节只一笔带过,没有提到秋胡离家的原因。但从故事的冲突设置来看,"被迫从军"的说法更有利于增加故事的矛盾和戏剧性以及故事的悲剧色彩。"娶妻离家"情节单元只是对故事背景的交代,除《秋胡变文》外,其他版本都不将"娶妻离家"作为故事详细演绎的对象。即使在《秋胡变文》中也是以强调大丈夫"建功立业"思想的说教形式呈现的。

---

① 林继富:《民间叙事传统与故事传承:以湖北长阳都镇湾土家族故事传承人为例》,第42页,北京,中国社会科学出版社,2007。

情节单元二：还乡偶遇

情节单元 故事版本	衣锦还乡
《鲁秋洁妇》	做官地点：陈国。 离家时间：五年。 偶遇地点：桑园。
《秋胡变文》	做官地点：魏国。 离家时间：九年。 偶遇地点：桑园。
《鲁大夫秋胡戏妻》	做官地点：未表述。 离家时间：十年。 偶遇地点：桑园。
《桑园会》	做官地点：楚国。 离家时间：二十年。 偶遇地点：桑园。

"还乡偶遇"是故事承上启下的部分，写秋胡离家后功成名就，衣锦还乡，路过桑园，偶遇一相貌姣好的采桑女，为秋胡能够"调戏赠金"进行了铺垫。关于秋胡做官的地点历代的版本均不相同，这源于故事传承过程中的变异性，这种不一致并不影响故事的发展。另外秋胡离家的时间也前后不一致，随着故事的不断演变，秋胡离家的时间不断延长，为秋胡返乡后不认得自己妻子提供了合理性，也有利于塑造秋胡妻的贤德形象。夫妻相遇的地点则始终是桑园。这一情节单元在故事演变过程中没有发生过影响故事发展的重大变化。

情节单元三：调戏赠金

情节单元 故事版本	调戏赠金
《鲁秋洁妇》	戏妻原因：秋胡好色。 戏妻前提：秋胡不识采桑女。
《秋胡变文》	戏妻原因：秋胡好色。 戏妻前提：秋胡不识采桑女。
《鲁大夫秋胡戏妻》	戏妻原因：秋胡好色。 戏妻前提：秋胡不识采桑女。
《桑园会》	戏妻原因：秋胡试探妻子。 戏妻前提：秋胡知道采桑女身份。

"调戏赠金"是故事的中心情节之一,写秋胡见色起意,调戏采桑女,并以黄金相诱惑。"调戏赠金"与"调戏遭拒"这一情节单元共同构成了故事的高潮。在故事的演变过程中,这一情节单元发生了很大的变化,对故事产生了很大的影响,导致了故事主题的改变。在京剧《桑园会》之前,秋胡在调戏妻子之前不知道此人就是自己的妻子,仅仅是因为见色起意。在京剧《桑园会》中则是秋胡在已知采桑女便是己妻的前提下有意试探妻子的贞洁,这是该故事在发展历程中的重要转折,"试妻"情节的出现改变了故事的结局和功能,为故事成为家庭喜剧提供了条件。

情节单元四:调戏遭拒

情节单元 故事版本	调戏遭拒
《鲁秋洁妇》	戏妻结果:秋胡妻斥责秋胡,离开桑园。
《秋胡变文》	戏妻结果:秋胡妻斥责秋胡,离开桑园。
《鲁大夫秋胡戏妻》	戏妻结果:秋胡妻斥责秋胡,离开桑园。
《桑园会》	戏妻结果:秋胡妻斥责秋胡,离开桑园。

"调戏遭拒"也是故事的中心情节之一,为故事的高潮,是传达故事核心思想的重要内容。"调戏遭拒"描写采桑女忠贞不贰,不为金银所动,更不耻秋胡的恶劣行为,训斥秋胡并逃离桑园。"秋胡戏妻"故事的核心在于赞扬秋胡妻的贞洁,因此"调戏遭拒"这一情节始终没有发生过变化。但是秋胡妻拒绝秋胡调戏时的言辞中带有的说理成分自《鲁大夫秋胡戏妻杂剧》以降逐渐减少,表达内心情感的内容增加,不仅秋胡妻"贞洁烈妇"的形象在这个部分被刻画出来,其性格中泼辣、大胆、重视婚姻爱情的侧面也得以彰显,秋胡妻逐渐开始以独立的形象出现在观众面前。

情节单元五:夫妻相认

情节单元 故事版本	夫妻相认
《鲁秋洁妇》	相认结果:秋胡妻训斥秋胡,投河而亡。 故事结局:悲剧结局。
《秋胡变文》	相认结果:秋胡妻训斥秋胡,结局亡佚。 故事结局:有大团圆结局的迹象。

故事版本 \ 情节单元	夫妻相认
《鲁大夫秋胡戏妻》	相认结果：秋胡妻怒斥秋胡，欲让秋胡休妻，适逢李大户逼婚，夫妻间矛盾得以化解。 故事结局：喜剧结局。
《桑园会》	相认结果：秋胡妻大怒，欲上吊自杀，被救下。后在秋胡母的劝解下罚跪秋胡，夫妻和解。 故事结局：喜剧结局。

"夫妻相认"是故事的结尾，写秋胡返回家园，夫妻相见方知采桑女便是结发妻，双方矛盾进一步激化，并最终得以解决。这一情节单元作为故事的结局，经过了从悲剧——秋胡妻自尽而亡，到喜剧——夫妻团圆的变化。在《列女传》中该故事强调说教功能，使秋胡妻最终投河自尽。《秋胡变文》的结尾部分已经亡佚，但从现存的文字中，可以看出团圆结局的迹象。元杂剧《鲁大夫秋胡戏妻杂剧》为将结局转变，加入了李大户这一支线，夫妻间的矛盾通过外部力量化解，构成了团圆结局。京剧《桑园会》继承了团圆结局，并加入了充满生活气息的喜剧情节。

这些情节单元相互连接，详略各异，构成了故事的基本脉络，共同演绎了"秋胡戏妻"的故事。在上述五个情节单元中，"娶妻离家"、"还乡偶遇"、"调戏遭拒"这三个情节单元是没有发生过实质性变化的，它们的改动只是在细节方面，并不影响故事的发展。"调戏赠金"、"夫妻相认"两个情节单元则发生了重大变化，它们的不稳定性，对故事的传承和发展起到了至关重要的作用。

三、"雅"、"俗"对流间的"秋胡戏妻"故事

基于情节单元的变异，"秋胡戏妻"故事在人物形象、主题、功能、结局上都发生了相应的变化。民间文学试图通过变异达到适应社会和调整自身的目的。而促进民间文学作品演进的内在动力则来源于"官方的"和"民间的"这两种体系。与这两种体系相对应的即"大传统"与"小传统"或"雅文化"与"俗文化"。两种力量相互交流、斗争与调和，推动着民间文学的不

断变化。具体到"秋胡戏妻"这则故事，更是随处可见两种文化力量对其斧凿的痕迹。

（一）"大传统"影响下的"秋胡戏妻"故事

"大传统"所代表的雅文化由于其强势的地位，对民间故事有着深刻的影响，每个民间故事中都或多或少地体现了雅文化的内涵。雅文化也不遗余力地对民间故事进行符合其要求的改造。"秋胡戏妻"故事在传承中就体现了这一特点。

1. 雅文化对人物形象的影响

秋胡形象是为了衬托秋胡妻的忠贞而塑造的，"调戏赠金"+"调戏遭拒"的情节模式使秋胡始终作为秋胡妻的对立面而出现。但在封建社会男权统治之下，自魏晋时期起，就有文人为秋胡开脱。如西晋傅玄在《秋胡行》中写有"彼夫既不淑，此妇亦太刚"[1]的诗句。虽然作者对秋胡仍持否定态度，但也最早将矛头指向秋胡妻，对其投河而亡的行为进行了指责，使秋胡妻成了批判的对象。齐王融的《秋胡行》写秋胡得知桑间女即结发妻的真相后"惭颜变新瞩"[2]，秋胡俨然成为一个知廉耻的士大夫。之后的文人诗作亦多有为秋胡辩解的声音，如唐代高适《秋胡行》"相看颜色不复言，相顾怀惭有何已"；[3]明代王恭《秋胡诗》"相顾默无言，怀惭复何已"[4]等，这些诗作都表现了文人所代表的"大传统"对秋胡调戏妇女行径的包容，力图将他塑造成一个较为正面的形象。因此，在唐代变文《秋胡变文》、元代杂剧《鲁大夫秋胡戏妻杂剧》中，秋胡形象较前代有了很大的转变。如《秋胡变文》中大量描写了秋胡游学、辞王回乡的情节，其中秋胡的大段独白，洋洋洒洒，着重塑造其发奋、孝顺的性格侧面。如秋胡辞王时说："臣启陛下：臣闻昊天之重，七日绝浆；妄极之劳，三年泣血。董永卖身葬父母，天女以（与）之酬恩；郭巨埋子赐金，皇天照察。赏衣之子，不怨霜寒；巢父之男，宁辞守□而死。臣为慈父早亡，惟独母，乳哺养臣，今得成立。臣又闻：慈乌有

---

[1]《秋胡行》，郭茂倩：《乐府诗集》第2册，第530页，北京，中华书局，1979。
[2]《秋胡行》，郭茂倩：《乐府诗集》第2册，第533页，北京，中华书局，1979。
[3]《秋胡行》，郭茂倩：《乐府诗集》第2册，第544页，北京，中华书局，1979。
[4] 王恭：《白云樵唱集》卷1，《文津阁四库全书·集部·别集类》第411册，第318页，北京，商务印书馆，2005。

反哺之报恩，羊羔有跪母酬谢，牛怀舐犊之情，母子宁不眷恋……"①但对调戏妻子的行为却一笔带过，在文中所占比重很小，可见在"大传统"的影响下，秋胡形象在唐代便有了转化的迹象。但真正使秋胡摆脱好色名声的则是"调戏赠金"情节在"小传统"的推动下由"戏妻"向"试妻"的转变。

相对于秋胡而言，秋胡妻始终保持着"贞洁烈妇"的美好形象，与秋胡形成鲜明的对比。如傅玄说她"源流洁清，水无浊波。奈何秋胡，中道坏邪。美此洁妇，高行巍峨"②，王融说她"兰艾隔芳莸，泾渭分清浊"③，可见在雅文化体系中，秋胡妻始终是被肯定的，是与秋胡截然不同的高洁形象。变文、杂剧、京剧对这一形象也一如既往地传承下去，保持着其"贞洁烈妇"的形象，成为封建社会妇德思想的宣传工具。

2. 雅文化对故事主题的影响

"秋胡戏妻"故事在传承过程中，逐渐形成两个主题，一是关乎故事内涵的"洁妇"主题，一是关乎故事情节的"戏妻"主题。其中，雅文化推动了"洁妇"主题的定型与传承，使这个故事能够符合社会主流阶层对妇德的要求。

汉代封建制度形成了比较完备的体系，此时的雅文化就是中央集权制度下的主流思想意识——儒家思想。"秋胡戏妻"故事最早形成于西汉时期，无可避免地成了儒家思想的代言体。从两个极为稳定的情节单元（"相遇桑园"、"求爱遭拒"）相互结合构成的贞女守洁这一主题，可以看到儒家文化的痕迹。

在上古求雨巫术和生殖崇拜的影响下，产生了"桑间濮上"、"桑林淫奔"这些特定词汇，"桑园"有其独特的象征意义。"桑园"也成为上古社会男女两性幽会的场所。自"伊尹生乎桑"的神话到《诗经》中描写男女幽会于桑园的民歌，先秦时代的"桑"意象象征着随意的两性关系。而汉代的"桑林故事"发生了根本性的转变，由"桑间濮上"变为"贞妇守洁"。"桑园"从男女青年的狂欢地一跃成为贞洁烈妇的试验场。汉代"桑"的文化内涵并未消失殆尽，因此能在"桑园"拒绝诱惑的妇人便成为被歌颂的对象，成为儒家"妇德"思想的宣讲人。"大传统"利用人们的思维惯性，在传统的元素中加入其标榜的言论，从而改变了传统意象的内在涵义，起到了教化

---

① 项楚：《敦煌变文选注》，第377页，北京，中华书局，2006。
② 《秋胡行》，郭茂倩：《乐府诗集》第2册，第530页，北京，中华书局，1979。
③ 《秋胡行》，郭茂倩：《乐府诗集》第2册，第533页，北京，中华书局，1979。

民众的作用。"桑园"意象在"秋胡戏妻"故事中的改变，就是"大传统"影响的结果。汉代除《鲁秋洁妇》之外还有《陌上桑》、陈辨女等采桑女故事，都是讲述贞洁妇人在桑园拒绝男子求爱的故事。形成了"相遇桑园"+"求爱遭拒"的结构模式。

汉代"鲁秋洁妇"故事的文化内涵不仅在于表现"贞洁烈妇"的女性情操。"妇德"所代表的是强大的儒家道德体系，是涵括了"忠孝节义"各个方面的。《古列女传·节义传·鲁秋洁妇》故事中秋胡妻训斥秋胡："今也乃悦路旁妇人，下子之粮以金予之，是忘母之也，忘母不孝。好色淫泆，是污行也。污行不义。夫事亲不孝，则事君不忠；处家不义，则治官不理。"①故事后有评论："君子曰：'洁妇精于善，夫不孝莫大于不爱，其亲而爱其人。秋胡子有之矣'。"② 可以看出统治阶层利用民间故事、文学作品来渲染"大传统"的整套道德理论。

自汉以降，儒家的地位虽然常受到道教、佛教的冲击，魏晋时期甚至一度"式微"，但正统地位始终不曾动摇。特别是作为统治者控制下层民众、进行思想渗透的工具，有着不可代替的作用。因此后世的"秋胡戏妻"故事始终不曾摆脱"贞妇守洁"的模式。"大传统"以其强势的力量，始终保持着"秋胡戏妻"故事的"守洁"主题。

3. 雅文化对故事作用的影响

"秋胡戏妻"故事以说教为主，自汉至清的各个版本中有大量的说教成分，"调戏遭拒"这一情节的稳定性与说教目的有很大的关联。如《秋胡变文》中秋胡妻训斥秋胡的言语："新妇实无私情，只恨婆儿二种事不安：一即于家不孝，二乃于国不忠。"③ 使秋胡妻成为封建道德、忠孝仁义思想的宣传者，对秋胡的指责甚至根本与他的见色起意无关，而是指向他的不忠不孝，说教意味尽显。这是统治者控制、规范人们思想的文学手段。元杂剧也同样秉承了这一传统，其内容无非是贞洁观和忠孝观。这与雅文化的渗入有着密不可分的关系，历代文人创作的秋胡诗大多直言不讳地道出叙述这一故事的

---

① 郑晓霞、林佳郁编：《列女传汇编·古列女传》（第5册），第158页，北京，北京图书馆出版社，2007。

② 郑晓霞、林佳郁编：《列女传汇编·古列女传》（第5册），第158页，北京，北京图书馆出版社，2007。

③ 项楚：《敦煌变文选注》，第385页，北京，中华书局，2006。

真正目的。高适在其《秋胡行》中写道："莫道向来不如意，故欲留规诫后人。"① 说明记叙秋胡故事，是为了劝诫后人。王恭在其《秋胡妻》诗中也说"千古特为洁妇箴"②，可见，"秋胡戏妻"故事始终是教学的蓝本。即使充满喜剧色彩的京剧《桑园会》，也不免说教意味，其中秋胡妻罗敷的唱词中多次强调自己的守持贞洁，辛勤劳作，以反复咏叹的方式，树立秋胡妻的贤德形象，以加深观众的印象。

4. 雅文化对故事结局的影响

由于在雅文化的系统中，秋胡戏妻故事更注重说教性，历代文人也偏爱其悲剧的结局，在他们的诗作中大多采用了秋胡妻投河而亡的结局。如颜延之的《秋胡行》"愧彼行露诗，甘之长川汜"③；王恭的《秋胡诗》"羞于斯人俱，将身赴河川"④；陈起在其编著的《江湖小集》中收录有《秋胡行》诗，更有"君不知孝兮人道衰，妾不死兮欲何为"⑤ 的诗句。但这种结局的处理只保留在文人诗中，并没有得到广大民众的认可，自更偏向敦煌变文《秋胡变文》开始，故事的结局便向喜剧方向转化。直到元杂剧时期，秋胡戏妻已经彻底转化为喜剧结局，雅文化没能通过自身强势的力量，操控故事的结局，"夫妻相认"这一情节单元最终在俗文化的影响下完成了向大团圆结局的转化。

（二）"小传统"影响下的"秋胡戏妻"故事

"大传统"对"秋胡戏妻"故事的影响不容忽视，它留下的痕迹依然清晰可见。但作为一部民间文学作品，如果没有"小传统"的基础，就无法得到广大民众的认可，也就会失去生命活力。"小传统"潜移默化的浸染是维持"秋胡戏妻"故事活力的最主要因素，也是促使这则故事不断变化的重要动因。

---

① 《秋胡行》，郭茂倩：《乐府诗集》第 2 册，第 534 页，北京，中华书局，1979。
② 王恭：《草泽狂歌》卷 2，《文津阁四库全书·集部·别集类》第 411 册，第 364 页，北京，商务印书馆，2005。
③ 《秋胡行》，郭茂倩：《乐府诗集》第 2 册，第 532 页，北京，中华书局，1979。
④ 王恭：《白云樵唱集》卷 1，《文津阁四库全书·集部·别集类》第 411 册，第 318 页，北京，商务印书馆，2005。
⑤ 《秋胡行》，陈起：《江湖小集》卷 16《徐集孙竹所吟藁》，《文津阁四库全书·集部·总集类》第 453 册，第 605 页，北京，商务印书馆，2005。

1. 俗文化对人物形象的改造

秋胡妻作为故事中的主要人物,在雅文化的塑造下一直以贞洁、贤惠的形象出现,特别是"调戏遭拒"这一情节单元,奠定了她"贞洁烈妇"的高洁形象。但也正因如此,秋胡妻这一形象在初始阶段是极其模糊的。她没有名字、没有个性,完全成了宣传伦理道德的工具,是官方话语下创造的一批洁妇中的一个。但随着民间话语不断地涌入上层社会,秋胡妻形象在民众的改造下日渐丰满起来。对秋胡妻性格的塑造突出表现在元杂剧、京剧这类面向广大民众并与观众有交流的表演形式中。从元杂剧开始,秋胡妻的人格日渐独立。在元杂剧中,秋胡妻有了自己的名字——罗梅英,不再是秋胡的附属品,这一名字的出现也表示秋胡妻与乐府诗《陌上桑》中罗敷形象的融合。这里的秋胡妻不仅采用了与罗敷相同的姓氏,在性格上也较前代更为立体。在李大户逼婚的时候,梅英能够大胆地据理力争,痛骂来者,与罗敷在《陌上桑》中夸夫的情节相仿。通过这样的情节描绘,秋胡妻的性格标签上不再只有忠贞、孝顺这样的名词,大胆、泼辣的性格特征也显现出来。到了京剧《桑园会》,秋胡妻不但真正地与罗敷形象融合,而且继承了元杂剧中的性格特征,更注重维护自己的爱情与婚姻。京剧中罗敷在得知秋胡就是在桑园调戏自己的人时,她说:"我和你有什么夫妻情分,你是狼心狗肺的人……既然对我无情分,怎能认这无义的人"[①],她对秋胡的怨恨着重在秋胡将自己当做下贱之人和秋胡对婚姻的不忠,而不再将所谓的忠孝仁义挂在嘴边。秋胡妻形象的改变,一方面是因为民众对妇女的同情,另一方面则是由于乐府诗歌《陌上桑》在民间流行并深入人心,民众更喜爱和接受像罗敷这样的有血有肉的女性形象,从而乐于将这两个有着相似遭遇的女性合为一体。虽然代表主流文化的文人诗力图维持秋胡妻原始的呆板形象,但民众思维无疑为秋胡妻注入了更多新鲜血液。

2. 俗文化对故事主题的改造

"洁妇"主题被雅文化定型,但秋胡戏妻故事的第二个主题"戏妻"主题则发展得较为曲折。在元杂剧中,秋胡与梅英之间的矛盾通过李大户抢亲事件得以解决,外部力量是构成"大团圆"结局的重要因素。但在京剧《桑园会》中,只出现了秋胡、罗敷、秋母三个人物,主人公之间的矛盾完全依

---

① 根据杜镇杰、张慧芳 2010 年演出录像整理。

靠内部力量解决。促使主人公之间矛盾弱化的动力,便是来源于"小传统"的俗文化。

通过前文对四个故事文本的概括,可以看到"调戏赠金"这一情节单元在京剧《桑园会》中发生了重大的变化。在京剧《桑园会》出现之前的所有"秋胡戏妻"故事版本中,秋胡在调戏妻子时,均不清楚被调戏者的真实身份。那么"戏妻"与调戏其他平常女子别无二致。作为故事的中心情节单元,"戏妻"的真正含义实为"戏女"。因此秋胡在清代以前一直是见色起意的丑恶形象。当然"戏女"的情节单元并不是"秋胡戏妻"故事所独有的,在一些以"戏女"为中心情节的民间故事中,男性主人公都与秋胡有着同样丑恶的下流嘴脸。如《姐夫戏小姨》[①]、《洞宾戏牡丹》[②]、《知足堂前戏腊梅》[③] 等故事中的男性主人公都因为行为不检点受到了惩罚。在封建统治阶级中,男性是社会权利的主要的占有者。但在乡民社会中,普通百姓表现出对女性弱势群体的同情,有许多赞扬女性机智、勤奋、挑战男性权威的民间故事。在"戏女"一类故事中对这种好色男性的批判更是毫不留情。因此,将前期的"秋胡戏妻"故事与这几则民间故事联系在一起考察,可以看出以"戏女"为中心情节的"秋胡戏妻"故事的悲剧结局是能够被普通民众所接受的。

这样看来,元杂剧《鲁大夫秋胡戏妻杂剧》无疑成为一个例外。作者在结尾为贪淫好色的秋胡敷衍出的美好结局并不被普通百姓所认可。因此,在京剧《桑园会》中,故事的中心情节从"戏女"变为"试妻",秋胡也因此从登徒子变成了正直之士。一些传统剧目在传承过程中很少对中心情节进行改编,自形成之日起就形成了固定的主题和中心情节。如从民间故事《东海孝妇》到元杂剧《窦娥冤》再到京剧《六月雪》,都是描写女主人公受冤枉致死的凄惨故事,虽然在细节处有所增删,结尾处有所改动,但中心情节没有发生过变化,故事的内涵自始至终是固定的。但京剧《桑园会》中心情节的变化并不是毫无根据的。

笔者将《桑园会》同一些以"试妻"为中心情节的民间故事进行横向对

---

① 《中国民间故事集成·山西卷》编辑委员会:《中国民间故事集成·山西卷·姐夫戏小姨》,第 701 页,中国 ISBN 中心,1999。
② 李芦英、耕夫:《天水传说·洞宾戏牡丹》,第 39 页,兰州,甘肃文化出版社,2005。
③ 《中国民间故事集成·辽宁卷》编辑委员会:《中国民间故事集成·辽宁卷·知足堂前戏腊梅》,第 875 页,中国 ISBN 中心,1994。

比，发现了这些故事的内在一致性。如《庄周考验媳妇》①、《错杀妻》②、《重结夫妻》③ 等民间故事都讲述男性主人公试验妻子的贞洁。第一则故事，庄周妻行为不洁，遭到了羞辱；而后两则故事由于女性主人公确为洁妇，最终都以喜剧结尾。由此可见，在乡民社会中，是允许正直男性考验妻子贞洁的。行为端正的男性可以行使这样的权利，如果女子确实贞洁，普通民众还会给予她最大的赞美，这样故事就能有一个美好的结局。正是"小传统"的影响，造成了"秋胡戏妻"故事中心情节单元的根本性变化。在京剧《桑园会》中，秋胡初遇罗敷时觉得此妇人好似自己的妻子，但不敢贸然相认，因此道"本该下马将妻认，错认了民妻罪非常"④，这里的秋胡已经是一个知书知礼的君子。在试探妻子后更是对妻子赞颂有加："黄金不要抽身往，果然是贞洁世无双。"⑤ 中心情节单元的改变重新塑造了秋胡形象，正如《戏考大全》中对《桑园会》的题解所说："须生（即秋胡的扮演者）需唱得流转如意，飘飘然有逸致。"⑥ 可见在京剧中的秋胡形象应该是风流倜傥的书生，彻底摆脱了负心汉的骂名。"小传统"给了秋胡一个自我救赎的机会，也同样给大团圆结局一个合理的理由。从另一个角度讲，这样的改变为"秋胡戏妻"故事赢得了民众的心理认同，京剧《桑园会》才能成为常演不衰的骨子老戏。

虽然故事的中心情节单元从"戏女"变成了"试妻"，但对女性忠贞品性的赞扬从未发生改变，可见无论在官方还是在民间，女性的贞洁都是被认可和赞扬的。这也成为"大传统"与"小传统"主流思想的一致性，如果没有这个交集，"秋胡戏妻"故事就无法完成雅文化与俗文化的内部调和，很可能在两种意识的斗争下消失于历史的洪流中。

3. 俗文化对故事功能的改造

尽管"秋胡戏妻"这个故事的初衷是为了给妇女树立一个贞洁典范，但广大民众并不热衷于说教，他们也很看重民间文学作品的娱乐性，希望这些

---

① 《中国民间故事集成·山东卷》编辑委员会：《中国民间故事集成·山东卷·庄周考验媳妇》，第59页，中国ISBN中心，2007。
② 《中国民间故事集成·辽宁卷》编辑委员会：《中国民间故事集成·辽宁卷·错杀妻》，第817页，中国ISBN中心，1994。
③ 白庚胜：《中国民间故事全书·江苏·沛县卷》，第222页，北京，知识产权出版社，2007。
④ 据杜镇杰、张慧芳2010年演出录像整理。
⑤ 据杜镇杰、张慧芳2010年演出录像整理。
⑥ 《戏考大全·桑园会》（第1册），第341页，上海，上海书店，1990。

作品能使他们在辛苦的劳作之余增添一些快乐。因此在俗文化的改造下，这个故事中植入了大量有趣的情节。其娱乐性在京剧《桑园会》中表现得最为明显。这个版本的"秋胡戏妻"故事更注重表现夫妻情感的发展，加入了许多夫妻间沟通情感的细节。如夫妻相认后，秋胡被母亲责罚，要求秋胡向罗敷下跪认错，一家人误会解除后，秋胡仍心有不甘，与罗敷的对话便非常幽默，充满生活气息：

秋胡（白[①]）：方才在桑园乃是卑人的不是，你不该在母亲面前搬弄是非，叫我罚跪在此，是何道理呀，啊，是何道理呀。哼，岂有此理。
罗敷（白）：我若不看在婆婆的份上，岂肯与你甘休。
秋胡（白）：哈哈，我若不看在母亲的份上，我就要哇。（做欲打状）
罗敷（白）：你要怎样？（瞪视秋胡）
秋胡（白）：我跪下了。（双膝跪地）
罗敷（白）：你呀，也不怕失了官体。（扶秋胡，转下）
秋胡（白）：（对观众）列位，不要笑话，向我们这些做外官的回得家来，在太太面据是这样的规矩呀。

这一段的表演活泼、自然、轻松，俨然一对闹过别扭后的夫妻间对话，不仅与老百姓的生活更加贴近，还进一步加入了与观众互动的环节，使大家为之捧腹，起到了娱乐大众的作用。这出戏还有许多插科打诨的情节，在罗敷向婆婆讲述秋胡桑园调戏这一事实的过程中，秋胡担心母亲生气，因此不断地向罗敷作揖，请求她嘴下留情。这样的细节不仅能缓解戏剧的紧张氛围，还收到了良好的观剧效果，博得台下观众的笑声和掌声，使台上、台下融合为一体。戏曲作为一种表演形式，要求创作必须得到观众的认可，并能与观众互动，《桑园会》在"秋胡戏妻"故事基础上加入了具有娱乐性的情节，让故事多了些世俗情感，少了些微言大义，使故事更广泛地被接受，不仅成为京剧中的传统剧目，许多民间小戏、地方戏也常演这个故事，如山东二黄、

[①] 白，是指中国传统戏曲中人物进行内心独白或两者对话的方式，使用明显节奏变化，运用介于读与唱之间的音调将语言戏剧化、音乐化，并拖长字音的语调。

晋剧等。"秋胡戏妻"故事最终以京剧《桑园会》为定型的版本，其中俗文化的影响不可小视。

4. 俗文化对故事结局的改造

在"小传统"的作用下，"秋胡戏妻"故事由原来的悲剧转型为喜剧。古代社会各方面条件都很落后，加之封建压迫给百姓造成的沉重负担，人们的许多理想和愿望无法在现实生活中得到满足，因此会不自觉地在民间文学作品中加入个人的美好愿望。无论悲剧在艺术气质上如何高于喜剧，普通民众仍然更喜欢喜剧欢快的节奏和团圆美满的结局。吴藕汀在《戏文内外》一书中谈到《桑园会》的结局时引前人观剧诗"桑柘阴浓闹鼓筝，是非身后属谁家。人人都道团圆好，看到团圆日以斜"[①]，这首诗体现了民众对美好生活的向往。因此，大部分民间文学作品都是乐观积极、富于浪漫主义色彩的。正义、善良的一方总能得到一个好的结局。

"夫妻相认"情节单元最早是以秋胡子妻"遂去而东走投河，而死"[②] 结束的。唐代"秋胡变文"因开头结尾的亡佚，无从考证。到元代石宝君的《鲁大夫秋胡戏妻杂剧》，则以秋胡赔罪，秋胡妻以死相胁，随后李大户逼婚，被秋胡绑缚官衙，夫妻破镜重圆为结局，第一次演绎了"秋胡戏妻"故事的大团圆结局。但元杂剧更多地继承了前期故事的悲剧气氛，如细化了对秋胡子妻辛苦度日的描写，加入了李大户强娶梅英的情节。京剧《桑园会》则在最大限度上弱化了"秋胡戏妻"故事的悲剧性。即使罗敷一怒寻死，但被及时救下后，紧接着便上演秋胡本欲下跪认错，但恐有失脸面不愿下跪的情节，最后夫妻重拾和谐，极富喜剧性：

秋母（唱）：说什么膝下有黄金，不肯低头贵妇人。儿不在，她孝顺，一来赔罪二感恩。

秋胡（唱）：母亲言来儿遵命，无奈何屈膝跪埃尘。（单膝跪）

秋母（白）：哎，儿呀，跪下了无有哇？

秋胡（白）：跪下了。

秋母（白）：哎，这条腿为何不跪呀？

[①] 吴藕汀：《戏文内外》，第 413 页，北京，中华书局，2008。
[②] 郑晓霞、林佳郁编：《列女传汇编·古列女传》（第5册），第158页，北京，北京图书馆出版社，2007。

秋胡（白）：这条腿。哎呀，在中途路上受了风寒有些个抽筋，跪不下了。

秋母（白）：跪不下了，好好，为娘我与你治腿。

秋胡（白）：此话怎讲？

秋母（白）：哎哎，呸。（以拐杖击打秋胡腿，使秋胡双膝跪地）哦，哈哈哈，媳妇认下了吧！①

民众的普遍心理使"秋胡戏妻"故事在结局处理上表现出对大众心理的迎合。

从元代的杂剧到清代的京剧，这些舞台表演形式需要在勾栏瓦舍中通过演出呈现给观众，只有得到观众的认可才有存在的价值，而观众多是普通民众。这一状况促使作家在进行戏剧创作时往往根据观众的反应对剧本进行修改。即使雅文化更认同秋胡妻投河而亡的结局，大部分文人诗也一再歌颂其赴死的决心，但这样的结局却不能使广大民众满意，"秋胡戏妻"故事还是无可避免地走向了团圆。故而，是"小传统"造就了中国戏曲千篇一律的"大团圆"结局，即使像《窦娥冤》这样的悲剧，也会被安上一个光明的尾巴。由于这个原因，结局的处理也往往是中国戏曲遭受诟病最多的环节，被认为是作品"媚俗"的表现，成为众矢之的。但这种停留在表面形式上的批判轻视了"大团圆"结局所承载的民众心理期待。就"秋胡戏妻"故事而言，它由悲剧到喜剧的转变，是立足于中心情节单元变化的结果，体现了民众共同的心理认同，并非牵强附会。

5. "试妻"情节的发展

由于"小传统"对"秋胡戏妻"故事的成功改造，"试妻"情节被移植到其他京剧剧目中，形成了一个系列，广为流传。丁乃通先生的《中国民间故事类型索引》将这一类型的故事归入［传奇故事·爱情故事］下的882C*型［丈夫考验贞洁］故事，并归纳了这一类故事的梗概："一个男人很年轻时就离开了家，在国外出了名并且成了贵族，但他多年未与妻子通信。当他回家时，发现她并未改嫁，便决定考验她。他化装成一个富商向她求爱，她坚决地予以拒绝。当他向她揭露自己真相时，她非常生气。在多数的说法里，

---

① 据杜镇杰、张慧芳2010年演出录像整理。

他请求宽恕，她原谅了他（有时是以923B开头）。有的却说他向她求婚是因为他不认得他了。"①

丁乃通先生所列举的"试妻"故事有京剧《桑园会》、《五家坡》、《汾河湾》。这几个故事的"试妻情节"如出一辙，极为相似。《戏考大全》中《五家坡》题解说"与桑园会向仿佛"②；《汾河湾》题解说薛仁贵"及抵家门，复效桑园会中秋胡子，五家坡中滑头同宗弟兄薛平贵之故事"③。我国传统戏曲是沟通上层社会与乡民社会的桥梁，"试妻"故事被移植到京剧剧目中，介于"大传统"与"小传统"之间的"试妻"故事才拥有了长久的生命力，这不仅表明这一题材在民间十分流行，而且得到了上层社会的认可。相较之下，"戏女"故事则并不广泛地被应用到传统戏剧的创作中，更少有典范的案例。

民间故事活在民间，人民为它提供生存的土壤，在"秋胡戏妻"故事的演变过程中，我们看到它不但没有一味媚上，反而是越来越靠近民间。"试妻"情节的转变并最终成为系列便是很好的例证。《古列女传》中的说教早在流传过程中被传承、弱化，而大量深入人心的细节描写和喜剧因素的插入从根本上转变了故事的风格。如今人们只能在故纸堆中翻阅"秋胡戏妻"故事的原始面貌，却能不断地在舞台上看到符合民间心理的《桑园会》。这不能不说是"小传统"对"戏妻"情节发展所起到的重要作用。

结　语

"秋胡戏妻"故事在"大传统"与"小传统"两种文化体系的交流与磨合中不断发展与完善，在几千年的历史中不仅保有生命力，并依旧焕发光彩，引起人们的共鸣，这无疑是一个成功例子。它的流变与发展的过程也引起了笔者对当代语境下民间故事生存与发展这一问题的思考。以"秋胡戏妻"为代表的一系列民间故事的生存模式值得我们借鉴并运用到当代的民间文学保护中。现代语境中，伴随着新的思维方式、娱乐形式、传播模式、高新技术的涌入，民间故事及民间文学的传播日渐式微，许多民间文学形式被人们遗

---

① 【美】丁乃通著，郑建威、李倞等译：《中国民间故事类型索引》，第187页，武汉，华中师范大学出版社，2008。
② 《戏考大全·五家坡条》（第1册），第890－898页，上海，上海书店，1990。
③ 《戏考大全·汾河湾条》（第1册），第1187－1196页，上海，上海书店，1990。

忘甚至抛弃，很多民间文学作品似乎很难传承下去。民间文学这样的处境引发了笔者对其传承与发展的一些肤表思考，希望能起到抛砖引玉的作用。

第一，"秋胡戏妻"故事在传承过程中的"变"与"不变"不仅体现了民众的心理期待和统治阶层的意志，还体现了民众心理与统治思维的对抗与妥协。面对双重压力，民间故事要找到二者能够交流与结合的关键点，作出令双方都满意的演化，才能在不被俗文化抛弃的同时，不受雅文化的打压，保持长久的生命力。

如今，"民间"的范围不断扩大。纵向来讲，现代的"民间"与古代的"民间"所追求的价值观念与思维方式差别很大。现在舞台上的"秋胡戏妻"故事是不断吸收新内容后变异的结果。在现代语境下民间文学也应适当吸收不同的思想；横向比较，乡村与城市都存在"民间"。城市的发展不应成为挤压民间文学生存空间的借口。"秋胡戏妻"故事之所以能够被不同时代的不同群体接受，是由于它在传承过程中有着契合中华文化中道德、家庭观念的核心内容，同时加入了生活气息和人情味。如果我们不重视这些作品的精髓，而是简单地批判或创新便是舍本逐末。

第二，在古代社会，民间文学便不只依靠口头表述这一种方式进行传播。"秋胡戏妻"等故事从文本变为舞台表演形式而成为杂剧、京剧的重要作品，可以说是民间文学在古代时期与新媒介的结合。戏曲的表演形式使故事从简单的声音、文字传播进一步具体化为立体的影像传播，这本身就是一种传承革命。"秋胡戏妻"与杂剧、京剧的结合使人们第一次在视觉上感受到一则熟悉的民间故事，这个故事也因这种表演方式被更广泛地传播。随着科技的发展，电视、电影、网络等新兴媒体也应当被利用起来。戏曲与电视的结合就是一个很好的例子，当传统戏曲这种现场表演的形式与电视媒体结合后，打破了原本及时性的原则。音像的保留延长了其时效性，拓宽了其地域性，加之网络等媒介的帮助，使人们能够看到、了解到不同地域的戏曲。如今更有戏曲电视剧，将传统的表演方式与现代的摄影、特效等技术融合，这些作品中自然带有新的韵味，同时也增添新的传播平台。运用现代媒介，打开传承渠道，这是民间文学可以效仿的方式。当然，听众（或观众）不在场的传播方式造成民众与传播者关系的疏远、民众参与度的降低、对作品进行再创作的机会减少也是民间文学在现代语境下传承亟待解决的问题。

第三，民间文学要在保护中传承。京剧梅派大师梅兰芳先生在谈到京剧改革时，常常强调"移步不换形"，就是说京剧的改革可以借用新的方式，可以引入新的思想，但是京剧的精髓必须坚守。这句话运用到民间文学的保护中也十分恰当。现在很多民间故事被移植到影视、歌曲、网络等平台上时，被肆意篡改，一味地注重现代性而忽略民间文学的本真。这种改造看似成功，实则破坏了这些故事的核心内容，使整个作品丧失了生命力，不再被民众接受。因此在对民间文学进行现代性改编时，可以在细节上进行修饰，使其更打动人心，但不能曲解、歪曲其内涵，这对民间文学不是保护而是迫害，民间文学要在保护中传承，保护民间文学的生态环境是当务之急。

我国还有很多类似"秋胡戏妻"这样的民间故事，它们自形成之日起就不断受到"大传统"与"小传统"的改造，时时刻刻面临传承与发展的问题。拥有长久生命力的民间文学作品也必须经得起"大传统"和"小传统"的双重考验，必须能够适应新的生存环境以传承并发展。这也使我们可以一个新的视角来看待民间文学，探讨其在现代语境下的生存方式。民间文学不能止步于古代，更应该走向当代和未来，我们应该为民间文学开拓更宽阔的道路。

（指导教师：林继富教授）

附：写作感言

当我在电脑上敲下最后一个字，宣告论文写作告一段落时，心中充满不舍。当初选择这一题目是出于自己对两种艺术形式的热爱——民间文学和京剧，并试图在两者之间找到一座桥梁。由于曾经听过"秋胡戏妻"这个故事，《民间文学教程》中也提到过它，便对这个故事产生了兴趣。一次偶然的机会，我在搜集京剧视频时找到了马连良、李世济二位先生录音的《桑园会》，让我兴奋不已，这出戏让我看到了民间文学与京剧之间的结合点，便产生了以"秋胡戏妻"为主要研究对象进行论文写作的想法。2010年我有幸亲临现场，观看了由杜镇杰、张慧芳两位老师出演的《桑园会》，为其幽默生动的表演和跌宕起伏的剧情所打动，便坚定了当初撰写论文的想法。

通过几个月来老师不厌其烦的指点、同学的帮助，加上自己搜集资料，我确定了具体的研究方法并完成了论文写作，并对这个故事和民间文学有了更深入的理解，深切感受到了民间文学的魅力。尽管我的研究仍显稚嫩和肤浅，但我正努力地学习更多有关民间文学方面的知识，力争为民间文学的保护与传承尽一份力量。

在这里，我首先要感谢我的论文指导老师林继富教授。老师在民间文学领域的学术修养和建树让我景仰。林老师帮助我理清了论文写作的重要思路，帮我找到论文写作的理论支撑。林老师胸中有大学问却从不在我们面前摆大架子。老师总是和蔼、风趣地为我讲解论文的写作，梳理论文框架。面对粗心的学生，老师总是细心、耐心地为我们挑出论文中的毛病，事无巨细，从论文论点、结构等宏观方面到标点符号等细节，老师都一丝不苟地为我们检查，培养我们谨慎、认真的学术态度。林老师做学问的精神让我敬佩。通过这次论文的写作，我体会到自己所了解的民间文学和民俗学知识不过九牛一毛，在今后的学习中，我更需要林老师这样的良师益友的帮助。

同时我要感谢文传资料室和中央民族大学图书馆的老师，论文写作需要大量的书籍和资料，在我需要借阅资料的时候，这些老师给了我很大的帮助，减少了我借阅资料时的不必要的麻烦。

我还要感谢我的同学，同学们帮助我检查论文中的错误和不足，这篇论文的完成与他们的鼓励和支持分不开。

如今论文已经完成，但我清楚学习远没有结束。在今后的学习中，我将以此次论文写作为全新的开始，点滴积累，不倦学习，更出色地完成学业。

试析《水浒传》中汉语特色表达的英译策略问题
——以赛珍珠、沙博理两译本为例

刘 韧[①]

前 言

东西方有着迥然各异的文化和语言，中国古典文学作品中有许多汉语文化特有的典故和表达方法，在中国明代长篇章回小说《水浒传》一书中就有充分体现。该书情节跌宕起伏，人物丰满生动，语言明快洗练，于无形中折射出深厚的文化背景。这给翻译工作带来了极大挑战，有关翻译策略的辩论更是见仁见智。

本文选取了《水浒传》中汉语特色表达的片段，从归化与异化的角度评论赛珍珠和沙博理的两个英文译本，探讨两种翻译策略在具体翻译实践中的运用及其收到的效果。美国作家赛珍珠（Pearl S. Buck）的译本书名为 *All Men Are Brothers*，由纽约的 John Day Company 出版。中国籍美国人沙博理（Sydney Shapiro）的译本书名为 *Outlaws of the Marsh*，由北京的外文出版社出版。赛译主要采取异化策略，追求"文化传真"，而沙译则主要采取归化策略，在消化原文的基础上，融会贯通英文表达方式，方便西方读者阅读。两种策略孰优孰劣，众说纷纭，不一而足。本文的意图并非在两个译本之间比出高下，而是旨在探讨翻译中国古典文学作品时如何具体情况具体分析，采取相应的策略。

中文和英文当中有些相近、对应的用法可以直接翻译，自然不在话下；当遇到两种语言表达方式差异很大，或某种表达方式很"中国"、在英文当中难以找到对应的时候，归化和异化之争便凸显出来。赛珍珠在翻译《水浒传》

[①] 作者为中央民族大学 2011 届汉语言文学专业毕业生，现为北京新东方英语教师。

225

的时候，曾很刻意地使用异化的原则，尽量用中文的表达习惯来遣词造句，尽量保持译著的"原汁原味"，让读者感受到一种异国情调。她在序言（Introduction）中开宗明义地写道："这部中国名著经典《水浒传》的译本并不是学术翻译，没有细如牛毛的解释或注释。我翻译这本小说，对学术问题并无兴趣，翻译目的完全出自对原著的喜爱，因为这是讲述得惟妙惟肖的故事。翻译时，我尽可能地直译，因为在我看来，中文的笔调与素材十分切合，所以我尽量让译文读起来有中文味，因为我希望不懂中文的读者起码能有一种在读原著的感觉，尽管不知道能否实现。我试图保留文义和文体的原汁原味，甚至连中文中繁冗的部分也死气沉沉地保留了下来。"①

此外，赛珍珠还提到了她独特的翻译方法："在此提一下我的翻译方法，或许很有趣。首先，我一个人把全书认真地重温了一遍，然后一位朋友大声地念给我听，我一句一句尽可能准确地翻译出来。我发现，由他念稿我的翻译速度加快了。同时，我旁边也摆了一本原著，可以时不时核对。翻译结束后，我和朋友重新阅读了全书，逐字逐句地比对。为了进一步确保翻译的准确性，我还和另外一位中国朋友再次审阅了全书。"

而沙博理则更多地将小说进行归化，仔细揣摩、消化了原文的表达意思之后，用更流畅地道的英文将故事叙述出来。他在译者语中提及："我们尽量忠实于原文内容，尽管这和史实有所出入。例如，作者有时把十四世纪的服饰、武器、官员转用于十二世纪，作者的江苏省方言也被用于书中山东省的人物形象。城镇地理位置、时间顺序有时也有纰漏……译者碰到的另一个难题是，许多官衔、衙门、武器、装束、家居用品、礼仪、宗教事务、双关语、笑话、暗语等等，在英语中并没有与之对应的词汇，最多只能用相近的事物替代。但对于一般读者而言，这些都是无关紧要的。外国名著经典译本的读者除了了解故事梗概之外，主要是"感受"遥远国度的古代人民的生活，体会原著的文笔。这对于译者来说，远比准确翻译故事情节来得困难……然而，翻译这部小说比翻译另一个国家的名著经典要容易一些……即使在现代，中国许多地方的口语和宋代仍有许多相似之处……因此，适宜明快直白的英语，无需突兀或带俚语色彩……译者有如走钢丝。"②

---

① 笔者译自 Buck, Pearl S. (1933). All Men Are Brothers, New York: the John Day Company, p15.
② 笔者译自 Shapiro, Sydney (1993). Outlaws of the Marsh, Beijing: Foreign Languages Press., p27.

可以说，中国古典小说中翻译的难点就在于汉语特色表达的翻译问题，下面笔者分类介绍中国古典小说当中存在的一些很"中国"的表达方法，考察译者如何使用归化或异化策略以求重现原作真貌、忠实传达源语的语义和文化内涵，并通过《水浒传》当中的具体译例来分析两种策略带来的效果。

一、理论依据

在翻译应该采取什么样的策略这一问题上，国内外都有过热烈的争论。中国的翻译家们有"直译"和"意译"之争；与之相对应，国外学者则有"异化（foreignizing）"和"归化（domesticating）"之争。

翻译的归化/异化（domesticating translation and foreignizing translation）概念是由美国学者劳伦斯·韦努蒂（Lawrence Venuti）在 1995 年提出的，而这一术语又直接来源于德国哲学家施莱尔马赫（Friedrich Schleiermacher）的观点。[①] 施莱尔马赫着重探讨了翻译与理解之间不可分割的关系，指出翻译有两种情况，一种是让读者靠近作者，另一种是让作者靠近读者。如果让读者靠近作者的语境，他就能感受到异国的情调。[②] 异化法要求译者向作者靠拢，尽量去适应、照顾源语文化及原作者的遣词造句习惯，来传达原文的内容；而归化法则要求译者向目的语读者靠拢，采取目的语读者所习惯的目的语表达方式，为读者着想，替读者扫除语言文化上的障碍。归化通常的做法就是撇开原文中的词语和句法，抓住其语用意义，从译入语中选取与原文中语用意义相同或相似的表达方式译之。它以目的语和目的语文化为归宿，旨在求得文化中的最大共性。

韦努蒂是异化派的代表人物。根据韦努蒂的定义，异化就是"偏离本土主流价值观，保留原文的语言和文化差异"。韦努蒂认为归化的翻译就是"遵守目标语言文化当前的主流价值观，公然对原文采用保守的同化手段，使其迎合本土的典律、出版潮流和政治需求"，强调译文要尽可能贴近原作，忠实地反映原文的内容和表达方式。[③] 奈达（Eugene Nida）是归化派的代表，他

---

① 参考谭载喜：《西方翻译简史》，第98页，北京，商务印书馆，2004。
② 参见 Peter Newmark: Approaches to Translation, Shanghai: Shanghai Foreign Language Education Press, 2001, p67.
③ Catford: A Linguistic Theory of Translation, Oxford University Press, 1978, p233.

提出了著名的动态对等概念，后来又改为功能对等。他从社会和文化的角度出发，把译文的读者放在首位，认为应该使译文读者得到跟原文读者同样的反应，他指出文化上的差异比语言上的差异需要做更多的调整[①]。

西方学者讨论的归化与异化这一对术语并非是互补的，而是相互排斥的。两派分歧主要表现在三个方面。首先是翻译目的不同，归化派认为翻译目的在于交流沟通，要克服语言文化差异带来的障碍；异化派则认为翻译目的在于展示异国文化。其次是对翻译忠实性的不同理解，归化派认为应该忠实于原文的意义，追求文化对等的效果；异化派认为忠实的翻译必须传达原语中所有的现象。第三是对读者因素的不同考虑，归化派认为应该力求使读者能够轻松阅读，而异化派认为读者具备对外来文化的包容能力。

另一方面，国内学者对于归化/异化的争论也由来已久。王东风在《归化与异化：矛与盾的交锋》一文中就对它们作了比较深入的探讨。文章开门见山地指出："归化与异化之争，是直译与意译之争的延伸，可谓由来已久。"[②]

直译和意译参照的是原文的语言的特点，对原文的字词、句法亦步亦趋，力求字对字的对照称为直译；传达原文意思为主的翻译叫做意译。这是翻译方法问题。归化和异化讲究的是向原作靠拢还是向读者或者观众靠拢，这是一个总体的翻译策略。策略更为宏观地把握译文的风格特点，指导翻译方法的使用。

近代的严复被康有为称为传译西学第一人。甲午战争失败后，中国的有识之士意识到仅仅靠学习西方的技术还不能实现富国强兵的理想，学习西方的政治思想成为中国人的一种需求。严复顺应了这一发展潮流，翻译了《天演论》、《原富》、《群己权界论》、《穆勒名学》、《法意》、《群学肄言》、《社会通诠》等。在具体的翻译技巧上，严复也表现出较为保守、妥协的一面，翻译时所采用的是"达旨"的方法。严复所处的时代是清末，人们对外来文化还有抵触情绪，用"汉以前字法句法"，古雅的文体，可以吸引士大夫，使他们对西学感到亲近、不陌生[③]。另外，严复翻译《天演论》时用中国的事例来替换原书中的例子，其良苦用心是不难看出的。

林纾的翻译对原作大肆删节，随意增添，有时对原作形式也进行大幅度

[①] 参考蒋骁华：《近十年来西方翻译理论研究》，《外语教学与研究》，1998（4）。
[②] 王东风：《归化与异化：矛与盾的交锋》，《中国翻译》，第 20 页，2002（5）。
[③] 王克非：《翻译文化史论》，第 87 页，北京，外语教育出版社，1997。

改造，遭到了质疑。但是他的译作在当时大受欢迎，这说明他的翻译比较贴近读者的需要；从林译小说所发生的社会影响来看，他的翻译给中国知识分子提供了一个了解西方的小说以及西方社会的机会，像鲁迅、周作人、朱自清、钱钟书、郭沫若等大文学家都曾经从林译小说那里受到积极影响。钱钟书先生在《林纾的翻译》一文中写道："文学翻译的最高标准是'化'，把作品从一国文字转成另一国文字，既不能因语言习惯的差异而露出生硬牵强的痕迹，又能完全保存原有的风味，那就算得入于'化境'。十七世纪有人赞美这种造诣的翻译，比为原作的'投胎换骨'，躯壳换了一个，而精神资质依然故我。换句话说，译文对原作应该忠实得以至于读起来不像译本。因为作品在原文里决不会读起来像经过翻译似的。"①

20世纪40年代，傅东华在翻译美国名著Gone With The Wind时，为了"替读者省一点气力"将"人名地名"全都"中国化了"，"一些冗长的描写和心理分析，觉得它和情节的发展没有多大关系，并且要使读者厌倦的"，被"整段删节了"②。1980年，茅盾在《茅盾译文选集》序中回忆这一段往事，他写道："后来有的译者随意增删原著，不讲究忠实原文的'意译'，甚至'歪译'，那就比林译更不如了。"③

一般认为，鲁迅提倡意译的翻译方法，提出"宁信勿顺"。"鲁迅的'硬译'及他的翻译思想是出于他'反对封建主义，改造国民性'的理念。但鲁迅的意图招致了误读，'硬译'的倡议最终淹没在归化论的喧嚣声中。后来傅雷的'神似'论、钱钟书的'化境'说可以说都是归化论的延伸。可见，归化/异化的讨论往往都是归化论占上风，虽说大家都赞成要保留洋味。"④ 鲁迅关于直译的真正含义是他在《且介亭杂文二集》的"题未定草"中所说的："凡是翻译，必须兼顾两面，一当然力求其易解，一则保持原作的丰姿。"可见，鲁迅并非不要顺，只是在两者不可兼得之时，才宁取信而舍顺。1946年，朱光潜在《谈翻译》一文中写道："所谓'直译'是指依原文的字面翻译，有一字一句就译一字一句，而且字句的次第也不更动。所谓'意译'是指把

---

① 钱钟书：《七缀集》，第15页，三联书店，2002。
② 罗新：《翻译论集》，第133页，北京，商务印书馆，1984。
③ 茅盾：《茅盾译文选集》，第205页，上海，上海译文出版社，1980。下同。
④ 葛校琴：《当前归化/异化策略讨论的后殖民视阈——对国内归化/异化论者的一个提醒》，《中国翻译》，第46页，2002（5）。

原文的意思用中文表达出来，不必完全依原文的字面和次第。'直译'偏重对于原文的忠实，'意译'偏重译文语气的顺畅。哪一种是最妥当的译法，人们争执得很厉害。依我看，直译和意译的分别根本不应存在。……想尽量表达原文的意思，必须尽量保存原文的语句组织。因此直译不能不是意译，而意译也不能不是直译。"1953年，林汉达在《翻译的原则》一文中写道："正确的翻译是直译，也就是意译。死译和胡译不同，呆译和曲译不同，这是可以划分的，它们都是错误的翻译。正确的翻译是分不出直译或意译的。"1959年，周建人为《外语教学与翻译》写了一篇文章，题目是《关于"直译"》。他在文中写道："直译既不是'字典译法'，也不是死译、硬译，它是要求真正的意译，要求不失原文的语气与文情，确切地翻译过来的译法。换一句话说，当时所谓直译是指真正的意译。"

当代中国的翻译学家对于归化/异化理论也有一些代表性的讨论。1979年，王佐良在《词义·文体·翻译》一文中写道："要根据原作语言的不同情况，来决定其中该直译的就直译，该意译的就意译。一个出色的译者总是能全局在胸而又紧扣局部，既忠实于原作的灵魂，又便利于读者的理解与接受的。一部好的译作总是既有直译又有意译的：凡能直译处坚持直译，必须意译处则放手意译。"[1] 当代的翻译学家孙致礼先生也说："异化和归化是两个相辅相成的翻译方法，任何人想在翻译上取得成功，都应学会熟练地交错使用这两种方法。要不要交错使用这两种方法，这不是喜好不喜好的问题，而是由翻译的基本任务和基本要求决定的。译文要充分传达原作的'原貌'，就不能不走异化的途径，而要像原作一样通顺，也不能舍弃归化的译法。"[2] 很多时候，一篇文章的翻译，译者往往依据具体情况，既有直译又有意译，既有异化又有归化。因为各国文化的差异决定了我们在跨文化翻译的时候，必然要对一部分内容采用异化，一部分采用归化的方式。[3]

综上所述，西方的翻译理论比较强调归化/异化的对立，中国的翻译理论比较强调两者的融合。笔者认为，译者的任务就是尽可能将作者和读者连通，将作者的信息传达出去。归化和异化策略看似水火不容，但在一篇译文当中，单纯按照任何一种策略翻译都不能够圆满完成"传达信息"的任务。本文将

---

[1] 参考郭建中：《翻译中的文化因素：异化与归化》，《外国语》，第35页，1999。
[2] 孙致礼：《翻译：理论与实践探索》，第226页，上海，译林出版社，2002。
[3] 参考陈福康：《中国翻译理论史稿》，第182页，上海，上海外语教育出版社，1992。

要探讨的正是在翻译中国特色的表达时如何使用两种翻译策略,怎样才能适时地选择运用,让它们共同服务于"信、达、雅"的目标。

二、词语语义层面的比较

词语作为翻译的最小单位,承载着翻译活动中的基本要素,较为"中国"的词语我们可以分为三类,第一类是敬语、谦语、委婉语。首先,《水浒传》当中人物众多,他们互相见面时免不了有大量的对话。而中国人对话的时候常常用到各种称谓和委婉语。我们常用"小人、鄙人、在下"等谦辞称呼自己,而用"阁下、足下、贵、尊"等称对方。但是,"English is a notoriously blunt language"(*English Style Guide* by European Commission's Directorate – General for Translation),英语表达方式通常较为直接简练,敬语、谦语用得较少。第二类是数词虚指,中文中有很多诸如"如隔三秋"这样的数词,英文中则没有虚指的用法。第三类和第四类涉及跨文化交流层面,分别是不同的文化背景下使用的典故和不同的物质文化。考虑到中英文的语用差异,在古典文学作品的汉译英中,译者应当了解社交指示语的语用文化差异,摆脱原文表面意思的束缚,译出其隐含的意思,进行转换,从而避免译文的语用失误,以求最大限度地达到语用等值。

(一)敬语和谦语

中国自古发展出了一套复杂的敬语和谦语体系,"贬己尊人"及"称呼准则"成为最富有中国文化特色的礼貌原则。总的来说,指称自己的词汇意在表现自贬的谦恭,指称他人的词语意在显示对对方的认可与尊重。英语中也有礼貌用语,但与中文差别较大。西方民族更加现实,认为"礼貌"是避免冲突的策略,因此接人待物时会体现对他人的尊重,但也会将自己放在平等的地位上。一般而言,当代英语没有专门的敬语、谦语体系,虽然也保留了古英语中的贵族头衔及称呼,例如国王、王后称为陛下 Your Majesty,王子、公主称为殿下 Your Highness,阁下 Your Excellency。

《水浒传》中不乏敬语和谦语的运用,以下看赛译本和沙译本分别如何处理:

例1:石秀道:"小人离乡五七年了,…"

赛译：Shih Hsiu said, "This lowly one has now left his home for five or seven years."

沙译："I've been away from home six or seven years."

古文中人物见面时出于礼仪常自称"小人"、"在下"、"小可"等，赛译本中这一谦称被照直翻译出来，体现了汉语礼节的繁文缛节，保留了一份古文的韵味。沙译本直接去除语言的外壳，把原文的意思传达出来。如果读者对中国文化缺乏了解，赛译可能引起理解困难。

例2：只怕奴家做得不中乾娘意；若不嫌时，奴出手与乾娘做，如何？

赛译：I am only afraid if this slave, who am I, made them they would not suit you. But if you do not feel this, I will put forth my hand and make them for my good aunt, and how will that be?

沙译：Maybe you wouldn't like my work, but I'd be glad to make them for you, if you'll let me.

此例赛珍珠采用了极端的异化法，"奴家"其实只是妇女的一种谦称，如今在中国许多地方方言中还有沿用，并非真的就是奴隶，这和英文的"slave"有着本质区别。潘金莲作为武大郎的正室娘子，虽然曾经是某大户人家的使女，但按如今的境遇，怎么也谈不上是奴隶。因而此处的异化处理可能引起读者误解。此外，中文中一个简洁无实的谦辞居然被译成复杂的短插入语结构，打破了阅读的流畅性，难免有太过之嫌，不如沙译本直接转换为日常口语，用 I, my, me 等简洁明了的词汇。

例3：那贼秃虚心冷气，连忙问道："大郎，贵乡何处？高姓大名？"

赛译：Then the priest asked Shih Hsiu in an even, polite voice, "Sir, where is your noble village, your honored home? What is your high name, your revered surname?"

沙译："Where are you from, sir?" the monk queried, with polite gravity. "What is your name?"

赛珍珠简直完全实现了一字一句的翻译，"贵"、"高"、"大"都通过 noble, honored, high, revered 找到了对应。笔者认为，此处运用如此繁琐的字字对应的译法，确是神来之笔，体现出裴如海的心虚和低声下气。沙译本无关痛痒地问几句姓名家乡略显平淡。

通过上述例子可以看出，在礼貌用语方面，赛译本和沙译本的处理方式有较大的差异，体现出对归化、异化策略的不同倾向。沙译本对谦语、敬语作了弱化处理，使之更加符合英文读者的习惯，而赛译本大多数情况下都非常忠实地进行了翻译，有时甚至是字对字的翻译。

（二）数词虚指

数字的使用有"约数"和"确数"之分。文言文中，"三、九、十二"和"十、百、千、万"等数字，往往不是实指，而是虚数。比如"飞流直下三千尺，疑是银河落九天"一句中，"三千尺"独具匠心，夸张地描绘了庐山瀑布的磅礴气势，"九天"则指代天的最高层。"一日不见，如隔三秋"中则分别用"一日"和"三秋"来比喻分别时间虽短，却仿佛很长，以此形容殷切的思念。数词虚指功能的妙用能开拓意境，增强艺术效果，给人无限遐想和审美享受。

《水浒传》中有大量的数词使用，以下看赛译和沙译如何处理：

例4：那婆子千恩万谢下楼去了。

赛译：Then the old woman with a thousand thanks and a hundred thousand gratitudes went down the stairs.

沙译：Mistress Wang thanked Golden Lotus profusely and left.

"千恩万谢"在中文中已经是稀松平常的用语，形容一再表示感恩和谢意。赛珍珠确切地将"千"和"万"翻译为"a thousand"和"a hundred thousand"，使译文读起来重复累赘，十分拗口，不如沙博理的"thank profusely"更有文学色彩。但赛译可以使译文读者感受到或猜测中文的原始用法，从而丰富了英文读者的想象力。

例5：便是老身十病九痛，怕有些山高水低，预先要制办些送终衣服。

赛译：I suffer from the ten diseases and the nine pains, and there may come things as unexpected as high mountains and deep water. Therefore I would early make the clothes for my death.

沙译：I'm getting all kinds of aches and ailments in my old age. If anything should happen, I'd like to have my burial garments ready.

"十病九痛"只是形容浑身病痛，并非真的是得了十种病，九处痛。赛译本用了"the ten diseases and the nine pains"，可能误导译文读者以为古代中国有十种严重的疾病，九处容易伤痛。沙博理归化处理为"all kinds of aches and ailments"，表示各种病痛，言简意赅，容易为读者理解接受。

例6：好个精细的娘子！不惟做得好针线，诸子百家皆通。

赛译：How clever and delicate a goodwife it is! Not only does she sew well but the hundred precious books she understands also.

沙译：This lady is remarkably clever. Not only does she sew beautifully, but she's read all the classics.

"诸子百家"是先秦学术思想派别的总称。"诸子"指该时期思想领域内反映各阶层利益的思想家及著作，也是先秦至汉各种政治学派的总称；"百家"形容当时思想家之多，是一种夸张的虚指。但赛珍珠望文生义地译为"一百本经典著作"，难免贻笑大方，误导读者，以为中国真的有传统的一百本经典书目。而沙博理把握住了中国的文化背景，归化为"经典著作"，不失为更可取的译法。

例7：西门庆见了那妇人，便唱个喏。那妇人慌忙放下生活，还了万福。

赛译：Then Hsi Men Ch'ing saw that woman and he called a greeting and the woman in great haste put down her work and returned his greeting with "a thousand happinesses".

沙译：Ximen greeted Golden Lotus respectfully. She quickly put down her work and curtsied.

古代妇女相见行礼时多口称"万福",因而用"万福"指代古代女子给长辈或上级请安的礼仪。行礼时,左腿前置,右腿后置,两腿相交,右手朝上,左手朝下,并拢手指,双手手指相握,置于身体左侧,同时下蹲,不超过50度。赛珍珠保留了中国的文化色彩,采用异化法,用引号标出"a thousand happinesses",表明是一种特定的礼节,可以拓宽读者的知识领域。沙博理归化为"行屈膝礼",打破了语言的束缚,传达了大致的信息,便于读者吸收理解。

例8:常言"人无千日好,花无百日红。"

赛译:The proverb says,"There are not a thousand days of good fortune for any man, nor can a flower be red for a hundred days."

沙译:As the old saying goes,"Good times don't last forever, all flowers fade."

"人无千日好,花无百日红"的意思是好景不常在,友情不持久,"千"与"百"都是虚指,而非实际的一千日与一百日。赛译字字对应,句子显得冗长无趣,不如沙博理的归化译法,简洁易懂。

通过上述例子可以总结出,赛珍珠在数词虚指的处理上也采用了较极端的异化策略,有时影响了阅读的美感,有时却有助于保留源语文化,传导了更多的内涵。沙博理则在消化理解的基础上,采用归化策略,用通俗易懂的规范英语进行翻译,将读者的文化障碍降至最低。

(三)文化背景与典故

不同的社会有不同的历史典故、风俗习惯和思想意识,从而形成不同的文化背景。语言作为文化的载体,往往带有一定的文化色彩,因此翻译并不是纯粹的语言转换活动,其中还涉及各种文化因素的传导。译者应当密切关注文化差异,如非万不得已,文化特色不宜归化,而应尽可能忠实地传达出来。归化容易造成文化形象的缺失和误传,阻碍文化交流;异化对保持文化形象能起重要作用。[①]

[①] 参考陈宏薇:《新编汉英翻译教程》,第117页,上海,上海外语教育出版社,2004。

《水浒传》一书在许多口语对话中也体现出了浓郁的文化特色,赛译本和沙译本在归化异化策略的选择上也体现出了差异:

例 9:乾娘,你端的<u>智赛隋何</u>,<u>机强陆贾</u>!

赛译:Good aunt, your cleverness is as great as that of the <u>two in the beginning of the Han Dynasty who helped the Emperor to his throne</u>. ①

沙译:Godmother, you're a <u>shrewd</u> woman. ②

隋何和陆贾均为汉、楚时代智囊人物,后用来指代聪明机智、能言善辩的人。儒生隋何借其智勇和辩才,说服淮南王黥布归附刘邦,为垓下消灭项羽立下了关键性的大功;陆贾将秦亡汉兴和过去一些国家成败的经验教训写成十二篇文章,称为《新语》,弘扬儒家思想对治国安天下的重要意义。赛译用了解释翻译,使译文读者了解到西门庆用了两个西汉的名士做比方,称赞王婆的妙计。但美中不足的是,赛珍珠并没有提及此二人的姓名,读者无法做更深入的调查。而沙博理纯粹代替读者进行了消化整理工作,只保留了西门庆话语的基本内涵,从而导致了文化缺失。

例 10:原来那妇人是<u>七月七日</u>生的,因此,小字唤做巧云。

赛译:Now this was a very lucky woman, born on the seventh day of the seventh month of the year. Because of this her name was <u>Ch'ao Yün</u>.

沙译:She had been born on the seventh day of the seventh month, and she was called <u>Clever Cloud</u>.

农历七月初七是汉族的传统节日七夕节,相传这是牛郎织女鹊桥相会之夜。织女美丽聪明,心灵手巧,凡间的妇女便在这个晚上礼拜七姐,向她乞求智慧、巧艺和美满姻缘,所以七月初七也被称为乞巧节。巧云生于七月初七,因此名字中带有"巧"字,这种取名方式带有浓厚的文化底蕴,不是用拼音可以表达的。赛译直接使用拼音的音译,抛弃了姓名的含义,所以读者

---

① Buck, Pearl S. (1933), All Men Are Brothers, New York: the John Day Company, p628. 下同。
② Shapiro, Sydney (1993), Outlaws of the Marsh, Beijing: Foreign Languages Press. 下同。

无法理解该句的因果关系。沙博理倒是译出了巧云的姓名，但是缺乏必要的背景说明，读者只怕也是一头雾水，生于七月七，为什么名字就叫"聪明的云"呢？笔者认为，此处可以考虑加注说明。

例 11：武二是个顶天立地<u>嚼齿戴发</u>男子汉，不是那等败坏风俗没人伦的猪狗！

赛译：I, Wu The Second, am a man able to hold up the heavens, and to support the earth. <u>There are teeth in my mouth and hairs on my head.</u> I am not a custom-breaking, incestuous fellow.

沙译：I'm <u>an upstanding man with teeth and hair who holds his head high</u>, not some wicked immoral animal!

"嚼齿戴发"形容的是男子的豪迈气概，但赛珍珠的极端异化而又缺乏必要说明的翻译只怕会让西方读者丈二和尚摸不着头脑。我口中有牙，头上有发，这和是否败坏风俗有什么关系呢？沙博理的翻译由于加上了"who holds his head high"的解释便容易理解了，原来有牙齿有头发表达的意思是相貌堂堂，可以抬头挺胸做人。

通过以上例子不难看出，在处理文化背景时，赛珍珠基本采用了异化策略，尽量保持中文的点点滴滴，全盘照搬能够察觉的细节，有助于"文化传真"；而沙博理却更多地为译文读者考虑，尽量替他们将文化障碍降至最低，以提高译文的流畅程度，使其阅读更加轻松，但这却不可避免地导致了文化因素的丢失。

（四）物质文化

世界各国由于不同的经济发展模式、历史过程和地理气候等因素的影响，形成了丰富多样的物质文化。各民族有迥然不同的生活习惯，所使用的日常生活物品也各不相同，并有许多独特的物种名称。一种文化中哪怕最普通的东西，在另一种文化中也不一定就找得到。因此，某一国家的特有词汇在其他语言当中几乎无法找到对应的外文词汇进行替代。翻译这类物质文化因素时，异化策略常常受到限制，而不得不用目标语中相近的事物来代替。但如果翻译的目的是为了推广源语文化，也可以采用音译加注的办法，从而保留源语中的物质文化特色。

例12：你便买一匹白绫，一匹蓝绸，一匹白绢，再用十两好绵，都把来与老身。

赛译：Do you buy a bolt of white silk and one of blue silk and another of thin white silk and buy also ten ounces of good cotton wool and bring them all here to me.

沙译：You go out and buy me a bolt of white brocade, a bolt of blue silk, a bolt of white silk gauze, and ten ounces of good silk floss and have them delivered here.

绫是一种有斜纹花的传统丝织物；绸是粗丝织成的织物；绢是有平纹组织，质地轻薄，坚韧挺括而平整的一种织物；绵指精致的蚕丝。中国有着无可比拟的灿烂的丝绸文化，丝织物种类之多，一时无法辨认齐全。中国特有的这种物质文明结晶在英美文化中难以找到对应物。但是赛珍珠清一色地使用"silk"指代绫、绸、绢，未免单调乏味。沙博理所使用的单词不是对应词汇，这样的误译却让译文读者感受到中国丝绸的品种之多，保留了一份源语文化。

例13：入得门来，便把毡笠儿除将下来……解了腰里缠袋，脱了身上鹦哥绿纻丝衲袄。

赛译：He came in the door and he took off his hat...then he took off his long girdle and took from his person his parrot-green silken quilted robe.

沙译：He entered and removed his wide-brimmed felt hat...he untied the sash from around his waist, divested himself of his outer tunic of parrot-green silk.

毡笠是用毡（一种由羊毛或其他动物毛制成的块片状纺织品）做的四周有宽沿的帽子，用于遮阳挡雨。文中此时外边下着鹅毛大雪，武松戴毡笠儿显然是为了遮阳挡雨，相当于现代雨衣雨帽的作用。但此处赛珍珠罕见地采用了简化的手法，仅仅译为"hat"，反倒是沙博理说明了是"宽沿毡帽"，但是也没有传达出遮阳挡雨的作用。缠袋是古代男子缠于腰间装散碎银两等物的袋子，在英美文化中并没有对应的实物，因此只能找类似的物品替代。赛珍珠翻译的"long girdle"是妇女围在腰部或臀部的用弹力线制成的柔韧的内衣绥带，而沙博理翻译的"sash"则是缠于腰部用作装饰的彩带或挂在肩上作为军衔标志的饰带。鹦哥绿纻丝衲袄顾名思义指的是鹦哥绿色的用纻丝编制的衲袄。衲袄是一种斜襟的夹袄或棉袄，赛珍珠翻译的"robe"是一种宽松飘垂的长外袍，而沙博理的"outer tunic"则是束腰外衣。

总的来说，《水浒传》的语言特点是言简意赅，即便是复杂的语法现象也可以反映在短短的几个字当中，这样读起来朗朗上口，痛快淋漓。而在词语语义层面的翻译，赛珍珠则试图把所有信息都反映在译文当中，造成句子庞杂，译文比较臃肿，破坏了原文的那种整体性和流畅性。相比之下，沙博理对中国文化和语言的理解则更加深入。沙译当中视情况把那些形式上的繁文缛节简化或删去，更突出地反映原文的关键信息；但他又没有对原文进行大肆删节，而是按照原文句子和段落的组织方式，在忠于原文的基础上进行小规模的简化，在有些情况下，又采取了一定的异化，采用一些偏向中文的表达，属于含有异化成分的归化。

三、句法结构层面的比较

在句法层面，汉英两种语言风格迥异。汉语重意合，强调语言简洁；英语重形合，强调语言精确。汉语的造句是积词组成句，几个分句堆积木似地堆到一起就能构成完整的句子，而英语的句子结构缺乏弹性，分句主要靠连词组合到一起表达完整的意思，因此，汉语多为流水句和竹节句，英语多为树形句。① 从句法层面来看，本文谈三类"中国"特色的表达翻译：汉语流水句特色、汉语繁复特色以及汉语的对仗比喻。

由于造句法的区别，中文的无主句已经主语不断转换的句子在翻译成英文时应当按英语模式进行重组。在语法层面，形式上的归化策略应是主流，而不能一味拘泥于异化，形成不中不洋、不伦不类的句子。

---

① 参考刘宓庆：《文化翻译论纲》，第 331 页，北京，中国对外翻译出版公司，2005。

（一）汉语流水句特色

汉语句子指称的转换是隐性的，由于中英文语言结构的差异，采取异化策略翻译中国古典文学作品往往会留下中式英语的痕迹，也就是那种畸形的、含混的"具有汉语特色的英语"。

例 14：再说王婆安排了点心，请那妇人吃了酒食，再缝了一歇，看看晚来，千恩万谢去归了。

赛译：Let it be told further. When the old woman Wang had prepared the delicacies she invited the woman to eat and drink. Then when she had sewed again for a while, seeing that the night was come, with a thousand thanks and ten thousand gratitudes, the old woman let her go home.

沙译：The girl ate and drank, and sewed a bit longer. When it began to grow dark, showered with the thanks of her hostess, she returned home.

此句中文发生了潜移默化的主语转换，前半句是王婆安排点心请潘金莲吃，后半句是潘金莲继续缝了一回，然后回家。赛珍珠完全保留了中文的主语顺序，先以王婆为主语，后转以潘金莲为主语，不符合英文的表述习惯，阅读时迫使读者思维跳跃。沙博理则对其进行重新梳理，但出现了主语的错误。

例 15：指着武大，便骂道："你这个腌臜混沌！有甚麼言语在外人处说来，欺负老娘！我是一个不戴头巾男子汉，叮叮当当响的婆娘！拳头上立得人，胳膊上走得马，人面上行得人！不是那等搠不出的鳖老婆！自从嫁了武大，真个蝼蚁也不敢入屋里来！有甚麼篱笆不牢，犬儿钻得入来？你胡言乱语，一句句都要下落！丢下砖头瓦儿，一个个要着地！"

赛译：She pointed at Wu The Elder and began to curse, saying, "You filthy stupid thing! What have you been saying outside to persecute me? I am as good as a man even if I do not wrap a man's kerchief about my head. A good sound female I am — as sound as a cup that rings true I am! A man could stand on my fist, and a horse could gallop on my outstretched arm! I am better than the best! I am not one of those that cannot be brought out for others to see, and I am no good – for – naught female. <u>Ever since I was wed to Wu The Elder</u> even an ant or a beetle has not dared to crawl into my house. What is all this talk about walls not being strong and dogs coming in? You talk like a barbarian and a fool, and you ought not to say a word that is not true. Every clod and stone you drop should strike the earth!"

沙译：<u>She shook her finger at Wu the Elder.</u> "You filthy thing! What rumors are you spreading – – slandering me? I'm as tough and straightforward as any man! A man can stand on my fist, a horse can trot on my arm! I can show my face proudly anywhere! I'm not one of those wives you need be ashamed of. <u>Ever since I married you</u>, not so much as an ant has dared enter your house! What's this about fences not being strong and dogs getting in? Before you talk wild, you'd better be able to prove it! Every dropped brick or tile must come to earth!"

潘金莲的这一段火爆语言，如果细读一番便可发现，其实潘金莲的说话对象发生了转变。前部分是"指着武大"骂的话，而后半部分从"自从嫁了武大"起，却是骂给武松听的，"你胡言乱语"指的自然是上文武松"再筛第二杯酒"对潘金莲作的训诫。赛珍珠翻译成紧跟原文话语，所以未出纰漏，而沙博理却将"自从嫁了武大"译为"ever since I married you"，成了训斥武大胡言乱语，属于理解错误。

（二）汉语繁复特色

为了平衡句子的音节，达到朗朗上口的效果，汉语通常在描述一件事情时添加上不喻自明的成分，这种"繁复"现象是汉语常见的语言特色，也是汉语异质性的表现之一。如果将这种异质性通过异化手法转换成英文，则会产生拗口别扭的中式英文。[①]

例16：解了腰里缠袋，脱了<u>身上</u>鹦哥绿纻丝衲袄。

[①] 参考刘宓庆：《新编翻译理论》，第13页，北京，中国对外翻译出版公司，2005。

赛译：He took off his long girdle and took from his person his parrot-green silken quilted robe.

沙译：He untied the sash from around his waist, divested himself of his outer tunic of parrot-green silk.

武松脱下的衲袄自然是穿在身上的衣服，因此赛珍珠的"from his person"乃画蛇添足之成分。沙博理将之归化为英语惯用的表达法"divested oneself of"，更加符合英语的行文方式。

例17：这妇人手里拿叉竿不牢，失手滑将倒去，不端不正，却正好打在那人头巾上。

赛译：The woman still had not grasped the pole firmly so that it slipped and fell and fell not to this side or the other but exactly on the man's head kerchief.

沙译：The pole she was holding slipped and landed right on the man's head.

汉语中使用"不端不正"，意在通过四字格起到突出强调、加强喜剧效果的作用，但翻译成英语后，既无法保持四字格的音节效果，而且给读者留下荒谬的冗长多余的感觉。既然叉竿"却正好打在那人头巾上"，那自然是"fell not to this side or the other"了，何须赘言呢？

（三）汉语的对仗比喻

有些对仗句，比如"人活脸，树活皮"，实际上是一种比喻，为了说明一种观点，而引用另外一种事物。把自己要表达的观点和所引用的事物分别放入两个工整对应的分句，以显示二者之间的同理关系。

例18：史进三回五次叫起来，他两个那里肯起来。惺惺惜惺惺，好汉识好汉。史进道："你们既然如此义气深重，我若送了你们，不是好汉，我放陈达还你如何？"

赛译：From ancient times it has been said, "Gorillas know gorillas, and

242

good fellows recognize good fellows." Therefore Shih Chin said, "If there is such brotherhood as this between you and if I send you to the magistrate I am not myself a good fellow. I will free Ch'en Ta and let him return to you. Will this not be well?"

沙译: Shi Jin repeatedly urged them to rise, but they wouldn't hear of it. "The astute spare the astute, and the brave know the brave." Sure enough, the young squire said: "Since you two are so loyal, I'd be no true man if I handed you over to the authorities……"

赛、沙两译本在这一句的翻译上均采取了异化策略，借用了汉语的对仗句式。

赛珍珠译本翻译为："大猩猩互相了解，好人也互相赏识"，和"物以类聚、人以群分"有异曲同工之妙，却不免让人怀疑赛珍珠是看错了两个形近字，不免贻笑大方。

沙博理的译文当中，正确解读了"惺惺"的意思，并采取异化的策略，没有"Birds of a feather flock together"之类的说法，而是按原文的方式，组织了一副工整的对偶句。但是，细看还是可以发现一些问题。"惜"一词可以有多种解释，可以是 cherish、regret、be greedy for，也可以是 be economical of。沙将"惜"译作"spare"，《美国传统词典》中对 spare 的解释是：spare v. tr.：(5) to use with restraint. v. intr.：(1) to be frugal，而未见"怜爱、珍重"的意思。沙在翻译时对该词还是未能深入理解。此"惜"非彼"惜"也，此处应作"cherish"。

在句法结构层面，我们通过对两种译本的对比可以发现，沙译语言较为简捷凝练，篇幅较小；而赛译的文字量大，篇幅常常达到沙译的两倍。对于《水浒传》"洗练"的文字风格的反映，显然沙译做得更胜一筹。同时，由于对中文理解更深，沙译当中出现的错译较少。沙译虽然字词和句子表达与中文习惯有所差异，但又没有彻底脱离中文而纯粹使用英文的表达和典故。

四、语篇风格层面的比较

《水浒传》是元末明初的章回小说，自然而然带有古文色彩。在翻译时，译者必须考虑到这种古文的文风，同时又该注意到，译文的目标读者是现代人。因此，译者不可避免地面临保留译文"古"味和注重表词达意之间的抉择。一般而言，译者应该有敏感的文体或风格意识，源语风格如有特殊之处，译者应当敏锐地识别其变异或陌生化现象，洞悉其中蕴含的美学价值，尽量用相应的目的语语言形式传译，从而传达作者的异常写作手法。在风格层面上是鼓励使用异化策略的，也就是要求不能对原著进行任意改动和删节。

（一）古文文风

总的说来，在翻译《水浒传》时，赛珍珠刻意保留了古代口语中的细枝末节，有时甚至采取极端异化的策略，来表达年代久远的韵味，充分体现了译者传播中国文化的良苦用心。

例19：那妇人道："莫不别处有婶婶。可取来厮会也好。"

赛译：That woman said, "Or is it that I have a sister-in-law somewhere else? Pray bring her here and let us meet and it will be good."

沙译："Do you have a wife? I'd like to meet her."

"也好"在此处其实相当于语气词，只是为了平衡语句的节奏，而无实际意义。沙博理在翻译时只抓住要害，表达了潘金莲想要见武松妻子的意思，而赛珍珠却滴水不漏地对应翻译了"取来"、"厮会"、"也好"，译文读起来十分诡异，有增译之嫌。但译文读者多接触几次，就可以感受到古文中势必有对应的话语元素，否则译文不可能平白出现如此低级的累赘。

例20：那妇人道："何不去叫间壁王乾娘安排便了，只是这般不见便！"

赛译：The woman cried, "Why do you not go and bid the old mother opposite to prepare it and let that end it? But you would not understand thus far."

沙译："Get Mistress Wang from next door to do it," the girl said to her husband. "Can't you manage even a simple thing like that!"

此例和上例类似，"便了"也仅仅起平衡音节的作用，并没有太大的实际用途。赛译也是字字对应地翻译了"let that end it",让人啼笑皆非。但是译者竭力保留原文原汁原味的努力却令人敬佩,想深入了解中文语言特色的读者定当获益良多。

例21:妇人又问道:"叔叔,青春多少?"武松道:"武二二十五岁。"

赛译:The woman asked again, "Brother - in - law, how many green spring - times have you passed?"

Wu Sung said, "I, Wu The Second, am twenty - five years of age."

沙译:"How old are you?"

"Twenty - five."

古代初次会面时,出于礼节,说话总是文绉绉的,带有一份郑重其事的味儿。此处赛珍珠的处理十分得体,"青"与"春"两个字都翻译到位,而武松回答时使用的人称"武二"也通过复杂的插入语形式保留,活生生地描述出潘金莲和武松初次交谈时的拘束感,远比沙博理灰白的简化描述来得妙趣横生。

(二)章回小说特色

《水浒传》作为元末明初的长篇章回小说,有着浓郁的章回小说语言特色,比如有大量说书人的套语,如"且说"、"却说"、"话说"、"不知后事如何,且听下回分解"等等。翻译时如果采取异化策略,可以保存这种中国小说长期历史发展积淀下来的文化特色,让英美读者感受到中文的说书风格,但过分异化也会让译文读起来生硬死板,影响译文质量。请看下文实例分析:

例21:话说当日武都头回转身来,看见那人,铺翻身便拜。

赛译:IT IS SAID:

At the moment when Wu Sung turned his head to look at that man, he threw himself down on the ground to make obeisance.

沙译:Constable Wu fell to his knees and kowtowed.

245

此句是"王婆贪贿说风情,郓哥不忿闹茶肆"这一章节的第一句,"话说"起到了承上启下的作用,有一定的意义,所以赛珍珠将之保留,放在章首,彰显了古文章回小说的特色。

例22:<u>且说</u>武松领下知县言语,出县门来,到得下处,取了些银两……

赛译:<u>Let it be told now of</u> Wu Sung and of how he fulfilled the commands of the magistrate. He went outside the court gate and he went to his sleeping place and took out some silver…

沙译:Wu Song went to his quarters, took some silver…

此处的"且说"是典型的章回小说语体,此句的上文便是知县吩咐武松押送金银上京,语境并没有发生转折,所以没有实际意义,赛珍珠却采用了异化手法,用突兀的形式照搬过来,影响了文章的流畅性。沙博理则在吃透上下文联系的基础上,省略这种古文体,直接翻译实质内容,更加简洁流畅。

例23:<u>看官听说</u>:原来武大与武松是一母所生两个。

赛译:<u>You who read, now hearken.</u> This Wu The First and Wu Sung were two born of the same mother.

沙译:<u>Reader, please note,</u> these two were born of the same mother.

"看官听说"之类的话语是十分典型的说书人提醒听众注意重要情节的手法。此处赛珍珠和沙博理都注意到中国古文的这种特色,两人都在译作中对此加以保存,有助于译文读者了解中国章回小说特点。

在语篇层面,笔者认为沙译可以说是一种归化与异化相结合的翻译策略,字面上归化,而内容上异化。相对于"愚忠"的死译,这种策略其实更加忠实于原文,更"信";而相对于抹除原文痕迹的彻底归化来说,则更能让读者感受到一定的"异国情调",了解一部外国作品及其背后的文化,而不是把它当作本土的又一部作品。[①] 文学作品翻译当中归化和异化两种策略应当同为一

---

① 贾文波:《应用翻译功能论》,第74页,北京,中国对外翻译出版公司,2004。

个目标服务，那就是创造出一篇既流畅通顺，又有原文意境的译文。"流畅通顺"要建立在充分反映原文思想和文化的前提下；而"异国情调"不应仅仅依靠文字的简单对应来实现。

五、结 论

从以上各译例来看，赛珍珠在翻译当中遵循异化的策略，而沙博理更多采取了归化的翻译，但在归化的过程中又适时地照顾原文。

异化翻译的目的是让译文用源语的用词、表达和结构来反映原文的风貌，让读者去接近作者。这种保持译作"原汁原味"的初衷很好，采取异化策略翻译一部文学作品也未尝不可，但这要在充分吃透原文的意思、合理适度的前提下进行。否则，如果对原文理解不彻底，或者过分拘泥于原文的字词表达方式，而产生逻辑、语法不通，甚至错误的译文，诸如赛珍珠将"大郎，贵乡何处？高姓大名？"译为"Sir, where is your noble village, your honored home? What is your high name, your revered surname?"这样翻译的效果就会大打折扣，甚至可能会给人一种"原文作者行文不通顺"的印象。这显然不是我们希望取得的效果。

归化翻译的目的则是在吸收原文的意思之后用流畅地道的目标语言表达出来，使译文更贴近读者。这"流畅地道"的初衷同样无可厚非，但是如果走向极端，将原文彻底"改头换面"，读者就感觉不到文化差异，诸如沙博理将"你端的智赛隋何，机强陆贾！"译为"You're a shrewd woman."这像是在读一部本土作品，导致译文趋于平淡，味同嚼蜡，索然寡味，毫无生趣，这也是一种不应出现的效果。

总而言之，译者面对汉语特色的表达无论采取归化或是异化策略都不可以走极端。笔者总体上赞成归化翻译，因为翻译的本质目的是沟通，是让译语读者理解原文的意思。另一方面笔者并不赞成绝对的归化，翻译若以推广源语文化为目的，则应当采取异化策略，但需要充分理解原文并把握适度原则。异化法的限度主要体现在目的语文化的限度和读者接受能力的限度上，如果走向极端，则会"翻译腔"十足。此外，如果译者对原文理解不透彻，或者误读源语文化，却进行望文生义的翻译，那么译文将谬之千里。

笔者认为，翻译诸如《水浒传》这样的中国古典小说可以采用如下方法：

第一，在词语层面，针对敬语、谦语和数词虚指这样的日常交际表达，译者主要考虑的应该是行文流畅，译出其隐含的意思，以求最大限度地达到语用等值，因此应采用归化的策略。在涉及文化背景的典故和物质文化上，译者应考虑让受众了解中国独特的文化，因此可以采用归化加注释的策略。第二，涉及句法层面的流水句、繁复以及对仗比喻，笔者倾向采用形式的归化、内容的异化，由于造句法的区别，汉语的流水句和竹节句要转化为英语的树形句，应当按英语模式进行重组。另一方面，对中国特色的繁复和对仗应当做一定程度的异化，在不影响语言通顺的前提下让读者感受中国语言独特的魅力。第三，针对章回小说特色和古文文风，如"且说"、"却说"、"话说"、"不知后事如何，且听下回分解"等等，笔者建议翻译时采取异化策略，可以保存这种中国小说长期历史发展积淀下来的文化特色，让英美读者感受到中文的说书风格，但切忌过分异化，使译文读起来生硬死板，影响译文质量。

中国古典文学作品的英译当中，归化、异化都应当为同一个目标服务，那就是创造出一篇既流畅通顺又有异国情调的译文。翻译中国特色的表达也应在归化和异化之间进行调和与兼容，将两者适时地选择运用，让它们共同服务于"信、达、雅"的目标。

（指导教师：宋旭红副教授）

附：写作感言

写作论文就像一个拼图游戏，动笔之前需要先看到拼好后的最终图景。把自己的想法想象得栩栩如生，一个大的框架会指导你选择并放置每一块拼图。

论文的写作是思想的延伸，如果有了清晰的图景，写作不过只是付诸于文，简单来说，首先选择一个论点，其次看他的创新性和可行性，然后运用各家的理论和自己缜密的思维写出新的观点。

论文框架的建立是写作论文的第一步，在确定了写作中国特色表达英译策略问题后，宋旭红老师给予了我大力的指导，正是在她的帮助下，我确定了具体的框架和每一层次分析的内容。

第二步我选取研究方法，比较文学的论文有很多研究方法，我选择的是以文本为中心，具体事例作支撑的方法，宋老师指导我考察前人的研究，发现以实例研究的较少且没有具体的对比研究，这才确定了论文研究的方法。

论文确定的结论是要拿出具体的策略，这在前人研究中也是很少见的，因为这有一定的难度，需要作者对译本和原文有深入的比对，对中英语言有深刻理解，以及兼容并蓄的翻译策略。经过不断的调整和细化，最后才确定了论文的结论——即中国特色表达具体的英译策略。

论文写作的过程中，宋旭红老师不仅在内容上帮助我增删数稿，而且也很注重论文的形式和规范，培养我的学术素质。学习或是工作就像打井，不能东打西打，好像总是打不到水；只有在一个地方深深挖下去，打得很扎实，一定会有水的，一定会有成果，实现自己想要的目标。

直到交稿那天，论文才算正式写完，我似乎才真正看到自己所写的论点和结论，一切才慢慢变得清晰。回想四年的本科阶段，四块拼图拼成了我四年的梦想时光。而拼图拼成之前，如果我们无法看到最终的图景，简单的方法就是跟从心走，生命的动力不在于远方的目标，而在于自己内心的开始，努力完成自己的梦想拼图，让自己的生命保持在冲锋的姿态。

论昌耀九十年代诗歌中抒情主体的
精神内涵

王辰龙[①]

前 言

从20世纪80年代中后期开始，诗人昌耀逐渐引起了读者与学界的关注，诗人、批评家骆一禾先生就对昌耀的成就给予了很高的评价。[②]时至今日，几种重要的当代文学史著作[③]都对昌耀进行了一定篇幅的论述，诗人的成就已得到了较为普遍的认同。

无论是骆一禾先生几乎毫无保留却又有所限定的盛赞，还是文学史著作恰当而审慎的涉及，主要针对的都是昌耀20世纪90年代之前的作品，这似乎意味着诗人20世纪80年代以来的重要篇章已足以支撑起其"大诗人"的地位，但这种价值认定却不应遮掩另一个事实：从20世纪80年代中后期开始，昌耀诗歌的面貌逐渐发生了重大转变。笔者认为，写于1989年的《哈拉库图》预示着昌耀诗歌进入到了一个新的阶段。《哈拉库图》之后，昌耀诗歌的文本表层发生了一些显著的变化，包括高原景观意象群（这曾是昌耀诗歌最具辨识度的肖像之一）的退出与不分行写作（从20世纪80年代中后期即已开始）的大量出现，而文本内部的情绪、声音以至于语言节奏也开始由之前的直接、清晰、确定渐变为弥散不去的曲折、混沌、踟躅。作为一个分界点，《哈拉库图》将昌耀

---

① 作者为中央民族大学2011届汉语言文学专业毕业生。
② 骆一禾在评价昌耀时写道："我们尤其感到要说出必须说出长久以来关注昌耀诗歌世界而形成的结论：昌耀是中国新诗运动中的一位大诗人。如果说，大诗人是时代的因素并体现了它的精神主题和氛围，那么我当然是在这个意义上使用这一词汇的。"参见骆一禾、张玞：《太阳说：来朝前走——评〈一首长诗和三首短诗〉》，原载《西藏文学》，1988（5）。
③ 这些著作主要包括：陈思和主编《中国当代文学史教程》（复旦大学出版社，2005），洪子诚、刘登翰合著《中国当代新诗史》（北京大学出版社，2005），洪子诚著《中国当代文学史》（北京大学出版社，2007）等。

的诗歌划分为了"九十年代之前"与"九十年代",这不仅是时间意义上的,也有其文本内部的依据。

笔者认为,昌耀20世纪90年代的写作与诗人的历史处境充满了纠葛,正如耿占春先生所分析的那样:"诗人由于市场化或世俗化的到来遭受着光轮的黯淡或丧失,诗人自身也似乎受到了某种冲击。在这个时期他较多地采用了散文体。新的语汇涌进诗歌时似乎冲破了诗歌的封闭文体,逐步取代大漠、武士、部落、僧人世界的,是城市、人群、交通、行乞、交易和卖淫等等所构成的生活世界,并且这些被当成了他诗歌的主题。他不再只是从风沙大漠而是从他身边的世界获得诗歌的语言。"①"历史"这只巨兽的贸然闯入,迫使昌耀诗歌开放其文体乃至具体语汇的向度。无论是对囚徒生涯的回忆,还是对高原人格的塑形,在20世纪80年代大部分时间里,昌耀的诗歌总是能够发出沉稳、自信的声音,作为主题的"爱的慈悲"与"高原所蕴含的向上精神",总是能够提供作为精神归宿的力量,以化解记忆中的梦魇以及现实中的困境。到了20世纪90年代,曾经的和谐转变为了激烈的冲突,能够提供归宿力量的主题也变得不再确切,昌耀的诗歌文本呈现出更为复杂的面貌。本文意图聚焦诗人的后期创作,正是期望能够以某一个特定的角度作为通道,穿过修辞的迷障,对昌耀九十年代诗歌做出一些解读。

按照骆一禾、张玞的分析,在昌耀的诗歌中"有一系列反复运用的形象,不仅表示了表象择取上诗人艺术个性的连贯,也表明了他的主要感奋所在。在文学理论中,将这种反复出现的形象称为'原型'"②。在众多"原型"之中,始终贯穿着一个抒情主体的形象。这一主体往往直接呈现为感性的主语"我","我"在保持某种精神基调的同时,也显示出了灵魂层面上微妙、矛盾的动荡。作为个人灵魂表征的抒情主体在修辞中寻找着恰当的位置,这一过程表明诗歌写作者本身正试图通过诗歌语言为个体的存在寻找意义的依托。进一步讲,这种主体的行动性已关涉到了昌耀九十年代作品中诗歌语言的救赎意义——写作者通过语言抵抗外来的压力,以维系自身的存在感与归属感,谋求精神困境的暂时解决。抒情主体作为诗人声音的直接发出者,主语"我"在与自己争辩的同时,也不断地与商人、政客、历史学家们发生激烈的争吵,后者往往可以得

---

① 耿占春:《失去象征的世界》,北京大学出版社,2008年,第178页。
② 骆一禾、张玞:《太阳说:来朝前走——评〈一首长诗和三首短诗〉》,原载《西藏文学》,1988(5);参见昌耀:《命运之书》,第359页,西宁,青海人民出版社,1994。

到社会制度或时代风尚的授权,能够在历史理性的层面上打败我们时代的诗人。但诗人始终没有被毁灭,九十年代的昌耀以诗歌语言的方式突入了当下的社会语境,发出了众声喧哗之中一种边缘却又不能缺失的"纠正"[①]之声。在下文的分析中笔者将以抒情主体的精神内涵作为切入点,探讨诗歌语言所特有的救赎功能与文化批判功能,以怎样的方式在昌耀九十年代的诗歌文本中发挥其效用。

20世纪90年代之前,在昌耀的诗歌中,抒情主体的精神内涵始终以一种英雄人格或英雄情结为基调,也使诗歌文本呈现出以悲壮为主的美学风格。在昌耀八十年代的作品中,带有英雄情结的抒情主体表现出了"精神还乡"的姿态。在20世纪70年代末,经历了二十余年的流放生活,昌耀重返青海西宁。生活空间的变化,并未使诗人将笔墨转向城市。常态的都市生活似乎与诗人之间存在深刻的隔阂,抑或是边地荒原的苦难岁月有太多值得书写的情绪与记忆,于是我们读到了《慈航》等自传体长诗以及《青藏高原的形体》等为高原景观群进行形体造型(同时也是内在精神的造型)的作品——生活于都市的诗人,执拗而深情地回望荒野以及荒野之上苦难和爱相互纠缠的往昔时光,文本中的抒情主体就像充满乡愁的无家可归者,将高原视作精神家园,如"寻根者"那样一次又一次地重返故地;与之相应,集中出现的高原景观意象群成为最为显著的文本特征。简而言之,以追忆和故地重游为姿态的"寻根者"是昌耀八十年代作品中相对完整与稳定的抒情主体形象。经过了八九十年代之交的短暂时光,昌耀诗歌中曾经完整、稳定的主体经历了瓦解之痛,脱离了追忆往昔的情绪与故地重游的冲动,离开了高原而逐渐裂变为生活于都市的新形象。而这一切,都要从长诗《哈拉库图》说起。

在下文的论述中,所涉及的昌耀诗歌与诗人自述,全部出自《昌耀诗文总集(增编版)》[②]。

[①] 在《诗歌的纠正》一文中,爱尔兰诗人西默斯·西尼认为,诗歌具有一种"纠正"力量。按照诗人批评家姜涛的理解,"所谓诗歌的纠正,是指用想象力抗衡外部压力,它的效应来自一种'一闪而逝的替代物','是一种仅仅可能被想象而仍然有其重量的现实,因为它在实际的重负作用下被想象,进而能够把握住它自身并抵抗这种历史局面。"【爱尔兰】西默斯·西尼著,周瓒译:《诗歌的纠正》,《西尼诗文集》,第280页,北京,作家出版社,2001。参见姜涛:《巴枯宁的手》,第44页注释2,北京,北京大学出版社,2010。

[②] 《昌耀诗文总集(增编版)》,昌耀著,燎原、班果增编,北京,作家出版社,2010。按,《昌耀诗文总集》有两个版本:一是青海人民出版社于2000年出版、由昌耀本人亲自编选的版本,此版本(可以称之为"原版")在市面上已基本绝迹;二是作家出版社于2010年出版的增编版,在原版的基础上,由燎原、班果编辑增补了被遗漏的篇章,并校勘了原版中的文字错误。

一、《哈拉库图》：终结与开端

（一）以"记忆"为主题的写作

昌耀"复出"前后两个时期的部分创作，存在一种互文关系，有一些作品虽然分别写于 20 世纪五六十年代与八十年代，但都聚焦于诗人的流放生涯，诗中的抒情主体也都呈现为政治蒙难者。构成这种互文关系的作品，按照时间顺序，"复出"前的有《群山》（1957）、《凶年逸稿》（1961－1962）《影子与我》（1962），等等，它们是诗人对囚徒生涯的即时记录，抒情主体往往是被逐出人群的流放者，踟蹰于西部高原，时常陷入沉思与苦闷的独语状态。或许是因为这些创作有着即时的纪实性，它们以较为直接的表达方式回应了充满重压的历史处境，并将时代的阴影纳入表达。

时至20 世纪70 年代末80 年代初，昌耀创作了几首带有自传色彩的长诗，它们是《大山的囚徒》（1979）、《慈航》（1980）、《山旅》（1980）与《雪。土伯特女人和她的男人及三个孩子之歌》（1982）。作为互文关系的一端，这些诗歌从不同的角度刻写了诗人的流放生涯。与即时的记录者不同，诗人此刻已处于追忆者的位置，几首长诗成为关于"记忆"的创作。抒情主体依然是那个囚徒，只不过这一次他成为回忆中的一个身影，新的历史位置使他的情绪与声音不再低沉、犹豫，他开始以悲壮、坚定、感恩与充满希望的口吻，去呼应重返正常秩序的历史进程。诗人试图从有关囚徒生涯的记忆中提炼出"意义"：《大山的囚徒》中无怨无悔的主人翁意识，《慈航》中带有宗教色彩的大爱之慈悲，《山旅》中"人民"与"祖国河山"的象征力量，以及《雪。土伯特女人和她的男人及三个孩子之歌》中平凡温馨的家庭生活。

自传体长诗以及其他触及囚徒生涯的短诗的出现，使"记忆"成为昌耀诗歌的一个重要主题。作为主题的"记忆"，有着确切的时空范围（诗人的流放时光），而在写作者的追忆姿态中，苦难的生涯被悄然改写着，"可怕而屈辱的生活现实，饥饿、暴戾的直接经验被他转换到另一种'准宗教语境'之中，这种准宗教语境由政治信仰和佛教信仰混合而成。在这个转化过程中，一方面逐步脱离了个人的直接感情，另一个方面发展出了一个意识的新层次。

这是给予个人的经历以历史意义的过程"①。这种"改写"的冲动在《慈航》一诗中获得了较为清晰的表达：身陷囹圄的"右派"经历，因"爱"的慈悲而成为通向"彼岸"与"极乐界"的必经之路，作为"囚徒"的主体被作为"修行者"的主体所替换，屈辱不堪的囚徒生涯也成为得道者意义充沛的修行岁月——历史的暴力之围被更为强大的力量所化解，正如长诗所言：

> 是的，在善恶的角力中
> 爱的繁衍与生殖
> 比死亡的戕残更古老、
> 更勇武百倍。

从"囚徒"到"修行者"，在抒情主体的视阈之内，作为囚禁之地的西部高原渐变为苦行者的修行之地，最终成为带有精神家园意义的净土与彼岸。与此同时，"寻根者"作为抒情主体开始在昌耀八十年代的写作中生成。这一主体与被回忆改写的"囚徒"不同，他穿行于现实的时空之中，一次次地远离都市、重访荒野，就像是在对意义的归宿之地不断进行着寻找与重新确认，以此来延续自身价值的完整。"寻根者"是"修行者"的合理延伸，对故地的重访，就如同对修行之旅的温习。

（二）《哈拉库图》中的抒情主体

以上是笔者从抒情主体的角度对昌耀前、中期创作的简单勾勒。归结起来，从20世纪五六十年代到八十年代，昌耀的诗歌构成了互文关系，抒情主体也经历了从"囚徒"到"苦修者"再到"寻根者"的转变。作为开端和终结的长诗《哈拉库图》（1989）与昌耀20世纪80年代的创作关联密切，却又有所不同：1.《哈拉库图》是一首与"记忆"有关的作品，但自传体长诗所显示出的语言救赎已经失效；2. 它的抒情主体是一位"寻根者"，但已失去了抵达精神家园的路径。诗人在20世纪80年代形成了相对稳定的语言修辞方式（高原意象群的聚集）与文本结构方式（以线性演进的方式追忆囚徒生涯，以寻根者的视角重访高原故地）在《哈拉库图》中获得了最后的体现。

---

① 耿占春：《失去象征的世界》，第158页，北京，北京大学出版社，2008。

长诗《哈拉库图》中的抒情主体是一边寻找、一边追忆的故地重访者，文本时空则交错了现实与历史这两个维度，抒情主体想要叩问的故地（"城堡"）成为"时间过去与时间现在共时性的形象"①，而在1989年这样一个历史的节点上，主体对城堡的叩访也有了别样的意味，它"似乎是一种寻求新的精神平衡的方式，也许包含着寻求与危急时刻的现实保持历史距离的意图"②。

这首长诗中的"城堡"是"我"曾到过乃至生活过的一个地方，如今已成为"岁月烧结的一炉矿石"，显示出了精神家园的氛围，而"我"则以重访者的心态开始了寻根之旅。故地重游的理由是："人类习惯遗忘"，"我"却不愿意遗忘过往的可贵。然而，"我"的重访却从一开始就遭遇了阻碍。首先，记忆中的"城堡"失去了原貌，它"带着黯淡的烟色，残破委琐，千疮百孔"，没有了精神家园的生机，只剩下死寂。是"我"的造访出现了方向的偏差，还是真实的历史记忆正试图绕过回忆的矫饰，显示它阴暗、残酷的一面？重访者急于进行求证，却没有什么人与事物能够提供答案，无论是哈拉库图的老人，还是他自己的记忆。在这种困境中，"我"找到了一个旧物，就是"我们年轻时挖掘的盘山水渠"，虽然它在历史的变迁中已经"衰朽如一个永远不得生育的老处女"，却是"我"到过"城堡的确证"。

诗中的"水渠"成为岁月那滞重状态的象征：历史变迁中循环往复的苦难从未停止对生命力的沉重压迫。"水渠"是一个"断片"，它"把人的目光引向过去；它是某个已经瓦解的整体残留下的部分：我们从它上面可以看出分崩离析的过程来，它把我们的注意力吸引到它那犬牙交错的边缘四周原来并不空的空间上。……所谓断而成片者，就是指失去了延续性。一片断片可能是美的，但是，这种美只能是作为断片而具有的独特的美。它的意义、魅力和价值都不包含在它自身之中：这块断片所以打动我们，是因为它起了'方向标'的作用，起了把我们引向失去的东西所造成的空间的那种引路人的作用。"③ 可是，找到了水渠的"我"依然走失于现实、历史与幻觉之间的迷津，像一个独语者那样面对着某种神秘的力量，不停地感叹、不停地追问，曾经确切的记忆被时间撕裂，"我"沿着既定的路线却无法抵达作为精神家园

---

① 耿占春：《失去象征的世界》，第163页，北京，北京大学出版社，2008。
② 耿占春：《失去象征的世界》，第163页，北京，北京大学出版社，2008。
③ 【美】宇文所安著，郑学勤译：《追忆：中国古典文学中的往事再现》，第76页，北京，三联书店，2004。

的故地,这导致"我每攀登一级山梯都要重历一次失落"。

"攀登"本是寻根者前往精神家园的向上姿态,处于高处的彼岸与净土就像宗教中神明的意志,它要求皈依者不二的信从,不容许"失落"一类的负面情感阻碍对最高意义的领受。此时的寻根者依然沿着向上的地势攀爬,然而最高处的灵光却似乎被某种阴影所遮掩。这"阴影"在长诗的最后几个部分直接呈现为"死亡",并转化成为具体的出殡场景:"昔日的美人"遭遇了一系列的人生变故,终究去世,曾经见证她"走向婚寝"的"我"如今却只能"与为一少妇出殡的灵车邂逅"。面对记忆与现实的巨大落差,"我"不禁感叹、自问:

> 一切都是这样的寂寞啊,
> 果真有过被火烤红的天空?
> 果真有过如花的喜娘?
> 果真有过留寓边关的诗人?
> 是这样的寂寞啊寂寞啊寂寞啊,
> 像一只嗡嗡飞远的蜜蜂,寂寞与喧哗同样不可理喻。

"被火烤红的天空"与"如花的喜娘"直接关涉到作为全诗"潜文本"的《哈拉库图人与钢铁》。这首创作于1959年的长诗,记录了"大跃进"时期大炼钢铁的历史场景,文本中"劳动+恋爱"的结构方式带有显著的时代风尚,当年很多诗人(以闻捷为代表)都乐于采取类似的方法对社会主义新生活进行歌颂。"被火烤红的天空"与"如花的喜娘"都可以在《哈拉库图人与钢铁》中找到相应的场景,它们分别对应着哈拉库图人大炼钢铁的热烈场面与哈拉库图青年的恋爱和婚姻。《哈拉库图》的第九段,就像《哈拉库图人与钢铁》的后传,由于"世代相传的结局",重访者已无法找到那曾经鲜活的生命,有关劳动、青春、爱情与新生活的灿烂记忆已被某种力量("时间"、"历史"抑或"死亡",这几个词在尝试中有着可以进行互换的含义)撕碎,"城堡是可见的,在'远山'之上,却已是一个'幻灭的虚壳'而终不可及——无法进入——一个人甚至不能如一只蝼蚁钻进那些暗淡的千疮百孔里"①。

《哈拉库图人与钢铁》所对应的历史记忆及其时代精神无疑已经失落了，《哈拉库图》中寻根者重访之旅的失败，意味着诗人的理想主义或乌托邦情结已失去了现实语境的依据，而成为"不合时宜的沉思"。在1989年，在中国社会激烈震荡的转型时期，"诗人意欲从沉积的时间里重新构设出一个城堡，终于发现这可能是一种徒劳——但凡打上时间烙印的东西，即如自我生命，永远无法免除'失落'的运途"②。《哈拉库图》之后，与抒情主体一起失落的，还有被一定写作惯性所驱使的表达方式与诗歌主题，诗人不再执著于构建由记忆与高原所组成的语言乌托邦，昌耀的写作演进到了一个新的阶段，有别于"囚徒"、"苦修者"与"寻根者"的抒情主体也将在20世纪90年代生成。

二、"大街看守"：意义空白与自我救赎

（一）"大街看守"的生成及其精神内涵

20世纪90年代的昌耀诗歌，在文本特征上，都市景观开始取代高原景观意象群。昌耀学习着将目光投向繁忙的十字路口、浮华的商业街、纸醉金迷的夜店、人来人往的立交桥以及奔波劳碌的芸芸众生。一个崭新的主体形象随之诞生："我心事重重地沿街疾行。……我沿街疾行，寻找失落的幸福。"（《陌生的地方》，1998，未刊稿）这一主体是人群中的一员，行走于街头巷尾，注视着城市中的人与事，并审视着内心世界或明或暗的动荡，他总是若有所思以至于"心事重重"。对于这一新主体，昌耀的诗句能够提供最为恰当的命名："无穷的泡沫，夜的泡沫，夜的过滤器。/半失眠者介于健康与不净之间，/在梦的泡沫中浮沉，梦出梦入。/街边的半失眠者顺理成章地成了大街的看守。"（《大街看守》，1993）笔者认为，"大街看守"是继"寻根者"之后出现于昌耀诗歌中的一个重要主体。在昌耀写都市的诗作中，作为客体的城市生活不曾被"大街看守"接纳，主体与客体之间的关系显得紧张、僵

---

① 易彬：《"城堡，宿命永恒不变的感伤主题"》，《新诗评论》，2006（1），第152页，北京，北京大学出版，2006。
② 易彬：《"城堡，宿命永恒不变的感伤主题"》，《新诗评论》，2006（1），第153页，北京，北京大学出版，2006。

硬、相互排斥。这一点，与先前写高原的作品截然不同，作为客体的高原往往是精神家园，与之相对的主体总是能够秉有完整而持续的归属感。而"大街看守"的精神状态往往是极度的焦虑与痛苦，都市显然不是其归宿所在。

抒情主体对都市的感受直接而激烈："我厌倦这座欲火熊熊的城市……"（《街头流浪汉在落日余晖中遇挽马车队》，1994）城市的"欲火"呈现为相互缠绕的两种形态，其一就是"金钱"成为都市生活的全部逻辑："季风流着白花花的银子。"（《露天水果市场》）更多的情况下，"欲火"则被表述为"美"的现实困境："美"，被资本所消费，物化为能够交易的商品。这也是诗人批判都市生活的主要出发点。以《过客》（1996）一诗为例，在"我"看来，诗中出现的身着紧身泳装的女人胴体模型、"三陪女郎"以及店内服务小姐招徕的目光，无不表征着"美"作为商品的处境，女性的美好沦为了商品的包装与广告，金钱成为"美"的拥有者，享有"美"带来的欢愉。

"金钱"与"美"的关系使诗人陷于悖论：在商品社会，如果想要将"美"从商品的位置上救赎出来，被认为合法的方式仍然是金钱，当救赎者采取行动的时候，他本人也就成为事实上的消费者。这种悖论处境也隐含于《致史前期一对娇小的彩陶罐》一诗：

啊，自由的精灵，你们何时与遭难的姐妹
一同落入奴隶市场的围栏被当众标价拍卖。
好像由人捅开伤口再徒然撒上一把盐粒，
我听见那人正借自由之名欢呼私有制万岁。

…………

啊，请原谅孤处的我将你们赎身接到我的案头。

意图上的救赎者与事实上的消费者之间存在难以调和的矛盾以及无法弥合的裂痕，这正是诗人所处的现实困境。或许只有在修辞的层面上，这种困境才能得到缓解，正如耿占春先生所分析的那样："诗人痛惜的是，稀世之美在沦为商品，标价拍卖。然而正是她们的变为商品，他才有可能拥有或偶然买到，并且攫为私用。他知道这些，因此他说是为她们'赎身'，并且请求她们的'原谅'。真正使他得到原谅的是他对美之秘密的感知力，对历史上曾经有过的朴素时刻的还原式的想象力。"①

由于与都市生活格格不入,"大街看守"甘为人群中孤独的一员,对于自己的处境他不免充满感慨:"我,是一个无家可归者……"(《百年焦虑》,1995)"无家可归"意味着个体在都市难以找到归属之感,精神家园持久地失落着,"大街看守"遭遇了"意义的空白",正如《意义空白》(1993)一诗所写道的那样:

有一天你发现自己不复分辨梦与非梦的界限。
有一天你发现生死与否自己同样活着。

事实上,"大街看守"有着两幅面孔或者说是两种姿态,他时而是大街边上的一名看客,时而又成为独居斗室的失眠者。"失眠"是昌耀后期诗歌时常触及的一种生活状态,更确切地说,是一种"半失眠"状态:"无穷的泡沫,夜的泡沫,夜的过滤器。/半失眠者介于健康与不净之间,/在梦的泡沫中浮沉,梦出梦入。/街边的半失眠者顺理成章地成了大街的看守。"(《大街看守》,1993)何谓"半失眠"?笔者以为,这是处于清醒与昏眠之间的临界状态,失眠者并非完全清醒,而是半梦半醒,主体的世界失去了梦魇与现实之间那本应清晰的界限,这个世界中的"我"无法确证自己是存在于现实的时空还是走失于梦境的虚幻。诗人反复写到这种"半失眠者"的状态:"我闭拢双眼,追思划过欲海的夜鸟如此神异通灵好生奇怪。复又感受到袭来的倦意并意识到自己雷霆大作的鼾声,最终也未明白自己是否有过昏睡中的短暂苏醒。"(《划过欲海的夜鸟》,1995)"半失眠者"表征了"大街看守"的个体分裂,或许正是为了弥补个体的分裂,昌耀再一次诉诸充满宗教意味的修辞手段,在一些写"失眠"的作品中,如《你啊,极为深邃的允诺》(1996)、《苏动的大地诗意》(1997),诗人意欲将"半失眠者"修复为能够聆听天启的有心人,诗中的场景在昼夜的交界或伶仃的雨夜,冲破黑暗的黎明之光、雨声中的某种奇迹,都仿佛是来自彼岸世界的神启,而抒情主体就像宗教仪式中的通灵者,领受到了神明的旨意,超越了现实的困境,内心的无比激荡终又归复于无比的安宁。

---

① 耿占春:《失去象征的世界》,第181页,北京,北京大学出版社,2008。

(二)"大街看守"的自我救赎及其失败

为了使"大街看守"从意义空白的都市中脱身,诗人似乎更乐于将两种暂时有效却又隐含失败危险的救赎方法引入诗歌语言的运作,它们分别是:1. 通过主体的自我变形(主要是化身为"鸟"),暂时飞离都市空间;2. 通过回忆、冥想、梦境等方式,构建一个平行于都市空间的"第二世界",以暂时安放主体动荡的灵魂。

"遁逃的主题根深蒂固。/遁逃的萌动渗到血液……",这是《迷津的意味》(1994)中的一句,当主体面对意义空白与个体分裂时,"遁逃"似乎是条件反射的本能反应,也是主体暂时脱离生存重负的有效方式。为了实现抒情主体的"遁逃",诗人令主体变形,化身为鸟,正如《享受鹰翔时的快感》(1994)一诗所写的那样:"痛快的时刻,一个烤焦的影子/从自己的衣饰脱身翱翔空际。/我,经常干着这样的把戏,/巧妙地沿着林海穿梭飞行。……我感觉自己是一只蹲伏在花盆的鹰。/我不想为自己的变形狡辩:这是瞬间逃亡。……只有这一次我听到晨报登载一条惊人消息,/说是昨夜人们看到诗人只身翱翔在南疆天宇。/我怀着一个坏孩子的快乐佯装什么也不曾得知。"

昌耀诗中的抒情主体从未如此刻这般轻盈,在被某种压力所"烤焦"的"痛快"时刻,主体适时地抽身而出,脱离了都市空间的引力制约,"只身翱翔在南疆天宇"。对于昌耀而言,诗歌写作就是这种变形飞翔的过程,是他"永远的逃亡"[①]。

抒情主体的变形,使昌耀的诗歌文本在沉重的基调中有了几许轻快的表达。但是,主体的变形并非一劳永逸地意味着救赎的实现。当主体化身为鸟,

---

[①] 对于《享受鹰翔时的快感》与通过自我变形而实现的逃亡,以及这种方式的救赎意味,耿占春先生已做过精湛的分析:"最后三行表现了惊人的幻想主题:诗人隐身在人间,带着平凡的面具,而其实他具有非凡的魔力,他会飞翔,他是一个超人,但是快乐恰恰在于:无人知晓这一秘密。他逆转了真实处境,本来他一直痛苦于无人理解诗人的天命。这里既有巨大的自我幻觉,也有诗人自觉的另类意识和对市侩的嘲弄。1994年这一年头,他已经写出许多绝望的诗篇,但仍然为自己保持着最不可思议的幻想,正像他在抒情与沉思的沉重风格之间,时常保持歌谣的轻快与游戏性一样。在昌耀诗歌精神的自我意识中,日常形象是他的一个面具,是他故意隐身人间的谦逊面目。他要说的是:没有人知道诗人是什么,没有人知道他是谁。他把'没有人知道'的无足轻重转变为一个秘密的保守者。在一个诗人的晚年,仍然保持着怎样可爱或者稚气的飞翔幻想,可以想象他多么痛快淋漓,可以想象他多么痛苦绝望。……事实上他想象的是,诗歌写作就是他的'变形狡辩',就是他的'永远的逃亡'和飞翔。"耿占春:《失去象征的世界》,第177页,北京,北京大学出版社,2008。

飞离了欲火熊熊的都市,他摆脱了主客体间紧张的冲突关系,却也在暂时轻盈的同时陷于身处高空的孤独。自我的变形,有时也会径直成为极端孤独的处境中异化状态的表征(《荒江之听》,1995)。三十多年前,诗人成为囚徒,被驱逐出了"人民"的行列,远离人群的经验反映到文本的层面,导致了"囚徒"主体的生成。"囚徒"主体通过寻求与西部高原的对话,就如同一个泛神论者那样,缓解着孤独的心境。在三十年后的 20 世纪 90 年代,诗人早已回归了人群,却依然如孤囚一样寻求着对话,并不断遭遇交流的失败。都市空间已与曾经的荒原一样,俨然没有围墙的牢狱,某种强力关闭了"我"与他人的交流空间,主体再一次成为困兽,只能在深夜的大街上向着沉默的楼群发出嗥叫(《一种嗥叫》,1993)。

至于第二种救赎方式——通过回忆、冥想、梦境等方式,构建一个平行于都市空间的"第二世界",以暂时安放主体动荡的灵魂——其功能的发挥以及相应的文本特征,可以《象界》(1990)与《空间》(1990)为例。《象界》一诗由五个自然段组成,其中第二到第四段构成了独立的意义段,所写内容是记忆中一幕恍惚的场景,似乎是诗人的童年经验,没有确切的人物与情节,只有一首童谣回荡耳畔,并伴随着回忆中模糊的场景。首尾两段则共同描绘了城市中"一个大雾的早晨","世界就在雾霭厚厚的保护中甜蜜地休眠",随着"太阳出来,大雾消散",作为"大街看守"的抒情主体重新确认了自己所处的位置:"原来我是垂立在人海,/童谣虽隐约可闻,时我已恍兮惚兮似解非解。/我们重又体验苍老。我们全角度旋转自己的头颅。/世界如此匆忙。"

在结构上,《象界》体现出了可称之为"嵌入"的文本特征:首尾两段有着相对连贯的场景,它们彼此呼应,分别写到了浓雾中与雾散后的城市,都市时空沿着线性的时间轴向前推进;中间三段则如同嵌入的断片,由童谣和童年场景构成的记忆时空,暂时打破了都市时空的延续性——作为"大街看守"的抒情主体从首段的城市走向了中间三段的记忆场,进入到由文本构建的"第二世界",最终又在尾段重返人海。在表达中纳入两个可供抒情主体自由往返的平行世界,这种方式同样被《空间》采用。

当昌耀通过回忆等方式将与都市时空相平行的"第二世界"引入文本时,主体与客体之间冲突的紧张关系似乎被平衡了。如果细致解读《象界》与《空间》的文本,我们会发现,两个平行世界之间存在着内在的等级秩序,抒情主体对记忆时空的突然进入,就像是找到了"此在"世界的缝隙,可供主体侧身而过,以暂时逃离都市的匆忙与混乱。记忆时空是超越都市时空的所在,前者的气氛、情绪乃至置身前者时主体所拥有的视点,都能够对后者延伸而入并施展影响。以《象界》一诗为例,文本中的"第二世界"主要由一首童谣构成,它表意不明,接近于文字游戏,难以辨清意义的方向,就如置身于大雾一般。童谣表意的不清晰,准确地渲染了记忆时空的暧昧气氛,而这种恍惚也影响到了抒情主体的"此在",当城市的大雾消散,记忆之雾却依然笼罩、难以消弭,这致使主体陷入了"恍兮惚兮"的状态。与此同时,作为童年经验的一个断片,记忆时空的时间感是相对静止的,它永远停在了时间轴线的某一个点上,主体可以不断重返,以回忆的方式来抵抗物理时间的不可抗拒。就感官的角度而言,都市时空日益加速的"时间流"似乎使通向衰老、死亡的耗时大大缩短,而诗人则通过引入"第二世界"的方式,暂缓了生命的速朽。可以说,《象界》一诗中的歌谣以及歌谣所唤醒的记忆时空,是诗人"用来转换或者至少是平衡他的现实感的一种形式","他想以这样轻盈的童话结构来置换他的生活世界。乡村歌谣的叙述特点是以音韵与节奏之美代替语义的线性关系的叙述,以事物之间奇异的游戏性的偶然联系替代现实的逻辑联系"①。

通过阅读《象界》与《空间》,我们会发现,"第二世界"的生成无不与"记忆"相关。对于第二种救赎方式而言,"记忆"是诱发其效用发挥的重要契机。"记忆"之所以能够产生这样的效果,或许是因为回忆"具有根据个人的回忆动机来构建过去的力量,因为它能够摆脱我们所继承的经验世界的强制干扰,在'创造'诗的世界的艺术里,回忆就成了最优模式(差堪相比的要数梦了,在叙事和戏剧的传统中,它是最有力量的模式)"②。在上一部分的论述中,笔者曾指出,在昌耀20世纪80年代的部分写作(主要是四首自传体长诗)中,"记忆"曾是抒情主体精神世界的一个重要归宿,"记忆"作为主题可以在被改写的过程中成为个体历史意义的来源。《象界》、《空间》与20世纪80年代的自传长诗有所不同,后者所聚焦的"记忆"主要是诗人的囚徒生涯,而前者中支撑"第二世界"得以运作的"记忆"或是跃向更遥

---

① 耿占春:《失去象征的世界》,第167页,北京,北京大学出版社,2008。
② 【美】宇文所安著,郑学勤译:《追忆:中国古典文学中的往事再现》,第149页,北京,三联书店,2004。

远的时空而抵达诗人的童年，或是干脆不提供任何提示性信息进而模糊了时空维度的所指。《象界》与《空间》中的"记忆"规避了诗人的囚徒生涯，绕开了"红色中国"的历史图像，而在《工厂：梦眼与现实》(1991)、《诗人与作家》(1993)、《一个青年朝觐鹰巢》(1995)、《悒郁的生命排演》(1995)、《醒来》(1996) 等作品中诗人又一次写到了流放生涯，当诗人再次书写 20 世纪五六十年代的生活，历史记忆已成为心灵上的沉痛负重，而不再是 20 世纪 80 年代可供改写以提供意义的理想主义岁月，囚徒记忆无法像童年经验那样在文本内部被构建成一个"第二世界"，它所能催生的往往只是抒情主体无法回避的梦魇以及对极"左"时代的反思。

在昌耀的写作中，囚徒生涯与追忆者之间曾经稳固的意义关系到了 20 世纪 90 年代已不复存在，文本中的"第二世界"只有在"记忆"规避了囚徒生涯的时刻才能够得以生成并发挥其效用。在《象界》、《空间》这样的作品中，抒情主体可以暂时遁入记忆的时空以寻求庇护；但在另外一些作品中，一旦"记忆"与囚徒生涯相关，它就会成为主体无法逃避的精神负担，咀嚼记忆成为痛苦的过程。

经过上文的论述，我们发现，诗人引入诗歌的两种语言救赎方式，作为平衡压力的暂时方案，无不隐含着失败的危险，它们无法为"大街看守"的精神困境提供最终的解决。于是，诗人试图抓住另一根救命稻草——"爱情"。进入 20 世纪 90 年代，昌耀年近六十，却不得不去面对现实生活中的婚姻危机。与此同时，诗人却仿佛焕发了青春，开始全身心地投入到一场场新的恋情之中。在 20 世纪 90 年代昌耀还写作了一批与"爱情"相关的作品。作为日常生活一部分的"爱情"，在昌耀的写作中，充满了更多形而上的意味，两个人的相爱就像是一场为了得救而进行的宗教仪式，"爱是源泉也会是归宿"(《涉江——别 S》，1991)，相爱的两个人恍若"受祭的主体"，而"我"从中"私心觉着僭领了一份仪奠的肃穆"(《致修篁》，1992)。

对于"大街看守"而言，"爱"是生存意义的来源与价值的归宿。然而，抒情主体精心维护的"爱"却也和"美"一样，受到了"金钱"的威胁与破坏：诗人的爱情被资本击败，诗人的恋人最终"被一个走江湖的药材商贩选作新妇"(《无以名之的忧怀——〈伤情〉之二》)。就像在《慈航》等自传体长诗中所做的那样，通过《涉江——别 S》、《致修篁》等作品，诗人"渴望再次圣化世俗情感，而这次圣化的历史语境已经变迁，他的圣化行为，他的提高意义的行为，遭到了世俗语境的嘲讽"①。被"大街看守"视为归宿的"爱情"最终以失败而告终。

　　站立街口抑或是枯坐窗前，"大街看守"往往处于相对静止的位置，只有其视点始终游离，不断地由视野所及的范围（街景中的人与事）滑向对个体精神世界的逼视。因而，我们可以在以"大街看守"为主体的作品中发现冥想、玄思、回忆、梦境、恐惧、自言自语以及情绪激烈的自我拷问。这些作品的文学魅力在于：它们显示了生存困境的纵深，显示了抒情主体进行意义追索与自我确认时的艰难过程。"大街看守"的精神危机源于无法为个体存在的意义来源或价值归宿找到一个稳固的支点。在上文的论述中，笔者指出，为了克服都市生活造成的分裂状态，诗人分别将自我的变形、建构平行世界与对世俗情感进行意义升华等三种方式引入文本，以期发挥诗歌语言的救赎功能，却也只能暂时地平衡外来的压力。"大街看守"是诗人灵魂的焦虑状态的表征，他无法找到明确的精神资源与发声方式。与此同时，在昌耀20世纪90年代的另一部分作品中，一个有别于"大街看守"的抒情主体——"无产者诗人"——逐渐生成了。

三、"无产者诗人"：走向人群与向死而生

（一）"无产者诗人"的生成及其精神内涵

　　在昌耀20世纪90年代的创作中，有一类作品格外值得关注，它们是《地底如歌如哦三圣者》（1994年）、《街头流浪汉在落日余晖中遇挽马车队》（1994年）、《灵魂无蔽》（1996年）、《想见蝴蝶》（1997年）、《语言》（1997年）、《音乐路》（1998年）、《一个中国诗人在俄罗斯》（1998）等。"我"总是能够与乞讨者、拾荒者等贫困群体不期而遇，这是此类作品的一个共同特征。笔者之所以认为这些作品值得关注，不仅仅因为诗人将富有社会良知的目光投向了生存于都市边缘的人群，更在于诗人为抒情主体所设置的视点。

---

① 耿占春：《失去象征的世界》，第172页，北京，北京大学出版社，2008。

以《地底如歌如哦三圣者》为例，诗中所写到的卖艺者的现场表演，在抒情主体看来，不是在为生活乞讨，而是一场宗教仪式，三个卖艺者的行列之间"有了一种形而上的超拔意味"，而"我"则从中"感觉到了高山、流水与风。感受到了一种超拔之美，一种无以名之的忧怀"。从抒情主体的视点看过去，卖艺者是贫苦之人，这一点毋庸置疑，但与此同时，在诗歌语言营造的审美氛围中，卖艺者被置换成了苦行僧，他们身处的地下通道则成了"一间晦明参半的隐者的洞窟"，是行者修远之地。

类似的视点也存在于《想见蝴蝶》与《音乐路》中，前者写到了进城拾荒的破产农民，后者则描绘盲人走路。在抒情主体看来，捡拾垃圾的失业农民对麦饼的把玩成了一幕感恩的仪式，而盲人乞丐也成了能够聆听天启的知命老者，诗人虽以翔实的细节叙写贫困群体日常生活的窘迫，但其所要强调的却是这样一个事实：苟活于都市边缘的人群面临着物质上的极度匮乏，却拥有苦行僧一样的人格魅力——自尊而坚毅，对命运充满敬畏，对上天的恩赐充满感恩。通过描写边缘人群，昌耀的诗歌并没有直接导向对社会现实的揭露式批判，而是导向了对这一群体所具有的精神魅力的塑形。

在上述作品中，写作者没有与写作对象发生言语层面的对话，抒情主体站在适当的位置上，小心翼翼地与对方保持距离，以便观察与沉思。与此同时，通过诗歌语言的想象力，抒情主体在精神层面上与对方展开了惺惺相惜的交谈，对方姿态上的每一个微小细节都是表白心灵世界的身体语言，抒情主体恰恰能够读懂这种语言，因而文本中才会出现大量贫困者的心理细节。离群索居的"大街看守"似乎重新找到了"同志"与"组织"，通过精神层面上的默契交流，抒情主体走向了贫困者，自认是对方的一员。"昌耀是懂得缩小自己以进入世界和人生的少数几个当代中国诗人之一。他懂得一个弱者的真正力量。……昌耀缩小自己意味着，他能以仰视的目光看待一切，也能以感恩的语气，说出自己的观察和心灵对所有观察的反应"[①]，"低矮的目光更能使诗人看清细小的事物，并对细小事物的倔犟、坚固的韧性，抱以深深的敬佩和同情。这就是说，他看到了细小事物中的宏大部分"[②]。因此，诗人笔下的贫困者不只是用来表征社会不公的形象符号，也不只是需要给予怜悯

[①] 敬文东：《诗歌在解构的日子里》，第111页，北京，北京大学出版社，2008。
[②] 敬文东：《诗歌在解构的日子里》，第112页，北京，北京大学出版社，2008。

的群体，他们更是值得尊重的"人民"，是能够为抒情主体提供精神镜像的"无产者"。从贫困者的生活状态中，抒情主体辨识出了宗教苦修式的象征内涵，而这种内涵正与主体的心灵世界高度契合。主体在进行价值辨识与价值认同的同时，也为自己找到了新的形象——安于物质匮乏，却仍然坚守人格尊严的"无产者"。

在诗人的修辞世界中，曾经可以在20世纪80年代与"囚徒"进行形象置换的"苦修者"，到了90年代则不断地与"无产者"的形象相互重合。"苦修者"显然是宗教范畴的修辞，为了抵达彼岸而忍耐尘世的苦难，是这一形象的精神内涵。而"无产者"则更像是一个政治学范畴的修辞，和"无产阶级"一样，它凝聚着特殊的历史记忆，它是过去时代的一个断片，把我们的目光引向了毛泽东时代的社会主义实践。在20世纪90年代市场经济的语境中，抒情主体把自己的形象确认为"无产者"，对"无产者"的精神力量进行升华，这样的一次自我命名是对社会主义实践所预设的大同胜境的重提。当"苦修者"与"无产者"的形象重合到了一起，前者所到抵达的彼岸世界就有了政治学意义上的内涵：共产主义意识形态所允诺的理想社会。

在写"无产者"的作品中，诗人的历史记忆与政治情结在发酵，对于这样一种写作意识，昌耀曾自白道："我从创作伊始就是一个怀有'政治情结'的人。当如今人们趋向于做一个经济人，淡化政治意识，而我仍在乐道于'卡斯特罗气节'、'以色列公社'、'镰刀斧头的古典图式'，几乎疑心自己天生就是一个'左派分子'，或应感到难为情乎？"[①]或许正是由于"左派分子"的"政治情结"，致使昌耀总是"把他看到的现实细节与革命历史或革命文学中的情节对等并置，使这些现实的细节唤起并不遥远的历史记忆"[②]，因此，城市中的拾荒者是破产的"农民"（《想见蝴蝶》），而"手持圣像，跪在彼得堡街头求人施舍小钱"的俄罗斯老妪则是"工人巴维尔的母亲"（《一个中国诗人在俄罗斯》）。在共产主义意识形态及其社会实践中，"农民"与"工人"作为"人民"的主要组成部分，带有浓厚的政治象征意义，他们曾被指认为"国家的主人"、"历史的创造者"，并在毛泽东时代的中国享有崇高的社会地位。到了20世纪90年代，在诗人的文本世界中，历史似乎又一次坠入循环

---

① 昌耀：《〈昌耀的诗〉后记》，《昌耀诗文总集（增补版）》，第676页，北京，作家出版社，2010。

② 耿占春：《失去象征的世界》，第185页，北京，北京大学出版社，2008。

的怪圈,"农民"破产加入拾荒的行列,"工人"失业成为朝不保夕的乞丐。"人民"的象征意义与实际力量在新的语境中已经失落了,"农民"和"工人""变成了市场经济时代的'弱势群体',这样的重新命名之后,就显然失去了旧有的政治伦理(权力的)含义,变成了具有新的社会伦理(怜悯)含义"①。

"人民"是昌耀20世纪五六十年代的诗歌中的一个重要主题,《哈拉库图人与钢铁》、《水色朦胧的黄河晨渡》等带有政治抒情诗风尚的作品,其特征之一就是塑造"人民"群像。对于"人民"而言,"劳动"不止是生存的手段,它还具有"创造历史"的特殊内涵。在这一类作品中,"劳动"中的"我们"代替了"我","我"是"人民"的一部分。到了20世纪90年代,语言景观中的"人民"已被"被侮辱与被损害的人"所取代,被剥离了与土地、与劳动之间原有的密切联系。昌耀"早期诗歌中所使用的'人民'字眼和它的政治修辞学似乎消失了,他早期诗歌里人民和劳动与美的联系,人民和土地的联系,人民与生活、历史、山河的根基性的联系消失了,他们和诗人一样被驱进城市,成为无根的浪迹者,人民已经被消解了,粗卑化或者卑微化了,他们变成了不幸经验中的人们"②,文本中抒情主体走向的乞讨者与拾荒者在更多时候是以形单影只的个体出现,而非群像。历史记忆中的理想主义情结与现实的语境发生了不可避免的冲突,这致使抒情主体在走向人群的同时,感受到了"无以名之的忧怀"(《地底如歌如哦三圣者》)与"一种荒寂"(《想见蝴蝶》)。

通过精神层面的交流,抒情主体试图走向贫困者以确认自己作为"无产者"的精神内涵,这种"走向人群"的姿态可以视为主体进行自救的一种努力,以克服作为"大街看守"的生存困境(极端孤独,渴望与他人交流却又难以实现)。然而,这种姿态、这种自救的努力,并非没有内在的矛盾以及失败的可能。当主体与贫苦者的适当距离被破坏,也就意味着双方的精神交流不得不中断,正如《灵魂无弊》一诗所写道的那样:当一个拾荒者发现"我"在看他的时候,他的回应是:"烧得火红的白眼仁里心灵的炭火"喷发出"轻蔑与愤怒"。

---

① 耿占春:《"文本社会学"的批评与方法》,《郑州大学学报》(哲学社会科学版),第8页,2004年第37卷第2期。

② 耿占春:《失去象征的世界》,第178页,北京,北京大学出版社,2008。

"昌耀那代 50 年代走上诗歌道路的诗人,由于生活经历和意识形态的影响,大多都有以历史、时代的主人自许,以人民的儿子和代言人为荣,把改造社会,改变和创造历史作为自己诗歌的主题"[①],昌耀 20 世纪 90 年代的写作无法完全摆脱这种"代言人"的历史情结,他诗歌中的"我"试图潜入弱势群体的内心,代替对方表白自己的精神世界,担负起为这一群体代言的职责。主体的担当姿态令其形象变得更为鲜明:主体既是"无产者"的一员,又是从"沉默的大多数"(王小波语)中走出,并可以发出声音的"诗人"。在走向贫困群体的过程中,抒情主体确认了"无产者"的自我意识,而通过《头戴便帽从城市到城市的造访》(1990)、《一天》(1993)、《毛泽东》(1993)、《堂·吉诃德军团还在前进》(1993)、《紫红丝绒帷幕背景里的头像》(1996)、《一个中国诗人在俄罗斯》(1998)、《二十世纪行将结束》(1998 - 1999)等作品,抒情主体走向了抱有理想主义情结的诗人群体,或是向惠特曼、勃洛克、聂鲁达、洛尔迦、阿垅等带有左翼情结的诗人致敬,或是在现实中造访同道诗人,以这两种方式进一步确认了"无产者 + 诗人"的自我意识。

与"大街看守"不同,"无产者诗人"这一抒情主体拥有明确的思想资源与稳定的价值依托。换句话说,与"大街看守"无家可归的"意义空白"不同,"无产者诗人"通过走向两类人群而最终找到了自己的"精神家园"。具体而言,抒情主体的思想资源与价值依托源自共产主义思想所允诺的大同胜境。"无产者诗人"的精神家园则往往会被主体追溯到毛泽东时代的中国甚至时空上更为遥远的列宁时代的俄国,他仍然乐于和其他"无产者"一起追随毛泽东为"人类的最终解放"而奋斗:"史诗中死去活来的一章翻揭过去。/但是觊觎天堂乐土的人们还在窥望着。……信仰是至上之然诺,一种献身,构成合力。/假如毛泽东今天从长眠的宫寝启程,/我不怀疑天下的好汉仍会随他赴汤蹈火,/因为他——永远在前面。/因为他,就是亿万大众心底的痛快。……苦闷的灵魂无须墓地,/但需在一个感觉充实的高境筑巢。/一

---

① 王光明:《"归来"诗群与穆旦、昌耀等人的诗》,《南开学报》(哲学社会科学版),第 80 页,2007(3)。

篇颂辞对于我是一桩心意的了却。/对于世纪是不可被完成的情结。(《毛泽东》①)

  1997年，昌耀受邀参加中国作家访问团出访俄罗斯，"踏入俄罗斯的那一刻起，昌耀这位在1990年代长期流连于社会底层的'诗歌流浪汉'，立时恢复了他封存已久的民族诗人或国家诗人的感觉，其诗思更是如喷泉组群，反冲出此起彼伏的壮观花雨"②。第二年，诗人创作了长诗《一个中国诗人在俄罗斯》。这是昌耀生前最后的重要作品之一，带有总结一生的倾向，正如燎原先生所分析的那样："无疑，这是他一生最具华彩的经典时刻，苦难、疲惫、孤独的一生在与无产者诗人们国际性的精神结盟中，而徐徐幻化成人类大同梦境上空瑰丽的云朵。作为一个'黎明的高崖'上，始终朝着东方顶礼的诗人，他一生的精神之旅，至此已经完成。"③由于拥有了明确的思想资源与稳定的价值依托，"无产者诗人"显示出前所未有的雄辩，"无产者诗人"的"独语"以诗歌语言的感性方式介入有关中国社会问题的讨论之中，在有的评论者看来，抒情主体的左翼思想与中国知识界的"新左派"思潮不谋而合④。

  需要注意的是，在《一个中国诗人在俄罗斯》一诗中，被"无产者诗

---

 ① 关于《毛泽东》一诗，另一位当代诗人西川曾做过较为细致的分析："可以说诗人们对毛泽东的态度就是对共产党革命的态度、对当代中国的态度，同时也是对国家意识形态中'人民'的态度。中国现代知识分子的革命经验和社会主义经验尽现其中。……这不仅仅是一首写毛泽东的诗，它表现了老一代与毛泽东、中国革命、新中国、社会主义的复杂的纠缠；他似乎是在经历了'死去活来'后对历史重新表示认同。但是，这首诗又不同于新中国成立之前和新中国成立初期那些赞颂毛泽东的诗篇，更不同于高威权时代的政治大合唱。在昌耀这里，历史给出了水落石出的墨色。试想如果这首诗由东欧那些经历过至少名义上相同的社会主义经验的诗人来写（米沃什、赫伯特、申博尔斯卡等等），他们肯定会得出相反的结论。但昌耀的口吻是肯定的。不过，我们也注意到，昌耀肯定的口吻其实有那么一些'不正确'。作者放弃了自《诗经·颂》以来官僚诗人们赞颂君王的传统口吻，因为当他说到'亿万大众心底的痛快'时，他仿佛成了梁山泊好汉中的一员。'痛快'这个词非常的中国，非常的中国底层大众。说出'痛快'的昌耀，既不是一个'党的文艺工作者'，也不是一个理解了'箪食壶浆以迎王师'这句话的历史学家，也不是一个站在历史进步一边的新派知识分子，而是一个底气饱满的私塾先生，退回到了他对中国生活的基本层面的理解。通过使用'痛快'这个词，他把神坛上的领袖还原成了鲁迅所说的'山大王'的角色。"西川：《昌耀诗的相反相成和两个偏离》，《青海湖文学月刊》，第15页，2010（3）。
 ② 燎原：《博大普世襟怀的矛盾与偏执：昌耀晚期精神思想探析》，《江汉大学学报》（人文科学版），第8页，2009年第28卷第1期。
 ③ 燎原：《博大普世襟怀的矛盾与偏执：昌耀晚期精神思想探析》，《江汉大学学报》（人文科学版），第11页，2009年第28卷第1期。
 ④ 燎原：《博大普世襟怀的矛盾与偏执：昌耀晚期精神思想探析》，《江汉大学学报》（人文科学版），第10页，2009年第28卷第1期。

人"视为精神故乡的是十月革命时期的俄罗斯,而非整体观意义上的俄罗斯(包括苏联时期)。显然,抒情主体对精神家园的追认透露了主体对真实历史的"盲视",他只注意到了"煤气管道提供的热流"这类十月革命的物质成果,却完全忽略了相反的史实——那是由监禁、流放、驱逐出境与残杀所组成的历史,是帕斯捷尔纳克、阿赫玛托娃、索尔仁尼琴等作家、诗人所经历过的前苏联历史中最为黑暗的一段时期。而监禁与流放,也曾是昌耀本人在红色中国有过的沉痛经历,主体的"盲视"令人难以理解。在历史真相的追问声中,《一个中国诗人在俄罗斯》一诗显示出了"无产者诗人"的矛盾性,同时也削弱了抒情主体的说服力量。

《一个中国诗人在俄罗斯》只是一首诗歌,诗歌语言的文化批判功能有其自身的特点与限度,正如耿占春为"无产者诗人"所做的辩护:"如果这首诗歌是一篇论文,经济学的或者是社会学、历史学的,我们会更多地看到其中的错误和谬见;他几乎在诗学、美学的立场上继续榨取社会理想主义道德资源的合理性的点滴。然而这是一首诗,这不是观点,不是理论,而是一个人心底颤抖的声音,甚至透露出'鸟之将死,其鸣也哀'的音调,是撕心裂肺的悲愤之情,是一个心怀社会理想的诗人与这个世界的最后的爱的争吵。然而诗人用的是泪水的语言及其逻辑。我们无法与之争论,只能聆听默会。诗人声音的权威性或正当性置于他的意识形态性,不是他的社会伦理视野或者甚至不是他坚持不懈的社会理想主义。对话或者争辩必须发生在另外的空间。这是昌耀所等待的。"①

(二)"无产者诗人"与作为主题的"死亡"

伴随着"无产者诗人"的生成、发展与最终完成,《一天》、《地底如歌如哦三圣者》、《灵魂无蔽》、《想见蝴蝶》、《一个中国诗人在俄罗斯》等相关作品的缝隙楔入了另一类聚焦"死亡"的诗作,它们是《苹果树》(1990)、《花朵受难》(1992)、《风雨交加的晴天及瞬刻诗意》(1996)等。突入《哈拉图库》的"死亡"在20世纪90年代成为昌耀诗歌的重要主题,它是一种近乎阴影般的力量,始终笼罩着诗人与文本中的抒情主体,"我"必须腾出心智与语言来体验它、表达它、克服它。从《苹果树》到《风雨交加的晴天及

---

① 耿占春:《失去象征的世界》,北京,北京大学出版社,2008年,第186页。

瞬刻诗意》，抒情主体的死亡体验也完成了嬗变。在《苹果树》一诗中，主体以玄思的方式，通过模糊物我之间的界限，进而超越了肉体的"死亡"：

> 那么我是谁呢？
> 我想，我就是万物，死过了，但还活着。
> 山巅一只假肢开着苹果花。

"对于自我的探索在物质与非物质、生命与非生命之间界限的消失中取消了死亡，或者说取消了死亡与生命的对立冲突，泯灭了自我与他物的区分与对立。取消自我的独特性与真实性是一个智慧的诡计，最终是为了取消死亡与不幸的真实性，使个人的死亡变成可以安心接受的一个宇宙论的普遍状况"[①]，这是庄子式的解脱，是哲人面对死亡时充满智慧的减压行为。这样的减压过程以充满诗意的方式展开，诗歌语言的想象力营造着"齐物"之境，而"死亡"则成为一种可以提炼出诗意的审美对象。在20世纪90年代，昌耀不得不面对现实生活中的两种困难：物质生活的匮乏[②]与健康状况的堪忧。贫困加强了诗人作为"无产者"的自我意识，而日益恶化的身体状况则不时向诗人提示死亡的逼近。几年之后，昌耀由于癌症对肉体的摧残而选择了自尽，而在《风雨交加的晴天及瞬刻诗意》一诗中，抒情主体与刚刚做完放射治疗的癌症患者不期而遇。这首作品中，面对现实情形的紧迫，诗人难以再重复地将"死亡"视为审美对象，此刻的抒情主体对生命与"死亡"的感受全部被敬畏所占据。哲人确实能够以轻盈的智慧翻越死亡的藩篱，进而获得生命的平和状态，但"轻盈"显然只属于灵光一闪的昌耀，总体而言，昌耀的语言风格始终对应着他偏于沉重的生命体验。哲人式的解脱无疑是一种大智慧，但承认肉体的限度，直视死亡的阴影也未尝不是一种大勇气，昌耀后期创作中抒情主体"向死而生"的卓绝姿态正是这种勇气的表征。

完成于1999年的《20世纪行将结束》是一首由7个"残编"所构成的

[①] 耿占春：《失去象征的世界》，第169页，北京，北京大学出版社，2008。
[②] 在给诗人邵燕祥的一封书信（1995）中，昌耀写道："传闻我单位当月的工资年前已难发出，而且事实上已拖欠了十几天了，工会先给每家无偿发了一袋面粉。真是人心惶惶，前景堪忧（我省州县拖欠工资事常有所闻，且一拖数月）。这两个月的工资尚可保住。12月份工资虽难产了一阵，终于在年前发了。……老实讲，这些年一提起钱我就心灰意懒，觉得做人'没劲'。"见《昌耀诗文总集（增补版）》，第724页，北京，作家出版社，2010。

组诗，这是昌耀生前最后一部重要作品。每一"残编"之前，都有一段引文，其中"残编2"前的引文（来自于《文摘报》）格外值得注意："……酒半乃言曰：'人之公余为小快乐，夜间安眠为大快乐，辞世长逝为真快乐。我们共产党人的哲学就是鞠躬尽瘁，死而后已！'继而高唱《国际歌》，打破沉寂之空间。酒毕，徐步赴刑场，前后卫士护送，空间极为严肃。经过街衢之口，见一瞎眼乞丐，回首一顾，仍有所感也。"这里写到的是瞿秋白受刑之前的场景，在引文之后的诗歌本文中，作为"无产者诗人"的抒情主体与瞿秋白的形象形成了同构关系：

> 从广场地下甬道步出北口，
> 见一青年向人叫卖非法出版物。
> 台阶上坐着一个行乞的女孩。
> 一条环形河道坐落在红墙下方，
> 我没见到水边蹲伏着的著名狮面人。
>
> 于是我重重地骂了一声"骗子"，
> 出手的拳脚却弱不禁风绵软不胜。
> 心想清醒地拼杀将是何等痛快呀。
> 心想那年月远在异国他乡月色波动，
> 冲击波野蛮地撕开姑娘们的军裙……

诗人一方面将"行乞的女孩"纳入了主体的视阈，另一方面则通过回忆朝鲜战场（昌耀当年是志愿军战士）把死亡的逼近也纳入了主体的思维，阴影般的力量终于和"无产者诗人"在同一文本中出现。从瞿秋白到昌耀，从红色革命刚刚兴起的日子到后革命时代，在两个"暧昧的左派"（昌耀语）隔空相望的同时，作为抒情主体的"无产者诗人"，在"走向人群"、求索意义的同时，也多出了几分"向死而生"的决绝与无奈。

四、结　语

《哈拉库图》开启了昌耀20世纪90年代的写作，长诗所涉及的一些命题以不同的方式在接下来的诗歌文本中得到复现。长诗中的"寻根者"因重返精神家园的失败而陷入价值涣散，这种困境向 20 世纪 90 年代的延伸可以从"大街看守"的精神内涵中窥见一斑。诗中的另外一个命题"死亡"，则成为 20 世纪 90 年代昌耀诗歌不断触及的重要主题。

《哈拉库图》之后，"大街看守"与"无产者诗人"成为昌耀诗歌中抒情主体的两种主要形态。需要指出的是，虽然"无产者诗人"是文本内部最终得以成就的并拥有完整精神状态的抒情主体，但两种形象的生成与发展并非处于单向度的线性链条之上，与它们相关的重要文本在写作时间上相互交叉，没有绝对的前后顺序。因此，两种相互平行的形象之间，存在着微妙的对话关系与平衡状态。偏重于观察、沉思默想与自我拷问的"大街看守"是主体精神危机的表征，他面对着意义空白，体验着价值分裂所造成的挫败感受与交流缺失所造成的极端孤独。偏重于行动与对话的"无产者诗人"则试图通过走向人群的方式、向死而生的姿态来对意义的缺失进行弥补，以缓解败北者的困境。两种形象的循环往复，显示着诗人灵魂的复杂动荡，不断地败北，又不断地追求意义。

诗人从未放弃去发掘诗歌语言潜在的救赎可能。在以"大街看守"为主体的部分作品中，诗歌语言的救赎功能主要在两个层面上得到体现，一是通过自我的变形来超越都市时空的羁绊，二是构建一个平行于都市时空的"第二世界"来安放主体焦虑不安的心境。这两种方式暂时平衡了城市生活施予的精神压力，属于在"自救"的范畴内发挥效用。而在以"无产者诗人"为主体的部分作品中，语言的救赎功能则主要通过求援于"左翼"的话语资源而获得实现。共产主义思潮所允诺的大同胜境，以及这种思潮对社会公平的呼求、对普通劳动者的尊重，构成了昌耀求助的"左翼"话语，它在"自救"的范畴内为主体提供了确切的意义来源，帮助主体完成了自我的确认。与此同时，"左翼"话语的引入也使语言的救赎功能溢出了"自救"的限度，使诗歌文本在文化批判的层面参与对现实问题的讨论，构成了与商品社会剑锋相对之时诗人最为自信的发言。

对于昌耀而言，"左翼"思潮并非是逻辑严谨、指向明确的某种学理，而只是一种"左倾"的情结而已。这一情结产生，一方面，与很多人一样，是基于对社会公平的本能向往；另一方面，更为重要的原因在于诗人的个人经历所凝聚的历史记忆。昌耀在十几岁时就加入了中共领导的解放军，参加过抗美援朝，是 20 世纪 50 年代社会建设时期的亲历者。这样的历史记忆在 20 世纪 90 年代持续地为诗人提供精神资源,因此,"无产者诗人"是主体最为真切的一种自我认同。在20世纪50年代,"无产者诗人"的声音用于歌颂,它自信、高亢;而到了20世纪90年代,当抒情主体重获"无产者"的自我意识,他的声音必须更多地用于争论与呼求,它焦虑、急切,不时地提醒生活在当代的我们要适时地对以往进行回顾。

(指导教师:冷霜博士)

附:写作感言

作为大学四年本科学习的总结,选择昌耀作为研究对象,主要是出于对这位当代诗人的热爱与尊敬,我期望能够通过毕业论文的写作去理清自己对昌耀诗歌的一些认识。由于学识的浅薄与生活经历的匮乏,我对昌耀的解读难免会有诸多的失误,但也正是在这样一个过程中所暴露出的不足乃至肤浅,无时不在提醒我"学无止境"的真理。

学习对文学发言,学习对诗说话,这样的过程,美妙却又艰难,无时不在考验着学习者的智识与耐心,并且需要生活中的"事境"能够提供出合适的契机。在写作这篇文章的时候,我时常会投笔自问:在中文系求学已近四年,我是否真的就已探清了"文学何谓"乃至"文学何为"?或许,这样近乎终极的追问,对于一个学徒而言,过于狂妄,也过于煽情。我自然无法给出一个肯定的答案,有可能终其一生也难以抵达所谓的澄明之境。

梁任公曰:"学术者,天下之公器。"如此表白,时至今日,已越发显示出了它的现实意义。但我想,对于一个学徒而言,在最贴近心智要求与肉身欲望的双重层面上,学术或者最为基础的学术训练,首先更可能成为的是一件关乎个人的"私器"。也就是说,学术训练为有缘者提供了一种与他人交流的可能,而交流的媒介,正是或已成为经典的文本,或尚在文化变迁中流转的文本。当这样的交流不断地成为现在时,个体的生命也将向着多样的方向与群体敞开,并暂时摆脱孤独的本源。

我并非一个优秀的中文系学生,甚至连及格的标准都没有达到,我将永远怀着谦恭向给予我教诲的老师们和榜样们致敬。最后,我要感谢冷霜先生,如果没有他的不断鼓励和悉心指导,想必我的这篇习作将永远只是一篇喃喃自语的腹稿。

《说文解字》递训训释词和被训释词关系考察

张晋芳[①]

前　言

递训，作为传统训诂学中一种常见的训释方式，在许慎《说文解字》(以下简称《说文》)中大量存在。但是，相对于"说文学"中其他训释方式的专题研究如声训研究、同训研究、义界研究等，相关《说文》递训的研究是零散的、不成体系的。

许学殿军段玉裁特别擅长系联直训训释词和被训释词并"观其会通"，其中很多涉及递训训释词和被训释词意义关系的探讨，譬如指出《说文》训释词与被训释词之间的细微差别，指出训释词所用的是本义、引申义还是假借义等。

对于递训的看法还散见于各种《说文》论著和训诂专书中。王力先生虽然从"理想的字典"的角度视递训为"偷换概念"，但客观上也认识到类似递训这种"以一释一"的训释方式"自有好处，因为可以简单明白"，"以一字释一字并非完全不可。有些真正同义，或差不多的同义的字，仍不妨以一释一"[②]。王宁先生运用现代语言学义素分析法，认识到造成递训"偷换概念"的原因是"偷换义项"："运用训释材料，要把训释词和被训释词都具体到义项，才无偷换之虑。"[③] 两先生为正视递训缺陷及其原因树立了客观的中肯态度。

20世纪90年代至今有关递训研究的专门论文不足5篇，主要是部分考释

[①] 作者为中央民族大学2011届汉语言文学专业毕业生，现为北京语言大学人文学院2011级硕士研究生。
[②] 王力：《王力文选·理想的字典》，第268页，北京，北京大学出版社，2010。
[③] 王宁：《训诂学原理》，第120页，北京，中国国际广播出版社，1996。

递训系联词群所显示的意义关系,并探讨递训"偷换概念"的原因及其价值。刘志基《试论〈说文解字〉递训的价值》可谓这方面的开山之作,作者首次统计并提出"《说文》递训多达 2000 条以上"①。赵新民认为"直训系联起来的一组词呈现出种种不同的意义关系","分析起来有以下原因:1. 多义词的介入。2. 通假字的介入。3. 类名的介入。4. 声训的介入。5. 用有某种意义关系的词训释的介入等"②。肯李朝虹探析递训中"偷换概念"现象的原因包括:客观上是由汉字和汉语词汇本身的复杂性包括假借字、古今字和一词多义造成的,主观上缘于汉语研究中长期存在混同字词以及混同一个词的不同义位的毛病。卢凤鹏《〈说文〉语义考论》中列专章进行"《说文》递训词的语义研究",在考释部分递训词的语义如"进登"义系、"推挤"义系、"厚重"义系和"聚合"义系等,以及展示《说文》部分递训词群关系的基础上,作者不止一次地强调,"《说文》中的递训系列是寻找语义间关系的重要途径之一"③,"造取④《说文》中的递训材料作为我们探讨先秦典籍中词语间的语义关系及其语义系统有着非常重要的价值"⑤。

通过以上综述不难发现,递训研究在《说文》语义系统建构方面有着极其重要的意义和价值,但遗憾的是,穷尽性地、全面地、成系统地考释《说文》递训词群,在现有的《说文》递训研究方面是缺失的。尽管刘志基已统计出《说文》中递训条例达 2000 多条,卢凤鹏在辗转相引的基础上又展示了《说文》中部分递训词群关系,其他论著中也不乏递训条例举隅考释,但均是零散的、不成体系的。

有取舍地借鉴前人研究成果之后,本文试图穷尽性搜集、整理许慎《说文》递训条例,并在征引相关著作、参考文献语料的基础上,分析递训训释词和被训释词之间的复杂关系,从而辩证地看待许书递训这一训释方式所具有的价值与存在的问题,以期对递训所反映的《说文》语义系统有一定的局部的归纳与展示。

---

① 刘志基:《试论〈说文解字〉递训的价值》,第 79 页,《辞书研究》,1990。
② 赵新民:《〈说文解字〉直训系联显示的意义关系及其价值》,《南都学坛》,2001(2)。
③ 卢凤鹏:《〈说文〉语义考论》,第 349 页,贵阳,贵州人民出版社,2005。
④ 原文如此,疑为"选取"。
⑤ 卢凤鹏:《〈说文〉语义考论》,第 331 页,贵阳,贵州人民出版社,2005。

一、递训界定与课题研究方法

(一) 递训界定

递训,作为一个传统训诂学术语,目前训诂专书中尚未有其权威定义。不同学者从不同的出发点和落脚点,对递训的定义和归属各存不同的态度。关于递训的归属,主要有递训属于义训和直训两种观点。前者如殷寄明《〈说文解字〉精读》:"为了揭示被释词的词义内容,训诂学家系联两个以上的相关语词,依次传递式地一一训释,这在训诂学上称为递训,属义训范畴。"[①]后者如张同标《说文五例》定义递训为"几个字之间迴圈解释"[②],与单训、互训和同训一同归属于直训。关于递训的合理性,有正反两方面的观点。反方如王力先生基于"理想的字典"的目的,视递训为"偷换概念",并认为其有"严重缺点":"比'互训'更不妥的办法就是'递训'法,'递训'是以乙训甲,复以丙训乙之类。"[③]"连段玉裁有时候也不免为递训法所误,何况一般浅学之士呢?"[④]正方如刘志基《试论〈说文解字〉递训的价值》:"从《说文》递训中,可以得到《说文》的同义字材料;了解《说文》一词多义的现象;分辨许慎皮傅字形的说解,发现《说文》中的同源字。这对《说文》研究来说无疑是辟一新途径,而由这一途径得到的研究成果对整个古代汉语研究又是一种有用的新材料。这就是《说文》递训的价值所在。"[⑤]

名不正则言不顺,厘清递训与义界、直训、推源以及义训、形训、声训等训释术语概念间的层次关系,无疑是研究递训训释词和被训释词关系的前提。关于这一点,王宁先生的观点是比较科学的:"一般把训释方法分成义界、直训、推源,或分成义训、形训、声训,实际上这是两种分类标准下划分出来的:从训释目的看,可以分成义训(释义)和声训(推源或系源);义训中包括一种特殊的训释,即旨在发掘与形相贴切的本义的形训;从训释

[①] 殷寄明:《〈说文解字〉精读》,第106页,上海,复旦大学出版社,2006。
[②] 张同标:《说文五例》,第149页,郑州,河南美术出版社,2008。
[③] 王力:《王力文选·理想的字典》,第260-261页,北京,北京大学出版社,2010。
[④] 王力:《王力文选·理想的字典》,第261页,北京,北京大学出版社,2010。
[⑤] 刘志基:《试论〈说文解字〉递训的价值》,《辞书研究》,第87页,1990。

方式看，可以分成义界和直训。这几个概念是交叉或包括关系，不是全然的并列关系。关于训释的术语层次应是这样的："①

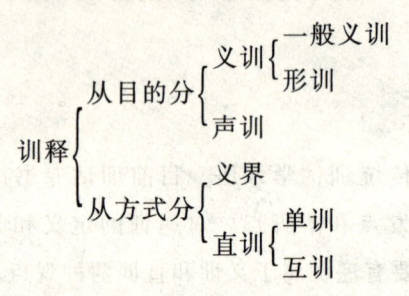

$$
训释\begin{cases}从目的分\begin{cases}义训\begin{cases}一般义训\\形训\end{cases}\\声训\end{cases}\\从方式分\begin{cases}义界\\直训\begin{cases}单训\\互训\end{cases}\end{cases}\end{cases}
$$

在界定词义训释的各术语的定义时，王宁先生指出："直训的方式是以单词训释单词，…它既含义训，也含声训，并有单训和互训两种。互训的训释词和被训释词可以两两互易位置或辗转互易位置。不能作成互训的即为单训。"② 显而易见，王宁先生所谓可以"辗转互易位置"的互训，即为递训。王宁先生将互训进一步分为"义训的直训互训"③和"声训的直训互训"④，由此可见，递训亦有义训的递训和声训的递训等不同类别。

综合以上所列诸家观点，结合本论文探讨递训训释词和被训释词关系以试图局部系联《说文》语义系统的行文目的，笔者兹定此次所讨论的递训主要是从训释形式角度划分的一种训释方式，即《说文》凡采用"甲，乙也；乙，丙也；丙，丁也；…"这种呈环形或半环形循环训释形式的皆视为递训。

（二）递训的类型

考察《说文》递训实例，笔者发现，以递训链条终结方式为标准，我们可以将《说文》递训从形式上分为三类：

第一类，如《说文》：

"天，颠也。""颠，顶也。""顶，颠也。"

"谈，语也。""语，论也。""论，议也。""议，语也。"

---

① 王宁：《训诂学原理》，第30页，北京，中国国际广播出版社，1996。
② 王宁：《训诂学原理》，第61页，北京，中国国际广播出版社，1996。
③ 王宁先生认为："不论是两两互训还是辗转互训，凡训释词和被训释词能够互易位置的，一般都是意义极近的同义词，使用时也多能置换。"
④ 王宁先生认为"系源式的声训一般能够互训"。

278

在这种形式的递训中，递训链的终结缘于其中一组训释词和被训释词构成了互训，如上例中的"顶↔[①]颠"、"语－论－议－语"，递训形成了环形链条。

第二类，如《说文》：

"仔，克也。""克，肩也。"（《说文》未收"肩"字）

"懈，怠也。""怠，慢也。""慢，惰也。"（《说文》未收"惰"字）

此类递训链的结束是因为最后一个训释词《说文》未收，即它没有继续作为被训释词而被《说文》训释下去。

第三类，如《说文》：

"闻，门也。""门，闻也。"（"闻，知闻也。"）

"抗，扞也。""扞，忮也。""忮，很也。"（"很，不听从也。一曰行难也。一曰鷙也。"）

这类递训最后一个训释词如"闻"和"很"，《说文》用义界的训释方式进行训释，终止了递训系联。

综上，以互训方式终结的递训链条呈环形，以未收字、义界为终结方式的递训链呈线性。这三种终结方式使递训不再无限制伸展，而是表现出有限性、可控性，从而形成本论文的语言材料基础。

（三）本论文研究方法

王宁先生《训诂学原理》中对"迫"、"附"、"益"等字的系联分析，为我们研究《说文》递训提供了生动的范例。

首先，王先生"从古代的注释书或训诂专书中搜集到这样的迭相注释材料"[②]：

厌（压），笮也；笮，迫也；迫，近也；

近，附也；附（坿），益也；益，饶也；

饶，饱也；饱，厌也。

然后，王宁先生指出，"不加分析地用'训诂即代语'的公式，可以把'厌'、'笮'、'迫'、'附'、'益'、'饶'、'饱'、压（'厌'）系连为同义

[①] 下文中的双向箭头即"↔"皆表示训释词和被训释词构成互训。
[②] 王宁：《训诂学原理》，第207页，北京，中国国际广播出版社，1996。

词。但是，有了层次分析的观念后，便可以知道，在这些注释中，被注释的字都是词项而注释词则是相应的义位。这八个注释体现四个义位，是不能简单以汉字将其系连的"①，并逐一分析各词之间的意义差别：

厌－笮－迫…………………………紧

迫－近－附…………………………靠近

附－益………………………………增加

益－饶－饱－厌……………………满足

最后，得出结论，"它们的意义相关而不相同，是因为'迫'、'附'、'益'这三个汉字处在注释地位与处在被注释地位并非表示同一词项或义项，是汉字的表面形式的同一，使这四组不同意义的单音词错误地连在一起。"②

借鉴王宁先生所提供的案例，并结合其他学者研究《说文》递训时所用方法，笔者进行递训训释词和被训释词间关系研究时采用的思路大致是这样的：1. 首先，穷尽性搜集《说文》递训条例，并初步整理归纳。2. 其次，从三个角度分析递训训释词和被训释词间的关系。(1) 从单义和多义的角度看训释词和被训释词间的意义关系，主要是辨析一条递训链中训释词和被训释词间的同义关系和梳理由多条递训链组成的递训网络中训释词和被训释词间的多义关系（重点在理清那些既作为训释词又作为被训释词的中间词的多个意义及其层次关系，以及该中间词在哪个意义上与其他词发生了训释关系；厘清训释词和被训释词立足的义项是本义、引申义还是假借义）。这部分为全文讨论的重点。(2) 分析递训训释词和被训释词间的字词关系，主要是古今字和同源字的介入。(3) 以声训为例看递训训释词和被训释词间的训释关系。3. 最后从《说文》递训训释词和被训释词关系的分析实践中，反观递训研究的价值与意义及应注意的问题。

二、《说文》递训训释词和被训释词关系分析

《说文》递训系联起来的一组训释词和被训释词之间的关系是极其复杂的，首先来看一组例子，《说文》：

---

① 王宁：《训诂学原理》，第207页，北京，中国国际广播出版社，1996。
② 王宁：《训诂学原理》，第207页，北京，中国国际广播出版社，1996。

"夅，服也；妇，服也；嫔，服也；服，用也；用，可施行也。"
"课，试也；试，用也。"
"赁，庸也；庸，用也。"
"䏁，用也；□，用也。"

为了便于观察，我们做成如下图表：

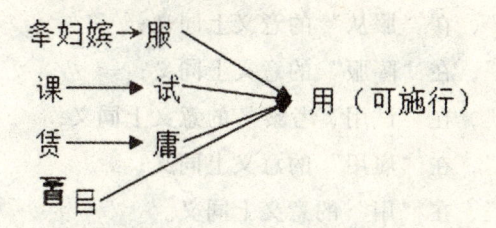

夅妇嫔→服
课——→试　　　→用（可施行）
赁——→庸
䏁□

先看"夅、妇、嫔"同训为"服"。段注："（夅）上从夂，下从反夂，相承不敢并，夅服之意也。凡降服字当作此，降行而夅废矣。""（妇、服）以叠韵为训。妇，主服事人者也。《大戴礼·本命》曰：'……妇人，伏于人也，是故无专制之义，有三从之道。'""传曰：'嫔，妇也。'按，妇者，服也。故释嫔亦曰服也。……嫔与妇同义。"分析可知："夅"训为"服"是义训，"夅"即今字"降"之古字，用的是"服"的"降服、服从"义；"妇"训为"服"是声训，取古代妇女"服从"于人之义；"嫔"与"妇"在"服从"的意义上为同义词，故同样被训为"服"。

再看"课－试"条和"赁－庸"条。段注："《广韵》：'（课）第也。税也。'皆课试引申之义。"从段氏这条注语中可以发现这样两方面的信息：1.既然"第也"、"税也"为"课"之引申义，言外之意，"试也"即为"课"之本义；2."课试"连言表明"课"、"试"义相近。段注："庸者，今之佣字。……凡傭儩皆曰庸，曰赁。"显然，以"试"训"课"，以"庸"训"赁"，两组训释词和被训释词即"试课"、"庸赁"都是同义词关系，且训释本义。

最后看同训为"用"的"服、试、庸、䏁、□"这五个字。《说文》："用，可施行也。"即"用"之本义为"施行、使用"。段注"服"："《关雎》笺曰：'服，事也。'"注"庸"："（庸、用）叠韵。"注："䏁"："此与用部庸音义皆同。《玉篇》曰：'䏁，今作庸。'《广韵》曰：'䏁者，庸之古文。'"徐中舒《甲骨文字典》："（□）为耛之象形字，即耛之本字。……□为用具，

281

故卜辞借为以字。"① "以"有"用"义，如屈原《九章·涉江》："忠不必用兮，贤不必以。"② 分析得之，"用"训释"服"、"试"，分别用的是"服用"、"试用"的引申义；训释"庸"、"𣆪"，是声训；训释"□"，用的是本义，但训释的是"□"的假借义。

这组递训共联系11个字，构成10组训释关系。其中5组同义义训，即：

"妇"和"嫔"，在"服从"的意义上同义；

"夆"和"服"，在"降服"的意义上同义；

"课"和"试"，在"试用、考察"的意义上同义；

"赁"和"庸"，在"雇用"的意义上同义；

"□"和"用"，在"用"的意义上同义。

两组声训，即"妇，服也"和"庸，用也"。

3组古今字介入，即"夆"和"降"、"庸"和"傭"以及"𣆪"和"庸"。

以上所举只是《说文》递训训释词和被训释词复杂关系的一组简单的例子。在穷尽性搜集、整理及考察《说文》训释的基础上，笔者统计出大徐本《说文解字》共有递训约1000条③。当单条递训链相互勾连组成递训网络的时候，训释词和被训释词之间的关系无疑更加复杂。我们可以从以下三个层面解析《说文》递训训释词和被训释词之间的关系：从单义和多义的角度看训释词和被训释词间的意义关系，通过分析古今字、同源字等的介入看训释词和被训释词间的字词关系，以声训为例看训释词和被训释词间的训释关系。

（一）递训链中的意义关系

1. 单义角度

（1）训释词和被训释词为方言词

训释词和被训释词或为不同的方言词，或一为方言词，一为通用语，二

---

① 徐中舒：《甲骨文字典》，第1592页，成都，四川辞书出版社，1989。
② 王力：《古汉语常用字字典》，第453页，北京，商务印书馆，2007。
③ 该数据包括所有形式上符合上文界定的递训的条例。事实上因为许慎认识的局限以及后人传抄的讹误等，《说文》中很多递训训释是不成立的，仅段注通过改字、增字等删改《说文》递训条例就多达500多处，如《说文》："塋，墓也；墓，丘也。"段注："塋，墓地。地，各本作'也'，今正。《玉篇》及《文选》李注引皆作地。""墓，丘墓也。墓字今补。丘谓之虚，故曰丘墓，亦曰虚墓。"

者意义间并无多大差别。根据词性不同,可分为以下三类。

①名物类。即因方言等原因造成的同物异名或一物多名①,如:

《说文》:"刏,镰也;镰,锲也;锲,镰也。"《方言》:"刈鉤,……自关而西,或谓之鉤,或谓之镰,或谓之锲。""鉤"为"刏"的异体字。"刏"、"镰"和"锲"为不同的方言词。

《说文》:"盾,瞂也;瞂,盾也。"(完整递训链为"戛-戟-盾↔瞂")② 《方言》:"盾,自关而东或谓之瞂,或谓之干,关西谓之盾。""瞂"和"盾"为不同的方言词。

《说文》:"箑,扇也;扇,扉③也。"《方言》:"扇自关而东谓之箑,自关而西谓之扇。""扇"和"箑"分别为关东、关西不同的方言词。

《说文》:"瓮,罂也;罂,缶也。"段注:"瓮者,罂之大口者也。《方言》曰:'……自关而东,赵魏之郊谓之瓮,或谓甀。'甀即罂。""许意缶、罂……一物也。""瓮"、"罂"为不同的方言词,"罂"、"缶"同物异名。

《说文》:"筦,筳也;筳,筵也。"段注:"筵、筦、筳,三名一物也。"

《说文》:"蓟,芙也;芙,艸④也。"段注:"许以芙释蓟,则为一物"。谓"蓟"、"芙"同物异名。

②动词类。如:

《说文》:"□,跳也;跳,蹶也。"(□-跳-蹶-僵↔僨)《方言》:"□,跳也。陈郑之间曰□。""自关而西,秦晋之间曰跳。""□"、"跳"分别为陈郑、秦晋方言。

《说文》:"逆,迎也;迎,逢也。"(夆-牾-逆-迎-逢↔遇)段注:"自关而西或曰迎,或曰逢,自关而东曰逆。""迎、逢"和"逆"分别为关西、关东不同的方言词。

《说文》:"挋,拔也;拔,擢也。"(挋-拔-擢-引)《方言》:"自关而西或曰拔,东齐海岱之间曰挋。""挋"为齐语,"拔"为通语。

---

① 冯蒸《〈说文〉同义词研究》归此类词为等义词,北京师范学院博士研究生毕业论文,1988。
② 为行文方便,引例仅截取递训链中符合本文分类的部分,完整递训链在圆括号中标明,下同。如无标注,则文中所引为完整递训链。
③ 《释宫》:"阖谓之扉。"段注:"用木曰阖,用竹苇曰扇。""扇"、"扉"构成同义词,差别在于材质的不同。
④ "芙"、"艸"关系具体分析见下文。

《说文》："栔，刻也；刻，镂①也。"段注："今江东呼刻断物为栔断。"即"栔"为江东方言，"刻"为通语。

《说文》："逝，往也；往，之②也。"（逝－往－之－出－進－登）《方言》："逝，秦晋语也。"即"逝"为秦晋方言，"往"为通语。

《说文》："曬，暴也；暴，晞也。"（曬－暴－晞－乾）《方言》："暴五谷之类，秦晋之间谓之曬，东齐北燕海岱之郊谓之晞。"即"曬"和"晞"分别为秦晋、齐燕间不同的方言词，"暴"为其通语。

③形容词类。如：

《说文》："姣，好也；好，美也。"（姣－好－美↔甘）《方言》云："自关而东，河沛之间，凡好谓之姣。""姣"为方言，"好"为通语。

（2）训释词和被训释词为同义词

真正意义上的同义词是很少或者说是完全没有的，正如王力先生所言："世上真正的同义词极少，甚至可以说是没有。因为每一个词往往有两个以上的意义，而所谓同义词者，往往只能在一个意义上是相同的。"③ 递训之所以能以乙训甲，以丙训乙，很大程度上依赖于训释词和被训释词在某一意义上的同义。这情况下，有必要对训释词和被训释词进行同义辨析。

段玉裁是"说文学"同义词研究最早的权威，王力先生这样盛赞段氏在《说文》同义词研究方面的成就："段氏于同义词的辨析，非常精到。这是段注的精彩部分之一。很少小学家能做到这一点。"④ 段注中频繁出现的"浑言/析言"和"义同/义近"等术语，为我们检索及辨析《说文》递训同义词提供了极大的方便。

对《说文》递训所系联的同义词进行微观辨析是相当复杂的，例如，《说文》："奔，走也；走，趋也；趋，走也。"段玉裁援引《尔雅》这样辨析"奔"、"走"、"趋"三者的异同："《释宫》曰：'室中谓之时，堂上谓之行，堂下谓之步，门外谓之趋，中庭谓之走，大路谓之奔。'此析言之耳。浑言之，则奔、走、趋不别也。""《释名》曰：'徐行曰步，疾行曰趋，疾趋曰

---

① 《释器》："金谓之镂，木谓之刻。""镂"、"刻"同义词，所涉及对象材质不同。
② 《说文》："之，出也。象艸过屮，枝茎益大，有所之。"即"之"本义为"出"，引申为"往"。段注："（之）引申之意为往。""之"训释"往"，用的是其引申义。
③ 王力：《王力文选·理想的字典》，第260页，北京，北京大学出版社，2010。
④ 王力：《中国语言学史》，第113页，太原，山西人民出版社，1981。

走。'此析言之，许浑言不别也。"即"奔"、"走"、"趋"三个动作之间的差异既涉及行为地点的不同，又涉及行为速度的不同。本文在摘出《说文》递训训释词和被训释词同义关系的基础上，试做出以下大致分类辨析，以略窥其貌。

①语义缓急之别

《说文》："迅，疾①也；疾，病也。"（躩－迅－疾－病）段注："析言之，则病为疾加，浑言之，则疾亦病也。""病"比"疾"要严重。

《说文》："歇，息②也；息，喘也。"段注："口部曰：'喘，疾息也。'喘为息之疾者，析言之；此云息者，喘也，浑言之。人之气，急曰喘，舒曰息。"

《说文》："唯，诺也；诺，③譍也。"段注："此浑言之。《玉藻》曰：'父命呼，唯而不诺。'析言之也。""唯诺有急缓之别，统言之，则皆应也。"

②语义范围之别

《说文》："盎④，器也；器，皿也。"段注："皿专为食器，器乃凡器统称。器下云'皿也者'，散文则不别也。"

《说文》："娉，问也；问，讯也；讯，问也。"段注："凡娉女及聘问之礼，古皆用此字。娉者，专词也。聘者，泛词也。……若夫《礼经》'大曰聘，小曰问'，浑言之，皆曰聘……至于聘则为妻，则又造字所以从女之故，而经传既以聘代之，聘行而娉废矣。""问"泛指一切问讯，"娉"则专指"娉女"。

此两例中的训释词和被训释词，它们在具体的词义范围上大小不同。但有趣的是，随着词义的引申，它们的词义范围逐渐扩大重合，并双音连用，如"器皿"、"聘问"等。

③名物性状之别

《说文》："镯，钲也；钲，铙也。"《说文》："铙，小钲也。"段注："镯、铃、钲、铙，四者相似而有不同。……镯、铃似钟，有柄为之舌以声，

---

① 段注："迅、疾叠韵。"

② 段注："息者，鼻息也。息之义引申为休息，故歇之义引申为止歇。""歇"、"息"本义皆为"鼻息"，后皆引申为"休息"，且同义连用为"歇息"。

③ "譍者，应之俗字。……唯诺有急缓之别，统言之，则皆应也。"段注："譍"的语义范围显然大于"唯"与"诺"。

④ "皿"属"器"的一种，是"器"的下位概念。

钲则无舌。""铙,小钲也。钲铙一物,而铙较小。浑言不别,析言则有辨也。""钲"、"铙"形状相同,均无柄,但铙小于钲,"镯"与"钲"、"铙"形状不同,其有柄。

④动作与结果

《说文》:"掉,摇也;摇,动也。"(掉-摇-动-作-起)段注:"掉者,摇之过也。摇者,掉之不及也。许浑言之。""掉"为"摇"的结果,"动"可视为"摇"的结果或呈现出的状态,"摇动"即"摇"使之"动"。

《说文》:"见,视也;视,瞻也;瞻,临视也。"段注:"析言之,有视而不见者,听而不闻者,浑言之,则视与见、闻与听一也。""目部曰:'瞻,临视也。'视不必皆临,则瞻与视小别矣,浑言不别也。引申之义,凡我所为使人见之亦曰视。""见"与"视"的差别在于一关注看的结果,一关注看的过程,而"视"与"瞻"的差别又在于看的动作不同,"瞻"比"视"更强调居高临下地看。

《说文》递训训释词和被训释词同义辨析还存在很多情况,如:

《说文》:"赉,赐也;赐,予也。"段注:"赐者,与之通称。……又《玉藻》言'赐君子'、'与小人'者,别言之,统言则不别也。"则"赐"与"予(与)"①感情色彩不同,一为褒义,一为贬义。

《说文》:"贳,贷也;贷,施也。"段注:"赊,贳也,若今人云赊是也。贷,借也,若今人云借是也。其事相类,故许浑言之曰:'贳,贷也。'""贳"与"贷"分别从借方和被借方为名,关注的角度不同。

此不一一赘举。

(3)训释词和被训释词为上下位概念

《说文》递训以上位概念训释下位概念的情况,多存在于草木虫鱼鸟兽等名物类训释中,如:

《说文》:"屯②,难也;难,鸟也。""难"从"隹",本义为鸟的一种,是"鸟"的下位概念。

《说文》:"蓟,芙也;芙,艸也。""芙"是一种艸,是"艸"的下位概念。

---

① "与"、"予"异体字。
② 段注:"(屯)象艸木之初生。屯然而难。""难"训释"屯",用的是其"难易"的假借义。

《说文》:"杶,木也;木,冒①也。"(橁-杶-木-冒)段注:"杶,杶木也。"

"杶"是木的一种,属"木"的下位概念。

值得注意的是,对于此类训释,段玉裁多改直训为义界,以更加明确训释词和被训释词间的种属关系,如:

《说文》:"楷,木也。"段注改为:"楷,楷木也。……楷亦方树之一也。"

《说文》:"杨,木也。"段注改为:"杨,蒲柳也。各本作'木也'二字,今依《艺文类聚》、《初学记》、《本草图经》、《太平御览》所引正。"

2. 多义角度

词的多义性是导致递训在逻辑上"偷换概念"的主要原因,弄清楚递训中训释词和被训释词在发生训释关系时所依据的义项及其层次关系,是避免为递训所误的重要方法。

(1) 中间词辨析

递训训释词和被训释词意义关系复杂的最重要的一个原因及表现就是,那些既作为训释词又作为被训释词的中间词在系联其他词时,用的是不同的词义,即产生了词义偏差。辨清训释词和被训释词在哪个意义上产生了训释关系,是避免"对训释材料一边偷换,一边辗转相训",以致"弄出很荒谬的结论来"②的前提与重要方法。以下以"过度"义系为例说明之。

《说文》:"逑,踰也;踰,越也;越,度也。"

段注:"踰与逾音义略同。""(越)与辵部逑字音义同。"显然,"逑-踰-越-度"之所以能迭相注释,基于它们在"逾越、凌越"义上的基本一致。

《说文》:"凶,恶也;恶,过也;过,度也。"

段注"恶":"人有过曰恶,有过而人憎之亦曰恶,本无去入之别,后人强分之。"指出了"恶"的两个基本义"罪恶(e)"和"憎恶(wu)"。"凶"训为"恶",立足于"罪恶"义的引申义"凶恶"。"过"以"辵"为形符,显然其本义为"经过","过错"为其引申义,段注"过":"引申为有过之过。""凡人有所失,则如或梗之有不可经过处,故谓之过。"在"凶-恶-

---

① "木"、"冒"以叠韵为训。
② 王宁:《训诂学原理》,第120页,北京,中国国际广播出版社,1996。

过"这条递训链中,"过"作为"恶"的训释词,用的是其"过错"的引申义,而"恶"作为"凶"的训释词,用的又是其在"过错"义上的引申义"凶恶"。

《说文》:"度,法制也。"即"度"之本义为"法度、制度",引申为"揣度"。作为"渡"的借字,"度"又具有"度过"义,段注:"凡过其处皆曰渡,叚借多作度。"结合上文可知,"度"训释"过",用的是其"度过"的假借义。

我们可以将上述递训系联的7个训释词和被训释词的意义关系表述为下图:

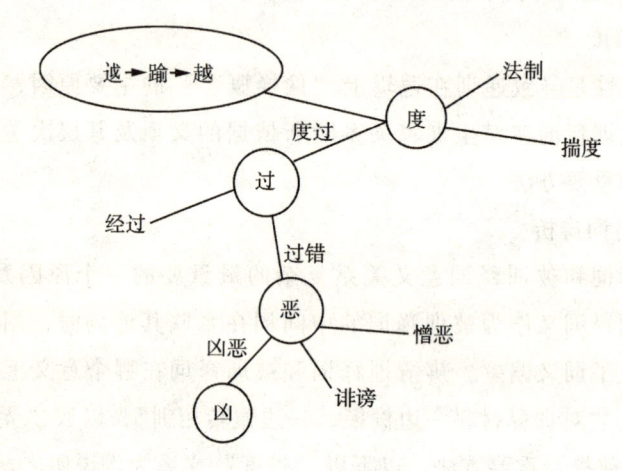

```
           遰→踰→越            法制
                         度
                度过         揣度
             过
        经过
                过错
             恶
        凶恶      憎恶
                 诽谤
             凶
```

显然,理清此组递训网络中训释词和被训释词间意义关系的关键在于,训释词被训释词"恶"具有"凶恶"、"憎恶"、"诽谤"等多个意义,"过"有"经过"和"过错"两个主要意义,训释词"度"有"法制"的本义、"度过"的假借义和"揣度"的引申义。我们姑且将类似于"恶"、"过"等这些递训链条中既作为训释词又作为被训释词的词称为中间词,它们在训释词和被训释词身份的转换中,意义也发生了转换。理清这种意义转换的线路,正是分析多义递训的重点所在。类似的例子还有:

《说文》:"无,亡也;亡,逃也。"段注:"亡之本义为逃……引申之,则谓失为亡,亦谓死为亡。……亦叚借为有无之无,双声相借也。"显然,"亡"作为"无"的训释词,用的是其假借义"丢失",而同时作为"逃"的被训释词,用的又是其本义"逃亡"。

《说文》:"宄,姦也;姦,私也;私,禾也。"段注:"盖禾有名私者也,今则叚私为公厶。"作为"禾"的被训释词,"私"用的是其本义"禾名",作为"厶"的训释词,"私"用的是假借义"公私"。

《说文》:"防,隄也;隄,唐也。"段注:"唐,塘正俗字。唐者,大言也。叚借为陂唐,乃又益之土旁作塘矣。……其实窊者为池,为唐,障其外者为陂,为隄。""隄"训释"防"为本义训本义,"唐"训释"隄",为假借义训本义。

《说文》:"跨,渡也;渡,济也。"段注:"(跨)谓大其两股间以有所越也,因之两股间谓之跨下。《史记·淮阴侯传》作'胯下'。""凡过其处皆曰渡,叚借多作度。""今字以为济渡字。"用"渡"训"跨",用的是其"度"的假借义,"渡"被"济"所训,用的又是其"济渡"的本义;而"济"作为"渡"的训释词,用的是假借义,其本义只表"水名"。

(2)义项辨析

词的意义有本义、引申义或假借义,训释词和被训释词可能发生的意义关系是:本义训本义,本义训引申义,本义训假借义,引申义训本义,引申义训引申义……以此类推,共有9种排列组合方式。完全搞清递训系联的训释词群在这个层面上的意义关系,无疑是一项在短期内无法妥善完成的浩大工程。但是,经考察笔者发现,递训链中某字假借字或假借义的介入,是造成递训训释词和被训释词之间概念易混淆的最主要原因之一。所以找寻递训链中某字的假借字或假借义,是理清递训系联的一组训释词群之间意义关系的关键。以下试举例说明之。

①假借义 - 本义

《说文》:"婚,减也;减,损也;损,减也。"段注:"水部又曰:'渻,少减也。'然则婚、渻音义皆同。作省者,叚借字也。省行而婚、渻废矣。"即"省"为"婚"的假借字,"减"训释"婚"之假借义。

《说文》:"勞,健也;健,伉也。"段注"勞":"此豪杰真字;自假豪为之而废勞矣。"即"豪"为"勞"的假借字,"健"训释"勞"之假借义。

《说文》:"摡,涤也;涤,洒也;洒,涤也。"段注:"今人假洗为洒,非古字。"即"洗"为"洒"的假借字,"涤"训释"洒"之假借义。

②本义 - 本义

《说文》:"逆,迎也;迎,逢也;逢,遇也;遇,逢也。"段注:"今人假(逆)以为顺屰之屰,逆行而屰废矣。""迎"训释"逆"之本义。

《说文》:"然,烧也;烧,蓺也;蓺,烧也。"段注:"(然)通叚为语词,训为如此,尔之转语也。"即"烧"训释的是"然"的本义"燃烧"。

《说文》:"叔,拾也;拾,掇也。"段注:"《豳风》:'九月叔苴。'毛曰:'叔,拾也。'按,《释名》:'仲父之弟曰叔父。叔,少也。'于其双声叠韵假借之。假借既久,而叔之本义鲜知之者,惟见于《毛诗》而已。""拾取"即为"叔"之本义。

③本义-假借义

《说文》:"憪,愉也;愉,薄也。"段注:"薄本训林薄、蚕薄,而叚为浅泊字。……凡言厚薄,皆厚泊之叚借也。此'薄也',当作'薄乐也',转写夺乐字,谓浅薄之乐也。引申之凡薄皆云愉。"据段氏所言,"愉"为"浅薄之乐","薄"之所以能作为"愉"的训释词,源于其"厚薄"的假借义。

《说文》:"儥,娴也;娴,雅也。"段注:"雅之叚借之义为素也。""雅"之本义为"楚乌",假借为"素"义,故能训"娴"。

《说文》:"褢,袌也;袌,侠也。"(簊-褢-袌-侠-傅-使-伶-弄↔玩)段注:"马融释以怀抱,即褢袌也。今字抱行而袌废矣。""侠之言夹也,夹者,持也。经传多叚侠为夹,凡夹多用侠。"知道了"褢"为"抱"的古字,"侠"为"夹"的假借字,"侠"与"褢"的训释关系便一目了然。

④本义-引申义

《说文》:"趣,疾也;疾,病也。"(徇-务-趣-疾-病)"疾"之本义为"疾病",引申为"疾速",训释"趣"之本义,"趣"又引申为"旨趣、乐趣",《段注》:"趣者,疾走也。""后人言归趣、旨趣者,乃引申之义。"由此可见,词义间纷繁复杂的引申关系,很大程度上增加了清理递训训释词和被训释词间意义关系的难度。

⑤引申义-本义

《说文》:"稬,稠也;稠,多也;多,重也。"(稬-稠-多-重-厚)段注:"(稠)本为禾也,引申为凡多之称。"徐中舒《甲骨文字典》:"(多)从二夕,夕象块肉形。……古时祭祀分胙肉,分两块则多义自见。"①"稠多"亦同义连用,但"稠"用的是引申义,"多"用的是本义。

⑥引申义-引申义

---

① 徐中舒:《甲骨文字典》,第752页,成都,四川辞书出版社,1989。

《说文》："启，开也；开，张也。"（忻－闿－开－张）"开"从门，本义"开门"，引申为凡开之开；"张"从弓，本义"开弓"即"施弓弦也"，亦引申为泛指一切开。在引申义上，"开"和"张"二者同义，且连用为"开张"。

（二）递训链中的字词关系

递训训释中某字假借字、古今字和同源字等的介入，也可能对理解递训训释词和被训释词关系造成一定影响，上文已经分析到假借字的介入，以下仅以古今字和同源字说明递训链中的字词关系。

1. 古今字关系

有时候，训释词和被训释词之间看似毫无意义关联，但是，明了了其中古今字的介入，训释词和被训释词之间的训释关系和意义关系，便很容易得到合理的解释。

古今字一般认为是指因时代不同而形成的"历时的同词异字现象"①。递训被训释字②和训释字直接构成古今字关系的例子是极少的，仅见1例：《说文》："粤，亏（于）③也；亏，於也。"段注："於者，古文乌也。……以於释亏，亦取其助气。《释诂》、毛传皆曰：'亏，於也。'凡《诗》、《书》用亏字，凡《论语》用於字。盖亏、於二字，在周时为古今字，故《释诂》、毛传以今字释古字也。"

《说文》中普遍存在的情况是，被训释字和训释字并不直接构成古今字关系，而是有其他古今字的间接介入。了解了训释字或被训释字是哪个字的古字或今字，就很容易明白《说文》递训训释词和被训释词之间的意义关系了。例如：

《说文》："厌，笮也；笮，迫也。"（厌－笮－迫－近－附）段注："（笮也）此义今人字作'壓'，乃古今字之殊。……厌之本义，笮也，合也，与壓

---

① 杨润陆：《论古今字的内涵》，《沈阳师范学院学报》，1998（6）。
② 字和词是一组不容被混淆的概念，正如王宁先生所言，二者"从总体上和本质上不是一种东西"，"词是语言本身的建筑材料，是音和义的结合体，以音为形式，义为内容；而字是语言的记录符号，它自身的形式只有形，而音与义则是从它记录的词中接受来的。"但是，基于古代汉语以单音词为主，绝大多数符合一字即一词的原则，且递训训释词和被训释词多为单音节词，故本文非必要时对字词关系不作太过细节的区分。
③ "亏"、"于"异体字。

义尚近；……各书皆假厌为猒足、猒憎字，猒足、猒憎失其正字，而厌之本义罕知之矣。"显然，"厌、壓"构成一组古今字，今字"壓"分化古字"厌"的本义"压迫"。段注："笮、窄古今字也。屋笮者本义，引申为逼窄字。……笮在上橑之下，下橑之上，迫居其间，故曰笮。""笮、窄"构成一组古今字，今字"窄"分化"笮"的引申义"逼窄"。于是我们可以将这组递训代换为"壓（压），窄也；窄，迫也。"于是"厌（壓）"、"笮（窄）"、"迫"之间的意义关系便一目了然。类似的还有《说文》："涸，渴也；渴，尽也。"段注："渴、竭古今字。"可理解为"涸，竭也；竭，尽也。"

《说文》："或，邦也；邦，国也。"（迷－或－邦↔国）段注："盖或、国在周时为古今字，古文只有或字，既乃复制国字。以凡人各有所封建日广，以为凡人所守之或字，未足尽之，乃又加口而为'国'。"即"或、国"构成一组古今字，今字"国"分化古字"或"之本义"邦国"。

《说文》："介，畫也；畫，界（畍）① 也。"段注："界之言介也。介者，畫也。畫者，介也。象田四界，聿所以畫之。介、界古今字。"即"介、界"构成一组古今字，今字"界"分化古字"介"之本义"画界"。

《说文》："飾，㕞也；㕞，試也。"（妆－饰－㕞－试）段注："饰、试古今字，许有饰无试。……凡物去其尘垢，即所以增其光彩，故㕞者，饰之本义。而凡踵事增华，皆谓之饰，则其引申之义也。""饰、试"构成一组古今字，今字"试"分化古字"饰"之本义"刷试、拂拭"，而古字"饰"逐渐被其引申义"装饰"所专。

《说文》："湛，没也；没，沈（沉）② 也。"段注："古书浮沈字多作湛，湛沈古今字，沉又沈之俗也。""沈、湛"构成一组古今字，今字"沈"分化古字"湛"之本义"沉没"。

值得注意的是，以上"或－邦－国"、"介－畫－界"、"饰－㕞－试"、"湛－没－沈"4例递训链的首尾字皆为古今字关系，实际上皆可归并为一组同义互训，即"或／国↔邦"、"介／界↔邦"、"饰／试↔㕞"、"湛／沈↔没"。

2. 同源字关系

---

① "畍"、"界"异体字。
② "沈"、"沉"异体字。

同源字关系立足于音义关系，训释词和被训释词音近义通，如：

《说文》："旁，溥也；溥，大也。"段注："旁读如滂，与溥双声。"王力《同源字典》谓"旁、溥"为同源字："'旁'的本义是'溥'；后人以为旁边的'旁'，古义遂亡。"

《说文》："天，颠也；颠，顶也；顶，颠也。"段注："（颠，顶也）此以同部叠韵为训也。……颠者，人之顶也，以为凡高之称。……然则天亦可为凡颠之称，臣于君、子于父、妻于夫、民于食，皆曰天是也。""顶、颠异部叠韵字。"王力《同源字典》谓"天、颠、顶"为同源字。

段注中标明"音义同"、"音义近"、"同义同音"、"音同义近"、"音义皆同"等的词，亦多为同源字关系。如：

《说文》："諕，號也；號，呼也。"段注"諕"："此与号部號音义皆同。""諕"、"號"同源。

《说文》："□，乱也；𤔔，乱也。乱，治也。"段注："（□）与……乙部亂音义皆同。""（𤔔）与乙部亂音义皆同。""□"、"𤔔"、"亂"三字同源。

《说文》："忻，闿也；闿，开也。"（忻－闿－开－张）段注："闿者，开也。言闿不言开者，闿与忻音近……忻谓心之开发。""忻"、"闿"同源。

（三）递训链中的训释关系

从上文分析可以看出，递训链中训释以义训为主，声训为辅。义训多为同义训释，立足于不同的义项，会构成多组同义训释。这些上文已分析到。递训链中训释词和被训释词构成声训的，据不完全统计，达百余条。其中训释词和被训释词不仅有声音关系，而且有意义关系。有的意义超越了表面的同义、近义关系，涉及深层次的词源意义。如：

《说文》："倍，反也；反，覆也；覆，覂也。"段注："覆、覂、反三字双声。"

《说文》："逞，通也；通，达也。"段注："通、达双声。……达之训行不相遇也，通正相反。经传中通、达同训者，正乱亦训治、徂亦训存之理。"

《说文》："慘，毒也；毒，厚也。"段注："毒、厚叠韵。……毒兼善恶之辞，犹祥兼吉凶、臭兼香臭也。"

《说文》："姁，妪也；妪，母也；母，牧也。"段注："（母，牧也）以叠韵为训。牧者，养牛人也，以譬人之乳子。引申之，凡能生之以启后者，皆曰母。"

《说文》："日，实也；实，富也；富，备也；备，慎也；慎，谨也；谨，慎也。""宫，室也；室，实也。"段注："（日，实也）以叠韵为训。……《释名》曰：'日，实也。光明盛实也。'"

《说文》："宫，室也；室，实也。"段注："（室，实也）以叠韵为训。……《释名》曰：'室，实也。人物实满其中也。'引申之，则凡所居皆曰室。"

从上述三部分对递训训释词和被训释词关系的分析中不难看出，递训链中训释词和被训释词关系的整理是一项极其复杂的工程，它兼顾词义、字词关系和训释等诸多方面，必须进行综合考察，才能真正弄清楚其中的规律。

三、递训及其研究的价值与问题

递训，作为一种"不完全训释"，[①]在辗转相训的过程中，确实因"偷换义项"而导致了训释词和被训释词之间词义的偏移，这很容易造成对词义的误解。所以，王力先生从编制"理想的字典"的高度——"字典的目的很简单，就是令人彻底了解字的意义。为了达到这个目的，咱们该使咱们所下的注释不含糊，不神秘，不致令人发生误会"[②]，认为"以一释一是很难办到的事，所以咱们应该尽量地以多字释一字"[③]。笔者在整理、归纳《说文》递训训释词和被训释词关系的过程中，对递训极易造成的词义误解就深有感触。段玉裁频繁通过增补夺字、连文等手段改递训中的直训为义界，也从侧面反映了递训不能完全满足"理想"的训释的不足。但是，换个角度辩证地、一分为二地看待递训的这个缺陷，对递训训释词和被训释词训释关系进行探讨，即从根源上弄清楚《说文》为什么要用这个词训释那个词，无疑是《说文》字词、语义乃至文化研究一笔不容忽视的财富。从《说文》递训训释词和被训释词关系研究的实践中，可以发现递训及其研究在以下几个方面的价值与意义。

[①] 王宁：《训诂学原理》，第209页，北京，中国国际广播出版社，1996。
[②] 王力：《王力文选·理想的字典》，第247页，北京，北京大学出版社，2010。
[③] 王力：《王力文选·理想的字典》，第268页，北京，北京大学出版社，2010。

(一) 为古汉语同义词研究提供丰富材料

研究递训中的同义部分，对训释词和被训释词进行同义辨析，是研究《说文》乃至上古汉语同义词的一条可行之路。长于《说文》同义词研究的冯燕先生亦有同感："《说文》本身的某些训释方式对我们研究其同义词提供了若干基本的依据。这些训释方式主要有互训、递训、同训、声训和通训。"①"递训对于我们归纳同义词组有一定帮助，但因每次递训易产生词义偏差，所以利用这种形式归纳同义词组要格外小心。"②

(二) 揭示多义词的意义层次及其关系

系联多义递训，可以发现一词多义及各个义项之间的层次关系，特别是发现那些处在训释链中间，既当训释词又当被训释词的中间词的两个意义。王力《理想的字典》中关于"富-备"的经典例子常被学者引用："富，备也；备，慎也；但'富'不能解作'慎'。"③ 换个角度，却可以发现处于训释中间的"备"具有"富"和"慎"两个意义。这样的例子还有很多，例如：《说文》："抚，安也；安，静也；静，审也。"显然，"抚"与"安"不同义，"安"与"审"不同义。于是可推知，"安"具有"安抚"和"安静"两个意义，"静"具有"安静"和"审思"两个意义。

(三) 了解古代用字情况

当训释词和被训释词为音近义通关系时，一般可以将二者直接系联为同源字；当训释词和被训释词之间意义关系无法直接解释时，往往可通过寻找可能介入的古今字或假借字而构建链接。研究《说文》递训，为研究《说文》同源字、古今字和假借字等用字情况提供了有效之径。

综上，递训及其研究无论对于《说文》词汇学还是词义学研究，都具有极大的价值与意义。卢凤鹏就指出，"《说文》系统研究可以从几个层面上进行"，其中第二个层次就是"通过词义训释的各种形式，如内容上的同义、反义，形式上的同训、递训、互训等，依照先秦至汉的历史典籍、地下文物等

---

① 冯燕：《〈说文〉同义词研究》，第9页，北京师范学院博士研究生毕业论文，1988。
② 冯燕：《〈说文〉同义词研究》，第11页，北京师范学院博士研究生毕业论文，1988。
③ 王力：《王力文选·理想的字典》，第261页，北京，北京大学出版社，2010。

资料,并从各个系统之中归纳出每一个系统的共同的语义特征;从每个系统中整理出各义位之间的关系,构拟出各系统的语义网络。"① 这在肯定递训研究的意义的同时,也表明了仅仅进行递训研究的不足,因为要建构真正意义上的《说文》"语义网络",还要进行互训、同训等直训语义系联,这无疑是一项有意义的工作,也必将是浩大而艰难的。精于《说文》词义系统研究的宋永培先生展望了《说文》词义系统研究"在理论与实用上的价值",包括"发展汉语词义学的理论","对汉语词义进行系统辨析"和"促进中国古代文化史的研究"② 等。而递训研究仅仅是《说文》词汇学、语义学研究千里之行的一个起点和切入点,其研究前景无疑是极其广阔与诱人的。

(指导教师:韩琳教授)

附:写作感言

自论文通过答辩至今,我已在北京语言大学人文学院师从张希峰老师学习文字、训诂学近一个学期了。现在回头重看这篇小文,难免会心一笑,其间的错误与纰漏自然一言难尽,就是那股子选择《说文》、选择递训研究的蛮劲,也不禁令人莞尔。还记得前不久张老师问我毕业论文写的是什么,我说是递训研究,老师便问我你懂音韵吗?当即无语。

应该讲我自大一起便对古代汉语有很大的兴趣,一年古代汉语的成绩也还不错。大三时又选修了韩琳老师的"《说文解字》导读",顺水推舟,学年论文就写了《说文》亦声字研究,在进一步加深对《说文》及"说文学"的认识了解的基础上,培养了学术论文写作的基本素养。

语言学的论文不好写,古代汉语方面的论文更是难。我虽然有幸获得了我们那届的推荐免试研究生资格,也顺利进入北语,但是我的大四过得并不轻松,一个月的时间理出《说文》中的递训材料,两个月的时间收集整理《段注》等相关方面的研究资料,又将近一个月的时间三易其稿,即便是在答辩的前一天晚上,我也是在手忙脚乱地修改自己的稿子。

---

① 卢凤鹏:《〈说文〉语义考论》,第105页,贵阳,贵州人民出版社,2005。
② 宋永培:《〈说文〉词义系统研究》,第246-248页,北京师范学院博士学位研究生毕业论文,1988。

经验不敢讲，论文写作过程中的教训与感想倒是一大箩筐。

最好选择自己感兴趣的和熟悉的专业方向的课题，有读研深造意向的同学，最好能和自己将来的研究方向结合起来。

收集足够多的相关领域的研究资料是论文写作必不可少的前提，所谓"知己知彼，百战不殆"。更重要的是，通过阅读大量的研究论文，你不仅收获了专业知识，也有意无意间自学了学术论文写作的规范。我当时的论文写作就吃亏在这一点上，因为自己专业知识的匮乏和论文进度安排不合理，材料阅读仅限于《段注》等少数著作和文章，阅读面既然不够，阅读的深度就更别提了。

论文写作过程中要经常和导师沟通，虚心接受老师的意见和建议，勤修改，不厌其烦，精益求精。

现在一直在读段玉裁的《说文解字注》，毕竟此部巨著是文字学的基础著作，在通读段注的基础上，才有能力作进一步研究。现在读书的任务很重，因为专业要求，更因为本科四年蹉跎好光阴，书读得少得可怜，极度缺乏古文献阅读能力。

废话不必多讲了。我只想诚恳地告诉有兴趣阅读这篇不成熟的论文的学弟学妹们，无论选择的是什么专业什么方向，读书始终是最重要的，而且要多读原典。在阅读一定量书籍的基础上，勤思考，融会贯通，经常动手写些小文章，这样真正写作学术论文时，就不会束手无策、手忙脚乱。

最后用开学讲座中一位老师的讲话标题结束此文吧：

"读书，思考，写作！"

现代汉语频率副词"时时、不时、时不时"的比较研究

刘 爽[①]

一、频率副词研究综述

近年来,随着现代汉语研究的不断深入,对副词的研究也进一步细化,作为副词研究中的重要分类——频率副词的研究也越来越受到人们的关注。

频率副词有自己的特点,与时间副词和重复副词之间关系模糊,很长一段时间以来,对频率副词缺乏大量深入的研究,对其分类、定义等没有明晰的解释,随着现代汉语研究的深入,这一领域逐渐引起了学界的重视,张谊生最先将其作为独立的一类提出,并根据语义等方面的特点进行了划分,邹海清在其基础上深入探讨了频率副词的特点,划分为描写类和判断类两大类,宏观上的研究已初见成效;微观上,频率副词的个案研究也呈发展态势,笔者收集了有关频率副词研究的相关论文数十篇,查阅各主要虚词词典对"时时、不时、时不时"的解释,在前人的基础上,对频率副词和"时时、不时、时不时"的研究现状进行了如下总结:

(一) 频率副词与时间副词

由于频率副词与时间副词都能够表示时间义,许多语法著作中常将频率副词划分到时间副词的类别中去。实际上,两者在语义和句法表现上存在明显的不同。

1. 频率副词在任何条件下都不能修饰 AP:

例如:

[①] 作者为中央民族大学 2011 届对外汉语专业毕业生,现为北京师范大学汉语文化学院 2011 级硕士研究生。

a. 我<u>经常</u>去图书馆看书。
　　b. 母亲<u>总</u>是先做完家务后再去上班。

　　在以上例句中，画线部分的词语只能修饰 VP。语义上表示某种动作行为或某种情况经常性地反复出现或进行。这些词语与一些表示持续义的时间副词语义上很相近，但二者功能上明显不同：表持续义的时间副词能修饰 VP，也能修饰 AP，如：

　　a. 她毛笔字写得<u>一直</u>很好。

　　但是频率副词不能修饰 AP，如：

　　b. *她毛笔字写得<u>经常</u>很好。

　　即使同样修饰 VP，二者在语义上也有明显差别：前者侧重于表示动作行为在时间上的一贯性，而后者则侧重于表示动作行为重复的次数多。

　　2. 从意思上看，频率副词表示事情动作出现的频率，即指在某一明指或暗指的时间里，某一事情、行为、动作发生次数的多少；而表持续义的时间副词表示动作行为在时间上的一贯性，充当时间角色。

　　例如：

　　a. 小明<u>通常</u>喝青岛啤酒。
　　b. 他<u>一度</u>因为考试失利心情跌入低谷。

　　在 a 句中，"通常"表示小明喝青岛啤酒的次数很多，经常性反复性地进行，并没有一个明确的时间概念，不能充当时间角色；而在 b 句中，"一度"可以充当时间角色，可以把"一度"理解为考试结束后到下一次心情好起来之间这一时间段。

　　3. 跟一般时间副词相比，频率副词有明显的形式特征。由于主要表示频率，频率副词所修饰的动词后边一般很少能带表示完成的"了1"。如：

　　a. 我<u>总</u>是用细米糠熬的粥喂它。
　　b. 在车厂的时候，他<u>常常</u>帮她的忙。
　　c. 她<u>有时</u>也为自己的未来的前途感到不安。

　　而一般时间副词所饰动词后边大多可以带"了1"。如：

　　a. 他<u>刚刚</u>（已经）去了日本。
　　b. 王教授<u>立刻</u>（忽然）坐了下来。

　　4. 从语义上看，频率副词指动作的重复量，而时间副词指动作的持续量。

　　a. 去年我<u>总</u>是骑自行车去上班。

b. 去年我<u>一直</u>骑自行车去上班。

句 a 中"总是"侧重强调骑自行车的频率大，在单位时间内重复出现进行，而"一直"侧重表现骑自行车这一动作在去年这一时间段内持续出现，表现在某一时间内动作的持续进行时间。

(二) 频率副词与重复副词

频率副词和重复副词都牵涉到动作的重复进行，具有一定的相似性。重复副词主要指"又、再、重、还、再度、重新"等，同频率副词一样，也反映了动作行为等的重复量。但是二者有明显的区别。

1. 频率副词侧重动作、行为、状态的重复率，强调动作量重复的次数多少，重复副词只指出动作的重复，但不含动作量的大小问题。

a. 他<u>常常</u>去健身。

b. 他<u>偶尔</u>去健身

c. 他<u>又</u>去健身了。

在句 a 中，频率副词"常常"指出健身的次数多，频率大。句 b 中"偶尔"可以看出健身的次数少，频率小，关于动作量的大小有一个明显的概念。句 c 中"又"只说明了健身这个动作的重复，并没有说明次数多还是少。因此，正如丁淑娟（2004）指出："频率必定是蕴涵（事件）重复。不过，频率重在单位时间内发生的次数。因此，事件的重复未必形成频率。"[①] 也就是说，频率副词既包含重复义也包含重复次数的多少义，但是重复副词只指出动作的重复，没有次数多少概念。

2. 频率副词的重要语义特征之一是伴随性（史金生（2002）认为频率副词有三个重要的语义特征——"不确定性、指大性、伴随性"[②]，重复副词并不具有伴随性，而具有结果性。所以当频率副词与重复副词都以"adv + Vp1 + 再/然后/才 + Vp2"这样的格式出现时，含频率副词的格式只能理解为"adv + (Vp1 + 再/然后/才 + Vp2)"。如：

a. 我<u>通常</u> 踢完球再去看电视。

b. <u>他总是</u> 先做完家务然后出去打球。

[①] 丁淑娟：《现代汉语频率副词研究》，延边大学硕士学位论文，2004。
[②] 史金生：《现代汉语副词的语义功能研究》，南开大学博士学位论文，2002。

而重复副词的格式要理解为（adv + Vp1） + 再/然后/才 + Vp2
a. 把作业重做一遍 再出去玩。
b. 又喝了一杯牛奶 才去上学。

频率副词不表结果性，只表伴随性，并不强调前一个动作的结束作为下一个动作的必要条件，所以不能进入（adv + Vp1） + 再/然后/才 + Vp2 格式，只能把第一个动作和第二个动作看成整体，频率副词同时修饰作为整体的两个动作。而重复副词具有结果义，第一个动作的结束是第二个动作的前提，修饰第一个动作。

（三）"时时、不时、时不时"研究综述

"时时、不时、时不时"的研究属于频率副词个案式的微观研究，目前学界对这三个词的差异辨析并不深入，作为现代汉语里三个常见的频率副词，它们词义相近，在某些条件下可以彼此替换，对于三者的差异，目前在几部主要的虚词词典中可以找到，也有相关的论文进行分析，如《现代汉语八百词》（吕叔湘主编，1999）、《现代汉语虚词例释》（北大中文系1955、1957级语言班编，1982）、《现代汉语虚词词典》（张斌，2001）等都对三者做了解释，现总结如下：

1. 《现代汉语八百词》在解释"时时"和"不时"这两个词时，采用互训的方式，认为"时时"是"时常、不时"；"不时"是"表示间隔不长而不断地发生，时时、常常"；"时不时"是方言词，主要用于口语，与"不时"意思一样。

2. 《现代汉语虚词例释》对"时时"所做的解释认为，"时时"："（1）表示在短时间内某种动作或行为屡次发生；（2）表示某种动作或行为经常发生，和'常常'相近。"

3. 《现代汉语虚词词典》对"时时"和"不时"的解释则较为详细，对比总结可知："时时"的词义是："（1）表示事情经常发生，相当于'常常'；（2）表示事情接连不断地发生，相当于'时刻'；（3）表示屡次出现某种情况，相当于'不时'。"解释"不时"的词义："（1）表示情况不断发生，只有短时间的间歇，相当于'时时'；（2）表示情况不定时地发生，相当于'随时'。"

4. 《现代汉语虚词词典》（侯学超编，1998年5月第1版）认为"时不时"是"方言词，表示不定时地、多次地发生或出现；时常。可以加'地'，时不时+动词短语"；"时时"为"表示行为动作在相隔不久的时间里屡次发生或出现；多用于书面语。有时可以加'地'。时时+动词/动词短语"；"不时"表示动作行为间歇地发生，可以加'地'，用于书面语，多修饰动词短语"。

此外，邹海清在《现代汉语虚词研究》中把"时时"分为"时时1"和"时时2"，前者表示延续量，后者表示重复量，因此在某些条件下或者可以与"不时"、"时不时"通用，或者不可，并对可以与不可以的情况分别进行了归类总结。邹海清对这三个词与判断类频率副词和描写类频率副词分别作句法分布上的比较分析，并试图找出相同点和不同点背后的根源所在，是目前关于"时时"、"不时"、"时不时"的相对深入具体的比较研究。

李璇、任海波在《"时时"和"不时"的用法考察及其句式语义分析》中，从语料入手，在例句的比较分析中考察"时时"、"不时"在语法功能、句法分布上的不同，同时指出彼此的差异归根结底是由于两个词语义上的差异造成的。

综合目前研究现状，在涉及"时时、不时、时不时"作为频率副词的几篇文章中主要讨论了以下几个问题：

1. 语义分析

在目前的研究中，关于"时时、不时、时不时"的语义分析主要涉及以下几个方面：

（1）反复与持续的区分。认为从语义上看"时时、不时、时不时"都可以表示动作或情况的反复，"时时"除了表示反复以外还可以表示动作的延续。

（2）频率特征区分。"时时"属于高频短时副词，即强调动作在某个时间段内反复发生或屡屡出现，"时不时"、"不时"所代表的事情、行动、动作出现和发生的频率相对较低，又表示重复的随机性、不定时性。

（3）有界与无界的区分。"时时"强调动作的延续性、均质性与无界动作内部所具有的同质性特征相一致，无界动作外部所具有不可离散性特征同"不时"、"时不时"强调动作的重复性是相矛盾的。

2. 句法分析

句法分析方面主要涉及主要语法功能，在句中充当成分，在与其他动词搭配时的限制差异。如"时时"和"不时"都可以既修饰单个动词，也可以修饰相对复杂的动词性结构,"不时"能直接与动词重叠式搭配,"时时"一般不能。"时时"和"不时"的研究相对来说比较充分,"时不时"出现较晚,在书面语中应用并不广泛,多在口语中出现,因此,相关研究比较少。

但是,在这一领域,还有很多问题没有解决,李璇、任海波的《"时时"和"不时"的用法考察及其句式语义分析》只涉及"时时"和"不时",没有关于"时不时"的辨析,并且主要集中在句法分布方面,对语义特征以及在句法方面这样分布的原因没有一个合理、明确的解释;邹海清在研究中偏重进行判断和描写的区分,关于三者的语用区分,还处于空白阶段,并且对在对外汉语教学方面应注意的问题以及应该采取的方法,缺乏大量深入的研究。

本文将在前人研究的基础上更深入地进行研究,对比分析"时时、不时、时不时"三个词的基本语义特征、句法分布、语义强度和语体色彩等方面,在详细分析的基础上归纳这些选择和限制上的共性和差异,并对这种共性和差异背后的制约因素进行解释,力图有所突破和创新。

本文的研究方法包括:

1. 共时和历时相结合。以往学者对"时时、不时、时不时"的比较研究多集中在共时的层面上,本文将结合历时的角度,更加全面地对这三个词进行分析,尝试解释历时变化对其产生的影响。

2. 归纳与演绎相结合。注重语言现象的总结和归纳,得出结论和概念,再从一般原理引出结论,从而使研究不断深化。

3. 描写与解释相结合。描写和解释是语言研究的两个层面,以往对于"时时、不时、时不时"的研究描写多解释少,本文将在对这三个词进行细致的描写和分析的基础上,尝试对其区别的形成原因进行解释。

4. 三平面理论。近义词的辨析是现代汉语研究中的一个重点,三平面理论,即语义、语法和语用三方面是研究辨析的基础,本文的研究思路以此为主,展开分析。

二、"时时、不时、时不时"的句法特征

(一)句法特征的相同点

基本做状语,做状语时是否加"地"并不影响句子的成立。

"时时、不时、时不时"的副词特征表现得十分充分，在句中充当的句法成分基本都是状语。既可以直接充当状语，也可以加"地"后充当状语，例如：

a. 渐渐地，她感到新闻的局限，感到她内心时时涌动的，却一直没能得到表达。

b. 作为这支队伍中仅有的两名女性，从始至终，我俩时时地感受到男人们粗中有细、温暖人心的呵护。

c. 宋耀祖受到了感染，紧张的心情有所缓和，他夹着皮包在人群中踱来踱去，心里推敲着会面时的台词，并不时低头看看表。

d. 小葩不紧不慢地说：这还谈不上叫板。我没考好，本来就有些自卑，你还不时地过来挤兑我，怎么着，考不上大学，就不让我活啦？

以上例句中，例a、c都是直接做状语的例子，例b、d都是加"地"以后做状语的例子。

"时时、不时、时不时"在句中基本做状语，特别是"时时"，在语料中基本全部做状语。"不时"更容易加"地"后充当状语。"时时"、"时不时"除了个别特殊的句子之外，一般都是直接修饰动词或动词性成分。通过对例句进行分析考察，发现三者做状语时是否加"地"并不影响句子的成立，所以，加"地"并不涉及三个词语语法或语义的差异。

(二) 句法特征的不同点

1. "不时"除了在句中充当状语之外，还充当定语。"不时"要加"的"然后充当定语，但更常见的充当定语的用法是在固定搭配"不时之需"中，例如：

a. 采访中，不时的开心话语缓解了谈话的严肃气氛。

b. 中心正着手在远离饲养区约10公里处建立一处隔离点，以备不时之需。

需要指出的是，"不时"充当定语的情况是比较少的，并不常见，大多数是在"不时之需"之中。

2. 与动词和动词性结构搭配时差异

(1) "不时"、"时不时"可以直接与动词重叠式搭配

a. 比赛间隙，吴坪枫和队友不时开开玩笑，杜威也一脸笑容。

b. 看得出，董加耕对自己的岗位也留恋不已，他时不时擦擦眼镜后似汗似泪的双眼，诚挚地说："我真从内心喜爱乡镇企业……"

以往的研究很多都提到动词重叠式与动作的量的关系，《语法讲义》（朱德熙，1982）中指出，动词重叠表示动作的量。所谓动作的量可以从动作延续的时间长短来看，也可以从动作反复次数的多少来看。前者叫时量，后者叫动量。动词重叠式表示时量短或者动量小。杨平（《动词重叠的基本意义》，2003）认为，动词重叠的基本意义是减小动量（这里的动量包括时量、频量、力量、价值量等方面）。因此，我们可以总结得出，动词重叠的基本语法意义是表示动作持续的时间短或进行的次数少。重叠后的动词降低了动词的持续性，强调了短时性，所以不能与"时时"连用，而跟"不时"、"时不时"搭配。

（2）"不时"、"时不时"可以直接与带数量补语的动词短语搭配，"时时"一般不能，如：

不时／＊时时打他一下

不时／＊时时敲一下门

不时／＊时时下一阵雨

a. 她坐在那里，面带微笑，不时地用手拢一下头发。

b. 他是个音乐爱好者，备有大量激光唱片，不时欣赏一下中、西方古典音乐。

c. 老总们还利用开会等碰面的机会，时不时问一问，又有什么新想法啦，搞点什么活动啦。

例句中，"不时"后搭配的是动补短语"拢一下"、"欣赏一下"，"时不时"后搭配的是"问一问"。

而"时时"不可以直接与带数量补语的动词短语搭配，这种差异，归根结底是由两个词语义上的差异造成的。这些充当补语的数量词，其结构一般都是"数词'一'动量词"，比如"一下"、"一声"、"一阵"等，这种结构表示所涉及的动作的时量特征，表示时量短，强调动作的非持续性，动作重复的频率也较低。

（3）"时时"能与"不/没 VP"这样的否定结构搭配，构成"时时 不/没 VP"这样的格式，"不时"、"时不时"不能，如：

戴维·洛奇在强化小说的可读性之余，亦时时不忘显露学者的看家本领。

3. 搭配动词的范围

(1) "时时" 搭配动词的范围

"时时"能与无限结构动词、前限结构动词搭配，但"不时"、"时不时"不能。无限结构动词是指内部无起点和终点的动词，前限结构动词是内部有起点但没有终点的动词。这两类动词有一个共同的特点，就是其后不能加动态助词"过"。不能加"过"，说明其动作无终点。如"是、等于、记得、值得、显得、能够"等等这样的无限结构动词和"认得、认识、晓得、知道、当心"等等这样的前限结构动词都不能加"过"（＊记得过、＊认得过、＊晓得过），其中能与"时时"搭配的无限结构动词和前限结构动词主要有：铭记、牢记、记着、警醒、记得、值得、避免、当心、养成等，这样的动词一般不能与"不时"搭配，如：

时时铭记／＊不时铭记　时时牢记／＊不时牢记

时时记得／＊不时记得　时时养成／＊不时养成

所以下面句子中的"时时"不能用"不时"替换：

a. 虽然他的英灵已经安息，而他的音容笑貌却常常在我的眼前，他的高风亮节时时铭记在我的心中。

b. 晚会的时候穿高跟鞋会有很好的效果，让你时时记得提醒自己收腹，并显出身材高挑。

同时，也可以发现，上述这些动词所代表的动作都是可持续的，其中的大多数都是表示心理状态的。这些词表示动作、行为的一种持续的状态，状态性较强，语义上强调动作重复的经常性和重复的高频率，表现出一种延续的义项，所以与"时时"搭配，很少与"不时"搭配。

(2) "不时"、"时不时" 搭配动词的范围

"不时"、"时不时"后常跟"点头、回头、摇头、扭头、眨眼、挥手、摆手、鼓掌、弯腰、跺脚、叹气、插嘴"等这样一些与身体部分有关的动宾结构。例如：

a. 时间已到了深冬。在站台上，旅客们穿着大衣等火车，不时搓手跺脚，保持温暖。

b. 在一句话结束时，一人会不时地抬头看看对方；然而对方此时却应该保留着低头的姿势——这是规则。

c. 热情的主人特意请他看了陈列柜中的图书珍藏本。听着讲解，江主席

时不时点头表示赞赏。

这些与"不时"、"时不时"搭配的动宾结构表示身体各个部位做出的不同动作,这些身体的动作都是在很短的时间内就能完成的,即瞬时动作,动作的重复是随机的,与"不时"、"时不时"连用,表示身体动作在一定的时间段里不断重复的频率,与"时时"强调动作延续性的语义相冲突,一般不跟"时时"连用。

4. "时时"表延续,能与范围副词"几乎"、"都"、"处处"、"事事"共现,构成一种范围义的表达,"不时"、"时不时"不能或很少与这些范围副词共现。

通过对"时时"和"不时"、"时不时"与这几个范围副词的共现情况进行考察可以得出以上结论,例如,"时时"能与"几乎"共现,而"不时"不能。下面例子中的"时时"不能换成"不时":

a. 由于中继电路严重不足,联通与移动之间的沟通几乎时时处于"占线"状态。

b. 新的东西层出不穷,几乎时时、事事都需要去辨别,这就需要我们具有正确而鲜明的是非观。

"都、处处、事事、几乎"等范围副词与"时时"连用的频率很高,特别是"时时"经常跟"处处"、"事事"连用构成"时时处处"、"时时事事"的结构。原因主要在于,"时时"的语法意义为延续,表示动作、行为在一个范围里延续,所以更容易与这些表示范围的副词连用;"不时"表重复,一般不与范围相联系。

a. 九龙广场的员工人人争做"专家型服务员",时时处处为商家着想。

b. 有了这份执著,艰苦的学习实践才不会是负担,我们才能时时事事劲头十足,精神百倍。

5. "时不时"、"不时"、"时时"只能用于肯定句

a. 我常常不参加学校组织的活动。

b. 我时时不参加学校组织的活动。

c. *我不时不参加学校组织的活动。

d. *我时不时不参加学校组织的活动。

以上例句中,a、b是成立的,但c、d我们一般不说。"时时"、"不时"和"时不时"在句子中表示动作发生的频率,这种频率只能是肯定实际发生

的动作的频率,而不能否定未实现动作的频率,所以它们不能用于否定句,只能用于肯定句。

6. 与"着/了/过"的共现

汉语中的体范畴主要由三个典型的动态助词"着、了、过"来区分,通过对"时时、不时、时不时"和三个动态助词的连用进行分析,可以考察区别彼此在表示动词动量上的不同。例如:

a. 她的热情、风趣、真诚时时感染着人,所以她能处处交到真心朋友也就不足为奇了。

b. "心中为念农桑苦,耳里如闻冻饥声"的诗句,告诫当地的官员,要时时惦记着百姓的疾苦。

"时时"和"着"连用,但一般不与"不时"、"时不时"连用。

这是因为,"时时"不仅可以表示动作的重复,还可以表示动作的延续,在例句中,所表示的句式语义是突出动作的反复发生,但是反复发生的动作由于其重复的多次性形成了均质性,动作之间的间隔可以忽略不计,动作具有了延续性,也可以将这里的"时时"解释为上文所说的"时时1",相当于"时刻",表示动作的延续。这一点与"着"注重动作内部过程持续的特点正相吻合,因而带"着"最自然,而"了"和"过"都注重动作的起始点或终结点,表示动作完成了,与"时时"表示动作的延续的义项不一致,所以不可以连用。特别是"过",它表示动作行为曾经发生过或某种状态曾经存在,不与现在的动作发生状况发生联系,因而基本不和表示现在动作发生频率的"时时、不时、时不时"连用。

三、"时时、不时、时不时"的基本语义特征

(一) 基本语义特征的相同点

"时时"、"不时"、"时不时"是现代汉语里三个常见的频率副词,它们词义相近,在某些条件下可以彼此替换,三者的基本语义和功能相近,特别是"时时"和"不时",目前在几部主要的虚词词典中可以找到。《现代汉语八百词》在解释"时时"和"不时"这两个词时,采用互训的方式,认为"时时"是"时常、不时";"不时"是"表示间隔不长而不断地发生,时时、

常常"。"时不时"是方言词，主要用于口语，与"不时"意思一样。《现代汉语虚词词典》对"时时"和"不时"的解释则较为详细，对比总结可知："时时"的词义是："1. 表示事情经常发生，相当于'常常'；2. 表示事情接连不断地发生，相当于'时刻'；3. 表示屡次出现某种情况，相当于'不时'。"解释"不时"的词义："1. 表示情况不断发生，只有短时间的间歇，相当于'时时'；2. 表示情况不定时地发生，相当于'随时'。"此外，在《现代汉语虚词例释》（北大中文系55、57级语言班编，1982）、《现代汉语虚词词典》（侯学超编，1998年5月第1版）等词典中，对三者的解释也很相似，也就是说，它们经常可以互换而不改变句义。例如：

a. 油灯下，王一生抱了双膝，锁骨后陷下两个深窝，盯着油灯，时不时/不时拍一下身上的蚊虫。

b. 炼钢工人不时/时时观察着炉火的颜色。

c. 我时时/不时/时不时告诫自己一定要干好。

从以上的释义可以看出，"时时、不时、时不时"的基本语义都是表示动作行为或情况的常常出现或发生。但既然这三者的语义特征如此相似，那为什么没有合并为其中的一种表达形式呢？郭春贵（1997）指出："任何一种语言，如果有两种不同的表达形式，那它们必定有不同的语义功能和语法功能。"这也是我们区分"时时、不时、时不时"的意义和基础。

（二）基本语义特征的不同点

1. 反复和延续

李宇明（2000）指出："量是人们认知世界、把握世界和表述世界的重要范畴。"[①] 副词所表现的是动作行为的情状，所以与动作行为相关的量范畴有密切联系。

反复量是计量动作、行为反复次数的量范畴，表现了动作行为在单位时间内的多次发生，注重同类动作的累加性，而并不侧重于时间的长短。延续量则是计量活动的幅度的量范畴，注重的是同一动作的延续性，是从动作的内部观察其时间特点，动作的过程是连续的、均质的。

---

① 李宇明：《汉语量范畴研究》，第30页，上海，华东师范大学出版社，2000。

(1)"时时、不时、时不时"表示反复量

"时时、不时、时不时"三个词都很清晰地表现了反复量，强调动作在一定时间内的复现频率。三者之中"时不时、不时"既无法表现动作的延续，也无法表现本身需要较长时间的动作，只有单一的职能，即强调动作的累加重复。如：

a. 周围居民时不时光顾，有些没有人照顾的老人孩子几乎天天前来用餐。
b. 在老城的街道中，不时可以看到古老的马车和沙漠特有的骆驼在往来。
c. 区内锦江蜿蜒穿行于峰峦之间，岩穴古洞、流泉飞瀑时时可见。

(2)"时时"既可以表示动作的重复，也可以表示动作的延续

"时时"有"时时1"和"时时2"之分，"时时1"表动作的延续，相当于"时刻、每时每刻、时时刻刻"，例如：

他时时处处防备着我。

"时时2"表动作的重复，相当于"不时"和"时不时"，例如：

a. 随着阳光照射角度的改变，色彩也时时变化，色调有浓有淡。
b. 随着阳光照射角度的改变，色彩也不时/时不时变化，色调有浓有淡。

也就是说，"时时1"不是频率副词，而是表延续量的时间副词，"时时2"才是频率副词。

当"时时"与不能有界化的无界动词连用时，一般表示动作的延续。不能有界化的无界动词是指像"等于、相同、相等、等同、警示、当心、牢记、铭记"等这样一些无界动词，这些无界动词有一个特点就是不能有界化，即在任何情况下都不与某一具体的事件相联系，构成事件句。当"时时"、"不时"、"时不时"与这类词共现时，只有"时时"具有与这类词共现的能力，表示动作的延续。

a. 我们一定不辜负党的希望，不辜负前人的嘱托，时时牢记自己肩上的责任和承担的义务。
b. 千户小区——烟雾缭绕天天冒，无辜居民——有害气体时时吸。

这里的"时时"不可以换成"时不时"、"不时"，而可以换成"时刻"。

原因在于"铭记"、"牢记"、"警示"等都是不能有界化的无界动词，所以其表示的动作行为只能在时间轴上延续，不能在时间轴上重复，而"不时"、"时不时"是频率副词，只能表动作的重复量，不能表示动作的延续量，这与"铭记"、"牢记"、"警示"在语义上产生了冲突，所以不能替换。而

"时时"与"铭记"、"牢记"、"警示"这样的无界动词共现时相当于"时刻",不表动作的重复量,而表动作的延续量,所以可用"时刻"去替换。

(3)"时时"可以表示主观、客观动作上的延续

"时时"除了能表示动作的反复量之外,还能够体现延续,这里所说的延续既可以是主观上动作的延续,也可以是客观上动作的延续即对单位时间内延续动作,情状的判断。如:

a. 生态平衡是一种动态平衡,在这种平衡系统内部时时发生着各种物质循环和能量流动。

b. 没有固定收入的职业,只能靠微薄的稿费维持一家的生活,贫困和债务时时纠缠着他。

分析以上两例可以发现,例句中描述的动作或情况是客观上延续的、不间断地进行或发生的,呈非断裂连续分布的状态,表现为一种客观上的延续。如图所示:

(循环、流动/纠缠)

开始—————结束

上文所分析的是客观延续的例子,现在再来谈一谈主观延续的情况,如:

a. 幸而父亲在家,她不好意思翻脸,可是眉毛拧得很紧,腮上也时时抽动那么一下。

b. 他像冬天的狂风那样在我们狭窄的家中,时时会突然咆哮。

从以上两个例子可以看出,虽然也表示延续,但这种延续只是一种表面上的无间歇。这种动作或行为在说话人眼里是延续发生或进行的,但实际上却是有间歇的,也可以说这是一种主观上的延续。其分布如图所示:

(抽动/咆哮)

开始——II————II————II————II——结束

由于"时不时"、"不时"并没有延续义,不能表示动作行为的延续,即不能表示延续量,所以带有延续性意义的行为不能被其修饰,它们修饰的动词后也不能带数量补语,否则句子不成立。

2. 频率高低

(1)高频短时副词"时时"

跟一般的时间副词相比,频率副词有自己的特点。所谓频率,就是在一定的时间段里,事情、动作、行为发生的次数。以往的研究多以语义为划分

标准，因此得出的频率值是一个模糊量，是不确定的，而以此模糊量给频率副词分等级则是不科学的。但是，这并不代表频率副词内部就没有频率值的高低。就这三个词本身而言，所表示的频率也并不相同。在这三个词中，由于"时时"在语义特征上具有强反复性，即在某个时间段内反复发生或屡屡出现，因此能和"时时"共现的动词所表示的动作行为就必须能够在一定时间内快速、反复发生，而且这种反复间隔时间极短。

a. 随着阳光照射角度的改变，色彩也时时变化，色调有浓有淡。

b. 我知道那是段平淡的岁月，可时时却不能忘记那不时闪出的激情。

从上述例句中可以看到，"时时"在描写具体动作、行为发生的频率时，所表示的频率比较高，而相对来说，"不时"、"时不时"的频率略低，例如：

a. 雪芳也总是好吃好喝地执行，时不时地还给老人添上一两件新衣服。

b. 即使不能时时做，也应不时地做。

这一点《现代汉语虚词词典》中也提到，编者在对"时刻"与"时时"、"不时"的比较中，认为"时时"的频次略高于"不时"。在《现代汉语频率副词的层级和语义研究》（吴春相、丁淑娟，2005）中，著者也认为"时时"所表示动作的频率要高于"不时"，"时时"属于较高值频率副词，"不时"则属于中度值频率副词。

通过以下例句可以更形象地比较出彼此的频率差异：

a. 不时地犯错误已是罪不可恕，更何况你是时时犯错误。

b. *时时地犯错误已是罪不可恕，更何况你是不时犯错误。

b 句不成立的原因在于出现语意上的矛盾，"时时犯错误"在严重程度上是高于"不时犯错误"的，所以不能用在表程度加深的"更何况"的前面。

（2）频率特征

通过三个词在具体句子环境中所体现出的语义的比较，我们发现"时时"重在"经常性地"，在运用时相当于"常常"，"时不时"、"不时"重在"不定时地"，和"时时"还是有区别的。

可以说，"时时"所代表的事情、行动、动作出现或发生的频率相对较高，并且表示重复的经常性，所以在外部看来呈现出一种一体化的趋势，每个动作反复的界限已经不明显了，注重的是整个过程的连续性，因而可以说"时时"更强调动作、行为的延续性；"时不时"、"不时"所代表的事情、行动、动作出现和发生的频率是相对低的，又表示重复的随机性、不定时性，所以在外部看来呈现出的是每个动作都可以成为一个单独的个体，注重的是同性质的一个个动作的累加，因而更注重表示动作、行为重复的频率。

3. 主观性和客观性

（1）"时时"的主观性和客观性

一般情况下，"时时"在表现动作、事件的反复发生或状态的持续时，仅仅是对客观状况的真实描述或记录，并不掺杂个人情感或褒贬态度，具有客观性。如：

a. 蒙古族长调和马头琴声如和风时时飘来。

b. 现在，伊拉克老百姓的生命安全时时面临严重威胁。

在以上两个例句中，"时时"都只是表现出了"飘来"和"面临"这两种状态的持续存在，只是对客观动作一种真实描摹而已，并不掺杂主观情感。

在以下例句中，情况却不一样：

a. 学习是一个艰苦的过程，需要用意志去战胜困难。学生要时时记住：我们是学习的主人。

b. 把丰富的劳力资源变成社会财富，最基本的是增加就业，使人人有工做，时时有事做。

分析可知，"时时"不仅仅是对客观动作行为状态的描述，而且还带有说话人的某种情感倾向。"记住"和"有事做"明显带有作者个人的夸张意味，因为人不可能每时每刻不分昼夜进行所说动作，在实际生活中是不可能发生的。实际上，用"时时"修饰，是强调时间长，主观意味强。可以说，这两个例子都不是对客观情况的真实描述，而带有作者的主观渲染在内，带有某种程度的夸张。或者是为了达到某种特殊的表达效果，或者是为了引起读者强烈的心理感受。

（2）"不时"、"时不时"的客观性

"不时"、"时不时"一般仅仅是对客观状态、事件或者动作接连不断发生的情况进行描述，不带有主观色彩。例如：

a. 油灯下，王一生抱了双膝，盯着油灯，时不时拍一下身上的蚊虫。

b. 不过，有关她的传说，不时还会传到我的耳朵里。

c. 在一个小时的谈话中，他始终微笑地看着我，还不时地点头，表示对我的赞赏。

在以上四个例句中，是对"冒出"、"传到"和"点头"动作的反复发生的客观描述，是对真实情况的叙述，符合实际。

四、"时时、不时、时不时"的语义强度和语体色彩

（一）语义强度

《说文解字》："旹時，四時也。从日寺聲。"《释名》："四时，四方各一时，时，期也。"在历史上，"时"表示时间，年代、时期，当前的、现在的，季节等含义；又是法定计量单位中的时间单位，一昼夜的二十四分之一，旧时的计时单位，一昼夜的十二分之一；另外，"时"还是一个罕见的姓氏。《寡人之于国也》："不违农时，谷不可胜食也"，表示季节、时节；《两小儿辩日》："我以日始出时去人近"，表示过去或将来的某个时间；某一事情发生的时候；《师说》："不拘于时，学于余"，表示时俗、时尚。

后来，在语言的演变发展过程中，"时"的意义逐渐发生了变化，由名词引申出副词的用法，表示按时或时常、经常。《论语》："学而时习之，不亦说乎？"表示按时；《项脊轩志》："小鸟时来啄食，人至不去"，表示时常、经常。

"时时"是"时"的重叠式，在古代就有"常常，每时每刻"的意思，《题刘处士居》（唐 李咸）："溪鸟时时窥户牖，山云往往宿庭除。"《节寰袁公传》（明 黄道周）："于时辽左新溃，三韩余众大东焉，依东人，遇辽众，不相主客，时时夜惊，赖公抚绥无事也。"作为副词作状语表示动作行为反复出现。

陈宝勤（1998）认为，副词的产生主要有四种方法：语位造词、语音造词、语义造词、语法造词。[①] 根据上述的产生原理，"时时"是由动词"时"在上古时期，应韵律之需，利用同音音节重叠的方法创造出来的双音词，是语音造词的一个典型，如"常—常常、刚—刚刚、连—连连、仅—仅仅、稍—稍稍"等。在现代汉语中，这些重叠式都可以独立成词，与基础形式并存。这些重叠式不但保留了源词的语义，也同时继承了源词的语法意义，即表示程度的加深，语义的加强。

---

① 陈宝勤：《汉语副词生源微探》，《沈阳大学学报》（哲学社会科学版），1998（1）。

"不时"表示"常常，时时"出现的较为晚，汉代前后才出现，《春秋繁露·天容》（汉 董仲舒）："人主有喜怒，不可以不时。"此外，《临邑舍弟书至苦雨》（唐 杜甫）："尺书前日至，版筑不时操。"《红楼梦》第103回："又过继了一个混账儿子，把家业都花完了，不时的常到薛家。"

"时不时"在古代并不常见，是近现代才产生的，这并不是一个特别规范的书面用语，一般多用于口语中，表达上显得更亲切逼真，从"不时"发展而来，从二者的历史演变可以看出，"时不时"是由"时"和"不时"组合而成的，固定下来，最终成为"不时"的加强式。所以，在语义表达上，"时不时"更加强烈，程度更深。

a. 坐在电脑前，一边接着拜年电话，一边翻阅手机的拜年短信，还时不时/不时查看邮箱里的电子贺年卡。

b. 在与欧盟官员的英语交谈中，他们时不时/不时地会蹦出一句法语或西班牙语。

从例句中可以看出，带有"时不时"的句子语气更为强烈，带有一定的夸张和强调，在表达上也更真切，效果更细致逼真。

（二）语体色彩

"时时"作状语最早出现于汉代，双音化时间较早，因此古语色彩较浓，沿用至今较为文雅，书面语色彩较浓，多出现于政论、新闻、文件、公告等较为正式的语体和书面语色彩较为浓厚的文艺小说之中，相对来说书面化程度稍高一些。

"不时"在古代最初是"不合时，不适时"的意思，《左传·襄公十八年》："天道多在西北。南师不时，必无功。"后来在词义的演变过程中，逐渐表示"时时、常常"，在相关的古汉语资料中多出现在史传文学或诗词之中，现代小说、散文中也多见，书面语色彩比较浓厚，在日常的口语表达中也较多见，使用频率比较高。

"时不时"在古代文言语料中极少见，在现代书面语资料中出现频率一般，多作为"不时"的近义词或同义词出现，一般多用于日常生活交谈、人们的口头表达中，书面语色彩不及"时时"、"不时"浓厚，口语色彩比较强。

五、研究意义

作为现代汉语副词中的重要分类,频率副词有着不可忽视的研究意义,不管是对现代汉语本体的研究深入,还是对对外汉语教学事业的发展,微观上的比较研究有利于在相近词语的语法意义和具体用法差异上有更加明确、清晰的解释,同时也有利于现代汉语语法体系的完善。

(一)促进现代汉语副词研究的深入

随着现代汉语研究的发展,对汉语本体的探究分析越来越深入,不管宏观还是微观都取得了一定的成就,作为一直以来颇受争议的频率副词更是引起了各家的注意。有关其定义、分类以及与时间副词、频率副词的划分一直处于争议之中,通过对目前频率副词的研究现状进行探究总结,认识到了已经取得的成绩和存在的不足。

微观上,近义词的辨析也愈加深入,"连、一连、连连","往往、常常"等一系列的相近词语在语法、语义以及语用方面的差异得到了较为详尽的解释。"时时"、"不时"、"时不时"彼此的差异很小,是现代汉语频率副词和对外汉语教学中的重点和难点。但是,目前对三者的差异比较辨析并不深入,各主要的虚词词典在解释的时候并不能够提供合理、恰当的答案。对三者进行辨析,不仅能使现代汉语频率副词微观个案研究更加深入,同时,也有利于在研究中探索新的思路,力求从新的角度去进行比较分析,为现代汉语的研究方法的探究贡献一份力量。

(二)加强近义词辨析

对于副词研究来说,从实际使用的角度来看,重要的是要分析、描写清楚每个副词,特别是那些语法意义很虚的副词的语法意义和具体用法。马真曾说过:"副词研究重要的有三个方面的研究:同义副词的辨析、对同义副词用法异同的解释和副词语义指向的研究。"[①] 可见同义或近义副词辨析在现代汉语研究中的重要性。

[①] 马真:《现代汉语虚词研究方法论》,第 288 页,北京,商务印书馆,2004。

现代汉语的微观个案研究已经越来越深入，在实际研究探索中不断发现新的问题，解决问题，使整个研究体系更加完善，通过对"时时、不时、时不时"进行辨析，有利于丰富现代汉语的微观个案研究，为以后的研究提供一份可供参考的资料。

（三）为对外汉语频率副词教学提供参考

随着中国综合国力的增强，在世界上的地位越来越得到认可和加强，越来越多的中国元素渗入国际，中国文化、中国历史更是得到越来越多的国际友人的喜爱，作为中国五千年古老文化的典型浓缩代表——汉语，地位不断提升，孔子学院在世界各国的广泛设立，来中国进行学习旅游的外国人越来越多，对外汉语教学事业处于蓬勃发展的上升期。

频率副词的意义难以捉摸，特别是应用环境复杂，可是客观条件及第二语言教学特点都不允许教师在课堂上长篇大论地讲解，而光靠机械地重复练习又不能使学生抓住要领，真正掌握，由此，科学设计教学方法就显得十分重要。在实际教学中，常常采用展示、归纳和实践三个步骤，从言语到语言，再从语言到言语，基本符合学习和认识的规律，效果也不错，但是这个方法可能只限于中高级水平的学生。但是频率副词毕竟数目有限，只要我们不断深入研究，各个击破，还是可以改变教学中困难重重的局面的。

（四）开展语言文化的探究

一种语言的背后，是一个民族一个国家多少年来沉淀的文化底蕴，汉语也不例外，在横平竖直的方块字背后是中国博大精深的文化，而现代汉语的研究也有利于更深刻地感受中国文化的厚度，近义词的辨析，在辨析其中不同的时候，亦可以挖掘蕴藏其后的文化内涵，将汉字与文化联系起来。

语言背后的文化对语言教学也意义重大。近年来，人们逐渐认识到语言本体研究的局限性，在语言教学中除了传统的语言基本功之外，还加强了文化因素的传授。科学的文化语言观要求学习者在学习外国语言系统规则的同时，大量接触所学语言代表的文化，培养文化学习意识，在掌握语言能力的同时也提高文化交际能力。这就要求在语言研究以及语言教学中，尤其是外语教学中，文化规范的教学和语言技能的培养同步进行，以发挥语言表达思想、交流感情、传播文化的功能。

（指导教师：卢小群教授）

附：写作感言

  不知不觉间，距离毕业论文的完成已有一段时间，而时至今日，每每回忆起论文的写作过程，我的内心都被一种幸福感所包围，正是那么多人的关心和努力的存在，才使我的论文顺利完成，在此，向所有关心帮助过我的人致以深深的谢意！

  论文的写作首要有严谨的态度和认真求实的精神，在这里，要感谢文学与新闻传播学院的所有老师，严谨的学风，踏实的态度，高尚的师德，这些都将令我终身受用。正是他们严于律己、宽以待人的崇高风尚，朴实无华的人格魅力，不仅使我掌握了基本的研究方法，同时也懂得了很多为人处世的道理。

  毕业论文选题之初，在掌握基本语言学知识，阅读相关文献的基础上，我了解了现代汉语频率副词这一领域的基本信息，然后有针对性地查阅了相关的科研论文，在卢小群老师的指导下，最后确定进行"时时、不时、时不时"的比较研究。在论文的写作过程中，从选题、开题、查找资料到添删修改，数易文稿，老师在给予肯定的同时提供宝贵的意见，告诉我应该注意的问题，细心地指出我的错误，为论文的顺利写作打下了坚实的基础。

  毕业论文的写作随着时光的流逝而告结。整个论文的写作过程，不仅加深了我对一名语言文字工作者的理解，深刻地认识到做学问绝对来不得半点马虎，更提高了查阅科研文献的能力，学会了利用数字图书馆查阅学术文献，以此掌握更多专业领域的新知识、新进展；深刻认识到论文的语言表达要学术化，多用中性化、规范化的词语，避免使用带有强烈感情色彩词语，这是一篇规范的科研论文的基本要求；此外，在阅读科研文献的过程中，我懂得一篇科研论文应该有完整的论文内容结构、规范的排版格式，论文的可读性是其能否被他人接受的关键，而一些排版格式上的低级错误，则很容易导致他人对论文内容产生不信任感。

  论文整体如一棵树，整个枝干就是论文的核心，而每一棵枝丫、树叶就是所要研究的问题——待发现或者需要解决的,从把问题搞清楚,完成综述,到在三平面的理论的指导下明确研究方法和研究基本点,展开对"时时、不时、时不时"三者的比较研究和分析,到最后的整理和论文润色,不仅使我对频率副词的研究状况有了比较清晰的了解,也掌握了基本的近义词差异辨析的角度和方法,同时,学术研究和论文写作能力也有了一定程度的提高,收获颇丰。

  本文虽经多次修改,但因笔者的学识、经验、理论水平以及时间的限制,不当之处在所难免,敬请各位专家批评指正!

临海方言双及物结构的句法分析

卢笑予[①]

一、临海方言概况

临海方言属吴语方言区台州方言片临海小片（为行文方便，以下简称为临海方言），主要有两种口音，当地称为"上乡腔"和"下乡腔"。其中上乡腔以城关为例，下乡腔以杜桥为例。另外，从年龄上临海话也有新派音和老派音的差别。一般来说，以城关镇老派音为临海方言代表音。临海方言在语音、词汇、语法等方面均有自己的特点。

语音上，临海方言共有33个声母，48个韵母，阴平、阳平、上声、阴去、阳去、阴入、阳入共7个单字声调。方言中古全浊声母字今仍读浊音声母；尖团音分流，精组字逢细音读［tɕ］组声母，见晓组字逢细音读［c］组声母。韵母上，单元音较丰富而无［ai］、［ei］、［au］、［ou］等前响复元音。声调上，保留有较为完整的平上去入四声，古平、去、入三声大致按古声母清浊各分阴阳两类；次浊上声归阴上，全浊上声归阳平；古全浊上字与浊平字在单字调中合并，但在连读调中的表现有所不同。临海方言中还有很多词以变调的方式来表示不同意义或不同词性。

词汇和语法上，临海方言与普通话之间存在一定差异，特别体现在口语上，不少方言词汇保留古音古义；名词、动词、形容词等词缀丰富，与吴方言区其他小片相比特性较为鲜明。本文主要从句法学角度探讨临海方言双及物结构的特点。

[①] 作者为中央民族大学2011届汉语言文学专业毕业生，现为北京师范大学文学院2011级硕士研究生。

二、一般双宾结构和与格结构

（一）一般双宾结构和与格结构的关系

双及物结构（ditransitive construction，在构式语法中也译作"双及物构式"）是在世界各语言中普遍存在的一种基于语义格的论元结构，通常"表示施事论元做出动作致使一个客体转移给接受者"。以此论元结构为基础，有多种句式在某些程度上能起到表达双及物结构语义内涵的作用，其中最常见的为一般双宾结构（double-object construction）、与格结构（dative construction）和复合词结构（compound word construction）。

关于一般双宾结构和与格结构的关系，Baker（1988）、Larson（1988、1990）以及我国学者顾阳（1999）、何晓炜（1999、2003、2009）、邓思颖（2003）等多有论述。讨论的焦点集中在两者谁为基本句式或谁由谁转化而来等方面[①]。

从方言角度看，吴方言中一般双宾结构和与格结构共存且后者使用度更高。普通话和临海方言共有的"V给"复合词能较好地体现出不同类型双宾结构和与格结构的互动情况。朱德熙认为："能说'V给'句型，也就一定能说双宾语。"[②] 临海方言中"给予"义一般双宾结构和"取得"义一般双宾结构和普通话一样形成一组对立：前者能转换为与格结构且意义相同，后者无法和与格结构进行转换，若变为与格结构，则是连动结构。如：

你偷佢一千块钞票 ≠ 你偷一千块钞票拨佢

[①] Baker（1988）以介词融合理论分析，认为与格结构中间接宾语的受格标记宾语在转换生成为双宾结构的过程中融合到动词之中。Larson（1988，1990）则认为与格结构是基本句式，双宾结构为衍生而来的。在衍生过程中出现过句法层面的被动化（passivization），从而使原来在与格位置上的宾语名词组得以进入直接宾语的位置，而客体名词组则被降位（demote）至附加语的位置（adjunct），最后得到一个双宾语结构。Larson还针对双及物结构涉及的三个题元角色提出了他的层阶理论：施事 > 受事 > 终点。按照这个理论，表示受事的直接宾语应该比表示终点的间接宾语/介词短语在句法结构上要高，从而符合"题元角色一致指派假设"（Uniformity of Theta Assignment Hypothesis，简称UTAH）的要求。顾阳（1999）以此为基础针对汉语语料进行了再分析。何晓炜（1999，2003，2009）则从Chomsky的最简方案角度出发，认为与格结构和双宾语结构都为基本结构，双方不存在谁由谁转化而来的关系。

[②] 朱德熙：《与动词"给"相关的语法问题》，《方言》，1979（3）。

小王拿经理一张发票≠小王拿一张发票拨经理

我们根据太田辰夫对汉语句子构造分析中提到的"与夺动词后加助动词'给'"①的强制性情况为"给予"类、"取得"类和其他类双宾结构进行强制出现度句法排序：

其他类：踢＊（给）他球儿＞"给予"类：送（给）他一块金表＞"取得"类：罚（＊给）你一千元

临海方言中的双及物动词同样能被纳入到这样一个强制出现度句法序列中。与格标记与"给"的隐现情况关系密切，一般来说，非给予非取得类动词往往不能带三个论元，进入双及物结构中具有构式义，在实质上它所反映的动作不像其他两者那样紧密且具有一定可分性，以间接宾语的引介成分"给"作为动作不同阶段的分界是十分自然的，这时"给"的动词性也最强。"给予"类动词表示的是一个过程相对单一的完整事件，但如果用轻动词（Light Verb Theory）对"给予"类动词进行拆分，可将其分为 $[V_{cause}]$（意为"致使"）和 $[V_{have}]$（意为"拥有"）两个部分，两者在层级上是高下之分，即黄正德（2006）提出的认为"给予"类双宾结构间接宾语和直接宾语分属"历事"和"受事"，是一个"单宾语双主语的三元非宾格句式"②，而且间接宾语领属直接宾语必须通过"右向"动作来实现，这种语义关系体现在语法单位的线性序列上，同与格结构相一致。"取得"类动词表示的是"左向"的动作转移过程，这和与格结构"右向"动作转移过程正好相反，因此将"取得"义动词置于与格结构中其意义就会发生改变。以轻动词理论分析，"取得"义可以拆分为 $[V_{do-to}]$（意为"加之于"）和 $[V_{act}]$，间接宾语和直接宾语分属"蒙事"和"受事"，是一个"单主语双宾语的三元非作格句式"。③

其他南方方言，如粤语没有一般双宾结构。对此，邓思颖（2003）分析认为是粤语缺少一个"额外"的"表示拥有义的功能性词类 F（Functional），缺乏这个功能性词类的原因是由于表示'拥有'的语义特征只能显示为普通

---

① 【日】太田辰夫著，蒋绍愚、徐昌华译：《中国语历史文法》，第 35 页，北京，北京大学出版社，2003，第 2 版。
② 黄正德：《题元理论与汉语动词题元结构研究》，收录于沈阳、冯胜利：《当代语言学理论和汉语研究》，第 147 页。
③ 黄正德：《题元理论与汉语动词题元结构研究》，收录于沈阳、冯胜利：《当代语言学理论和汉语研究》，第 147 页。

动词,欠缺能够跟这个语义特征配合的功能性特征(例如词类特征和语音特征)。归根结底,粤语没有给予义双宾语结构的原因跟词汇的显性特征有关。"① 在临海方言中一般双宾结构能赋予和这个词义特征配合的功能性词类F,因此临海方言既存在与格结构,也拥有一般双宾结构。

(二) 与格标记及其语法化

临海方言中作为常用与格标记的介词"拨"与普通话中的"给"相当。刘丹青根据长篇苏州弹词《三笑》语料,认为吴方言"'拨'似由'本'促化而来"②,而徐通锵认为"表'给予义'的'拨'本字似应为'畀',它的入声读音可能与'勒'的成因一样,是后起的。"③ "畀"按《说文解字》为"相付与之约在阁上也"④,是较古地表示"给予"义的动词。"给"在早期义为"相足也"⑤,读若 [tçi²¹⁴],表示"满足,补充给养",与现代汉语中的"给"词义相差较大。太田辰夫认为,"动词'给'始见于清代的北京话,作为'给予'义动词的'给'是很晚才产生的"⑥。因此,方言中表示"给予"的"拨"应该与"给"没有联系,古代汉语中"把"也可作为动词并常与上古最常用的给予类动词"与"连用,而且临海方言作为处置式标记的"把"与"拨"同形同音,所以本文认为"拨"可能由动词"畀"或动词"把"演化而来。

普通话"给"作为与事标记主要出现在两处。一是在动词后形成一个复合词结构,如"送给他书","买给他笔";一是表示客体的直接宾语后,如"送笔给他","买书给他"。吴方言常常区分两种与格标记,一种是作为接受者的与格标记,即我们认为动作的终点;另外一种是作为受益者的与格标记。如苏州话用并列连词兼伴随者标记"搭"来标记受益者,用"拨(勒)"来标记与事⑦,如:

---

① 邓思颖:《汉语方言语法的参数理论》,第165页,北京,北京大学出版社,2003。
② 刘丹青:《语序类型学与介词理论》,第205页,北京,商务印书馆,2004。
③ 刘丹青:《语序类型学与介词理论》,第375页,北京,商务印书馆,2004。
④ 【东汉】许慎著,【清】段玉裁注,徐惟贤整理:《说文解字注》,第355页,南京,凤凰出版社,2007。
⑤ 【东汉】许慎著,汤可敬今释:《说文解字今释》,第1851页,长沙,岳麓书社,2001。
⑥ 【日】太田辰夫著,蒋绍愚、徐昌华译:《中国语历史文法》,第238页,北京,北京大学出版社,2003。
⑦ 参见刘丹青:《语序类型学与介词理论》,第204页、第205页,北京,商务印书馆,2004。

耐明朝就搭我买得来最好。(你最好明天就给我买回来。) →标记受益者
学堂奖一本书拨（勒）我。(学校奖我一本书。) →标记与事
而临海方言中，标记与事和标记受益者同用一个"拨"，如：
我进门之后你负责拨我望风。→标记受益者
（我进门以后你负责给我望风。）
我送拨佢一千块压岁钿。→标记与事
（我送给他一千块压岁钱。）

在跨吴语比较中，只有太湖片临绍小片和台州片采用相同的标记，且具有相同的来源——动词"拨"。"拨+受益者"一般只能出现在动词之前，成为一个前置成分，如我们不说："*你过来开门拨我"而只说"你过来拨我开门"；"拨+与事"的位置分布限制则比较宽松。这说明动词左侧的介词组在语义上通常和句子的主语有关，它修饰主语指涉名词组的活动范围而不表示客体宾语的着落点，所以含有这样成分的"拨"字句并不一定要求为双及物结构，如上文使用的例句"你过来拨我开门"。"拨"分布的多样性是其语义分工的体现，同时也说明后者是更为典型的与格标记成分（有时与事宾语既是受益者又是客体宾语的着落点），能与双宾结构实现更多的互动。

众所周知，汉语介词是由动词经过漫长的历史演变逐渐虚化而来的，使用频率越高语法化可能性越大。其中，句法位置的改变和结构关系的影响是造成动词语法化为介词的重要因素。刘坚、曹广顺、吴福祥（1995）对此提出了较好的分析办法：一般来说，动词通常的句法位置是在SVO格式中充当谓语；如果某个动词不用于SVO格式，而是在一个连动结构中充当次要动词的角色，该动词的动词性就会相对减弱。随着它的语法位置的固化，其词义就会慢慢虚化，其语法功能也会发生变化：不再作为谓语的构成成分，而变为谓语动词的修饰成分或补充成分，词义的进一步虚化导致了该动词的语法化：从词汇单位变成语法单位。临海方言中的"拨"除了表示与事标记外，还兼有处置标记之意，它的"给予"义决定了它经常出现于双宾结构，双宾结构又经常跟其他动词构成连动结构，连动式"［拨+NP］+VP"是实现"拨"从实义动词向介词发展的语法化域[①]，它从句法中的核心成分逐渐过渡

[①] 参见彭睿：《语法化"扩展"效应及相关理论问题》，收录于吴福祥、崔希亮主编：《语法化与语法研究》（四），北京，商务印书馆，2009。

为边缘成分①。参照现代方言与"给"相关的多种用法②,我们为"拨"构拟出一条"给予→使役→被动"语法化链③,在链条中台州地区各方言小片又呈现出不同面貌:当其与非谓语性前置词——"把、被、给"对应起来分别表示处置(使役)、被动和给予三种情况时,台州三门、临海、黄岩、仙居、温岭等地"给(拨)=把≠被",而天台、玉环"给(拨)=把=被"。因此,我们认为临海方言"拨"使役性保留较多,还不具备向被动介词语法化的条件。

总体上说,我们虽无法全面地构拟"拨"的语法化过程,但是有充分的理由相信,此类现象发展的语义基础和句法环境跟普通话"给"的发展情况是一致的。所以我们可以认为,"拨"的语法化是由于其在类似连动式的结构中位于非中心动词位置上,动词性不断减弱,并引起了结合关系的变化,最后逐渐虚化为一个起引介作用的虚词。因为"拨$_p$"从"拨$_v$"虚化而来,处在由较为具体的"使对方得到"到抽象的"使对方遭受"再到"引入对象"这样变化的语义连续统内,仍然带有某种"实义滞留"的成分。看下面两个例子:

拨佢一杯茶=使获得+接受者

拨佢倒一杯茶=(主动+某种效应)+与事

"'主动+某种效应'是'给予'义中[+发出]、[+使获得]义素的滞留"④。它影响到"拨$_p$"介引的范围:只有施事能够主动给与事造成某种影响的行为,才能用"拨$_p$"介引与事。英语与格结构可说"Bill sent a package to London",这个例子从比较的角度反映出汉语与格标记"给/拨"语法化程度的不彻底,汉语中"给"后引介成分只能是指人的受益者或接受者成分而不能是地点名词。

(三)影响双宾结构和与格结构的各原则及其互动

有学者对双宾结构和与格结构从功能动因角度进行了分析。他认为两者

---

① 石毓智:《兼表被动和处置的"给"的语法化》,《世界汉语教学》,2004(3)。

② 如山西交城话、湖北鄂东话等,参见石毓智:《兼表被动和处置的"给"的语法化》,《世界汉语教学》,2004(3)。

③ 参见洪波、赵茗:《汉语给予动词的使役化及使役动词的被动介词化》,收录于沈家煊、吴福祥、马贝加主编:《语法化与语法研究》(二),北京,商务印书馆,2005。

④ 刘永耕:《动词"给"语法化过程的义素传承及相关问题》,《中国语文》,2005(2)。

在对功能动因的符合性上呈现出对立的状态，但从跨方言的角度看，双宾结构标记性更强而与格结构使用地更加普遍。下面结合方言语料进行论证。

1. 从象似性角度看，一般双宾结构违背了距离象似性，与格结构则符合距离象似性。文中指出存在有两种距离象似性：结构象似性和线性象似性。结构象似性指的是语法单位的语义关系越紧密，体现在句法形式上，其结构关系也就越紧密。线性象似性指的是语义关系越紧密，语法单位在线性距离上也就更加靠近。一般双宾结构"S + V + O_i + O_d"同与格结构"S + V + O_d + 给 + O_i"相比，直接宾语（即受事成分）离与其语义关系最为密切的动词较远，因此违背了线性象似性，而与格结构句式中受事离动词近，与事离动词远，模拟了两者与句式语义核心——动词的亲疏程度。

2. 从是否受"重成分后置"① 这一原则制约来看，一般双宾句受限，而与格结构则无此要求。一般双宾句中，与动词直接连接的为与事宾语。如果与事宾语过长，进入双宾句后可接受度就会减弱。临海方言同样遵循这样的规律。如：

我送昨日夜勒寇碰着个［$k3?^5$］一个［gei^{55}］小学同学一本书。
（我送昨天晚上碰到的一位小学同学一本书。）
我送一本书拨昨日夜勒寇碰着个一个小学同学。
（我送一本书给昨天晚上碰到的一位小学同学。）

无论从形式还是从语感上说，若与事宾语过长，都会给听者造成一种话语累赘的感觉，使得接受度减弱。

3. 从是否要求间接宾语具有高度话题性这一角度看，一般双宾结构受限，而与格结构则不受此限制。我们可以设计出（1）"有定与事 + 无定客体"、（2）"无定与事 + 无定客体"和（3）"无定与事 + 有定客体"三种间接宾语与直接宾语的搭配进入到一般双宾结构中，其可接受度为（1）＞（2）＞（3）。即"有定与事 + 无定客体"最自然，而"无定与事 + 无定客体"最不能被接受。

4. 从经济原则角度看，一般双宾结构中省略了作为与格标记的介词，符合经济原则，而与格结构则违背了经济原则。克罗夫特曾提出："In some ca-

---

① 重成分后置属于重成分移位（heavy shift）的一种，汉语双及物结构中宾语成分重成分移位一般讨论间接宾语而不讨论直接宾语，参见刘丹青编著：《语法调查研究手册》，第268—269页，上海，上海教育出版社，2008。

ses, it might be argued that economy, rather than iconicity (or perhaps combined with iconicity) motivates syntactic structure."① 可见，在一些情况下，经济原则会表现得更加突出些。从汉语，特别是包括临海方言在内的吴方言实际语料看，违背经济原则的与格结构使用情况更多、更普遍，这说明临海方言中象似性原则对句法有更大的"刺激"作用，与克罗夫特论证的并不完全一致。

5. 还可以从观念复杂象似性上来分析：分离的过程用分离的赋元方式表示，统一的过程则用统一的赋元方式表示。这样我们可以将双及物结构中的双宾结构"送我一本书"分析成是由单一过程构成的单一事件；与格结构"送一本书拨我"是由两个过程构成的单一事件；与双及物结构关联密切的连动式"买一本书拨我"则分析成是由两个小事件形成的一个复合事件；复合词句"买拨我一本书"因"买书"与"我得到书"是两个分开的过程，就已经是两个事件了。小事件之中同样有主次之分，正常情况下，复合词句"送拨我一本书"凸显的事件是"书作为转移物"，与格结构"送一本书拨我"凸显的事件是"书通过转移（将）到达我的手上"，从时间序列上讲，两个不同的事件发生时间不同，后发生者在人们认知过程中是蕴含前者或预设前者已经发生的，越是靠近终点的小事件其核心地位就越突出，可以蕴涵或转喻整个完整事件。因此与格结构倾向于包含一般双宾结构。虽然仅考虑普通话语料时，双宾结构例频率与与格句式例频率为 6.11∶1②，说明作为强调一个事物转移过程的双及物结构倾向于使用表达单一过程的双宾句，符合观念复杂象似性要求，但结合方言中双及物结构句式的实际情况看，与格句式例频率会有大幅上升。

综合上述五点观点，我们最后可以给出一个影响汉语双及物结构的诸原则或倾向的优先序列：观念距离象似性（结构象似性＋线性象似性）＞重成分后置＞话题前置＞经济性原则＞观念复杂度象似性③。

再看其他语料，据 Polinsky（1998）考察，有些语言既有双宾语结构也有与格结构，如英语、朝鲜语；有些语言只有双宾语结构而无与格结构，如部

---

① William Croft: Typology and Universals (Second Edition), Cambridge: Cambridge Press, 2003, P204.

② 郭莹：《现代汉语双宾和与格句式的用法研究》，第 34 页，河北师范大学硕士学位论文，2007。

③ 刘丹青：《汉语给予类双及物结构的类型学考察》，《中国语文》，2001（5）。

分班图语、Tzotzil 语、Pari 语、阿布哈兹语（Abkhaz）；只有与格结构而无双宾语结构的语言，如许多印欧语、楚克奇语（Chukchi）和豪萨语（Hausa）[①]。以上证据说明，若按照类型学强调的蕴含共性特征来分析，那么两种句式谁蕴含谁都不能涵盖普遍的语言事实。上文也分析了一些非给予类双宾结构不能转化为与格结构的情况，加之汉语句法表达的多样性，如"把"字句在"致使"、"处置"意味上，"被"字句在"蒙受"意味上都同双宾结构有密切联系，因此我们"很难确定一个结构是从另外哪一个结构转换而来的"。避免探讨转化关系而着眼于"对称性"、"标记性"也许能帮助我们更好地认识到与格结构和双宾语结构。

与格结构和一般双宾结构都在象似性原则上有其遵守和违背的地方，并且存在着句式转化及分布上的不对称现象。这种不对称现象很多情况下是基于语用规定而发生的，如一般双宾结构将直接宾语放置在最后，成为整句中的新信息或焦点成分；而与格结构将间接宾语放置在最后，成为证据中的新信息或焦点成分。Goldberg 在比较英语双宾构式和致使—移动构式时提到："作为双及物构式扩展的隐喻扩展存在的理据更合理，因为这样它就能承继更多的信息；具体地说，它可以承继焦点成分是动作（隐喻的'转移物'）而不是接受者这一规定。"人们在日常对话中会根据不同的语用需求选择符合要求的双及物结构句式。所以一般双宾结构并不能全部转化为与格结构。儿童语言习得也提供了支撑这个观点的结论：一个小男孩在两岁两个月时已经说出了受益与格结构（给爸爸开门），直到两岁七个月时，才说出双宾结构（给妈妈一朵花），而没有出现接受与格结构。因此，我们最后认为两者的关系可用标记方式表示：符合观念距离象似性的与格结构为无标记的双及物结构，符合经济性原则的一般双宾结构为有标记的双及物结构。

三、特殊双宾结构

（一）方言中的特殊双宾结构

临海方言中存在"$V + O_d + O_i$"这样的特殊双宾结构。如：

---

① 转引自刘丹青：《汉语给予类双及物结构的类型学考察》，《中国语文》，2001（5）。

你拨一本书我。
（你给我一本书。）
你发三千块工资佢。
（你发他三千块工资。）

贝罗贝（1986）在对汉语双宾语结构的历时考察中发现，战国时期汉语双宾语结构中同样存在"$V+O_d+O_i$"形式。但有趣的是，他认为在上古时期，除了少数例外，"本义与格"式的+"受"式动词（也即"取得"类动词）和"申延与格"式的动词也能进入这种倒置双宾结构[①]。在现代汉语方言中，特殊双及物结构基本上要求动词为非复合词形式，并且词义表示"给予"义，"取得"义双及物结构很难以这种句式来表达。普通话及北方方言存在的歧义双宾句能成为分析这一种特殊句式的有效语料。

歧义双宾句主要是指"租、借"等具有"双向"义的动词构成的双宾结构，也即古川裕（1997）、卢建（2003）所说的"予夺不明"的双宾句。如：

（1）他借我五万块钱。
（2）我租小明一间房子。

通常普通话中，我们采用语用手段，或在句法层面增加时体标记的方式来消除歧义。仍以（1）为例：

（1.1）他借我五万块钱，到现在了还不还我。
（1.2）他借我五万块钱，正好能救我的急。
（1.3）他借了我五万块钱，我要赶紧问他要回来。
（1.4）他借给我五万块钱，我得好好感谢感谢他。

（1.1）、（1.2）通过上下文语境能消除歧义，（1.3）、（1.4）通过增加时体标记"了"和使用复合词形式来消除歧义。但从心理预设角度来看，（1.3）若无下文的补充，其"取得"的含义还是较难判断出来。

临海方言采用不同句式分化歧义双宾结构。在两种双宾语序都存在的情况下，若间接宾语音节形式简短且一般指人，直接宾语同样较为简短，那么倒置式双宾句一般用来表示"给予"义而不表示"取得"义。如：

我借五万块佢。

[①] 见【法】贝罗贝：《双宾语结构从汉代至唐代的历史发展》，《中国语文》，1986（3）。引文有改动。

(我借给他五万块钱。)

若要以双及物结构来表示"他向我借五万块钱"的"取得"义时,临海方言倾向于使用一般双宾句。如:

我借佢五万块钱。

(我从他那里借来了五万块钱。)

这与粤语、吴语、湘方言以及大部分客赣方言类似,即表示"给予"义时可以使用一般双宾结构,同时也大量存在特殊双宾结构和与格结构;而表示"取得"义时则单用一般双宾结构。所以当"租借"类双向动词构成双宾结构时,说话人自然会根据其要表达的语义内容进行句式选择。而且,从句类上讲,除了陈述句外,特殊双宾结构还能在祈使句中大量出现,甚至于在表达语气强烈的"给予"义祈使句时一般只采用特殊双宾结构,如:

快点,拨一支笔我!

(快点,给我一支笔!)

从构式角度看,我们将"给予"义进一步细派到特殊双宾结构上,但值得注意的是,临海方言特殊双宾结构与湘语邵阳话、邵东话、连城客家话等不同,一些制作类动词,如"画、炒"等不能进入这种特殊双宾结构中,也即带有强制性的"给予"句式义能产性在临海方言中并没有充分显示出来。如我们不说:

*我炒三盆菜佢。

(表示"我炒三盆菜给他(吃)")

*我烤五个洋芋佢。

(表示"我烤五个土豆给他(吃)")

所以总体上说,特殊双宾结构在方言中已不处于强势地位,综合吴方言台州片九个小片情况,温岭、仙居两地特殊双宾结构能与受事前置双及物结构一起构成给予类双及物结构优势句式,只有天台一处依然采用这种句式作为给予类双及物结构的优势句式。刘丹青指出,现代汉语南方方言语序类型模式应为:粤方言(最强的 SVO)→官话、客家话、赣方言、徽方言(温和的 SVO)→吴方言、闽方言(最弱的 SVO,最明显的 SOV 倾向)[①]。将台州方

[①] 刘丹青:《吴语的句法类型特点》,《方言》,2001 (4)。因为吴语较强的话题化倾向,所以单纯使用 SVO、SOV 等说法略有不妥。

言及临海方言置入这些理论框架中去看，发现倒置双宾句中生命度高、指称义更明确的间接宾语靠后这一现象符合直接宾语更接近核心动词的观念距离相似性，但吴方言强烈的话题化倾向又使特殊双宾结构违反话题化等级序列原则，在使用中受到抑制，加之北方方言的影响，一般双宾结构和特殊双宾结构最终在分化歧义句式上，达到了相对平衡的状态。

（二）特殊双宾结构和与格结构的关系

上文提到学者论述双宾结构是一种基础结构，但通过对与格结构与一般双宾结构的分析和与格结构与特殊双宾结构之间的分析，我们认为与格结构更具无标记性，双宾结构有标记性则是确定的，而特殊双宾结构和与格结构之间可能存在确定的转换关系，通过介词省略的办法，与格结构最后形成南方方言中的特殊双及物结构。这可以从古代汉语和方言两个角度进行解释。

上古汉语已经具有"$S+V+O_d+O_i$"形式的特殊双宾结构，如：

范座献书魏王。（《战国策·赵策四》）

吾闻之曾子，曾子闻之仲尼。（《吕氏春秋·孝行》）

同时也有与现今普通话相同的一般双宾结构：

魏绛至，授仆人书。（《左传·襄公三年》）

袒而示之背。（《左传·定公五年》）

而使用更加广泛的是"$S+V+O_d+于+O_i$"这个与格结构，如：

东方朔割炙于细君。（《汉书·扬雄传解嘲》）

使桓楚报命于怀王。（《史记·项羽本纪》）

议法度而修于朝廷，以授之于有司，不为侵官。（《答司马谏议书》）

例中"于"字介引出动作给予对象，相当于现代汉语里的"给"，介宾补语式省略了"于"之后便成了特殊双宾结构。有学者认为，古汉语中直接宾语在前，间接宾语在后的双宾句是基本句式变式中用"于"介出间宾的省略形式[①]。但如贝罗贝指出，上古汉语表示"取得"义动词也能进入到特殊双宾结构里，与现代汉语方言用例相反，这说明晚近的特殊双宾结构不可能全盘继承自古代汉语特殊双宾结构。

从文献用例来看，古代、近代汉语中双宾句以一般双宾结构为多，现

---

① 张世禄：《论古代汉语双宾句》，《天津师范大学学报》（哲学社会科学版），1996（5）。

代汉语中特殊双宾结构在北方官话系统里同样很少见，只是大量地存在于中国南方各方言中。由此我们可以比照推测，既然古汉语的介宾补语式能省略"于"字而变成特殊双宾结构，那么形成南方方言特殊双宾句的最大可能性也就可能来自省略了介词的介宾补语式（即与格结构）。时兵也分析认为："'SVO$_{客体}$O$_{接受者}$'结构毕竟是从'SVO$_{受事}$于O$_{接受者}$'结构派生出来的，因此仍保留有'SVO$_{客体}$于O$_{接受者}$'结构的部分语义特征。"①

方言与格结构"V+O$_d$+拨+O$_i$"中与格标记成分"拨"上文已分析是从动词"拨"虚化而来，因此两者具有相同的字音和字形。而为了避免双宾动词和同音同形的与格标记重复，介词"拨"就很有可能会选择省略；同时，随着介词语法化程度的加深，与格结构中的介词"拨"在语音上也很有可能从强变弱甚至变为零形式。邓思颖认为，粤语与格结构"经过音韵省略后的介词失去的只不过是语音特征，在语法上空介词还占有一个句法位置，仍然是一个词"②。吴语与粤语情况相似。这样处理，也将与格结构向特殊双宾结构的转换放置在一个音韵—句法接口（interface）层面上，从而"避免方言语法和共同语语法更大程度上的相异性"③。

按照刘丹青给出的几条双及物结构句式选择优先原则来看，特殊双宾结构省略了一个介词，体现出经济原则对其的作用最为直接。并且这种形式在某些方言，如粤语、湘语中出现频率很高，因此在一定程度上已语法化为真正的双宾结构。而在语言的实际使用中，各地方言介词实义成分削弱程度不同，临海方言等吴方言台州片就处于一个虚化的过渡地带，因此使用频率较低。

四、受事前置双及物结构

（一）受事前置双及物结构的描写及其优先度

在调查中发现临海方言中还有一类受事前置双及物结构接受度较高，即"你送我一本书"一般会说成"你书送本我"。它具有主谓谓语句和倒置双宾

---

① 时兵：《上古汉语双及物结构研究》，第72页，合肥，安徽大学出版社，2007。
② 邓思颖：《汉语方言语法的参数理论》，第81页。
③ 邓思颖：《汉语方言语法的参数理论》，第92页。

结构的双重特征,并且与倒置双宾结构相似,非给予类动词也较难出现在这种结构中。袁毓林认为:"只有 V 跟 O_1(即 O_i)能单独构成一个合格的动宾结构的双宾句才允许其受事宾语 O_2(即 O_d)前移,……用前述的句法约束来解释就是:'只有允许 O_2 悬空的 V+O_1 构成的双宾句,才能派生出主谓谓语句。'"① 在古代汉语中,有一类双及物结构"以+O_d+V+O_i",如:

投我以桃,报之以李。(V+O_i+以+O_d)

天子不能以天下与人。(以+O_d+V+O_i)

何以赠之? 路车乘黄。(O_d+以+V+O_i)

知子之好之,杂佩以报之。(O_d+以+V+O_i)

通过以上各句我们看出,表示给予义的动词 V 同间接宾语连接最紧密,但处在发展中的双及物结构又在"重新分析"(reanalysis)② 的作用下实现了深层结构的转变:位于前面的"以"因带有处置功能③,在后代逐渐被"把"取代,"把"又渐渐演变成表示"给予"义的动词,如《醒世恒言》中的例子"就不把我,也是小事,何消得喉急?"与"我出了力,不把银子与我,反发喉急"说明"把"已经成为一个授予类动词④。而"与"等在上古常用的给予类动词却变为一个引入与事成分的介词。"重新分析"后,原有"以+O_d+V+O_i"变为"V+O_d+与+O_i",和上文分析特殊双宾结构时提到的古代汉语"SVO$_{受事}$于 O$_{接受者}$"句式形式相同,但从宾语悬空的角度来理解现代汉语双及物结构动词与间接宾语的关系,说明双及物结构动词的论元关系仍然保留了早期汉语的特征,与间接宾语之间还保留着一层"传统联系"。

袁毓林还分析:"从主谓句派生出主谓谓语句的过程具有明显的语用动机(pragmatic motivation)。这种过程的实质就是话题化(topicalization)——让某个本来处于句中位置的成分移到句首 S/S′位置,成为话语平面上的话题或次话题(sub-topic)。"⑤ 临海方言作为吴方言的一种,话题具有明显的前置性

---

① 袁毓林:《话题化及相关的语法过程》,《中国语文》,1996(4)。
② "重新分析"(reanalysis)是历史句法学的一种理论,是语法化(grammaticalization)与词汇化过程中的一个重要机制,一般它只改变句法结构内在关系,不会立刻引起表层形式的改变。
③ 太田辰夫(1957)在分析汉语表示"处置"的介词时提到,"这种处置句在古代汉语里也有,是用'以'来代替'把'的"。另外,陈初生(1983)、梅祖麟(1990)等也都提到"以"的处置义。
④ 余少平、庄文量:《授予类动词"把"来自对"把 O$_直$ 与 O$_间$"的重新分析》,见林华东主编:《汉语方言语法新探索》,第 205 页,厦门,厦门大学出版社,2010。
⑤ 袁毓林:《话题化及相关的语法过程》,《中国语文》,1996(4)。

倾向从而形成 STV 语序。对此，我们一方面要参考刘丹青为吴语受事成分做出的关于句法投射（mapping）的优先选择序列：受事：宾语化＞次话题化（STV）＞主话题化（TSV）＞状语化（"拿"（相当于普通话中的"把"）字句）；另一方面还要注意"在浙江吴语中，特别是浙江沿海吴语中，话题位置对话题性的语用限制更松，受事充当话题特别是次话题的几率更大。这实际上是 TV 结构的进一步句法化和泛化"。吴语其他句式中存在很多这样的例证。方松熹（2000）提出北京话"主谓补宾"顺序句子里的受事宾语，在浙江义乌话中通常要把这个宾语提在谓语之前，构成"主宾谓补"句式，而句中的主语往往是人称代词（这些特征都与双及物结构相似）。例如：

渠饭烧熟罢。（他烧熟饭了/他把饭烧熟了。）

阿拉午饭食过罢。（我们吃过中饭了。）

侬信写过末？（你写过信没有？）

温端政（1991）记录浙江苍南灵溪方言，认为灵溪话一般"主谓宾"顺序的句子，其宾语在谓语前或谓语后两可。例如"秧哥写信来了"也可以说"秧哥信写来了"，"你食糜吃饭了阿未？"也可以说"你糜食了未？"两者在意思和语用上没有差别。但是，有的这一类句子，其宾语一定要在谓语之前。例如：

恁母猪饲好了。（你妈妈已经喂好了猪。）

我书读□[lə]了。（我读书了→指我刚读完了书）

所以，受事成分往往在句子中表现出较强的话题性并充当次话题成分。从形式上，我们可以认为这种受事前置双及物结构从倒置双及物结构中发展而来，即"你送一本书我"中的客体宾语"书"受到话题前置的推动而形成移位，移动到话题性最强的施事者"你"后。

（二）两种宾语的话题化程度与数量短语问题

关于双宾语结构间接宾语成分前置情况，朱德熙有过论述："……再如说代指人的'补词'的叙事句转换成词组时必须补一个代词复指成分'他'（你送花给一个人→你送花给他的人/我向一位老人家问路→我向他问路的老

人家)"①。与事宾语移到句首后原来位置上留下的空位也必须由一个代词形式去填空,且只能移到大主语的位置。例如:

S:我告诉小李这件事情→S′:小李,我告诉他这件事情

S:小李抢了小王一张报纸→S′:小王,小李抢了他一张报纸

S:我写给王老师一封信→S′:王老师,我写给他一封信

前移的 NP 跟填空代词之间的同指照应关系,使 S 跟 S′之间的施受关系不致混淆。因此,代词填空可看作是专门满足前述变换语义约束条件的一种句法机制。双宾句的与事宾语在由代词填空的情况下,都可前移。这种提取名词组放在句子左边,同时置入一个代词来回指被提取的名词组又被称为"左偏置结构"(left-dislocation),它的话语功能是"将一个新的所指(referent)前景化,从而为会话提供新的话题选项,所以前置的 NP(名词组)常被称为话题(Geluykens 1986)"②。左偏置结构具有语言普遍性,存在于汉语普通话及各方言之中。

临海话双宾语结构中的间接宾语除了能通过前移实现话题化外,还同吴语上海话等相类似,存在"次次话题"的概念,如:

你拨你儿末一万块钞票,拨你因末一套屋。

(你给你儿子一万块钱,给你女儿一套房子。)

而这里的提顿词"末"是不能加在直接宾语后的。如果换用特殊双宾结构来表达,这句话即很难接受:

*你拨一万块钞票末你儿,拨一套屋末你囡。

这种间接宾语充当次次话题的现象说明,作为指人的间接宾语,因其[+有生性]、[+活动性]、[+终点性]等语义特征一般强于作为客体的直接宾语,通常它的话题性强度也会变得更强,因此从语言共性和语言功能的角度看,间接宾语可以成为次次话题而直接宾语却不可以,也是很可以理解的③。这里又涉及上文曾提到的介词省略问题。在粤语中,一些研究者认为,倒置双宾结构中直接宾语和间接宾语之间有一个比较清楚的、长的音韵上的

---

① 参阅《朱德熙文集》(第3卷),第278页,北京,商务印书馆,1999。转引自周丽颖:《跟语序有关的几种句法现象研究》,第25页,苏州大学博士学位论文,2007。

② 程丽霞:《左偏置结构频率统计与话题结构的显现》,见沈家煊、吴福祥、马贝加主编:《语法化与语法研究》(二)。

③ 刘丹青、徐烈炯著:《话题的结构与功能》,第67-68页,上海,上海教育出版社,2007,第2版。

停顿。若将停顿放置在一般双宾结构两个宾语之间则句子很难成立。刘丹青认为：尽管粤语也经常使用提顿词来表示话题，如（1），但是跟结构相同的上海话一样，粤语双宾语句不能在直接宾语后加提顿词构成话题，如（2）：

"（1）我啊，畀五百文你，佢啊，畀一千文你。"

"（2）＊我畀五百文啊，你，＊佢畀一千文啊，你。"[①]

语序和停顿都能成为话题的标记。虽然特殊双宾结构在省略介词后形成了一个句法空位，可以用停顿的形式检测出来，但这个停顿并没有起到标记话题的作用。粤方言中附加提顿词标记话题与通过语序靠前来标记话题其实是一致的。如果说包括临海方言在内的吴方言"间接宾语作为次次话题"这样一条规律成立，说明吴方言在受事成分和与事成分的话题化上和粤方言不同，那么，吴方言话题化较之粤方言也就更加明显地体现出来了。在对吴粤语跨方言的比较中，我们能得出如下优先原则序列：

话题化广泛度：吴方言＞粤方言

关于受事成分充当话题的有定性问题，上文曾分析"有定与事＋无定客体"进入双及物结构最为自然，若放到临海方言特殊的受事前置双及物结构中看，"＊书送这本我"这种"有定与事＋有定客体"[②]或者"＊书送这本一个人"这种"无定与事＋有定客体"在语感上都很难接受。这一方面可以强化关于"双及物结构中'无定客体＋有定与事'的搭配可接受度最高"的原则，另一方面，后者通常的说法"这本书送拨我"也印证了有定成分比无定成分更倾向于充当话题这一规律。

从"书送三本我"中我们能看出数量短语已经脱离了其修饰的名词独自存留在原先属于直接宾语的位置上。如果临海方言中的受事成分话题化程度较为彻底，那么数量短语必然会跟随受事成分前移。现在形成的这种格式可以说明吴方言受事话题化广泛度虽然高，但程度并不彻底。

五、结　语

1. 临海方言拥有表示"拥有"义的功能性词类 F，因此在临海方言中可

[①] 刘丹青、徐烈炯著：《话题的结构与功能》，第 66 页。句例序号有改动。
[②] 先不考虑与事（间接宾语）和客体（直接宾语）的线性序列问题。

以出现一般双宾结构,其"转移"的方向性明显,能与与格结构发生互动。

2. 无论是与格结构还是受事前置双及物结构,都遵循观念距离象似性,加之吴语强话题化作用,因此受事前置双及物结构成为最优先选择。

3. 临海方言与格标记介词虚化程度介于北方方言和粤方言之间,又处于未完全虚化的语法化链上,在日常语用中能出现特殊双宾结构但使用率偏低。

4. 随着普通话的强势渗入,方言双及物结构使用情况逐渐发生变化,受事前置双及物结构同与格结构相融合,形成了新型的优势句式,且一般双宾结构的接受度也越来越高。

5. 临海方言多样的双及物结构句式同话题化、历史句法演变以及语言类型比较等课题有着密切关系,值得我们进一步探究。

(指导教师:赵强老师)

附:写作感言

双及物结构是个热门的大选题,又是结合方言又是运用当代语言学理论,可见操作难度很大。在写作过程中我时常碰到这种情况:貌似一个问题想明白了,但思考过程中生发出的新问题又开始纠缠着我,于是论文的篇幅貌似非常宏大,不过仍有许多问题始终未能吃透。不管怎样,若能做到文通字顺能自圆其说,就可以让自己心安了。毕竟,学术之路刚迈开脚步,前方还有无数的问题在等待着我。在此,我要特别感谢悉心指导我的赵强老师。他对我一而再、再而三拖延论文提交时间表现出的体谅与理解让我感动。另外,每每和他交流时,讨论的话题就已不单单停留在论文细节部分斟酌考订上,功能主义和形式主义思想在语言学发展过程中所起到的作用,语言学史上那些大家们的成败得失,这些涉及哲学思想和学术理念的碰撞都会纳入我们的视野之中。较之技术性地分析操作而言,它们是更值得我珍藏的一笔财富。由此,我想起民国时中央研究院历史语言研究所所长傅斯年先生在《历史语言研究所工作之旨趣》一文中曾说过的那段话:"历史学和语言学之发达自然于教育上也有相当的关系,但这都不见得即是什么经国之大业不朽之盛事,只要有十几个书院的学究肯把他们的一生消耗到这些不生利的事物上,也就足以点缀国家之崇尚学术了——这一行的学术。"赵老师或许就在默默践行着一个语言学研究者向"学术"而立下的承诺,这份执著精神值得我一辈子铭记于心中。

论文写作期间,德国图宾根大学语言学系赵雪峰博士和复旦大学中文系吴越同学也给予我不少帮助,虽与他们讨论的时间非常短暂,却让我受益良多。另外,还要感谢提供我充分参考文献与优越写作环境的国家图书馆,提供我地方戏曲剧本语料的浙江省临海市非物质文化遗产保护中心以及那些不计报酬帮助我完成枯燥无味的方言语法调查并且一直鼓励我、支持我的家人、同学和朋友们。

通过撰写这篇毕业论文,我发现自身存在的诸多不足,也深深体会到想在学术道路上奋力前行是多么不易,还需要面对多少大大小小的坎坷与艰辛。负笈民大,四年匆匆而过,期间的坎坷与艰辛相较未来而言,仅仅只是个起步。通过四年的训练,我意识到,培养深厚扎实的功底,锻炼出独到敏锐的眼光,具备广博理解力,向往着至高至纯"天地境界",对于有志学术者来说是多么重要。古人常言"虽不能至而心向往焉",如做学问伊始便能把这些宏愿时刻放在心头,我相信今后一定会在语言学探索之旅中发现更多更旖旎更壮丽的风景。

编　后　记

　　按照原定工作计划，《知行录》第三辑已如期编辑完毕。本辑共收文学与新闻传播学院教师教学研究论文 15 篇，其中绝大部分都是在相关课程建设工作总结的基础上提炼而成的，另有一些文章则紧密结合课程教学实践及体验，深入思考，颇有心得。由此不难见出学院教师在教学改革方面所付出的心力及其取得的可喜成效。这些论文所探讨的虽是不同学科专业的课程，对某些具体问题的认识也未必一致，但毕竟体现了一些共同的追求，如重视教育理念的提升、直面教学活动中的难点问题、讲究教学方法的科学性、努力凸显学生的学习主体地位等等。正因为有了这些共同的追求，学院的教学水平、育人质量，才有可能得以逐步提高。我们每年定期出版一辑《知行录》，根本立意之一正在于此。

　　2011 年春季，学院举办了"立雪论坛·第一届研究生学术报告会"，共收到各专业论文 70 篇，分组研讨，导师点评。以此为基础，学院又组织开展了"立雪论坛·第三届研究生优秀论文评选活动"，共收到参评论文 56 篇；经相关学科专家初评、终审，共评出一等奖 2 名、二等奖 4 名、三等奖 6 名、鼓励奖 10 名。本辑所收录的研究生论文，即选自一、二等奖获得者。

　　本辑所收录的学院中文类本科专业优秀毕业论文，是校级教改项目——汉语言文学特色专业建设工作成效的有机组成部分。这些出自本科生之手的学术论文，都是在导师精心指导下撰写的，并经过了严格的答辩、学院学术委员会复审、收录前修改等环节而最后遴选出来的。或许这些论文还难免诸多缺憾，但论文作者在学术训练过程中所真切体会到的勤力求真、谨于立言、诚实做人等原则精神，应当是最为重要的，也是教师指导学生开展学术训练的终极目标。

　　本论集在编辑过程中，张玉刚、汤洁两位老师负责稿件的汇总及相关联络工作，付出了很多时间与精力，尚此致谢！本论集的出版，得到了中央民族大学校级重点培育学科建设经费的资助，谨表谢意！

陈允锋
2012 年 3 月 20 日